공공갈등관리의 이론과 기법
(下)

공공갈등관리의 이론과 기법(下)

지은이 대통령자문 지속가능발전위원회 편
초판 1쇄 인쇄 2005년 11월 10일
초판 1쇄 발행 2005년 11월 20일
펴낸곳 논형
펴낸이 소재두
편집 이순옥
표지디자인 황지은
등록번호 제2003-000019호
등록일자 2003년 3월 5일
주소 서울시 관악구 봉천2동 7-78 한림토이프라자 6층
전화 02-887-3561
팩스 02-886-4600
ISBN 89-90618-24-X 94330
ISBN 89-90618-25-8 94330 (세트)
값 20,000원

공공갈등관리의 이론과 기법
(下)

논형

이 책의 발간 과정과 배경을 독자들께 설명 드리는 것이 이 책을 이해하는 데 도움이 될 것으로 여겨져 간략하게 말씀 드리고자 한다.

이 책의 특징은 우선 원고 작성에 많은 분들이 적극적으로 참여하였다는 것이고, 둘째는 책의 내용이 나름대로 고유성을 지니고 있다는 것이다. 이미 2004년 초부터 대통령께서 고위직 공무원을 대상으로 하는 갈등관리 교육을 강조하셨지만 지속가능발전위원회에서는 그동안 중앙공무원교육원에서 실시하는 프로그램을 도와주는 정도의 업무만을 수행하였다. 그러나 좀 더 적극적인 방법을 도입해야 한다고 판단해 기획운영실 실무팀과 심도 있게 그 방법에 관해 토론하고 전문가 워크숍을 개최하자는 데 의견일치를 보아 전문가들과 처음으로 만난 것이 지난 6월이었다.

이때 모인 갈등관련 전문가들이 강사로 참여하여 고위직 공무원과 사회지도층을 대상으로 한 '교육' 또는 '워크숍'을 늦어도 9월에는 개최하자고 계획하였지만 이 워크숍에서 사용할 교재가 이렇게 책자로 나오게 된 것은 매우 특별한 결실이다. 이 책은 워크숍 강사들의 자발적이고 적극적인 참여 때문에 4개월이라는 빠른 시간 내에 고유의 내용을 담아 발간할 수 있게 되었다.

이 책에서 취급하는 '갈등의 예방과 해결'에 관한 다섯 가지 주제에 대한 이론적 설명은 선진국, 특히 미국에서 발달한 이론에 근거를 두고 있지만 이를 소화해서 수강생에게 전수할 내용을 만들기 위하여 강사진들은 많은 토론을 거쳤다. 워크숍 강사진들은 현재의 한국 사회에서 일어나는 갈등사례들을 그 시대적 배경과 함께 분석하면서, 수강생들이 이해하기 쉽도록 그 강의와 실습 내용을 40여 차례에 걸친 '강사워크숍'을 통해 만들어 내었다. 특히 수강생들이 부처 또는 지자체 업무에서 실제로 응용할 수 있도록 '토론과 실습'에 초점을 맞추어 교재 내용을 구성하고 워크숍을 진행하였으므로 외국 저명학자 중심의 워크숍과도 차이가 있다.

이 책을 발간하게 된 배경은 지속가능발전위원회에서 사회적 갈등과 관련한 업무를 담당하고 있기 때문이다. 우선 '갈등관리' 문제는 노무현 대통령께서 처음으로 제시한 '대통령 의제'이고, 지속가능발전위원회는 대통령 자문위원회로서 '갈등관리' 대통령 의제를 지난 2년 동안 꾸준히 수행해 왔다. 2004년 7월의 대통령 주재 '사회통합을 위한 갈등관리정책 워크숍'과 2004년 9월의 '공공기관의 갈등관리에 관한 법률'의 제안, 2005년 9월의 '갈등관리 전문가 워크숍', 그리고 2004년부터 2005년에 걸쳐 진행된 한탄강댐 갈등조정 사례 등이 모두 지속가능발전위원회의 '갈등' 관련 활동의 예다. 대통령께서 '갈등'을 사회적 의제로 설정한 이후 지난 2년 동안 이에 대한 인식은 많이 확산되었다. 특히 이번에 '공공기관의 갈등관리에 관한 이론과 기법' 책자를 발간하는 것은 다시 한번 인식확산의 계기를 마련하는 것으로 그 의미가 매우 크다.

지금부터 5년 전인 2000년 9월에 발족한 지속가능발전위원회는 참여정부가 출범할 때까지 1기와 2기의 위원을 13개 부처 장관과 환경관련 주요인사, 총 25명으로 구성하였었다. 당시는 각 부처의 정책이나 장단기 계획을 지속가능발전 관점에서 검토하는 것을 주 임무로 하였기 때문이다. 그래서 지속가능발전위원회가 '공공갈등의 관리'와 관계를 맺게 된 것은 2년 전부터라고 할 수 있다. 즉 갈등관리 업무가 추가된 것은 참여정부 들어서라고 하겠다.

　노무현 대통령께서는 지속가능발전위원회를 16개 광역지자체에서 추천한 인사로 구성하고, 위원회에 배심원적 성격을 부여하는 방안에 대해 2003년 9월 초, 부산의 광역지자체장 회의에서 의견을 구한 바 있다. 그 이후 지속가능발전위원회는 광역지자체의 시장과 도지사, 의회 의장, 시민사회단체의 추천을 받은 인사 48명과 여성, 노동, 언론 등 사회 각 부문에서 추천을 받은 인사 29명, 총 77명으로 위원회를 구성하고 대통령령을 개정하여 배심원적 기능을 부여 받았다.

　참여정부 지속가능발전위원회는 사회의 원로급, 양심적인 인사로 구성하고 그 위원들이 제시하는 갈등관련 사안에 대한 대안이 사회적으로 수용되도록 구성한 위원회다. 권위주의 시대에서 실질적 민주주의 시대로 이행하는 과정에서 표출되는 사회적 갈등을 '의제설정'의 하나로 보고 이때 설정된 의제를 어떻게 사회발전의 원동력으로 만들어 가는가는 '대안 결정과정의 객관성'에 있다고 보았으며 이를 담보하는 방안의 하나가 배심원 성격의 위원구성이라고 할 수 있다. 공공갈등이 특히 '개발과 보전의 충돌', 즉 '지속가능발전의 이행과정'에서 발생하므로 지속가능발전위원회가 '공공갈등 관리' 업무를 부여받게 된 것이다. 흔히들 '지속가능발전 이행방법'으로 '협의(consultation)'를 강조하는 데 이러한 개념에도 부합하는 임무라고 하겠다.

　이 책이 공공갈등 현장에 있는 일선 공무원과 시민운동가, 그리고 참여와 사회적 합의를 통해 법과 정책을 만들어 가고자 노력하는 행정가, 지방의회 의원, 국회의원, 정치인, 그리고 여기에 더해서 대안적 분쟁해결(ADR)에 관심을 갖고 있는 법조인에게도 일독서가 되었으면 하는 바람이다. 이 책이 비록 '공공갈등'의 예방과 해결에 주안점을 두고 있지만 그 밖의 집단 갈등, 사회갈등 영역에도 활용할 수 있으리라 여겨진다. 또한 이 책이 한국형 갈등이론 개발에 관심 있는 학자들 사이에서도 토론의 소재가 되었으면 한다.

이 책은 박재묵 충남대 교수, 신창현 환경분쟁연구 소장, 김유환 이화여대 교수, 김희은 여성사회교육원 원장, 박홍엽 한국행정연구원 책임연구원, 박수선 평화를 만드는 여성회 갈등해결센터 소장과 이 분들이 이끈 팀원들의 헌신적인 노력에 의해 출간되었음을 다시한번 밝힌다. 특히 이 분들이 진행하는 과정을 옆에서 지켜보고 이끌어 주신 갈등분야의 원로, 조상행 순천평화교육훈련센터 소장님께 감사의 마음을 전한다.

2005년 11월
대통령자문 지속가능발전위원회
위원장 고철환

▮서문

최근 민주화, 정보화, 세계화가 진행되면서 우리 사회 각 부문에서 다양한 갈등이 분출하고 있다. 또한 일단 발생한 갈등은 잘 해결되지 않고 장기화되는 경향을 보이고 있다. 특히 정부가 추진하는 대형 국책사업과 정책들이 이해당사자 및 시민사회 단체의 반대로 장기간 표류하고 있다.

사회적 갈등은 어떤 점에서 민주화 과정에 있는 우리 사회가 겪어야 할 진통이다. 또한 갈등은 사회 발전을 촉진하는 동력으로 작용하기도 한다. 그러나 갈등이 순기능을 갖고 있다고 해서 방치되어서는 안 될 것이다. 갈등이 유발하는 사회적 비용 문제를 차치하더라도 갈등이 사회의 수용 능력의 범위 내에서 일어날 때 갈등이 갖는 순기능도 제대로 발휘될 수 있다고 보기 때문이다. 어떤 점에서 갈등이 보편적인 사회 현상이듯이, 갈등을 예방하고 해결하고자 하는 노력도 자연스러운 일일 것이다.

'갈등의 시대'를 맞이하여 정부는 그동안 국가의 갈등관리 능력을 배양하기 위해 대통령자문 지속가능발전위원회를 중심으로 갈등관리시스템을 구축하기 위해 노력해 왔다. '공공기관의 갈등관리에 관한 법률'의 제정 추진이 그 대표적인 것이라 할 수 있다. 정부뿐만 아니라 학회, 연구기관, 대학 등의 민간부문에서도 최근 갈등 문제에 대해 큰 관심을 기울이고 있다.

이 책은 이러한 사회적 배경 하에서 지속가능발전위원회의 갈등

관련 활동에 참여해온 전문가들이 갈등관리의 중요성에 대한 인식을 확산시키고 공무원, 직장인, 시민운동가 및 일반 시민들에게 갈등의 예방과 해결에 관한 이론과 기법을 안내해 주기 위한 목적에서 공동으로 저술하였다. 특히 현재 입법 추진 중인 '공공기관의 갈등관리에 관한 법률'이 시행될 때에 대비하여 갈등관리 종사자들의 전문성을 높이는 것이 시급하다는 생각에서 내용 구성을 '공공갈등'에 초점을 맞추었다.

이 책은 다른 일반적인 공동 저술과는 다른 절차를 거쳐 쓰여졌다. 아직 우리 사회에서 공공갈등에 대한 연구의 축적이 미흡한 상황에서 저술이 기획되었기 때문에 많은 사람들의 지식과 경험을 결합하는 것이 필요하다고 생각했고, 따라서 이론에 밝은 학자, 갈등교육 경험이 풍부한 교육전문가, 현장에서 갈등 사례를 많이 다뤄본 시민운동가, 변호사 등 우리사회 곳곳에서 갈등과 관련된 일을 해온 분들이 모여서 연구하고 토론하면서 원고를 작성했다. 쉽게 짐작할 수 있듯이, 관심 분야가 다르고 경험이 다른 사람들이 모여서 같은 목표를 향해 가는 것은 쉬운 일이 아니었다. 내용을 구성하고 집필에 들어가기까지 오랜 격론이 오갔다. 집필 과정 자체가 집필진 간의 관점과 내용에 따른 차이를 극복하고 합의를 형성하는 과정이었다고 할 수 있다.

이 책의 특징은 외국에서 수입한 갈등이론을 한국의 현실이라는 필터를 통해 재정립하고자 노력했다는 점에 있다. 성숙한 민주주의를 운영하고 있는 선진 외국에서는 오랫동안 갈등을 겪으며 파괴적이고 분열적인 갈등을 생산적이고 사회통합적인 갈등으로 전환하기 위한 시스템과 이론이 잘 발달되어 있다. 그러나 우리는 이제 시작단계에 있다. 갈등관리시스템도 구축해야 하고 한국사회 현실에

9

맞는 갈등관리 이론도 개발해야 하는 시점에 있다. 따라서 많은 부분을 외국에서 이미 개발된 이론에 의존할 수밖에 없는 현실이었으나, 저자들은 외국이론을 무비판적으로 수용하기 보다는 가능한 한 우리 현실에 맞는 이론을 재구성하기 위해 노력했다.

이 책의 또 다른 특징은 이 책의 현장 적응력을 사전에 검토했다는 점이다. 저자들은 책 초안을 작성한 다음, 이 책의 내용과 구성이 한국사회 갈등현실에 잘 부합하는지를 사전점검하기 위해 이 책의 초안을 교재로 하여 갈등관리 업무를 맡고 있는 공무원, 시민운동가, 변호사 등 32명을 대상으로 4박5일간 '갈등관리전문가 워크숍'을 실시했다. 참가자들은 초안에 대해 비교적 높은 만족도를 보였으나, 몇 가지 보완할 점도 지적해주었다. 워크숍이 끝난 후 참가자들의 의견을 적극적으로 수렴하고, 초안을 수정·보완하여 최종 원고를 작성하게 되었다.

이 책은 상·하권으로 나뉘어져 있다. 상권에서는 갈등을 사전에 예방하기 위해 주로 많이 활용되는 갈등영향분석과 참여적 의사결정의 이론과 기법을 다루고 있으며, 하권의 첫머리에서는 갈등예방 및 해결 등 모든 과정에서 필요한 의사소통 이론과 기법을 소개하고, 뒤이어 이미 발생한 갈등을 해결해 가는 과정에서 주로 활용되는 협상과 조정에 관한 내용을 다루고 있다. 그러나 하권과 상권의 내용을 갈등예방과 갈등해결로 엄격히 나누는 것은 무의미 하다. 갈등예방과정에서도 협상과 조정은 필요한 경우가 많고, 갈등을 해결하기 위해서 갈등영향분석을 실시하기도 하기 때문이다.

다음으로 이 책의 내용을 간략하게 소개하고자 한다. '서장'에서 저자는 공공갈등을 이해시키는 데 역점을 두고 있다. 우리 사회에서 공공갈등 관리의 문제가 등장하게 된 배경, 공공갈등의 개념, 공공갈등 관리시스템의 구축 과정과 그 내용 그리고 공공갈등 관리시스템의 안착을 위해 필요한 조건과 정부 및 시민사회의 역할을 다루고 있다.

'1장 공공갈등과 갈등영향분석'은 크게 갈등분석이론과 갈등영향분석 방법론으로 구성되어 있다. 갈등분석이론에서는 갈등분석의 개념, 필요성, 분석을 하기 위한 요건 등을 제시하고 있으며, 갈등영향분석 방법론에서는 현재 정부에서 추진 중인 갈등영향분석 제도를 소개하고 분석을 위한 구체적인 기법을 소개하고 국내외에서 시행된 갈등영향분석 사례를 소개하고 있다.

'2장 공공갈등과 참여적 의사결정'에서는 참여적 의사결정의 개념, 공공정책과의 관계, 참여적 의사결정의 유형과 적용방법을 소개하고, 현장에서 참여적 의사결정을 적용하는 데 필요한 설계방법을 제시하고 있다. 또한 우리사회에서 참여적 의사결정방법에 의해 갈등을 해결한 대표적인 사례를 소개하고 있다.

'3장 공공갈등과 의사소통'은 의사소통의 원칙과 적용기법을 소개하고 있다. 의사소통의 원칙을 다룬 부분에서는 의사소통의 개념, 갈등관리에서 의사소통의 중요성, 갈등과정에서 의사소통으로 발생하는 문제와 그 해결방법을 제시하고 있다. 적용기법을 소개하는 부분에서는 경청하기, 질문하기, 올바른 대화훈련방법 등 실제 갈등과정에 필요한 다양한 기법과 적용 사례를 소개하고 있다.

'4장 공공갈등과 협상 분야'는 공공기관이 법안을 제정하거나 정책을 입안, 결정 집행하는 과정에서 이해당사자들과 협상을 통해 갈등을 해결해가는 과정을 소개하고 있다. 먼저 공공갈등에서 협상이 차지하는 위치와 그 특징을 살펴본 다음, 협상의 구조와 협상과정을 소개하고 있다. 마지막으로 성공적인 협상이 되기 위한 전략을 소개하고 우리사회에서 공공협상 기법을 사용하여 갈등을 해결한 대표적인 사례를 소개하고 있으며, 독자들을 위해서 실습용 모의실험을 제공하고 있다.

'5장 공공갈등과 조정'에서는 우리사회 갈등해결의 어려움으로 조정자 부재의 현실을 지적하고, 바람직한 조정자의 역할과 기술이 무엇인지를 제시하고, 조정 단계 별 주요내용과 유의점을 소개하고 있다.

'6장 공공기관의 갈등관리에 관한 법률'의 제정과정에서 주도적 역할을 수행했던 저자가 법안을 만들게 된 배경, 주요 구성과 내용을 상세히 소개하고 있다.

이 책은 공공갈등의 예방과 해결에 초점을 맞추고 있지만, 다른 집단 갈등, 즉 사회갈등(social conflicts) 영역에도 적절히 활용될 수 있을 것이다. 우리는 이 책을 만들면서 갈등현장에서 문제를 해결하기 위해 고민하고 있는 일선 공무원, 시민운동가, 전문가들의 헌신과 노고를 잊지 않으려 했고, 이 분들께 도움이 될 수 있는 책을 만들기 위해 노력해 왔다. 따라서 이 분들이 이 책의 첫 번째 독자가 되었으면 좋겠다는 바람도 있다. 참여와 사회적 합의를 통해 법과 정책을 만들고 갈등을 해결하고자 노력하는 행정가, 지방의회 의원, 국회의원, 정치인, 대안적 분쟁해결(ADR)에 관심을 갖고 있는 법조인께 일독을 권한다.

또한 이 책은 갈등관련 교육에 종사하는 교육자, 예비 교육자, 갈등분야를 전문적으로 연구하고자 하는 교수 및 연구자에게도 갈등에 대한 종합적인 안내서 역할을 할 수 있을 것이다.

이 책을 만드는 데 노력을 덜 기울인 것은 아니지만, 아직 갈등이론과 기법에 관한 결정판을 만들었다고는 생각하지 않는다. 오히려 갈등이론과 실제에 관한 연구가 이제 막 시작되었음을 알리는 신호

탄이라 할 수 있다. 이 책이 밑거름이 되어 더 많은 연구와 논의가 진행되고, 각 분야별 연구도 더 구체적으로 진행되길 바란다. 저자들 역시 이 책에 살과 뼈를 붙이는 일에 게을리 하지 않을 것이다.

이 책을 만들기까지 많은 분들의 도움이 있었다. 우선 우리 사회 갈등현장에서 갈등을 해결하기 위해 온힘을 다해 노력해온 일선 공무원, 시민사회단체 활동가들께 감사를 드린다. 이 글에 나오는 많은 사례들은 이 분들의 노고에 힘입은 바 크다. 또한 워크숍 및 교재 출판의 구상에서부터 세부 실행에 이르기까지 전폭적인 지원과 협조를 아끼지 않은 지속가능발전위원회 고철환 위원장님, 그리고 김승묵 변호사님을 비롯한 갈등관리정책전문위원회 위원 여러분께 감사드린다. 이 분들의 지원과 협조가 없었다면 책을 출판하기 어려 웠을 것이다. 그 가운데 칠순의 노구에 멀리 순천에서 매번 회의에 참석하셔서서 내용자문과 원고 교정에 열정적으로 참여해주신 원로 갈등전문가 조상행 선생님께 우리는 마음의 빚을 지고 있다. 교재 출판까지 40여 차례의 각종 회의가 진행되는 동안, 여름휴가와 휴일 까지 반납하면서까지 번거로운 실무를 맡아주신 지속가능발전위원 회 갈등관리정책팀 김경원 과장님과 엄두용 박사님께 감사의 말씀을 드린다. 마지막으로 상업적인 이해득실을 떠나 처음부터 이 책의 사회 적인 의미에 깊이 공감하고 적극적인 격려를 아끼지 않으시고 출판에 동의해주신 논형출판사 소재두 대표께 진심으로 감사를 드린다.

2005년 10월 하순
갈등관리 교재개발 필진을 대표하여
박재묵, 박태순

▌차례

24

▌上권 차례

3장

공공갈등과 의사소통

1. 공공갈등에서 의사소통의 중요성

1. 의사소통의 의미

1. 의사소통이란 무엇인가?

물건이나 사람을 실어 나르는 일을 교통이라고 하고, 교통은 버스나, 승용차와 같은 이동수단에 의해 이루어진다. 이렇듯 의사소통이란 정보나 생각을 실어 나르는 과정을 말하고, 의사소통은 말이나 글, 그림, 몸짓, 심지어는 냄새, 화학물질 등과 같은 소통수단으로 이루어진다. 의사소통을 통해 전달하려는 내용이 메시지다. 송신자의 메시지는 의사소통수단을 통해 수신자에게 전달되어 그 의미가 해독된다. 수신자는 해독된 내용에 의해 행동을 하거나 또 다른 메시지를 만들어서 상대방에게 전달하기도 한다. 이런 일련의 과정 전체를 의사소통이라 한다. 본래 의사소통(communication)이란 말은 '정보, 메시지, 생각, 개념 등을 함께 나누다'라는 뜻을 가진 라틴어 콤뮤니께(Communicare) 또는 콤뮤니스(communis)란 말에서 왔다고 한다.

따라서 의미 있는 의사소통을 하기 위해 정보를 전달하고자 하는 사람은 메시지를 잘 만들어야 하고, 받는 사람은 그 내용을 잘 해독해야 한다. 전달하려는 내용을 의사소통수단에 잘 실을 수 있어야 하고, 받는 사람은 실려 온 내용을 제대로 이해해야 한다. 인지 능력이 필요한 것이다. 의사소통이 잘 되지 않는다는 것은 이런 과정에 문제가 발생한 것을 말한다. 침팬지는 20~30개의 소리를 이용해서 서로 메시지를 전달한다고 알려져 있다. 서로 의사소통을 하는 것이다. 그러나 인간과 침팬지는 특별한 경우를 제외(조련에 의해 몇 가지 대화는 가능하다)하고는 의사소통을 하지 못한다. 그 이유는 침팬지가 내는 소리를 인간이 정확히 이해하지 못하고 우리들의 글이나 말을 침팬지가 이해하지 못하기 때문이다. 서로의 언어에 대한 인지 능력이 없기 때문이다.

반례로, 집에서 키우는 개와는 부분적이긴 하지만 의사소통을 하는 경우가 많다. 개와 의사소통이 가능한 부분이 있고 불가능한 부분이 있다. 공을 물어오라는 정도의 단순한 지시는 내용전달과 의미파악이 되지만, 집에 누가 왔었느냐는 정도의 질문엔 대답을 얻기 힘들다.

의사소통에서 상대가 꼭 앞에 존재할 필요는 없다. 편지로 의사를 전달 할 수도 있고, 전화나 화상을 통해서 의사소통을 할 수도 있다. 또한 의사소통은 직접적인 관계를 통해서 이루어질 수도 있으며, 제 3자 또는 다른 매체를 통해서 이루어 질 수도 있다. 휴대폰에 저장된 목소리를 통해서도 우리는 의사소통을 할 수 있다. 또한 의사소통은 같은 시간대에만 존재하는 것은 아니다. 과거와 현재 간에도 의사소통은 이루어 질 수 있다. 또한 의사소통에는 여러 가지 수단이 사용될 수 있다. 의미를 전달하는 수단은 말뿐 아니라, 몸짓, 손짓, 표정, 행동을 통해서 이루어질 수도 있다. 결국 의사소통이란 다양한 수단을 활용하여 의미를 이해할 수 있는 상대끼리 자신들의 생각이나 정보를 전달하는 과정이라고 할 수 있다.

2. 효과적인 의사소통의 중요성

집단에 속해있는 사람들은 시간의 75% 이상을 다른 사람과 함께 보낸다고 한다. 따라서 집단에서 발생하는 문제의 많은 부분이 대화와 의사소통과 관련이 있다고 볼 수 있다. 의사소통을 어떻게 하느냐에 따라 개인차원이든 집단차원이든 일이 잘 풀릴 수도 있고 그렇지 않을 수도 있다.

1. 의사소통 과정의 어려움

우리는 어려서부터 다른 사람과 의사소통을 하지만, 정보를 전달하는 과정은 실제로는 매우 복잡한 과정을 통해서 일어난다. 이런 복잡한 과정에서 정보가 잘못 전달되기도 하고 왜곡될 가능성이 매우 높다.

실제로 어떤 의사소통에서든 말한 사람(발신자)으로부터 듣는 사람(수신자)에게 메시지가 전달되는 과정에서 처음 전하고자 했던 의미는 어느 정도 상실된다. 때에 따라서는 핵심적인 내용이 상실되기도 한다. 또 어떤 경우에는 말한 사람이 의도한 것과는 전혀 다르게 해석되기도 한다. 의사소통과정에 문화적인 차이나 언어 장벽이 있는 경우에 이런 장애는 더 말할 나위가 없다. 그러나 문제는 문화적인 차이나 언어적인 차이가 없는 경우에도 의사소통 장애는 쉽게 발생한다. 간단히 예를 들어보자.

> 김 직원 : 저 내일은 오늘처럼 일 안하겠어요 임신을 해서 몸이 좋지 않아요. 의사가 파트타임으로 일하는 것이 좋겠대요.
> 이 주임 : 김 직원, 벌써 일 안하고 빠진 게 세 번째에요. 약속이 틀리잖아요! 당신이 빠지면 다른 사람이 그 일을 보충을 해야 되는 거 몰라요?

위의 대화를 보면, 그녀는 몸이 좋지 않아서 내일은 종일 일을 하지는 않을 거라는 단순한 메시지를 전달하고자 했을 수도 있다. 그러나 그녀는 그녀의 생각을 일단 말로 바꾸어야 하고, 이렇게 생각을 말로 바꾸는 과정에서 실수가 발생할 수 있다. 이것이 첫 번째 에러가 발생할 가능성이다. 그녀가 말하려고 했던 것이 내일은 늦게 나오겠다는 것이었을까, 아니면 너무 부려먹어 일 좀 그만 시키라는 불만을 토로하려고 했던 것이었을까? 여러 가지 유추는 가능하지만, 하여간 그녀는 위의 말처럼 표현을 하고 말았다. 이렇게 단순해 보이는 말도 실제로는 꽤 복잡한 경우가 많다. 김 직원은 그녀가 내일 일을 하지 않을 것이라는 것보다 훨씬 많은 것을 말하려고 했을 수도 있다.

그녀는 자신의 복잡한 감정을 전달하고자 했을 수도 있다. 임신, 일, 그녀의 장래 등에 관한 복잡한 느낌을 표현하려 했을 수도 있다. 그녀는 하나의 메시지를 보냈지만 그 메시지는 '말' 이상이다. 또한 메시지에는 단어들만 나열된 것이 아니라, 이 메시지를 실어 나르는 목소리, 말투, 억양 등이 섞여서 전달된다.

김 직원과 마찬가지로 이 주임 역시 김 직원의 메시지를 들으면서 복잡한 의사소통과정을 경험하게 된다. 김 직원이 전달하는 메시지를 해독해서 그 의미를 파악해야 한다. 이런 경우 이 주임은 김 직원이 '내일은 일을 하지 않을 것이다'라는 단순한 메시지보다 훨씬 많은 것을 듣는 것이다. 이 주임은 김 직원에게서 일에 대한 불만, 상사에 대한 무관심 등에 대해서도 함께 들었을 것이다. 김 직원은 이런 의미로 말한 것이 아니었을지라도 이 주임은 그렇게 해독을 하고 의미를 파악했을 수 있다.

의사소통은 말하는 사람이 우선 생각을 말로 바꾸어야 하고, 듣는 사람은 받은 말을 다시 번역을 해서 의미를 파악해야 하는 복잡한 과정을 거친다. 따라서 의사소통이 어려운 까닭은 매 단계마다 잘못이 생길 수 있기 때문이다. 메시지가 전달되는 과정에서 문제가 발생할 수 있는 가능성은 매우 높다. 그래서 사회심리학자들을 송신자에서 수신자로 메시지가 전달될 때 원래의 의미가 40~60% 정도는 상실된다고 말한다. 이는 과장이 아니다.

의사소통이 복잡한 또 하나의 이유는 '말(언어적 요소)' 이외에 다른 많은 비언어적인 요소들이 의사소통과정에 활용되기 때문이다. 의사소통에서 비언어적이라는 것이 얼마나 중요한지를 이해하는 것은 매우 중요하다. 일반적으로 언어적인 요소보다 비언어적인 요소가 의미파악에 더 중요한 것으로 알려져 있다. 비언어적인 요소를 간과하고는 의미파악이 충분히 되지 못하는 이유가 여기에 있다. 비언어적인 요소로는 몸동작, 말투, 억양 등이 있다.

2. 효과적인 의사소통의 걸림돌

효과적인 의사소통을 방해하는 요소들은 많다. 문화적인 차이가 크거나 상대에 대하여 잘 알지 못하는 경우에는 이런 방해 요소가 무엇인지 조차 알지 못하는 경우가 많기 때문에 문제가 더 심각해질 수 있다. 잘 아는 사이라고 문제가 생기지 않는 것은 아니다. 관계가 오래되어 상대에 대해서 너무 잘 알고 있는 경우에는 일종의 '고정관념'이 형성되어 상대가 하는 말의 의미를 이 '고정관념'이라는 창을 통해 보게 되기 쉽기 때문에 오히려 또 다른 의미의 의사소통 장애가 발생할 수 있다. 의사소통에 방해요인으로 작용하는 것들을 살펴보면 다음과 같다.

- 언어 선택 : 어떤 단어를 사용하느냐에 따라 상대에게 전달되는 메시지의 의미는 달라질 수 있다.
- 피해의식, 편견, 죄책감, 말하는 사람의 감정상태
- 몸동작, 말투 등 비언어적인 형태에 대한 잘못된 해석
- 수신자의 왜곡 : 선택적인 듣기, 비언어적인 부분 무시
- 파워의 차이 : 누가 말을 하느냐에 따라 의미는 달라질 수 있음
- 상대에 대한 기존의 평가
- 고정관념 : 어떤 사람이 속한 집단에 대한 가정으로, 그 집단에 속한 개인도 역시 그럴 것이라고 예단하는 것
- 개인적 경험 : 우리가 의사소통을 어떻게 이해하느냐는 그 사람과 과거 경험에 의해 영향을 받는다.
- 문화적인 차이 등

3. 비언어적 요소의 중요성

우리는 상대가 무엇을 말하고자 하는지를 비언어적인 실마리로부터 얻는 경우가 많다. 학자에 따라서는 의미파악에 비언어적인 요소가 차지하는 비중이 90%이상이라고 말하기도 한다. 같은 말을 하더라도 목소리나 몸동작을 어떻게 하느냐에 따라서 의미는 전혀 다르게 전달될 수 있다. 상대가 말과 비언어적인 행동을 같이 하는 경우 말을 신뢰할 것인가 행동을 신뢰할 것인가로 고민을 하기도 한다. 많은 경우에 사람들은 비언어적인 면을 선택하는 것으로 알려져 있다. 또 언어적인 것과 비언어적인 것이 적절하게 배합되지 않을 경우, 메시지를 받는 쪽에서는 상대가 무언가 숨기고 있거나 솔직하지 않다고 느끼게 되고 상대에 대한 긴장하고 불신을 갖기도 한다.

비언어적 의사소통에는 시각적인 것, 촉각적인 것, 목소리에 의한 것, 시간, 공간, 이미지와 관련된 것, 등 많은 것들이 있다.

- 시각적인 것 : 소위 바디랭귀지라고 하는 것이다. 얼굴표정, 눈동자의 움직임, 포즈, 제스쳐(몸짓)등이 포함된다. 이 가운데 얼굴이 가장 큰 부분을 차지한다. 우리는 다른 사람의 얼굴을 통해 그가 말하는 것과 느끼는 것을 해석해 낼 수 있다. 우리가 어두운 선글라스를 끼고 있는 사람을 만났을 때 느끼는 답답함으로 시각적인 의사소통의 중요성을 확인할 수 있다. 바디랭귀지의 의미를 이해하지 못하거나 잘못 해석하는 경우도 많다. 특히 문화가 다를 때 이런 경우가 많다. 같은 동작이지만 전혀 다른 의미를 담고 있을 수 있기 때문이다.
- 촉각적인 것 : 악수를 하거나 등을 두드리거나, 어깨에 손을

얹거나, 키스를 하거나, 포옹을 하는 것과 같이 신체적인 접촉을 통해 의사소통을 한다.

• 목소리에 의한 것 : 말의 의미는 목소리의 음조를 바꿈에 의해서 상당히 달라질 수 있다. "아냐" 하고 말할 때, 이 단순한 말속에 우리는 '점잖은 거부', '두려움', '놀라움', '화남' 등 다양한 감정을 실어 나를 수 있다.

• 시간 사용 : 시간 사용은 지위와 파워와 밀접한 관계가 있다. 먼저 와서 기다리는 사람이 나중에 오는 사람보다 지위가 낮은 경우가 많다. 그런가 하면, 회의에서 맨 나중에 말하는 사람이 그렇지 않는 사람보다 지위가 높은 경우가 많다.

• 물리적인 공간 : 어떤 사람이 내 옆에 아주 가까이 서 있다면 불편할 것이다. 우리는 자신의 공간이 침입을 받았다고 느낄 것이다. 파워와 친밀감을 얻기 위해선 다양한 방법으로 자신의 영역을 확장해 가고 싶어 한다. 우리는 자신의 영역을 보호하고 자신의 통제 아래 두고 싶어 한다. 일반적으로 사람에게 은밀한 영역은 약 120cm라고 한다. 이 영역은 가장 가까운 친구를 위해 남겨진 공간이다. 120~140cm 정도는 가족과 친구를 위한 공간이다. 사회적인 영역(240~720cm)은 대부분의 사업적인 거래가 일어나는 공간이다. 720cm가 넘는 공간은 대중적인 공간으로 강의 등에 사용되는 영역이다. 일반적으로 미국이나 북유럽 사람들은 서로 몸이 닿는 것을 별로 좋아하지 않고 거래를 하는 경우에도 상당히 넓은 공간을 활용한다고 알려져 있다. 실수로라도 몸이 닿는 것은 "Excuse me"다. 그에 반해서 아시아나 아랍 사람들은 서로 가까이 있고 의사소통을 하는 동안 많은 터치를 한다. 공공장소에서 서로 몸이 닿았다고 해서 상대

가 얼굴을 찡그리거나 신경질을 내면, '참 까다로운 사람'이라고 생각할 것이다.

우리는 의사소통에 물건을 이용하기도 한다. 값비싼 물건을 사용할 때도 있고, 불쾌한 물건을 사용할 때도 있다. 사진이나 꽃, 반지 같은 것을 사용하기도 하고 반대로 오물 등을 이용할 때도 있다.

이렇게 몸동작, 물건, 시간, 공간 등을 활용하는 것은 말에 의한 의사소통의 의미를 더 분명하게 만들기도 하고 더 혼란스럽게 만들기도 한다. 우리는 의미는 '말' 속에 있다고 생각하는 경향이 있지만, 실제로는 '말' 그 자체 보다는 얼굴 표정, 말투, 몸동작과 같은 비언어적인 요소가 결합하여 말의 의미가 만들어지고 전달된다.

3. 공공갈등에서의 의사소통

공공갈등에서 의사소통이란 공공기관이 법안이나 정책을 입안하거나 결정, 집행하는 과정에서 갈등이 발생하거나 갈등이 발생할 개연성이 높은 상황에서 이해당사자 간에 이루어지는 의사소통을 말한다. 공공갈등에서 이루어지는 의사소통도 사적인 의사소통과 본질적으로 다르지 않다. 즉 ① 상대가 존재한다. ② 갈등과 관련된 이슈가 존재한다. ③ 입장이나 의해의 대립과 갈등이 존재한다. ④ 다양한 의사표현 수단을 활용한다. ⑤ 원만한 대화의 진행을 위해 제 3자의 도움이 필요한 경우가 있다

그러나 공공갈등은 많은 경우에 갈등과 관련된 다양한 이해관계자가 있고, 이들 이해관계자들이 집단을 이루고 있는 경우가 대부분이기 때문에 사적인 의사소통과는 몇 가지 특징적인 차이가 있다.

첫째, 사적인 갈등에서 의사소통의 주체가 의사소통에 참여하는 개인인 경우가 많지만, 공공영역에서 발생하는 갈등에서 의사소통의 주체는 집단을 대표하는 대표자인 경우가 많다.

둘째, 대표의 의사소통은 개인의 입장이나 이해에 앞서 자신이 속한 집단의 입장과 이해를 반영한다. 그러나 대표와 대표가 속한 집단 혹은 지지자들과 견해가 항상 같은 것은 아니다. 문제해결과정

에서 구체적으로 논의하겠으나, 대표와 지지자들 간의 견해차이가 갈등 해결의 걸림돌로 작용하는 경우도 있다. 또한 집단을 대표하는 사람이 공공석상에서 한 말은 공적인 의미를 지니기 때문에 그 책임도 함께 지게 된다.

셋째, 공공갈등은 대체로 집단적인 이해 갈등을 수반하는 경우가 많기 때문에 갈등 당사자는 자신들의 주장을 관철하기 위해서 집단적인 의사표현을 하는 경우가 많다. 예를 들어, 노동자가 임금인상을 위해 머리에 붉은 띠를 두르고, 노동운동가를 부르는 것은 대표적인 의사표현임과 동시에 상대를 향한 의사소통의 한 방법이다.

넷째, 공공갈등의 경우 사적인 갈등에서와는 다르게 자신의 입장이나 이해를 관철하기 위해 대중매체, 시위, 집회 등 다양한 의사소통 수단을 활용하는 경우가 많다.

다섯째, 공공갈등의 경우 다양한 이해관계자가 존재하기 때문에 공공기관과 일반대중간의 이해관계뿐 아니라 이외에도 공공기관 내부의 이해관계, 일반대중 내부에서의 이해관계가 서로 충돌하는 경우가 많고, 이해관계에 따라 의사소통 방식과 수단이 달라진다. 예를 들어, 입장 차이가 적은 집단 간에는 의사소통과정이 비공개로 진행되는 경우가 많은 반면, 적대적인 집단 간에는 공개적인 방식으로 진행되는 경우가 많다.

여섯째, 사적 갈등과는 달리 공공갈등에서는 공식적인 기구를 만들어 논의를 하는 경우가 많고, 원만한 진행을 위해 이해관계자 간에 사전규칙(ground rules)을 정하고 진행하는 경우가 많다.

일곱째, 사적인 갈등에 비해 공공갈등에서는 실익보다는 집단적인 명분에 집착하는 경우가 많고, 합의 형성까지 오랜 시간이 소요되는 경우가 많다.

4. 다양한 종류의
의사소통 장애[1]

거의 모든 갈등에는 의사소통과 관련된 문제가 뒤따른다. 상대와의 대화 부족에 의해 발생하는 오해가 대표적이다. 오해는 갈등을 낳고 또 악화시키기도 한다. 의사소통 부족이 갈등의 원인이 되기도 하지만, 갈등이 일단 발생하면 관계가 악화되기 이전보다 상대방과 더 대화를 하지 않으려 하고, 마음을 닫고 자신의 의견을 있는 그대로 말하려 하지 않게 된다. 의사소통과 관련된 문제는 갈등 상황의 한가운데 있는 것이 보통이다.

의사소통에는 대개 말하는 쪽, 듣는 쪽 두 당사자가 있다. 경우에 따라서는 3자가 끼는 경우도 있다. 3자는 보통 한쪽 말을 다른 쪽으로 전달하는 역할을 한다(의사소통 중개자 역할). 대중매체도 넓은 의미에서 3자에 해당한다고 볼 수 있다. 의사소통과정의 문제는 두 당사자, 3자, 모두에서 발생할 수 있다.

말하는 사람 쪽에 문제가 있을 수 있다. 즉 말하는 사람이 자신이 무엇을 말하고 있는지 불명확할 때가 많다. 때때로 의도하든 의도하지

---

1) 본 내용은 미국 콜로라도 대학의 「다루기 어려운 갈등에 관한 국제 온라인 트레이닝 프로그램」을 기반으로 한국적인 상황에 맞게 내용을 수정·보완하고 사례를 덧붙여 작성한 것이다.

않든 그들의 감정을 숨길 때도 있다. 어떤 때든, 듣는 사람은 혼란스러울 수밖에 없다. 문화적 배경이 다른 사람들이 의사소통을 할 때 이런 혼란은 더 커질 수도 있다. 같은 언어를 쓰고 있는 경우에도 문화가 다른 경우에는 사건을 보는 관점과 가치관에 차이가 있기 때문에 이런 혼란이 일어날 가능성이 크다. 문화적인 차이가 대화를 어렵게 만든다.

듣는 사람에 의해서 의사소통에 장애가 생길 수도 있다. 상대를 잘 알고 있는 경우, 상대방이 하는 말은 이전에 들었던 것이고, 그래서 그 사람은 '이런 이야기를 하고 있을 거야'하고 짐작을 하고 상대방의 말에 주의를 기울이지 않는 경우가 많다. 특히 사람들이 갈등상태에 있을 때, 상대방이 하는 말에 주의를 기울이기보다는 상대방 말이 떨어지기도 전에 그 말에 대꾸하기에 바쁘고, 상대방이 말을 하는 동안 듣기보다는 자신의 주장을 펼칠 준비를 하는 데 집중한다. 이렇게 다른 사람의 말을 듣지 않으면 오해는 커지고 갈등은 증폭된다.

문제 해결을 위해 3자가 투입되는 경우 역시 갈등을 더욱 악화시킬 수도 순화시킬 수도 있다. 3자는 서로 얼굴을 마주보고 말하기 어려운 상대 사이를 오가면서 메시지를 전달하는 기능을 한다. 준비를 잘한 3자는 말하는 사람의 메시지를 분명하게 파악하고, 듣는 사람에게 말한 내용과 말한 사람의 의도를 정확하게 전달한다.

그러나 준비가 미흡한 3자는 문제를 더욱 심각하게 만들 수 있다. 신문이나 방송에서 그런 일이 많다. 예를 들어 신문이 발행부수를 더 늘리거나 자신의 영향력을 키우기 위한 목적으로, 입장이 다른 당사자들을 서로 이해시키기 위해 노력하기 보다는, 사건을 자신들의 입맛대로 재단하여 당사자들을 더욱 흥분시키고 편을 가르게 하여 사태를 더욱 악화시키는 역할을 하기도 한다.

1. 오해

정도의 차이는 있지만 사회적인 갈등은 보통 오해를 동반한다. 정상적인 상황에서도 오해는 발생하지만, 갈등이 존재하는 경우에는 이런 문제가 더욱 심한 경우가 많다. 갈등의 수위가 높으면 높을수록 오해에 의한 비용은 더욱 커지게 된다. 예를 들면 지난 반세기동안 남북은 군사작전 등에 대한 상호 오해 때문에 엄청난 비용을 치러야 했다. 자위목적의 방어훈련이 침략목적의 군사훈련으로 오인을 받기도 하고, 월남하는 미그기를 보고 전쟁이 발발한 것으로 보도를 하고, 이럴 때마다 국민들은 전쟁용 필수품 사재기에 열을 올리기도 했다.

갈등 상황에서는 당사자 간에 대화를 명확히 하는 것이 상대방이 오해해서 극단적인 결정을 내리지 않도록 하고, 갈등에 의해 발생하는 다양한 비용을 줄일 수 있는 방법이 되기도 한다.

모든 대화에는 두 파트너가 있다. 말하는 사람과 듣는 사람이다. 말하는 사람이야 자신이 생각하는 것을 상대에게 가장 잘 전달 할 수 있는 말을 사용하지만, 어떤 생각이 정확히 전달되지 못하게 하는 여러 가지 방해요소들이 있고, 그 결과 듣는 사람은 말한 사람의 생각과는 전혀 다르게 말을 해석할 수도 있다.

예를 들어, 의사소통을 말로 하는 경우, 말하는 사람의 목소리의 크기가 해석에 영향을 줄 수도 있다. 만약 상관이 '오늘 아침 휴식시간이 길다'고 말했다고 하자. 상관이 이 말을 꾸짖는 듯한 말투로 한다면 듣는 사람들은 자신들을 나무라는 소리로 듣게 될 것이다. 그러나 반대로, 같은 말을 친절한 톤으로 한다면 사무실 규정을 상기시키는 정도로 이해될 수도 있을 것이다. 만약 직원들이 시간을 들어 풀어야할 과제가 있는 경우라면, 이 말은 관심을 보이고 도움이 필요한지를 묻는 호의가 될 수도 있을 것이다. 이처럼 상황이나 관계뿐 아니라, 목소리의 크기까지 메시지의 해석에 영향을 줄 수 있다.

말뿐 아니라 표정이나 몸짓도 영향을 줄 수 있다. 같은 말이라도 어떤 몸짓을 하느냐에 따라 그 말에 대한 해석이 달라질 수 있다.

메시지를 보내는 방법도 중요하지만, 상대가 메시지를 어떻게 받아들이느냐에 따라 내용이 다르게 해석된다. 새로 받는 정보가 우리가 기존에 알고 있는 내용과 일치한다면, 새롭게 전달된 정보를 정확하게 받아들일 공산이 크다. 그러나 일치하지 않는다면 우리가 갖고 있는 기존의 생각에 끼워 맞추려고 내용을 왜곡시키거나, 그 정보는 사기성이 있다거나 잘못된 것으로, 또는 의미 없는 것으로 처리해 버릴 수도 있다. 천동설을 진리로 받아들이던 중세에 갈릴레오의 '지구가 태양 주위를 도는 것이다'는 주장은 미친 소리 아니면 의미 없는 소리 정도로 들렸을 것이다.

전달하는 메시지가 모호하면, 메시지를 받는 사람은 그 메시지를 자신이 듣기를 기대하는 쪽으로 해석하여 받아들일 가능성이 크다. 만약 갈등 상황에 있고 서로가 상대방을 공격적이고 비합리적이라고 생각하고 있다면, 실제로는 그렇지 않더라도 상대가 하는 애매한 말들은 공격적이고 비합리적인 것으로 해석될 가능성이 크다. 우리의 예상과 기대가 우리가 보아야할 것들을 왜곡시키는 눈가리개로 작용해서 세상을 우리가 기대하는 대로 보게 만드는 것이다.

어떤 사람에게 세상이 거꾸로 보이는 안경을 주면, 그 사람은 한두 주 정도는 뒤바뀐 이미지 때문에 고생을 하게 될 것이다. 그러나 그 후에는 우리 뇌가 우리가 본 것을 거꾸로 해석하게 되는 것을 학습하게 하고, 이런 걸러진 해석을 통해 사물을 거꾸로 보는 데 익숙하게 된다. 이제 거꾸로 보이는 세상이 정상적인 것이 되고, 만약 정상적으로 보이는 '상'이 나타나면 의심을 품게 될 것이다.

2. 의사소통을 어렵게 만드는 문화적인 장벽

때때로 문화적인 배경이 달라서 의사소통에 장애가 발생하는 경우도 있다. 문화적 배경은 사람들의 의식, 관점, 세계관 등에 영향을 미친다. 따라서 구체적으로 주어진 상황을 해석하는 방법도 다를 수 있을 것이다. 예를 들면, 남자 머리카락이 귀밑까지만 내려와도 경찰이 잡아다가 가위로 머리카락을 자르고, 미니스커트를 입는 것이 범죄시(경범죄에 해당)하던 시대에 청년기를 보낸 사람들이 있다. 그 사람들은 길에서 포옹을 하거나 배꼽이 드러나는 옷을 입은 젊은이들의 모습을 낯설고 불쾌하게 느낄 수도 있다. 세대 간 문화의 차이다. 통신언어를 두고 우리말과 글을 훼손하고 품위를 떨어뜨린다고 비난하는 사람들이 있다. 그러나 젊은 세대들 역시 우리말과 글의 소중함을 잘 알고 있다. 관점의 차이에 의한 오해라고 생각한다.

같은 말과 글을 쓰는 경우에도 상대방이 누구인지에 따라 오해가 생기고 의사소통에 장애가 발생하기 쉬워지는데, 말과 글이 다른 경우에는 이보다 문제가 훨씬 심각할 수 있을 것이다. 말하는 사람이 상대방 국가의 '말(Word)'를 알고 있는 경우라도 언어(Language)에 의한 차이가 갈등의 원인이 되기도 한다. 언어(Language)는 그 언어를 사용하는 사람들의 생각, 관점, 세계관을 담고 있는 하나의 상징이기 때문에 단순한 '말' 그 자체와는 차이가 있다. 갈등 상황에서 서로 언어 문제까지 겹치게 되면, 오해의 골은 더 깊어질 수 있다. 몇 년 전 한국 대통령이 국빈으로 일본에 초대받았을 때, 일왕이 궁중만찬회에서 '과거 한 세기 불행했던 양국 관계를 생각하면 통석(痛惜)의 염(念)을 금할 수 없다'는 발언을 했다. 여기서 통석이라는 말을 어떻게 해석할 것이냐는 문제로 한일 양국 간에 또 국내 언론사 간에 치열한 논쟁이 벌어진 일이 있다. 정치적인 의미는 차치하고라도 같은 말을 두고 양국민이 느끼는 감정, 정서상의 차이를 극명하게 보인 대표적인 사례다.

오랫동안 다른 문화 간의 의사소통에 대해 연구해온 팅-토미 (Stella Ting-Toomey) 교수는 문화적인 차이에 의해 서로 이해하는 데 장벽이 생길 수 있는 요인을 3가지로 들고 있다.

첫째는, '인식의 차이'로 모든 새로운 정보를 비교하거나 이해하는데 기반이 되는 세계관, 인생관 등에 근원적인 차이가 있다는 것이다.

둘째로, '행동의 차이'로 각각의 문화는 언어적이든 비언어적이든 의사소통을 하는 태도나 방식에 일정한 규칙이 있다는 것이다. 다른 사람과 말할 때 서로 눈을 쳐다보면서 말을 할 것인지 눈을 애매하게 두고 말을 하는 것이 좋은지, 자신들이 생각하는 것을 공개적이고 직설적으로 말하는 것이 좋을지 아니면 우회적으로 말하는 것이 좋은지, 또는 얼마나 가까운 거리에서 말을 하는 것이 예절에 벗어나지 않는 것인지 등에 문화적인 차이가 있다. 이 밖에도 의사소통에서 행동과 관련된 수많은 문화적인 차이가 있다. 상대방에게 낯설게 느껴지는 표현방식은 오해를 일으키기 쉽다. 예를 들어 부모님 앞에서 부부끼리 애정표현을 하는 것은 서구에서는 문제가 되지 않지 않을 수 있지만, 우리 문화에서는 받아들이기 어렵다.

팅-토미가 말하는 세 번째 장벽은 '정서적인 차이'다. 정서를 표현하는 방식에 차이가 있는 것이다. 어떤 문화에서는 지극히 정서적이어서 토론을 할 때도 곧 잘 흥분을 하고 소리를 지르고, 울고, 발을 구르고, 자신들의 감정을 있는 그대로 드러낸다. 그러나 다른 문화에서는 감정은 숨기고 상황에 대해 사실적이고 이성적인 측면만을 중심으로 절도 있게 논의하려 애쓰기도 한다.

이런 모든 차이가 의사소통에 장애를 일으킬 수 있다. 이런 문화적인 차이에 의해 발생할 수 있는 가능성을 미리 염두에 두지 않는다면 어렵지 않게 해결될 수 있는 갈등도 더 큰 갈등으로 커질 수 있을 것이다.

3. 부정확하고 과장된 적대적 고정관념

고정관념은 '어떤 집단에 속한 사람들은 이렇다'는 이미지에 기반해서 '그 사람도 그 집단에 속하니 그럴 것이다'라는 가정 또는 일반화를 말한다. 경상도 사람, 전라도 사람을 어떻다고 말하거나, 미국인들은 이렇고 중국인들은 저렇다고 일반화하는 것이 대표적인 고정관념이다. 그러나 실상은 다르다. 모든 경상도 사람이 일반화된 기준에 맞는 것도 아니고 전라도 사람도 사람 나름이다. 부모가 경상도에 살고 있는 전라도 출신일수도 있다. 우리가 상대방을 각 개인으로 보질 않고 이런 사람은 이럴 것이다, 라고 미리 예단을 한다면 실제 상황에서는 그 사람에 대한 평가에서 실수를 저지를 가능성은 그 만큼 커질 것이다.

갈등 상황에서는 상대방을 부정적으로 생각하기 쉽다. 자신에 대해서는 긍정적으로 보면서 상대에 대해서는 공격적이고, 이기적이고, 사기성이 농후할 것이라고 생각하기 쉽다. 이런 고정관념은 쉽게 사라지지 않는다. 어느 한쪽이 상대방을 사기성이 농후하고 공격적이라고 여기게 되면, 그들은 그런 생각에 기반하여 반응을 하게 되고, 그렇게 되면 상대방도 그런 생각을 갖게 되어 부정적인 이미지를 형성하게 된다. 이런 악순환이 계속되면, 대화는 점점 어렵게 되고, 갈등은 점점 심각해 질 수 있다.

4. 의사소통 채널의 부재

개인이나 집단이 갈등 상황에 있게 되면, 당사자 간에 대화하기가 더 어렵게 되는 것이 일반적이다. 갈등이 심화되면서 사람들은 마음도 불편하고 긴장도 되고 해서 상대방과 직접적인 교류를 하려들지 않게 되기 쉽다. 그리고 상대방이 뭘 말하는지 뭘 생각하는지 이미 들어서 다 알고 있고, 새로울 것이 없는 뻔한 이야기라고 생각하는 경향이 있다. 상대방에게서 정보를 얻지 않고 같은 구성원들이 나 떠다니는 소문 등에 의존하게 된다. 결과적으로 당사자 간의 대화는 끊어지고, 정확한 정보 소스는 사라지게 된다. 이렇게 되면, 문제를 해결할 수 있는 길로부터 점점 멀어지게 될 공산이 크다.

카펜터와 케네디[2]는 갈등이 어떻게 심화되는지를 다음과 같이 설명했다. "갈등 초기 상황에서는 사람들이 서로 대화를 나누고,

---

2) Carpenter, Susan L., and Kennedy, WJD, *Managing Public Disputes*, Jossey-Bass. 1988

의견을 교환한다. 그러나 언젠가부터 토론은 사라지고 논쟁으로 변하게 된다. 그런 상황이 되면 사람들은 실망을 하게 되고 상대방에게 화를 내기 시작한다. 사람들은 상대방의 관점을 용인하지 않게 되고, 자신에게 유리한 내용 이외에는 흥미를 잃게 된다. 자신에게 너무 집중한 나머지 상대방의 말을 듣는 것은 불편하고 귀찮은 일이 되어 버리고 만다. 상대가 한 말을 생각할 겨를이 없게 된다. 결과적으로 둘 사이에 대화는 끊기고, 정보는 자신의 입장을 강화하거나 상대를 누르기 위해서 사용하는 무기가 되어버린다. 문제를 해결하기 위한 정보는 이제 더 이상 흐르지 않게 된다."

갈등이 심화되는 상황에서는 의사소통 채널과 기회를 활용하지 않거나, 의사소통 채널조차도 상대방을 골탕 먹이거나 위협하기 위한 것으로 악용한다. 이런 상황에서는 상대로부터 얻은 정보에 어떤 신뢰도 보내지 않고, 첩보나 우회적인 방법으로 얻는 정보에 주로 의존하게 된다(Deutsch, 1973). 루머 등과 같은 방법에 의존하면서 정보의 질과 신뢰성은 떨어지고 갈등은 더욱 악화될 것이다.

5. 대화중에 딴전피우기

많은 사람들은 남의 말을 듣는 데 인색하다. 일상생활에서도 그렇다. 남이 말을 하는 동안에도 딴 생각을 하거나 다른 것에 관심을 두는 경우가 많다. 이런 경향은 사람들이 갈등 상황에 있을 때 더욱 그렇다. 다른 사람의 말에 주의를 기울이기보다는 많은 사람들은 다른 사람이 말하고 있는 동안 어떻게 반응할까에 더 많이 신경을 쓴다.

게다가, 사람들은 다른 사람이 하는 말이나 행동을 그들이 이미 갖고 있는 관점 안에서 해석하려든다. 그들은 다른 사람이 말하려는 것을 이미 충분히 예상하고 있기 때문에 다른 사람이 말하려는 것을 충분히 귀담아 듣지 않아도 이미 다 알 수 있다고 생각하고 있다. 이런 점에서 갈등상황에 있는 사람들은 상대방에게 호전적이고 믿을 수 없는 사람이라는 이미지를 만들고 싶고 이런 이미지를 부각하려고 한다. 이런 준비된 마음(?) 때문에 실제로 상대방이 하는 말이나 행동도 그렇게 해석이 되어버리는 경향이 있다. 상대방에 대한 입장 때문에 상대가 하는 말도 그렇게 해석이 되는 것이다. 애매한 말들은 가장 좋지 않은 말로 풀이가 된다. 만약 그들이 상대에 대해 가졌던 부정적인 이미지와 일치하지 않는 말이나 행동이 나오는 경우에는 무시해버린다.

말하는 사람이 아무리 공정하고 명확하게 상황을 설명하고 관심을 집중시키려 노력을 해도 듣는 사람이 딴전을 피우면 건설적인 의사소통은 어려워진다.

6. 비밀 유지와 속임수

어떤 당사자가 다른 당사자들의 이해, 입장, 행동에 대해 정확히 알고 있다면 직접 얼굴을 맞대고 솔직하게 의사소통을 하는 것이 가장 효과적인 방법일 것이다. 그러나 어떤 상황에서는 거짓 정보를 유포하거나 속임수를 써서 상대방의 이미지를 왜곡시키고 상대를 혼돈에 빠뜨리는 것이 단기적으로는 유리한 경우가 있다. 그러나 이런 전략은 오래 지속되기 어렵고 서로에 대한 신뢰를 파국으로 이끌게 된다.

상대가 전혀 준비되어 있지 않는 상태에서 또 자신을 지킬 힘도 없는 상황에서 상대방이 은밀한 작전으로 일시에 공격을 해오면 예상보다 훨씬 큰 타격을 입게 될 것이다. 이렇듯이 상대가 전혀 준비되어 있지 않은 상황에서 갑작스럽게 상대방의 비밀을 폭로함으로서 상대에게 결정적인 타격을 입히는 경우가 있다. 이런 이유 때문에 서로 분쟁중인 사람들은 자신의 약점이나 비밀을 지키기 위해, 또 상대방의 비밀을 캐내기 위해서 필사적으로 노력을 한다.

속임수는 정보를 숨기기보다는 정보를 왜곡하여 이득을 얻는 전략이다. 군대 지휘관은 그들의 군사력이 실제보다 더 강하다는 것을 적에게 확인시키기 위해 노력할 것이다. 이런 경우에 그들은 적에게 정확하지 않은 정보를 주기 위해 노력할 것이다. 적에게 군사가 많다는 것을 알리기 위해 유달산 노적봉을 볏가마니로 둘러싸서 마치 쌀을 그렇게 쌓은 것처럼 보이게 했다는 '이순신'의 전설은 이런 전략을 상징적으로 보여주는 것이다. 비슷하게 그들이 실제보다 더 좋은 협상에 대한 대안(BATNA)을 갖고 있다는 것을 보여주려할 것이다. 협상이 깨져도 별로 손해볼 것이 없다는 것을 넌지시 내보이려 한다. 협상이 결렬되더라도 '나는 더 좋은 대안이 있다'는 것을 상대에게 알리게 되면, 당신은 협상에서 더 유리할 가능성이 있기 때문이다.

이런 기술을 사용하는 사람들은 자신들의 지위를 더욱 강화하고 더 많은 이익을 얻을 가능성이 있지만, 이런 이익보다 더 큰 비용과 위험성 또한 있다. 이런 기술들은 서로에 대해 신뢰할 수 있는 기반을 무너뜨릴 수 있고, 한 번 이런 경험을 통해 손해를 보는 경우에는 상대에 대해 아주 깊은 불신을 갖게 되어 상황을 더 어렵게 만드는 경우가 많다.

또한 이런 속임수와 비밀유지는 상대의 이해와 요구를 정확하게 알고 문제를 풀어가야 하는 협상을 더 어렵게 만들기도 한다. 이해와 요구에 대한 정확한 분석을 통해서 해결점을 찾으려는 노력에 찬물 끼얹는 꼴이 되어, 서로 윈-윈 할 수 있는 가능성을 소멸할 수 있다.

그렇다고 비밀 유지와 속임수와 관련된 문제에서 벗어나야 한다는 것이 당사자들이 서로에게 모든 것을 말해야 한다는 것을 의미하거나 협상자들이 당사자들에게 모든 것을 말해야 한다는 것을 의미하는 것은 아니다. 중요한 것은 상대방에게 자신에 대한 신뢰를 높여가면서 자신이나 상대가 갖고 있는 의미 있는 정보를 점점 털어놓고 논의할 수 있는 공간을 마련하는 데 힘써야 한다. 협상이 진행되는 동안 이런 과정을 사전규칙(ground rules)의 틀로 묶어 놓을 수도 있다. 정보를 제공하는 방법, 그리고 정보가 잘못되었거나 속임수가 존재할 때 이런 문제를 어떻게 처리할 것인지를 사전에 서로 약속할 수 있을 것이다.

7. 선동적인 표현

선동적인 표현과 인신공격이 갈등을 심화하는 중요한 원인이 되기도 한다. 다른 사람에게 언어 공격을 받은 사람은 상대방에 대해 방어적이 되거나 적대적이고 호전적으로 변하기 쉽다. 예를 들어 "당신은 문제가 있어!" 라든가 "그런 말을 믿다니 바보 아냐!" 라는 정도의 말을 듣게 되면, 공격을 받은 사람은 매우 부정적인 방향으로 반응할 가능성이 크다. 이런 말을 들은 사람은 마음에 깊은 상처를 받고, 다른 사안에 대해서도 그 사람과는 대화하기를 꺼려하거나 거부하고, 어떤 사안도 타협적이거나 양보하려 하지 않을 것이다. 이들은 상대가 황당한 사람이라고 여기고 모든 대화를 거부할 가능성이 크다.

8. 선동적인 대중매체의 영향

대중매체는 의사소통의 한 수단이자 도구다. 그러나 한꺼번에 다수의 사람에게 공신력을 바탕으로 영향을 미칠 수 있다는 점에서 개인적인 차원의 정보 교환과는 양적으로 질적으로 차이가 있다. 따라서 갈등 상황에서 대중매체에 의한 의사소통 왜곡은 심각한 영향을 가져올 수 있다.

대중매체들은 그들의 목적이 대중에게 공적인 문제와 관련된 정보를 정확하게 제공하는 것이라고 주장하지만, 그들은 너무나 자주 잘못된 정보를 제공하기도 하고 서술적이고 설득력 있는 방법보다는 선동적인 언사를 사용하기도 한다.

언론의 자유가 있는 나라에서 언론인들은 사람들의 주의를 끌 수 있는 주제들을 잡아 글을 쓰고 싶어 한다. 언론의 속성이다. 그래야 더 많은 독자, 청취자, 시청자를 확보할 수 있기 때문이다. 이런 이유 때문에 언론인들은 협력적이고 평화적인 이야기를 다루기보다는 사람들로부터 더 많은 흥미를 자아낼 수 있는 극단적이고 부정적인 이야기에 관심을 기울인다. 이런 편향들이 정부가 언론을 통제하는 나라에서는 일어나지 않지만, 거꾸로 이들 나라에서는 정부가 언론을 장악하고 통제하여 정부의 일방적이고 선동적인 입장과 관점이 언론이란 배출구를 통해 쏟아져 나오게 된다. 정부가 언론이라는 매체를 악용하는 것이다. 사실 왜곡과 은폐, 과장이 공공연하게 일어나게 된다. 또한 많은 경우, 리포터들이 여러 가지 이유로 사실에 접근하지 못하여 엉성하고, 의미 없는 보도로 시청자(또는 독자)들의 판단을 흐리게 하고, 갈등상황을 더 악화시킨다.

많은 경우 리포터들은 짧은 시간 안에 그들이 감당하기 어려울 정도로 많은 사람들과 인터뷰를 하고, 항상 마감시간에 쫓기는 경우가 많다. 그들은 글을 쓰면서 또 새로운 취재원을 찾아 이용을 한다. 이런 요인들이 그들이 어떤 사안에 대해서 충분한 시간을 갖고 깊이 분석하여 글을 쓰기 어렵게 만들고 대중에게 정확한 정보를 전달하기 어렵게 만드는 요인이 되기도 한다. 결과적으로 갈등을 제대로 파악하고 정확히 전달하려 했던 처음의 의도와는 다르게 매체의 내용은 애매하거나 갈등을 증폭시키는 결과만을 낳는 경우도 있다.

갈등 상황이 대중매체에 노출이 되면, 갈등 당사자들의 태도가 바뀌는 것을 흔히 볼 수 있다. 그전까지는 서로를 이해하는 듯이 협상을 진행하고, 브레인스토밍을 하기도 하고, 문제를 정의하고, 해결책을 마련하기 위해 온갖 새롭고 창조적인 생각들을 쏟아내기도 하지만, 대중들이 그들을 지켜보고 있는 경우에는 그들의 지지자들이 비난을 할까 두려워 훨씬 원칙적인 입장에서 협상을 하는 경향이 있다. 테이블에 마주 앉아 있는 사람보다 밖에서 지켜보고 있는 사람들에게 신경을 더 많이 쓰고 그들을 위해 의도적으로 지어낸 말들을 하기도 한다. 이런 이유 때문에 조정자들은 협상이 사적으로 이루어지길 더 선호하기도 한다. 그러나 민주주의 사회에서 언론과 대중들은 대부분의 의사결정 과정이 어떻게 일어나고 있는지를 알고 싶어하고 또 쉽게 접근할 수 있기 때문에 완전히 사적인 협상은 말처럼 쉽지가 않다.

9. 불충분한 정보수집과 시간의 제약

대부분의 갈등은 오랜 기간에 걸쳐 각자 자신들의 목적을 달성하기 위해 다양한 전략을 사용하는 복잡한 과정에서 발생한다. 이런 갈등을 건설적으로 처리할 수 있는 능력은 주로 당사자들이 이런 상황을 얼마나 잘 이해하고 있느냐에 의해 결정되는 경우가 많다. 만약 갈등 당사자들이 누가 갈등에 포함되어 있고 그들이 어떻게 움직이며 움직이는 이유가 무엇인지를 제대로 이해하지 못한다면, 잘못된 전략을 사용하기 쉽고 이는 실패로 연결될 것이다. 그러나 문제는 이렇게 필요한 정보를 얻는데 돈이 들어가고 많은 시간이 소요된다는 점이다. 돈과 시간이 한정되어 있는 경우라면 이런 한계 안에서 갈등 당사자가 얼마나 효과적으로 움직이느냐에 따라 정말 필요한 정보를 얻을 수도 얻지 못할 수도 있다.

예를 들어, 당사자들은 상대방을 깊이 파악하는 데 필요한 시간을 충분히 갖기 못하는 경우가 있다. 이렇게 시간이 부족한 상황에서 어떤 자료를 선택하고 어떤 사람을 우선 만날 것인지는 매우 중요하다. 이런 점에서 효율적인 정보를 습득하는 것은 매우 중요하다. 만약 중요도가 떨어지는 자료를 구하기 위해 많은 시간을 보낸다면 시간 낭비가 될 수 있을 것이다.

또한 일반적으로 사람들은 정보를 얻기 위해 꼭 필요한 사람을 만나는 대신 자신과 의견을 같이하거나 자신의 견해를 지지하는 사람들과 더 많은 시간을 보내는 경우가 많다. 또 많은 경우에 사람들은 자신이 원하는 말을 듣기 위해서 다른 사람과 만나 대화하는 경우가 많다. 예를 들어 어떤 지역에 새로운 공장이 들어서는 것에 반대하는 사람들은 그 계획을 좌절시키기 위해 대부분의 시간을 자신과 의견을 같이 하는 친구나 지원자들을 만나고 다닌다. 이런 사람들은 이 공장의 실제 계획이 어떤 것인지 알아내기 위해서 반대 입장에 있는 사람과는 대화를 나누지 못할 수도 있고, 공장건설과 지역주민의 복지를 만족시킬 수 있는 윈-윈 전략을 찾아내는 일에 실패할 가능성이 크다. 이런 사람들은 타협안을 만들기 위해 꼭 만나야 할 사람을 만나지 못하고 결과적으로 필요한 정보를 얻어내는 데 실패하게 되는 것이다.

10. 위기상황에서 의사소통

갈등이 고조되고 상황이 급박할수록 갈등 당사자들은 그들의 이익만을 추구하면서 서로에 대한 두려움, 적개심 등이 커지게 된다. 이런 상황에서는 루머 등 사실과는 아무런 상관이 없는 거짓 정보들이 판을 치게 되고 혼란은 가중된다. 또한 당사자들은 자신의 파워를 지키기 위해 평소에는 사용하지 않던 전략과 전술 등을 사용하는 경향이 있다.

11. 의사소통과정에 끼어든 신참자 문제

갈등은 때에 따라서는 수개월 또는 수년 동안 계속되는 경우가 많다. 갈등이 전개되면서 참가자들 사이에도 밀접한 관계가 형성된다. 참가자 서로들 개인적으로도 잘 알게 되고, 갈등을 잘 해결하기 위해 서로 노력한 내용과 참가자들 면면이 갖고 있는 관심과 입장을 잘 이해하게 된다. 이런 상황에서 갈등의 전개과정을 전혀 모르는 새로운 참가자가 결합하게 되면 다소 곤란한 문제가 발생할 수 있다. 이런 사람들은 그 갈등과 관련된 경험이 부족하기 때문에 갈등 과정을 잘 이해하는 사람이라면 하지 않을 법한 행동도 스스럼없이 하는 경우가 발생하고 다른 사람들을 긴장시킬 수 있을 것이다.

이런 문제를 최소화하기 위해서는 갈등이 진행된 과정을 소상히 기록하여 신참자가 지금까지의 진행상황을 빠르고 정확하게 알 수 있도록 하는 것이 필요하다. 갈등이 진행되는 과정을 기록하여 신참자에게 이전의 경험을 제대로 전수할 수 있는 메커니즘을 제공하는 것이다. 전수하는 내용은 가능한 한 한쪽으로 치우치지 않고 내용 전체를 파악할 수 있도록 해야 할 것이다. 새로운 참가자가 만약 한곳에서만 정보를 제공 받으면, 그는 고정관념이나 상대에 대한 그릇된 정보에서 생기는 악의를 갖게 될 수 있다. 그러나 또 하나 기억해야 할 것은 새로운 참가자는 기존에 있던 사람들이 극복하지 못했던 문제를 뛰어 넘을 수 있는 가능성을 갖고 있는 사람들이기 때문에 그들의 창의적인 생각이 충분히 발현될 수 있도록 기회를 제공하는 것 역시 매우 중요하다.

또한 협상 초기에 사전규칙(ground rules)을 통해 대화 파트너가 바뀌는 경우 어떻게 할 것인지에 대해 미리 합의를 해두는 것이 좋다. 이렇게 해서 갑작스럽게 파트너가 바뀌는 상황에 미리 대처할 수 있도록 하는 것도 권장할 만한 방법이다.

12. 대표와 지지자간의 의견차이

대부분의 대화, 협상, 합의과정은 많은 지지자, 또는 지역민 등을 대표하는 소수의 사람들에 의해 운영된다. 몇몇 사람이 오랫동안 모여서 논의를 하다보면 그들 사이에 친분도 쌓이고 이해의 폭도 넓어지게 되지만 정작 그들의 지지자들과는 멀어지기 쉽고 대표와 지지자들 간에 의견이 발생하는 경우가 있다. 지지자들의 견해를 제대로 반영하지 못하게 되는 경우가 발생하는 것이다.

대표들이 자기편에 매우 합리적이라고 생각되는 제안을 갖고 지지자들에게 돌아왔을 때, 대표와는 전혀 다른 견해를 보일 수 있다. 이런 차이가 발생하는 이유는, 대표자들이야 자신이 직접 그 과정에 참여했기 때문에 어떤 제안이 나올 수밖에 없었던 구체적인 상황을 충분히 이해하고 있지만, 지지자들이야 이런 과정을 알 도리가 없을 뿐 아니라, 오로지 대표는 자신들의 입장이나 요구를 관철시킬 것이라고 기대하고 있기 때문이다.

이런 문제가 발생하는 가장 큰 원인은 소수의 대표자들 간에는 계속 대화를 해오면서도 지지자들과는 충분히 대화를 나누지 못했기 때문이다. 모든 사람이 대화나 협상과정에 참여하는 것은 불가능하기 때문에 대표는 자신의 지지집단의 의견을 충분히 반영하기 위해서 협상에 올릴 의제와 협상과정, 협상결과를 지지자들에게 가능한 한 자세히 알려야 하고, 보고과정에서 얻은 새로운 요구를 협상과정에 반영하려 노력해야 한다. 대표와 지지자들 간에 반복되는 의사소통과정이 필요한 것이다. 또한 지지자들은 협상 대표에게 위임한 결정 권한을 존중할 필요가 있다. 지지자들과 이들을 대표하는 사람들과의 견해차가 점점 심해지는 경우, 소수의 대표자들 간에 합의하거나 협상한 내용이 지지자들에 의해 받아들여지지 않을 수도 있다.

또 한 가지 지적할 사항은 협상 대표가 상황을 충분히 이해하고 협상이 합리적으로 진행되었음에도 불구하고 지지자들이 협상 내용이나 결과에 반대하는 경우, 지지자를 향한 적극적인 설득 노력을 포기하고 인기에 영합하여 대표 간에 이루어진 합의를 파기시키는 경우이다. 이런 과정에 반복된다면 협상은 무의미하게 된다.

5. 의사소통 장애의 해결[3)]

　의사소통은 사회생활에 기본적인 것이고, 특히 갈등 상황에서 더욱 그렇다. 갈등을 더욱 건설적으로 해결하기 위해 취할 수 있는 첫 번째 과제는 자신의 의사소통 전략을 점검해 보는 일이다. 즉, 우리가 상대방의 이해나 요구에 맞게 대화를 하고 있는지, 우리가 상대방의 관점을 정확하게 이해하고 있는지 등을 점검하는 일이다. 단순히 상대방과 의사소통하는 방법만을 바꾸어도 상대방의 많은 것을 이해할 수 있게 된다. 아래 있는 내용들은 의사소통 과정에서 발생한 문제를 해결하기 위해 필요한 관점과 방법들이다.

1. 대화의 문 열어놓기

　갈등 상황에서 사람이나 조직사이에 의사소통 라인이 단절되는 경우가 많다. 사람들은 서로 대화를 중단하고, 대표부를 철수시키고, 상대에게 정보를 제공하는 일에 훨씬 인색해진다. 그 결과 오해가

---

3) 본 내용은 미국 콜로라도 대학의 「다루기 어려운 갈등에 관한 국제 온라인 트레이닝 프로그램」을 기반으로 한국적인 상황에 맞게 내용을 수정·보완하고 사례를 덧붙여 작성한 것이다.

쌓이고, 상대가 호전적이고 비합리적이고 고집스럽다는 고정관념이 만들어지고, 불신과 공포가 자리 잡게 된다. 갈등 상황에서 '대화의 문을 열어놓는 일'은 갈등을 완화하는 데 매우 중요한 역할을 한다. 대화를 다시 시작하는 것만으로도 오해가 줄어들고, 고정관념은 약해지고 시간에 따라 신뢰가 다시 생길 수 있다.

그러나 대화를 다시 시작하기가 쉬운 것만은 아니다. 갈등이 아주 심화된 상황에서 전화 한통으로 대화를 다시 시작할 수 있는 것은 아니다. 우선 말을 먼저 꺼낸다는 것이 자존심을 상하게 만들 수 있을 것이다. 괜히 비굴해 진다는 생각에 빠질 수 있을 것이다. 또한 일반적으로 먼저 요청을 하는 쪽이 협상에서 손해를 볼 공산이 크다는 생각을 할 수도 있다. 우리는 부시행정부출범 후 부시가 대북 강경노선을 표방하면서 클린턴 정부에서 진행하던 북·미간 대화를 중단한 사실을 잘 알고 있다. 이렇게 대화가 한번 중단되자 서로에 대한 온갖 중상모략과 폭언이 난무하고 서로의 입장을 내세우는 데만 열을 올리게 되었다. 이후 대화채널을 복원하고 실질적인 논의를 하기까지 많은 시간이 필요했다. 우리 정부의 적극적인 대화촉진 노력이 없었다면 사태는 훨씬 위험한 상황에 빠질 수도 있었다.

자존심 때문이든 협상의 우선권 때문이든 대화가 한번 교착상태에 빠지면 상대에게 쉽게 손을 내밀지 못한다. 따라서 이런 경우 대화를 다시 시작하기 위해서는 어떤 구조화된 대화의 틀이 필요하게 된다. 이런 경우 가장 흔히 사용하는 방법이 중개자(intermediator)[4]로 제 3자를 활용하는 방법이다. 제3자는 두 진영을 오가며 메시지를

---

4) 이글에서 사용한 중개자(intermediator)는 의사소통을 원활히 진행하기 위해서 투입되는 3자, 즉 대화촉진자(facilitator), 조정자(mediator), 중재자(arbitrator)를 통칭하는 포괄하는 개념이다.

전달하고 대화를 재개하는 역할을 한다. 이런 노력이 성공을 하면 갈등 당사자들은 서로 다시 만나 대화를 재개할 수 있다. 처음에는 매우 조심스럽게 제한적으로 이루어지겠지만, 서로에 대한 신뢰가 생겨나면서 대화의 문은 더 넓어지고 다루는 주제의 내용과 폭도 더 넓어 질 것이다. 모임이 정기적으로 잡히고 의사소통이 빈번해지게 되면 제3자의 도움 없이도 잘 진행할 수 있을 것이다.

2005년 북·미간 핵개발 동결문제로 대화 채널이 끊기고 서로에 대한 불신이 깊어져 6자회담이 어려움을 겪고 있는 동안 한국이 미국을 설득하고 중국이 북한을 설득하여 4차 6자회담을 성사시킨 것은 3자 역할의 중요성을 잘 보여주는 사례다.

2. 고정관념에서 벗어나기

고정관념은 '어떤 집단의 사람들은 어떨 것이다' 는 일반적인 이미지에 기초해서 어떤 사람이나 집단에 대해 만들어진 가정이다. 이는 마치 모든 차의 바퀴는 네 개, 자전거는 두 개, 남자와 여자는 다르다고 생각하는 경향이다. 그러나 바퀴가 셋인 차도 있고 열 개 이상인 차도 있다. 바퀴가 한 개인 자전거도 있고 네 개인 자전거도 있다. 모든 고정관점이 사실과 딱 맞아떨어지는 것은 아니다. 남자와 여자에 대한 고정관념 역시 정확하게 들어맞을 가능성은 별로 없다. 사람의 특성은 아주 다양해서 남자 같은 여자도 있고 여자 같은 남자도 얼마든지 있다.

고정관점은 지나친 일반화이고 잘못된 경우가 많다. 고정관념은 갈등상황에서 특히 문제가 되는 경우가 많다. 우리가 갈등상황에 있을 때, 우리는 상대가 호전적이고 비합리적이고, 고집이 세다고 여기게 된다. 대화가 단절된 상황에서 우리는 상대방에 대하여 불분명하고 부정확한 정보에 기반하여 상대를 평가하고 재단한다. 실제로는 자신의 잘못인데 이를 상대방에게 투영해서, 자신은 잘못이 없고 상대만 잘못이 있다고 믿는 경향이 있다. 상대에게는 '악의 화신'이라는 이미지를 씌우고, 상대가 하는 일은 모두 문제투성이고, 자신은 아무 잘못이 없는 것으로 착각을 하는 경우가 많다. 이런 종류의 고정관념이 많은 갈등상황에서 벌어지고, 갈등 해결은 더욱 난망해진다.

이런 고정관념에서 벗어나기 위해서는, 우리가 알고 있는 상대와 실제 상대는 다를 수 있다는 여지를 남겨 두어야 하고, 우리가 얼마나 쉽게 고정관념에 빠지는지를 되돌아봐야 한다. 이런 고정관념에 빠지지 않기 위해서는 많은 사람과 만나, 대화하고, 함께 일하면서 우리의 선입관과 고정관념에 어떤 문제가 있는지를 되돌아 봐야 한다. 그리고 우리가 만나는 상대방이 우리가 생각해온 것만큼 악하지 않다는 것을 경험해봐야 한다. 대화기술의 대부분은 미리 마음속에 형성된 고정관념을 사실에 대한 정확한 판단으로 바꾸기 위한 작업이다.

북한은 영원히 변하지 않을 것이라는 고정관념, 또 남한은 미국의 앞잡이 일뿐이라는 고정관념, 전라도와 경상도 사람에 대한 고정관념, 대화와 타협보다는 힘으로 하는 것이 효율적일 것이라는 고정관념 등이 우리를 오랫동안 지배해 오면서 대화와 타협을 막아온 장애물들이다. 그러나 지금은 쌍방 간에 교류와 협력이 활발해지고 대화가 빈번하게 이루어지면서 문제는 서로가 서로에 대해 갖고 있던 고정관념이었음을 깨달아가고 있다.

3. 고정관념 깨기

고정관념은 자신이 상대를 향해 만들어 놓은 것만 있는 것이 아니다. 고정관념은 서로에게 생길 수 있다. 따라서 상대방에 대한 고정관념을 버려야 하듯이, 상대방이 자신에게 갖고 있는 생각이 고정관념이라는 것을 알게 하는 것 역시 중요하다. 이렇게 상대를 사실적으로 보기 위한 노력과 자신의 솔직한 모습을 상대에게 보여주는 노력이 합쳐질 때 고정관념으로부터 완전히 벗어날 수 있을 것이다. 예를 들어, 상대방이 자신에 대해 예상했던 것보다 훨씬 친절하고, 사교적이고, 합리적이고, 협조적이라는 것을 알릴 필요가 있다. 이런 행동을 취하게 되면, 상대방이 자신들에 대해 갖고 있던 이미지를 조금은 개선할 수 있을 것이다. 상대방이 생각보다는 합리적이고 친절하고 온정적이라는 것을 알 수 있도록 노력을 해야 한다.

상대방으로 하여금 자신들에 대한 고정관념을 바꾸게 만든 가장 극적인 사건은 아마도 독일 빌리브란트 수상의 폴란드 바르샤바 게토 희생자 추모비 방문이다. 헌화를 하기 위해 방문한 독일총리 빌리브란트는 부슬부슬 내린 비에 젖어있는 추모비 앞에 무릎을 꿇었다. 나치에 의해 40여만 명이 희생되었던 유대인 게토지구에 세워진 추모비 앞에서 독일이 지은 씻을 수 없는 죄에 대한 용서를 구한 것이다. 빌리브란트의 모습에 모든 폴란드인들은 놀랐고 또 감동했다. 그의 행동은 유럽 각국을 비롯한 세계에 독일이 진정으로 참회하고 있다는 인상을 심어주기에 충분했고 의구심에 가득 찬 눈으로 독일을 주시하던 주변국은 비로소 독일을 향해 손을 내밀기 시작했다. 폴란드와 세계인들이 독일인에 대해 갖고 있던 고정관념을 깰 수 있는 계기를 마련한 것이다.

상대방이 자신에 대하여 품고 있는 고정관념을 깨기 위해서는 새로운 시도가 필요하다. 자신이 상대가 생각하는 만큼 이기적이거나, 사악하지 않다는 것을 보여야 한다. 상대의 생각이 한꺼번에 바뀌는 것은 아니지만, 저 집단에는 저런 사람도 있구나 하는 정도로도 상대의 생각이 바뀔 수 있다. 상대에게 자신에 대한 부정적인 이미지를 벗게 하는 것이 갈등을 해소하는 데 도움이 된다.

4. 대화를 위한 준비

갈등 상황에서 상대방은 감정적으로 변하기 쉽고, 두려움, 공포, 적의, 의심 등이 상대에게 자신의 본래 의도와는 다른 메시지를 보내게 만들기도 한다. 감정을 조절하는 것이 메시지의 정확성을 높이는 한 가지 방법인 까닭이 여기에 있다. 또한 대화 장소도 중요하고, 대화의 속도도 중요한 영향을 미친다. 상대가 제시한 내용에 대해 충분히 고민하고 내용을 조사한 다음 대화의 장에 나오는 것과 그렇지 않을 것과는 차이가 있다. 얼마 전 일본은 고이즈미 총리와 노대통령간의 한일정상회담 장소를 후꾸오카로 정해서 우리 국민을 크게 실망시킨 적이 있다. 우리들은 후꾸오카를 민족시인 윤동주가 일제에 의해 억울하고 참혹하게 살해된 곳으로 기억하고 있다. 이런 상황에서 한국인들은 일본인들의 속내를 의혹과 분노의 눈으로 보는 것은 당연하다.

5. 말을 보내는 기술, 받는 기술

갈등을 해결하고자 하는 사람이라면 컴퓨터에서 작문을 한 다음 '맞춤법' 검색을 하듯이 상대방을 만나기 전에 준비된 내용을 꼼꼼히 검토해볼 필요가 있다. 이런 검토는 자신은 물론 다른 사람에게 의뢰하는 것이 좋다. 검토를 하는 사람은 당신이 준비한 내용을 일단 정확하게 작성했는지, 메시지를 전달 받을 사람이 전하고자 하는 사람의 의도를 충분히 이해할 수 있는지를 검토한다. 단순한 부주의나 사소한 표현들이 갈등을 만들고 갈등을 심화할 수 있기 때문이다.

갈등 상황에서 이런 노력이 특별히 중요한 이유는 관계가 날카로워질수록 상대방이 하는 말에 감정적으로는 민감해지고 내용적으로는 둔감해질 가능성이 높기 때문이다. 이성적 판단이 마비될 가능성이 있다. 상대방에 대해 적개심이 생기면 사람들은 일반적으로 방어적인 태도를 취하고, 대화에서 상대방의 말 속에 들어있는 세밀한 뉘앙스를 놓쳐버린다.

갈등을 평화적으로 해결하고자 한다면 당신이 전달하려는 메시지가 상대방을 화나게 하거나, 상대방에게 당신이 권위적이고 억압적이며 호전적인 사람이라고 생각하게 해서는 안 된다. 오히려 당신이 대화를 원하고 열려 있으며, 상대방에 대해 배려할 줄 아는 포용력 있는 인물이라는 것을 보여야 할 것이다.

비난의 화살을 상대방에게 향하는 것보다는 자신의 생각, 감정, 느낌 등을 정확히 전달하는 노력하는 것이 중요할 것이다. 이렇게 긴장을 완화시키는 대화방법의 하나로 'I 메시지' 기술이 있다. 'I 메시지'는 'YOU 메시지'에 상대되는 것으로, 어떤 문제 상황에서 문제의 원인을 상대방에게 돌려 상대방을 기분 나쁘게 하고 방어적으로 변하게 만들기보다는, 이 문제로 발생한 자신의 처지나 감정을 표현하는 방법이다. 예를 들어, 직원에게 정해진 시간까지 리포트를 제출해줄 것을 부탁했는데 제시간에 일을 처리하지 않아 문제가 생겼을 때, 'YOU 메시지'는 '당신이 일을 늦게 처리하는 바람에 일을 망쳤어'라는 식으로 표현을 한다면, 'I 메시지'에서는 '내가 그 보고서를 받지 못해서 내 일이 뒤로 밀리고 있어'라고 표현한다. 이런 경우 'YOU 메시지'를 받은 상대방은 일이 늦어진 것은 내 책임만이 아니라고 주장하려 들것이다. 그러나 'I 메시지'를 사용하는 경우, 상대방에게 '죄송합니다, 오늘 내로 끝내겠습니다!'라는 답변을 들을 가능성이 높다. 이런 대화 방법이 문제를 완전히 해결하지는 못하더라도 둘 사이에 우호적이고 협력적인 관계를 유지하는 데는 큰 도움을 줄 것이다.

6. 적극적 듣기

'적극적 듣기'는 서로에 대한 이해를 높일 수 있도록 상대방의 말을 경청하고 적극적으로 반응하는 듣기 방법이다. 사람들은 다른 사람이 이야기하고 있을 때, 그 말에 주의를 기울이지 않는다. 딴전을 피우기도 하고, 대충 듣거나 말을 하고 있는 동안 딴 생각을 하기도 한다. 갈등 상황에 있을 때 사람들은 다른 사람이 말하는 것에 어떻게 반응할까를 생각하느라 바쁘고, 상대방이 하고 있는 말은 전에도 많이 들었다고 여기고, 논쟁에서 이기기 위해서는 어떻게 반응을 해야 할 것인가에만 집중하는 경향이 있다.

적극적 듣기는 말하는 사람에게 관심을 집중하고 경청하고 적극적으로 반응하도록 하는 일종의 방법론이다. 상대방의 말을 주의 깊게 듣고 자신의 의견을 적극적으로 내놓고, 내용을 정확하게 파악할 때까지 반복해서 질문을 하는 방법이다. 그렇다고 듣는 사람이 말하는 사람의 의견에 동의할 필요는 없다. 중요한 것은 말한 사람으로 하여금 듣는 사람이 자신의 말을 충분히 이해하고 있다는 느낌을 갖도록 하는 데 있다. 듣는 사람이 충분히 이해를 하지 못했으면, 말하는 사람은 더 많은 설명을 해야 한다.

듣는 사람은 자신의 감정을 표현하는 것이 좋다. 단순히 어떤 일이 있었는지를 아는 것보다는 어떤 일이 생겼을 때 자신이 화가 났는지, 당황했는지, 혼란스러웠는지 등의 감정표현을 할 필요가 있다. 사실관계에 이런 감정표현을 결합함으로써 듣는 사람이 상황을 충분히 이해하고 있다는 것을 보일 수 있다.

적극적 듣기는 여러 가지 좋은 점이 있다. 첫째, 사람들이 다른 사람의 말을 주의 깊게 듣도록 한다. 둘째, 다른 사람이 말을 하고 있을 때 주의를 기울여 듣게 되면 말에 의한 오해를 줄일 수 있다. 셋째, 적극적으로 듣는 태도가 상대의 기분을 좋게 하여 상대가 더 많은 말들을 할 수 있도록 한다. 갈등 상황에 있는 사람들은 상황에 대한 상대방의 설명을 부정하고 무시하는 경향이 있다. 그렇게 되면 무시당한 사람은 움츠려들거나 화가 나서 더 이상 아무 말도 하지 않을 것이다. 그러나 상대방이 그들의 관심사에 장단을 맞추고 자신의 이야기를 주의 깊게 듣기를 원한다고 느끼게 되면, 그들 역시 그들이 무엇을 느끼고 무엇을 원하는지 더 세밀하게 설명하게 된다. 갈등 상황에서 이렇게 되면 갈등을 해결할 수 있는 가능성은 그 만큼 더 커지게 되는 것이다.

7. 중개인을 통한 대화

갈등이 악화되는 상황에서, 당사자들 간에 대화를 계속하는 것이
득보다 실이 되거나, 상황을 오히려 악화하는 경우가 있다. 서로
받아들일 수 없는 입장이나 요구를 계속 내세우거나, 상대방이 내세
우는 의견 자체를 계속 무시하거나 의심하는 경우 등이 대표적이다.
이럴 경우 유일한 관심은 자신의 의도나 논리, 파워가 상대방보다
우월하다는 것과 상대방을 가능한 한 나쁘게 만드는 것에 있다.
그러나 이런 작전은 관계를 더욱 악화할 뿐이고, 이런 상황에서
대화를 계속한다는 것은 갈등을 심화할 뿐이다.

이런 갑갑한 상황에서 활용할 수 있는 방법이 중개인을 통한
대화다. 갈등이 심화될 조짐이 분명한 시점에서, 즉 대화를 계속하는
것이 오히려 역효과를 낼 가능성이 높은 시점에서 중개인을 활용해
서 간접적으로 대화를 하는 방법이다. 중개인은 갈등 당사자 사이를
오가며 정보를 전달한다. 3자인 중개인은 당사자들이 얼굴을 맞대고
는 쉽게 찾을 수 없었던 문제해결의 실마리를 찾을 수도 있고, 대화를
의미 있게 계속 진행할 수 있는 방안을 마련할 수도 있다. 갈등
당사자들은 중개인에게 공적인 자리에서는 말 못할 사정을 털어
놓을 수도 있고 새로운 방안을 제안할 수도 있을 것이다. 또한 중개인
과 대화를 계속하면서 감정이 가라앉고 상황을 객관적으로 인식하면
서 상대방을 공격하는 것만이 능사가 아니라는 사실을 깨달을 수도
있다. 또한 상대방을 이해하는 폭이 넓어지게 되고, 신뢰가 생길
수 있을 것이다. 서로의 입장이나 요구를 이해하게 되면 다시 대화를
생산적으로 전개할 기초가 마련되고, 이를 기반으로 얼굴을 맞대며
직접적인 대화를 시작하고 이를 정례화해갈 수 있을 것이다.

중개인을 활용해 성공한 것으로 가장 잘 알려져 있는 사례는 1978년 미국의 지미 카터 대통령이 이집트의 사다트 대통령과 이스라엘의 베긴 총리를 캠프데이비드 별장으로 초청하여 평화협정을 성사한 일이다. 이 캠프데이비드 협정으로 이집트와 이스라엘은 1948년 이스라엘의 건국 이래 양국 간에 지속되어오던 전시상황을 종식할 수 있었다. 카터 대통령은 협상을 위해 캠프데이비드에 마주 앉은 이집트 사다트 대통령과 이스라엘 베긴 수상 간에 직접적인 대화로는 중동평화안을 만들기 어렵다는 결론을 내리게 된다. 카터는 자신이 나서서 정해진 이주일 동안 양쪽을 오가며 제안과 역제안을 실어 나르면 협상에 진전이 있을 것으로 확신을 했다. 협상은 여러 차례 난항을 거듭하고 교착상태에 빠지기도 하였지만, 논스톱 중개를 통해서 카터는 베긴과 사다트로부터 두 나라 사이에 평화협정을 이끌어 낼 수 있었다.

의사소통에서 중개인의 역할이 이렇게 국가적인 단위로만 이루어지는 것은 아니다. 마을 촌장 역시 마을의 크고 작은 갈등을 해결하는 중개인 역할을 했고, 우리 전통사회에서 '할머니'는 손자들의 분쟁(?)을 해결하는 중요한 중개인이었다. 이렇게 중개의 차원은 다양하다. 중개인은 양쪽이 신뢰할 수 있는 사람이어야 한다는 전제가 필요하다. 그래야만 자신의 속내를 털어 놓을 수 있을 뿐 아니라, 메시지를 상대에게 전달했을 때 그 내용을 신뢰할 수 있기 때문이다.

8. 비공식적인 대화의 중요성과 다차원적 외교

두 나라 간, 정부와 반정부조직 간에 공식적이고 외교적인 대화가 단절되었을 때 비공식적인 대화가 효과를 발휘하는 경우가 있다.

물론 비공식적인 대화는 공식적인 대화 채널을 복원하는 것이 목표다.

몬빌(Joe Montville)이 만든 '비공식적 외교(track two diplomacy)'란 말은 첫 번째-공식적인 외교(track one diplomacy)가 어려움에 처하게 되었을 때 민간인을 이용한 비공식적인 채널을 가동하여 교착상태를 해결하는 방법을 의미한다. 비공식적 외교란 말은 이후 말의 의미가 확장되어, 두 나라가 극복하기 어려운 갈등관계에 있을 때, 국민들이 문화, 예술, 스포츠, 등 다양한 민간교류를 통해 양국 간의 갈등을 해소하려는 일체의 노력을 의미하게 되었다. 이제는 공식적인 외교를 포함하여 민간에 의해 이루어지는 다양한 종류의 외교를 다차원적 외교(multi-track diplomacy)라는 말로 부르기도 한다. 무역협정, 상거래, 교환학생과 같은 민간차원의 교류, 공동연구 또는 연수 프로그램, 종교지도자간의 교환방문, 국제적인 투자 등이 여기에 해당될 것이다.

비공식적인 접촉은 공식적인 협상을 보완하는 역할뿐 아니라 공식적인 대화채널이 단절되거나 교착상태에 빠졌을 때, 채널 복구의 촉매제가 된다는 점에서 의미가 크다. 한·중 간에 국교가 정상화 되기 전부터 상당한 정도의 무역 거래가 이루어졌고, 이를 통해서 국교 정상화의 필요성이 더욱 강조되었다.

일본 수상의 야스쿠니 신사 참배나 일본정치인의 한국에 대한 망언 등으로 한일정부간 관계가 경색되는 상황에서 한류(韓流)와 같은 문화적인 교류는 양국관계가 경색되는 것을 보완하는 효과와 상황이 더 이상 악화되지 않도록 하는 배경으로 작용하기도 했다.

9. 지지자들과의 빈번한 대화

대부분의 대화, 협상, 합의형성 과정은 훨씬 더 많은 지지자들을 대표하는 소수의 사람들에 의해 이루어진다. 소수의 대표들이 오랫동안 일을 함께 하다보면 대표들 간에는 이해의 폭도 넓어지고 상호 신뢰도 생기는 반면, 그들을 지지해온 사람들과는 오히려 사안에 대한 입장과 요구에 차이가 발생하고 거리가 멀어지는 경우가 있다.

대표들이 자신들로서는 상당히 합리적이고 적절한 결정을 했다고 믿고 다시 지지자들에게 돌아오지만, 지지자들은 그런 결정에 의문을 제기하며 대표자의 의견에 냉담해 할 수 있다. 대표들끼리야 서로 만나 많은 이야기를 나누면서 상대가 처한 입장도 이해를 하게 되고 주장하는 근거도 알게 되지만 이를 지켜보는 지지자들의 처지는 다르다. 그들은 자신이 처한 현재의 위치에서 사안을 보는 것이고, 대표들이 이런 자신들의 문제를 해결해 주길 기다리고 있는 것이다.

이렇게 의견 차이가 발생하는 것은 대표와 지지자라는 위치의 차이에서 오는 불가피한 것이라기보다는 대표와 지지자 사이에 원활하고 빈번한 의사소통이 이루어 지지 않았기 때문이다. 따라서 대표와 지지자들 사이에 간극을 좁히기 위해서는 상대방과의 대화가 진행되는 상황을 지지자들에게 자주 알리고, 지지자들의 의견을 적극적으로 수렴하고, 결과에 불만이 없는지 계속 확인해야 한다. 이런 과정이 생략된 채 논의나 협상이 진행되는 경우, 극단적으로는 대표부가 합의한 내용을 지지자들이 거부할 수도 있게 된다. 대표들 간에 열심히 협상을 하고, 합의까지 했는데, 지역에 돌아와서는 정작 지역민들에게 동의를 얻지 못해 협상이 궁극적으로 결렬되는 결과를 초래하는 경우가 있다.

10. 위기상황을 위한 대화채널

위기상황에서 대화채널의 유무는 매우 중대한 결과를 가져올 수 있다. 일반적으로 갈등이 고조되는 상황에서는 상대방과 대화를 하기가 어렵다. 대화채널이 이미 끊긴 경우도 있을 것이다. 그러나 이런 상황을 미리 예상하고 사전에 특별한 대화채널을 미리 준비해 놓는다면 위기가 파국으로 가는 것을 막을 수도 있을 것이다. 가장 잘 알려진 것이 '핫라인'이다. 핫라인은 일반적으로 두 나라 정상 간의 직통전화를 의미하지만, 핫라인의 종류는 다양할 수 있다. 얼마 전 국군과 인민군 사이에 핫라인이 설치되었다. 사소한 국지전이 오인에 의해 전면전으로 확산되는 것을 방지하기 위한 목적이다. 핫라인은 평상시에는 사용하지 않는다. 그러나 여러 가지 원인에 의해 상황이 극단적으로 치달아 파국으로 끝날 가능성이 매우 높을 때 사용하는 것이다. 핫라인은 국가 간에만 사용하는 것이 아니다. 갈등이 심각한 양 당사자 간에도 사전 합의에 의해서 핫라인을 미리 설치할 수 있다. 노조위원장과 회사대표 간에도 핫라인은 설치할 수 있고, 지역갈등을 겪고 있는 두 지자체장간에 핫라인을 설치할 수 있다.

또 다른 위기상황 대처 방법은 지속적인 사실확인과 루머차단이다. 필요에 따라서는 이를 전담하는 팀을 만들어 운영할 수도 있다. 이것은 상황을 악화시키는 사실무근의 루머가 확산되는 것을 방지하기 위한 것이다.

어려운 일이긴 하지만, 위기 상황에서도 대화 횟수를 줄이는 것은 바람직하지 않다. 위기가 오더라도 위기를 일찍 감지한다면 그 만큼 피해를 줄일 수 있기 때문이다. 따라서 갈등이 심각해지기 전에 사전합의를 통해 협상이 결렬되고 위기상황이 오면 양측이 어떻게 대화를 계속할 것인지를 사전에 합의해 놓는 것이 현명하다. 심지어는 전쟁 중에도 계속 대화하고 협상을 해야 하지 않는가?

위기상황에서 이런 장치가 필요한 이유는 위기상황에서는 정보의 질이 매우 중요하며, 정보의 질이 많은 사람의 생명과 안전에 결정적인 영향을 끼치게 되기 때문이다. 정확한 정보가 신속하게 전달되어야만 위기 상황에 신속하게 대응할 수 있고, 피해를 최소화하거나 파국을 막을 수 있기 때문이다.

11. 대화기술 개선

모든 사람들이 항상 대화를 하지만, 갈등상황에서는 많은 어려움을 겪는다. 따라서 대화기술을 늘리는 것은 갈등관리와 갈등해결에 매우 유익하고 중요하다. 피셔와 어리(Roger Fisher and William Ury)[5]는 갈등 상황에서 대화를 개선할 수 있는 네 가지 기술을 열거하고 있다. 첫 번째는, 적극적인 듣기다. 적극적인 듣기의 목적은 자기 자신뿐 아니라 대화하는 상대방을 이해하는 것이다. 상대방이 하는 말에 귀를 기울이고, 불명확하거나 이치에 맞지 않는다고 생각되는 것은 자신이 납득할 때까지 상대방에게 묻는 것이 중요하다. 자신이 상대방의 이야기를 경청하고 있으며 그들이 말한 것을 이해하고 있다는 것을 보일 필요가 있다. 그렇다고 그들이 한 말에 동의하는 것도 아니고 자신이 해야 할 것을 하지 않는 것도 아니다. 단지

---

5) Roger Fisher and William Ury, *Getting to Yes: Negotiating Agreement Without Giving In*, New York: Penguin Books, 1991

자신이 그들을 이해하고 있다는 것을 보일 뿐이다.

피셔와 어리가 말한 두 번째는 자신의 의견을 상대방에게 직접 말하라는 것이다. 우리 문화에서 윗사람에게 직접 말하는 것은 예의 바른 행동이 아니라고 여길 때가 많다. 예의를 지키되 직접 말하는 것이 좋다. 이렇게 하는 것이 상대에게 자신을 이해시키는 데 좋다. 에둘러서 변죽을 울리지 말고 자신이 해야 할 말에 집중하고 상대가 이해할 수 있도록 말하는 것이 중요하다.

셋째는 상대방에 대해서 말하는 것이 아니라 자신에 대해서 말하는 것이다. 상대방의 행위나 잘못 등을 지적하기보다는 자신이 느끼는 것, 생각하고 있는 것을 설명하는데 집중하라는 것이다. '당신은 약속을 어겼다'하고 말하기 보다는 '나는 실망했다'하고 말하는 편이 낫다. 그러나 상대방이 방어적이 되거나 적개심이 생기지 않도록 말해야 한다. 상대의 잘못을 들추어내고 비판하기 보다는 자신의 생각과 감정을 말하는 것이다. 자신의 상태를 있는 그대로 말로 표현하는 것이다. 상대방을 비난하는 것보다 이렇게 하는 것이 문제 해결을 위해 서로 협력하기가 쉬워진다. 중요한 것은 잘못했다는 사과를 받아내는 것이 아니라 문제를 해결하는 것이다.

피셔와 어리가 말한 네 번째는 목적에 맞게 말하라는 것이다. 우리는 비생산적인 말을 너무 많이 한다. 중요한 말을 하기 전에, 잠깐 여유를 갖고 자신이 해야 할 말이 무엇인지 왜 그런 말을 해야 하는지 생각을 해보고, 가장 정확하게 표현하기 위한 방법을 찾아보라.

이 외에도 다른 많은 규칙들이 있을 것이다. 그 가운데 하나는 다른 사람과 이야기할 때 가급적이면 선동적인 언사를 피하는 것이다. 선동적인 언사가 갈등 상황에서 주위사람들의 주의를 불러일으키고 관심을 끌긴 하지만, 정작 갈등상태에 있는 상대방을 흥분시키고 적개심을 갖게 하고 방어적으로 만들어 버린다. 선동적으로 말한다고 해서 상대방이 그 말이 옳다고 생각하는 것은 아니다. 오히려 그 반대인 경우가 많다. 선동적인 언사를 사용하지 않고도 다른 사람을 설득할 수 있는 방법이 훨씬 바람직하다.

마찬가지로, 상대방에게 예의를 갖춰 대접하는 것이 중요하다. 갈등 상황에서 상대방에게 무례하게 구는 것은 갈등 해결에 도움이 되지 않는다. 무례한 행동은 상대를 화나게 해서 일을 그르치게 만든다. 자신이 상대방에 대해 어떻게 생각을 하건, 상대방에게 예의를 지키면서 대화를 하면 성공할 가능성은 훨씬 높아진다. 언어적인 것이든 비언어적인 것이든 인신공격과 비난은 피하는 것이 좋다.

12. 의사소통 전 사전검토

갈등 상황에서는 상대방이 한 말을 오해하기 쉽다. 갈등 상황에 참여하는 사람들은 쉽게 흥분하거나 두려움 속에 있기 때문에 상대방이 한 말을 객관적으로 파악하기 어렵다.

이런 문제를 극복할 수 있는 한 가지 방법으로 공식적으로 발표할 글이나 연설, 의견 등을 사전에 검토하는 것이다. 검토를 통해 의사소통에서 발생할 수 있는 문제를 최소화하는 것이다. 이런 일에는 자신과 의견이 다른 사람을 적극적으로 활용할 필요가 있다. 의사소통이나 토론에 능한 사람들에게 검토를 부탁하는 것도 좋다. 이들에게 사전 검토를 거쳐 말이나 글 등을 다듬고 상대방에게 오해를 받을만한 소지가 없도록 고치고, 더욱 설득력 있는 표현으로 바꾸는 것이 필요하다.

13. 루머 통제팀의 운영

갈등 상황에서는 수백, 수천 가지의 말들이 떠다닌다. 공식적인 대화도 있지만 많은 경우 사람들의 입을 통하면서 말이 새로 만들어진다. 이러다 보면 사실과는 아무런 관련이 없는 말들이 쌓이게 되고 그것이 사실인양 받아들여지고, 공식적인 협상이나 대화 테이블에 올라오기도 하고, 갈등 상황 전체에 영향을 미치기도 한다. 이런 루머들이 갈등을 악화시키기도 한다. 이렇게 사람들에 의해 만들어지는 루머는 공중파나 신문, 인터넷을 통해 만들어지기도 한다.

이런 루머를 효과적으로 통제하기 위해서는 핵심적으로 세 가지 과정이 필요하다. 첫째는 현재 어떤 루머가 돌아다니는지 정확히 파악하는 것이다.

루머를 확인하기 위해서는 어떤 집단에 속한 사람 가운데 가장 최근의 소식을 듣고 다니는 소위 '마당발'의 도움이 필요하다. 요즘 돌아다니는 말이 무엇인지를 '마당발'을 통해 확인하는 것이다. 일반적으로 이런 사람들은 갈등 사안에 관심이 많은 사람들이다. 필요하다면 이런 마당발들에게 잘못된 정보가 갈등을 더욱 증폭시킬 수 있다는 것을 알려주고, 정확한 정보를 찾을 수 있는 방법을 훈련시키는 것이다.

루머를 통제하기 위한 두 번째 과정은 루머의 진실성을 조사하는 것이다. 루머가 신뢰성이 있는 것인지를 판별하는 것이다. 여기서도 마당발들의 도움이 필요하다. 이들이 그들 집단에서 흘러 다니는 루머가 정확한 것인지를 조사한다. 많은 루머들이 사실과는 거리가 먼 창작물이지만, 어떤 경우에는 루머 속에 부분적으로 진실이 포함되어 있는 경우도 많다.

사안이 막중한 경우에는 루머에 대한 정보를 조직적으로 수집하고 분석하기 위해 조사위원회 같은 것을 꾸릴 수도 있을 것이다. 위원회는 지역 사정에 밝고 정보에 쉽게 접근할 수 있는 사람들로 구성을 하고 이들은 루머를 체계적으로 수집하여 루머 내용이 사실인지를 조사한다. 때에 따라서는 루머의 진실성 여부를 확인하기 위해 사실관계(fact-finding)와 관련된 조사기법들을 사용할 수 있을 것이다. 루머의 진실에 접근하는 또 다른 방법은 3자를 활용하는 것이다. 갈등 당사자들과 이해관계가 없는 제 3의 인물들을 통해서 루머의 진실여부를 조사하는 방법이다. 이들을 통해서 루머가 사실일 가능성과 그렇지 않을 가능성을 조사하고 분석하는 것으로 조사의 신뢰성을 높일 수 있다.

루머를 통제하기 위한 마지막 방법은 잘못된 루머를 바로잡는 일이다. 이를 위해서는 조사자들이 자신들이 발견한 것을 관계자에게 신속하게 보고할 수 있는 신뢰할 만한 장치가 마련되어 있어야한다. 루머 가운데 사전에 알고 있는 것이 아니면, 그것이 사실인지 아닌지를 파악하고 아직 확인되지 않는 것은 무엇인지 등을 조사하여 보고해야 한다. 조사결과 어떤 루머가 진실이 아닌 경우에는 그런 종류의 루머를 바로잡기 위한 계획을 시작해야한다. 이런 계획의 성공여부는 중개자의 신뢰성과 효과적이고 바르게 대체할 수 있는 대처 능력에 달려있다. 루머통제장치는 전쟁 시에 국민들이 무수한 루머 때문에 혼란을 겪지 않도록 빈번하게 사용되었다.

갈등이 심각한 상황에서는 루머가 생기기 마련이다. 갈등이 심화되고 위기가 발생할 가능성이 높은 사안에 대해서는 국가나 지방정부가 루머 차단을 위해 적극적으로 개입하여 루머의 진위를 조사하

고, 잘못된 루머는 바로잡아서 공정하고 정확한 정보를 시민에게
제공할 필요가 있다.

14. 전자통신기기를 이용한 의사소통

여러 가지 갈등 상황에서 문제해결에 도움을 주는 또 하나의
강력한 수단은 전자통신기기들이다. 지금은 옛날과 달라서 서로
만나서 얼굴을 맞대고 하는 대화하는 것보다 전화, 인터넷, 휴대폰
등을 통한 대화가 차지하는 비중이 훨씬 크다. '효순이 미선이를
위한 촛불시위'에서 보았듯이 인터넷이 정보교환, 대화와 토론, 사회
적 의견 수렴에 강력한 영향을 미치고 있다. 이런 전자통신 수단은
의견을 같이하는 집단 내의 의견 수렴과정에만 활용되는 것이 아니
라, 갈등을 겪고 있는 상대방과도 중요한 의사소통 수단으로 활용되
고 있다.

음식물 자원화시설 설치 문제를 둘러싸고 오랫동안 지역주민과
갈등을 겪어온 울산북구청은 갈등 해소 방안으로 '시민배심원제'를
도입하게 된다. 시민대표로 구성된 배심원의 활동 하나하나가 인터
넷에 모두 올라오고, 배심원들이 요구하는 자료 역시 인터넷을 통해
제공되었다. 일반시민들도 그들의 활동에 대해 의견을 인터넷에
올렸다. 갈등 현장에서 인터넷이 강력한 대화창구가 된 대표적인
사례다.

얼굴을 마주보지 않고 전자통신을 이용해서 하는 의사소통이
무조건 좋은 것만은 아니다. 익명성을 이용하여 악의적으로 상대방
을 비난하거나, 거짓정보를 만들어 다중에게 유포하고 상대를 일방

적으로 매도하는 등의 행위가 빈번히 발생하고 있다. 그러나 한편으로 많은 사람들이 논의에 참가하면서 '인터넷 바이러스'를 스스로 차단하는 등 자체 정화능력을 키워가기도 한다.

15. 대중매체 관리

대중매체는 정책결정, 공공갈등, 국제갈등에서 매우 중요한 역할을 한다. 보도방향과 보도량에 따라 상황은 더 좋아질 수도 있고 악화될 수도 있다. 만약 매체가 당사자들의 관점을 정확히 끄집어내고 정확히 보도한다면, 서로에 대한 오해를 줄일 수도 있고 루머나 공포에 의해 생겨나는 갈등을 줄일 수도 있을 것이다. 갈등을 줄이거나 해소하기 위하여 대중매체가 극단적이고 자극적인 자세로부터 객관적이고 공정한 보도를 하는 것은 매우 중요하다.

그러나 때때로 대중매체는 스스로 갈등의 한쪽 편에 서서 상대방을 비난하고 왜곡하는 일에 참여하기도 한다. 또한 지지하는 쪽의 입장을 지나치게 많이 보도하거나 자신들의 입맛에 맞는 사람들만을 골라 지면이나 화면을 채우기도 한다. 매체 스스로 갈등의 치유자가 아니라 갈등 증폭의 원인자가 되는 것이다. 우리나라에서 선거 때만 되면 언론은 어느 일방을 편들고 그들의 입장을 옹호하고 상대편을 폄하하고 비난하는 데 대부분의 지면과 화면을 할애한다. 경우에 따라서는 없는 말도 그럴듯하게 지어내어 대중을 호도하기도 한다. 이 모든 것이 대중매체가 자신의 소임을 망각하고 정치적으로 행동함으로써 갈등을 증폭시키는 원인자로 역할을 하는 대표적인 예다.

고의적으로 사실을 왜곡하거나 과장하고 정치적인 선동을 대중매체를 심판할 수 있는 방법은 찾기는 쉽지 않다. 그것은 대중이 판단할 일이다. 갈등 당사자나 중개인이 할 수 있는 일은 대중매체에 사실관계에 대한 정확한 정보를 제공하기 위해 노력하는 정도다. 소식을 전하는 리포터들이 시간이 부족해서든 무식해서든 사실을 제대로 파악하지 못하는 경우가 많다. 대중들은 이런 리포터들이 작성한 엉성하고 애매한 보도 내용을 보거나 읽게 된다. 따라서 갈등 당사자나 중개인은 갈등의 원인, 이해당사자, 갈등의 진행과정 등에 관해 가능한 한 상세히, 정확하게 전달하려 노력해야 한다. 리포터를 위해서가 아니고 이런 보도를 접하게 될 대중들을 위해서다.

때때로 대중매체의 사회적인 책임을 강조할 필요가 있다. 심각한 사회갈등임에도 불구하고 소극적으로 보도하거나 부정적인 면만을 강조하여 보도하는 태도를 비판해야 한다. 또한 갈등이 심각한 상황에서 폭력행위 등과 같이 '언론발' 받을 문제에만 온통 신경을 쓰고 갈등 해결의 실마리를 찾는 데는 게으른 언론을 질타해야 한다. 언론에 사실관계에 대해서는 친절하게 설명하고 협조하되, 잘못된 태도에 대해서는 여지없이 비판을 가해야 한다.

16. 개인적 친분 쌓기

1998년 정주영 현대그룹 명예회장이 소떼 500마리를 싣고 판문점을 넘었다. 소떼를 북측에 넘겨주면서 아무런 조건을 붙이지 않았다. 그러나 이날 소떼는 금강산 개발이라는 선물로 돌아왔고, 남북 간에 신뢰회복에 중요한 전기가 되었고, 이런 성과는 2000년 남북정상회담의 밑거름이 되었다. 개인적 신뢰가 남북 간에 화해협력을 이끌어

낸 대표적인 사례다.

갈등 관계에 있는 상대편과 개인적인 친분관계를 쌓은 것은 갈등이 심화되는 상황에서 갈등을 완화하거나 갈등 해결에도 커다란 도움이 될 수 있다. 개인적인 신뢰관계가 쌓이면 상대방에 대해 근거 없는 고정관념을 만들지 않게 되고, 상대방에 대한 악감정 대신에 상대방 역시 자신과 동등한 자신처럼 느끼고, 서운해 하고, 고민하는 존재하는 것을 알게 된다. 일단 이렇게 상대를 받아들이게 되면, 상호 이해의 폭이 넓어지고 서로 대화의 물꼬를 다시 만들기 쉬워진다. 비록 상대와 입장과 이해가 달라 대립하고 있더라도 상대를 파멸로 몰아넣기보다는 서로 합의할 수 있는 지점을 찾으려 노력할 가능성이 높다.

때에 따라서는 국가적이고 아주 중대한 갈등조차도 국가 지도자 간, 또는 국민들 간에 친분이 쌓이고 상호 교류가 활발해지고 대화횟수가 늘어나고, 같이 일을 하면서 서로에 대한 고정관념이 걷히게 된다. 서로 이해의 폭이 넓어져 국가적인 갈등이 완화되고 갈등해결의 길로 접어들기도 한다. 남북 간에 스포츠, 문화, 학술, 구호활동 등 민간교류가 활발해지면서 그동안 서로에 대해 갖고 있던 생각에 많은 변화가 일어나고 있다. 이런 변화는 정치적, 군사적 긴장완화로 연결되고 있으며 민족화해와 분단극복의 촉진제로 작용할 것이다.

2. 한국의 소통문화

1. 일방통행뿐인 소통문화

우리는 오랫동안 권력과 지위, 연령과 학력, 성별들의 이유로 쌍방향소통의 문화가 아니라 한편으로는 권위적이며 강압적, 폭력적이면서 다른 한편은 복종하고 침묵할 수밖에 없는 일방적인 소통문화의 역사를 가져 왔다. 이러한 소통문화는 공공영역에서는 정책수행과정의 기획단계에서부터 참여하여 발언할 수 있는 기회는 차단되고, 이후의 진행과정에서 문제가 가시적으로 드러날 때 대부분은 시위나 단식 등의 과격한 소통방식으로 자신들의 의사를 관철하려 한다. 이는 극단적인 갈등상황을 초래하기도 한다. '모르지요', '글쎄요' 등으로 일관되는 애매모호하고 침묵하는 소통문화와 '열 받는다', '미치겠다', '뚜껑 열린다' 등의 말로 보여주는 과격한 극언들의 사용은 우리의 이러한 부정적인 소통문화의 현실을 보여주고 있다.

우리는 무시당하고 있다는 생각, '너희들의 대한민국'이며 '정치하는 놈들, 배운 놈들, 가진 놈들은 다 그렇고 그렇다'는 불신은 공공갈등영역에서의 대화의 기저를 이루며 냉전과 열전과 같이 소통유형에서의 차가운 갈등과 뜨거운 갈등, 소통하지 않고 적대적으로 지내면서 상대편에 대한 갖가지 오해와 억측, 편견들이 누적되다가 (얼어붙은 차가운 갈등) 어떤 계기로 인하여 갈등이 폭발하면 상대방을 깡그리 말살하겠다는 식의 극언들이 판을 친다. 갈등의 참가자들은 사안에 대해서 각기 그들 나름대로 그들만이 동기의 순수성과 대의명분을 가지고 있다고 확신하며, 대립하는 반대편들을 자신들의 원대하고 심오한 이상을 따르도록 설득해야 한다고 믿는다. 따라서 제3자에 의한 자신들의 이상의 동기분석은 거부되고 자신들의 동기가 더 이상 물러설 수 없는 성역으로 간주하여 대립적 활동은 증폭된다. 선동적인 카리스마를 가진 지도적인 인물들이 등장하고 자신들의 생각 및 이념을 소통시키는 대변인으로 활동하는 경향이 있다. 이들은 전단지, 현수막들을 통하여 또한 확성기를 통해 거리를 누비면서 반대자들에게 위협을 가하거나 불특정다수에게 자기들의 주장을 알리는 일방적 소통방식을 갖는다. 이들은 갈등상황에서의 상대방을 부정적으로 희화화하는 기술에 능통하여 대중을 선동한다. 현수막들의 표현방식을 보면 이러한 극단적인 소통문화를 알 수 있다. 빨간 글씨로 쓰인 현수막의 구호들 예를 들어 '주공은 배터지고 주민은 등터져 죽는다', 'XX 구청장이 다해먹고 우리 주민들은 죽어간다', '우리는 xxx를 사수한다' 등의 구호는 이해관계가 다양한 집단 간의 관계를 악화시켜 소통을 원천적으로 막고 있다.

이러한 열전상황은 종식된 것처럼 보인다 하더라도 표면적으로만 그럴 뿐 이는 불안과 환멸로 특징지어지는 얼어붙은 차가운 갈등을 바닥에 흐르게 한다. 이러한 상황에서는 대변하는 지도자들도 자취를 감추고 갈등 당사자들을 묶는 이상도, 갈등 당사자들의 자아존중감도 사라지지만 반대자들을 훨씬 더 부정적으로 간주한다. 자신들의 생각을 관철시키고자 하기보다는 상대방을 봉쇄하는 데 목적을 둔다. 직접적인 공격을 하지 않기 때문에 차가운 갈등들은 행동으로 나아가지는 않는다. 가끔 가다 파괴적인 행동을 할 때도 있지만 이 또한 직접적인 소통의 상태로 이어지지도 않는다. 소통은 대부분 익명으로 소문을 내는 소통방식으로 이루어지며 다른 사람들을 끈질기게 훼손 또는 음해하는 데 목적이 있으며 제3자의 개입에 의한 피드백 또한 거부당하며 '아니면 말라'는 식의 음해적 양상을 띠기도 한다. 이 또한 아주 미묘하게 일어나기 때문에 이러한 방해활동이 성공했을 때조차도 자신들은 승리를 마음껏 자축할 수도 없다.[6] …카더라 통신의 대부분은 이러한 절망과 좌절의 냉전갈등상황에서 일어나며 이는 소위 민족의 한, 피해의식의 축적 등으로 사안을 둘러싼 서로의 주장을 있는 그대로 볼 수 없게 만든다.

갈등유형(Das Konflikt kontinuum)[7]

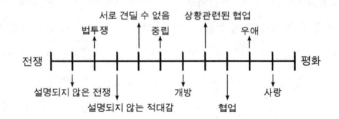

이러한 극단적인 소통문화에서 벗어나 평화로운 공존을 지향하는 상생하는 소통문화를 위해서는 아래 표의 갈등유형표의 중간인 중립의 영역을 넘어야 한다. 여기에는 상호작용이 긍정적이지도 부정적이지도 않고 우호적이지도 적대적이지도 않다. 서로 예의바르게 관계하며 감정적으로는 거리를 두고 있다. 중립의 영역을 넘어서면 개방의 상태가 뒤따른다. 서로 관계를 많이 하지 않는다 하더라

6) Florian Gommlich, Andreas Tieftrunk, *Mut zur Auseinanersetzung: Konfliktspraeche*, Falken, 1999, pp.71~75.
7) Joel Edelman, Mary Beth Crain, *Das Tao der Verhandlungskuns*t, Wilhelm GoldmannVerlag, 1999, p.44

도 우호적이고 함께 일할 수 있는 상호교환의 기반이 여기에는 존재
한다. 이 단계가 계속 발전하면 상황 및 사안 관련한 협업이 일하는
사람들 사이에서 가능하게 된다.

물론 이러한 소통문화를 이루어내기 위해서는 학연과 출신배경,
성별, 연령별, 지연 등의 이유로 차별하지 않는 평등한 권력배분을
통한 진정한 의미에서의 민주주의의 실현과 함께 가능하다. 우리
사회의 싸움을 관찰하면 대부분 처음의 사안은 온데 간데 없고 나이
몇이나 먹었냐? (낫살이나 쳐 먹어서), 여자가 어디 남자 똑바로
쳐다보고(어이구 너도 xx달았다고 남자행세 하려하네), 배웠다고
나 무시하냐(그래 무식한 게 내 책임이냐), 니 애비는 뭐하는 인간이
야 등 사안의 핵심과는 관계없는 문제로 다투고 있다. 쌍방향의
소통문화를 이루어내기 위해서는 권력관계가 아래 표에서 왼편에서
독재에서 오른 편, 합의 축에로 나아갈 때 가능하다. 아래 표의 권력
유형표를 보면 독재와 합의가 양극에 놓여있고 그 사이에 전제정치
와 민주주 주제를 둘러싸고 다양한 변형들이 놓여있다. 독재에는
모든 힘이 한 개인이나 집단에 놓인다. 다른 사람들의 의견이나
견해들은 이들의 결정 당사자들한테는 필요하지 않다. 독재의 개념
에는 국가지배의 모든 형태들이 들어가는데 한 개인이나 집단이
무한한 권력을 가지는 모든 조직의 형태들에서도 기업에서든 가족에
서든 사장이나 부모 중 누군가가 그러한 독재의 역할을 할 수가
있다. 오랫동안 우리사회에서 누구누구의 마음읽기가 회자되었던
상황은 이러한 유형의 예라고 볼 수 있다.

독재의 다음 단계는 설탕발림 독재라고 부를 수 있는데 이 단계에
서는 혼자 지배를 하지만 가면을 쓰고, 예를 들어 꼭두각시 내각을
가지고 표면적으로만 합법적 과제들을 수행하게 한다. 이러한 형태

중의 하나로 계몽전제정치를 들 수 있는데 이는 자신은 모든 사람에게 잘 할 수 있다고 스스로 믿는 신 같은 독재자가 지배하면서 결정을 내린다. 그 다음 단계로 자문단이나 각종 위원회들을 통해 충고와 조언 자문을 받는 전제자가 있는데 이는 결정을 할 때 충고를 들을 뿐만 아니라 그의 영향을 어느 정도는 받음으로써 설탕발림의 독재자하고는 구분이 되나, 최종 결정권은 물론 자기가 가진다. 그 다음 단계로는 재력이나 선거를 통하여 인정을 받은 전제자들이 있는데 이들은 재력이나 표에 의해서 그들의 힘을 사용한다. 그 다음은 소위 말하는 객관적인 기준들, 규범들에 의거해 있는 재판관들이 힘을 가지는 단계인데 이들 역시 양편의 주장을 공정하고 객관적인 법이라는 잣대를 가지고 결정하는 것 같지만 사실상 그들은 전제자처럼 지배하며 그들의 결정은 이론적으로는 공정한 것 같지만 보통은 그들의 이해관계를 대변하는 의사만을 관철시키는 경향을 가지고 있다.

이러한 결정 형식을 지나 그 다음 단계에서 비로소 우리는 함께 소통하는 모델을 접한다. 결정에 관여된 당사자들이 그들의 의견을 말할 수 있고 민주적인 논쟁을 할 수 있다. 그 단계에서 더 발전하면 당사자들이 실제로 무슨 일이 일어났는지를 이해할 수 있는 결정단계로 들어가는 이해모델을 접하는데 이 모델의 결정과정은 투명하고 개방적이다. 모든 결정을 함께 할 수 있는 수용모델이 그 다음 단계에 오는데 이 단계에서는 이렇게 말할 수 있다: '그래. 나는 다른 견해야. 그렇지만 이 결정을 받아들일 수 있어' 마지막으로 우리는 권력유형표의 다른 극, 즉 모든 사람들이 함께 동의하는 상황에 도달한 완전한 합의의 모델이다. 이 모델은 이상적으로 보이지만 실제적으로 이루어지기는 매우 어렵다.[8]

우리 사회가 지금 권력유형의 단계에서 참여적 소통을 가능하게 하는 단계에 있는지는 함께 토론해 보아야 할 과제다. 우리가 지금 어디에 있는지를 정확하게 파악해야 소통의 수준도 적절하게 조정가능하다. 물론 상황과 현실에 안주하자는 것이 아니라 미래의 방향성을 가지면서도 현실적으로 소통가능하게 하는 전략과 기술을 갖자는 것이다. 사실상 소통과정에서 지위와 권력이 약한 사람들이 권력과 지위가 높은 사람이 솔직하게 이야기 해보라고 해서 이야기 했다가 불이익을 당한 사례들을 아직도 경험하는 현실에서 고양이 목에 방울달기와 같은 심정으로 말을 해야 한다면 어느 누가 개방적으로 의사를 표현할 수 있을 것인가?

우리 사회의 소통문화의 성숙은 따라서 진정으로 권력관계의 조정에 따라서 가능하다. 1970년대의 독재적 권력상황에서는 막걸리마시며 권력자를 비판해도 끌려가는 시절이 있었다. 더 나아가서 일기에 비판적인 발언을 쓰면 끌려갈지도 모른다는 막연한 두려움으로 살던 시절이 있었다. 노사 간의 분쟁을 제3자가 중재하지 못하도록 제3자 개입을 금지하는 법도 있었다. 여성은 남성의 말을 들어야하며 아이는 어른의 말에 끼어들거나 관여해서는 안 된다 등 관행적으로 우리 사회에는 일방적인 소통문화가 존재해 왔다. 일방적인 소통문화에 저항하는 운동은 민주화운동에서, 노동운동, 시민운동, 여성운동에서 등 사회의 여러 영역에서 일으켜왔다. 이러한 운동과 더불어 우리의 소통문화가 쌍방향으로 어느 정도 발전해가고 있다.

---

8) 앞글, pp.104~107.

2. 쌍방향의 소통문화 만들기

    소통기술을 익힌다는 것은 서로 마음을 열고 진심으로 대한다는 것을 의미한다. 서로가 나의 입장에서만 아니라 상대방의 입장을 바꿔놓고 생각해서 들을 수 있고 상대방의 처지와 입장을 말 할 수 있도록 하는 것이다. 우리 옛말에 처녀가 애를 배도 할 말이 있다는 말이 있다. 그 당시에 여성의 순결을 강조한 시대에서 허용되지 않은 일을 했다 하더라도 그 여성의 입장과 처지가 있고 그 전후 사정을 들어봐야 한다는 말이다.

    그러나 이렇게 내 입장에서 말도 안 되는 생각이라 하더라도 나의 생각 또한 나의 입장과 처지에서 하는 나의 판단이고 그런 의미에서 나의 패러다임이다. 1970년대에 젊은 시절을 지나 온 나 역시 그 당시는 나의 말, 판단, 생각 등이 절대적인 진리라고 생각했다. 그래서 나는 절대적인 진리를 깨우친 자이고 다른 사람들, 나와 견해를 달리 하는 사람들은 아직도 잠자고 있는, 깨우치지 못한 사람들이라고 생각했다. 즐겨 부르던 대중선동용 운동가요들은 거의 다 새벽에 일어나 잠자고 있는 사람들을 깨우쳐야한다는 가사들이었다. 이러니 지금 회상해보면 정말로 건방이 하늘까지 닿았던 것 같다. 운동권 선배들과 그들이 추천하는 필독서를 읽고, 토론에서 얻은 지식으로 나는 주변의 사람들에게 소통이 아니라 깨우치러, 즉 의식화를 하러 돌아다녔다. 오죽하면 어머니께서 내가 우리 한국사회의 문제들에 대해서 열정적으로 토로하는 말을 듣더니 '너 요사이 말이 참 많아 졌구나. 그런데 엄마가 살아보니 말 많은 사람들은 딱 두 종류더라. 공산당 아니면 예수쟁이인데 그중 너는 어느 편이냐?'고 물으시기도 하셨다. 이러한 어머님의 빈정댐에도 불구하고 나는 학창시절의 친구를 만나면 그들에게는 그저 나의 말에 고개를 끄덕일 수 있는 여지만 남겨두고 두 세 시간씩 나의 진리를 그들에게 폭포수처럼 쏟아 붓곤 하였다. 그것은 지금 생각하면 소통이 아니라 일방적인 언어활동의 독점이고 횡포였다. 한 친구가 다방에서의 두세 시간에 걸친 나의 일장연설을 듣고 헤어지면서 하는 말, '오늘의 대화가 즐거웠다고 할 수는 없다', 하며 돌아서는 친구의 뒷모습을 보고 이야기가 뭐가 잘못되었나 하는 생각이 잠시 스쳐지나가기도 했지만 금방 다시 아직도 애는 깨우치려면 멀었군, 다시 한 번 손을 봐주어야지 라는 식의 독재적이고 군림하는 각오를 다졌다. 물론 다시 한 번 손봐줄 시간이란 영영 오지 않았다. 왜냐하면 그 친구가 나를 만나기를 피했으니 말이다.

70년대를 살아오면서 우리는 진리냐 아니냐는 양자택일적 사고방식에 젖어왔다. 햄릿의 대사인 '이것이냐 저것이냐 그것이 문제로다'는 식의 양자택일적 사고는 우리의 언어에서도 그 자취를 엿볼 수 있다. 얼마 전에 '노인은 집에서 쉬시고 젊은이는 투표하시죠' 라는 어느 정치가의 발언은 반드시 그에게만 드러나는 표현이라기보다는 우리의 언어문화를 잘 보여준다. 물론 햄릿의 이 대사는 그 당시 우리들에게 많은 비판을 받았는데 이것과 저것사이에서 무엇이 진리 인지를 단호하게 선택하고 결정하지 못하는 우유부단함을 지녔다는 것이다. 우리는 이것이 아니라 저것임을 명명백백하게 선포해야한다.

이를 인정하지 못하는 사람들은 의식화의 대상이다. 사실 의식화란 개념은 파울로 프레리이의 피억압자의 교육학이란 책에서 배운 개념인데 파울로 프레이리는 물론 그 개념을 피억압자들이 말을 할 수 없는 상황에서 그러다가 점점 더 자기 표현을 할 수 없는 상태에서 그들이 말하도록 하자는 것이었는데 그 당시는 피억압자들이 말을 하게 되면 우리와 동일한 노래를 부를 것이라고 확신하였다. 우리와 다른 노래를 부르게 되면 그는 마르크스가 말하듯이 아직도 자신의 객관적 현실을 잘 인식하지 못하는 즉자적 존재요 허위의식에 사로잡힌 존재이기 때문이다. 그래서 다른 의견을 말하면 '문제의 본질을 파악하지 못하셨습니다', '그렇게 보시면 안 됩니다', '공부를 더 하셔야 하겠네요', '도대체 그런 잘못된 정보를 어디서 얻으셨나요?' 등으로 공격하기를 즐겨하였다.

이러한 일방적인 소통문화에서 지금 하려고 하는 작업은 쌍방적인 소통문화를 만들려고 하는 것이다. 쌍방적인 소통을 함으로써 우리는 우리 모두가 참여하고, 더불어 사는 사회를 만들어 갈 수 있다. 나는 내 의견을 거리낌 없이 안전하게 지탄의 대상이 되지 않고 말할 수 있어야 한다. 우리들 다 각자 다른 입장, 상황을 가지고 있다. 전체적으로는 한국인이지만 개별적으로는 다 다르다. 이웃집 간장 맛도 다르다고 한다. 내 속으로 낳은 아이도 다 다른 성격과 기질을 가지고 나온다. 다르게 생긴만큼 다르게 인정할 줄 아는 사회가 되어야한다. 움베르토 에코가 장미의 이름이라는 소설에서 역설적으로 주장하였듯이 우리는 장미라고 이름 붙은 꽃 한 송이를 보고 장미를 보았다고 말하지 말아야 한다. 우리가 장미를 보았다고 말함으로써 네가 본 장미는 가짜 장미요 나만이 진짜 장미를 안다 는 주장을 할 수 있기 때문이다.

3. 차이와 다양성 존중하기

차이와 다양성을 존중하는 태도를 갖기 위해서는 먼저 마음의 여유를 가져야 한다. 가정이나 사회에서 만나는 사람들을 그대로 인정하는 마음가짐을 훈련해야 한다. 일단은 내가 많이 권하는 작업은 새벽에 일찍 일어나 속상하고 분통터지고 화나는 생각과 감정들을 노트에다 남김없이 다 토해내는 작업이다. 차이를 있는 그대로 인정하는 것은 쉬운 일은 아니다. 차이에서 오는 것들을 차별하지 않으려면 일단 내 마음속에 생긴 감정들을 토해내야 한다. 토해내지 않으면 과거서부터 누적된 편견이 고정관념이 되고 이러한 편견과 고정관념은 소통에 부정적인 걸림돌이 된다. 우리의 언어문화가 상당히 부정적이라는 학자들의 지적은 이러한 상처를 토해내지 않고 한으로 쌓아둠으로써 기존의 불신을 만들어낸 결과다. 국어학자들의 연구결과는 우리나라 사람들이 가장 잘 쓰는 말은 '없다'와 '아니다'라고 한다. 업무를 점검할 때에도 '내가 부탁한 것 하셨나요?'라고 하기 보다는 '내가 부탁한 것 안하셨지요?'라고 물어서 한 사람이나 안 한 사람이나 다 화가 나게 한다. 한 사람은 한 사람대로 자기를 믿지 못한다고 생각해서 화가 나고 안 한사람은 안한 대로 그래 안 했어요, 어쩔래요, 잘 아시네요 하는 식의 마음을 갖게 된다.

가게를 가서도 이런 식의 말을 곧장 듣는다. '싱싱한 물건 없지요?' 하고 묻는다. 그러면 가게 주인이 '이 사람이 눈이 없나 이게 다 싱싱하지 않고 뭐요?' 라고 퉁명스럽게 대꾸하면 '아니 아주머니가 아침에 무엇을 잘 못 먹었나, 왜 화를 내고 그러셔?' 하면서 싸움이 된다.

터미널에서 버스가 떠날 시간이 빠듯해 라면을 먹을 수 있는지 식당 아주머니에게 물은 적이 있다. '아주머니, 라면 끓이는데 얼마나 걸리나요? 제가 시간이 이 정도남아서 먹고 갈 수 있나 가늠하려고요' 하고 물었더니 하시는 말씀 '집에서 라면도 안 끓여봤어요?' 한다. 그래서 아주머니 무슨 말씀을 그렇게 하세요 어쩌구 저쩌고 옥신각신하다 라면도 못 먹고 돌아서 나오면서 다시는 이집에 안 들리리라 결심하고 아직도 그 결심을 지키고 있다. 고객을 화나게 하면 30번 정도 이야기를 하고 다닌다는 보고를 들은 적이 있는데 나한테도 그대로 적용되어서 30번 이상, 드디어는 이 책에까지 소통이 막힌 예로 쓰기까지 하고 있다. 단지 같은 여성이기 때문에 가게가 어디에 있는지는 익명으로 하면서 불매운동을 하지는 않는다. 아마도 그분은 짐작컨대 똑같은 여자끼리 너는 내가 끓여주는 라면먹고 돌아다니고 나는 너한테 라면이나 끓여주는 신세 참 짜증난다는 심정으로 그랬을 수도 있다. 사람을 많이 대하다 보면 그러한 짜증이 날 수도 있겠다. 요사이는 친절교육으로 많이 나아졌지만 관공서에 가면 창구에 앉아 계신 분들은 '제발 날 좀 건드리지 마세요', '말시키지 마세요' 라는 표정으로 앉아계시는 분들이 계시다. 어린아이들도 사람 손을 너무 많이 타면 잘 못 큰다는 말도 있다. 회의하면서 다른 사람이 의견을 개진하면 곧 이어서 하는 말이 그게 아니고요로 시작한다. 아니라는 말을 들으면 일단 사람은 불쾌해지고 긴장하면서 그래 너는 얼마나 말 되는 이야기를 하나 두고 보자, 라는 마음으로 이야기를 듣게 된다. 그런데 사실상 들어보면 똑같은 이야기가 많아서 오죽하면 조선말은 끝까지 들어보라고 하는 말이 생겨났을까? 국가적인 업무나 홍보를 할 때에도 가능한 한 부정적인 말 보다는 긍정적으로 표현하여야한다. 부정부패추방, 척결들의 말은 누구에게나 위협적으로 다가온다. 세상에 살면서 크든 작든 부정부패를 한 번도 해본 적이 없는 사람이 있을까 의문이다. 나만해도 어렸을 적에 길거리에서 50원을 주운 경험이 있는데 경찰에 신고하지 않았고 그 다음부터는 거리를 걸어다닐 때 길을 유심히 살펴보는 버릇까지 생겼다. 돼지고기가 한 근에 50원 하던 시절 어머니께서 100원을 주시면 90원어치사고 10원은 알사탕이나 껌을 사먹은 기억도 있다. 정육점주인 아저씨가 '너 10원 남겨서 까먹을려고 하지?' 라고 물었을 때 '아니요, 나머지는 콩나물 사오래요'하며 천덕스럽게 둘러대기도 하였다. 그래서 부정부패하면 그런 기억들이 나와 우리 모두에게 부담이 된다. 같은 이야기를 해도 맑은 사회 만들기 등으로 긍정적으로 쓰면 좋은 느낌과 희망을 가지고 그 길을 가고자 하는 마음이 생긴다. 그래서 위인들의 비전 선언문은 거의 다 긍정문이다.

이러한 세상살이에서 지친 인간들의 손을 타서 지친 심정을 스스로 새벽에 일어나 토하고 달래야한다. 이런 작업을 잘 하지 않으면 이런 사람하고 안 좋았던 일이 그와 비슷하게 생긴 사람들에게 옮겨지기 시작한다. 드디어는 내가 왜 이런 기분이 드는지도 모르게 되어버린다. 정체불명의 감정들, 처음부터 괜히 싫은 마음 이유를 모르겠는 감정들이 소통에 가장 장애가 된다. 저 사람하고는 말도 섞고 싶지 않다는 느낌이 위험한 감정이다 물론 거꾸로도 어떤 사람이 아무 이유 없이 너무 좋은 것도 문제가 된다. 그래서 사랑도 갑자기 아무 이유 없이 몰아치는 자발적 충동에 휩싸인 사랑을 위험한 사랑이라고 보고 그래서 그런 사랑은 단기간에 끝나는 예가 많을지도 모른다. 그리고 영화 속의 사랑하는 사람들은 '죽어도 좋아'를 외칠지도 모른다. 이러한 감정의 소용돌이를 정리하고 내가 한 말을 내가 책임지는 것이 중요하다. 소통기술을 익힐 때 이렇게 자기를 돌아보는 작업을 함께 하지 않으면 기술자가 되어 사람을 조종하는 수단과 도구로 이용한다. 사실 말은 번드르르하게 해서 말로 흠잡을 것은 하나도 없는데 진정한 교류가 되지 않는 사람들을 본 적 있을 것이다. 이런 새벽일지를 쓰는 작업을 하다보면 이러한 정리가 저절로 되며 과거지향적인 감정보다는 미래에 대안을 내세우는 미래지향적인 말이 된다.

또한 자기가 한 말을 성찰하기 위해서 녹음하거나 기록해서 자신의 소통방식의 잘잘못을 가려내는 작업을 하는 것도 필요하다. 사람들은 대부분 소통의 기술을 배울 때 다들 그렇게 이야기 하는 사람이 어디 있어 하는 표정으로 듣는다. 기록하지 않으면 우리의 기억은 자기 편한 대로 기억한다. 그래서 나의 소통유형을 알기 위해서는 일주일 정도 매일 저녁에 기록하면서 살펴보아야한다. 우리나라 여성과 청소년들이 가장 남성과 어른으로부터 듣기 싫어하는 말 인권이 침해당했다고 생각하는 말투가 반말이다. 부부교육을 하면 여성들도 남편의 명령조 지시조가 가장 싫다는 의견들이 자주 나오는데 남편들에게 전해주면 그런 남편이 어디 있느냐는 표정을 짓는다.

소통문화는 단 시일 내에 기술을 익혀서 가능한 것만은 아니다. 진정으로 너와 내가 그 모든 차이를 넘어서서 인간 대 인간으로 존중하며 만날 수 있는가 하는 문제이다. 진정으로 사적인 영역에서

나 공적인 영역에서 너와 내가 만나 우리 모두를 위해서 좋은 길을 모색하기 위한 가장 기본적이고 소중한 자산이 바로 소통이라는 생각으로 학습해야 한다.

권력유형(Das Machtkontinuum)

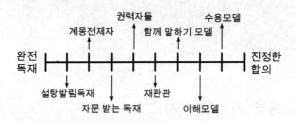

4. 소통을 저해하는 사고와 행동양식

1. 소통을 저해하는 사고

흑백사고

이것 아니면 저것이라는 양 측면, 즉 흑백만 존재한다는 생각은 소통을 저해한다. 양극 사이에 여러 다양한 색들이 존재하는 현실의 역동성을 두 측면으로만 제한하는 것은 문제다. 부정적이고 적대적인 표상들은 고정관념화되어 자신의 적대자들에게 가지는 기존의 상이 정말로 맞는지 아닌지 다시 돌아보지도 않고 고정시킨다.

투사 메커니즘

갈등상황에서 종종 보이는 현상으로 자신의 약점들은 인정하지 않은 채 다른 편에게만 잘못을 전가한다. 우리는 괜찮고 옳은데 상대측이 문제를 일으킨다고 생각한다. 어쩌면 저럴 수가 있지 인간도 아니야 등의 악감정이 생기고 이런 감정이 일어난 것 또한 상대방의 탓이다. 이러한 악순환을 끊어내야만 소통은 가능해진다.

'전장'의 확대

자신의 입지를 강화하고 상대방을 약하게 하기 위해서 갈등자체와는 아무런 관계가 없는 영역에까지 확대전을 벌인다. 그렇게 되면 갈등은 더욱 복잡한 양상을 띠게 되고 상대방을 단순하게 적으로 만들면서 더 이상의 현실적인 관계를 어렵게 한다. '그렇지 뭐, 저 사람들에게 무엇을 기대하겠나', '처음부터 알고 있었다니까' 등의 생각은 관련 사안을 인간 전체에까지 확대한다.

달팽이 껍질로 들어가기

이러한 현상은 자신의 상처나 감정이 악화되었을 때 자신을 축소시키는 감정과 관계가 있다. 갈등 당사자들은 더 이상 관계하지 않으려고 하기 때문에 상대방에 대한 새로운 이미지는 얻지 못하고 기존의 이미지만 강화된다. 다른 편과는 누구와도 접촉하지 않고 마침내 우리만이 진리 자체를 가지게 된다.

2. 소통을 저해하는 행동양식

적대감

적대감은 공격적인 태도를 고착시키며, 부분적으로는 공공연한 적대감을 조장하기도 한다. 내용적인 측면에서는 경우에 따라서 상대방에게 치명타를 입히려는 목적으로 모순적으로 주장하기도 한다. 일관된 주제라기보다는 모순적인 입장들로 말이 바뀌기도 한다. 우리 사회에 존재하는 연령별, 성별, 학력, 경제력, 지역별들에 기인한 차별은 이러한 적대감의 형성요인이다: 가방끈 길다고 나

무시하냐, 배운 놈들은 다 마찬가지야, 여자가 어디 눈 똑바로 뜨고 남자한테, xxx출신들은 저렇다니까 등

음모

당사자의 등 뒤에서 하는 말로 대부분은 부정적이고 일방적이다. 사람들을 이간하는 데 쓰이기도 한다. 질투도 종종 이 경우에 드러나게 된다. 은밀성의 가면을 쓰면 다른 장애들은 아무런 문제가 되지 않는다: 다 짜고 치는 고스톱이야, 자기네들끼리 다 입을 맞추었겠지요.

철회

이 그룹 내부에서는 공공연한 소통은 거의 일어나지 않는다. 당사자들은 폐쇄적으로 활동한다. 활동하고자 하는 동기가 별로 없는 것 같기도 하다. 그러나 불안과 긴장은 감돌고 있다: 아무 일도 아닙니다, 없던 일로 하지요. 제가 뭐라고 했습니까?

저항

필요한 조치가 취해지기는 한다. 당사자들이 토론에서 자신의 입장만을 고집하고 타협할 준비가 되어있지 않다. 정보는 더 이상 공유되지 않고 이기적인 행동방식만이 등장 한다: 내 시체를 밟고 하세요, 내 눈에 흙 들어가기 전에는 안 된다. 어디 되나 안 되나 두고 보자.

과잉 순응

쓰여 진 대로 하라는 규정에 따라서 소통이 일어난다. 알아서 다하세요, 그저 따르지요, 시키는 대로 하지요. 알아서 하세요.[9]

---

9) Florian Gommlich, Andreas Tieftrunk, *Mut zur Auseinanersetzung: Konfliktspraeche*, Falken, 1999, p.83

3. 의사소통기법 연습

1. 타인 및 타집단에 대한 민감성 훈련

우리는 소통이 안 될 경우 대부분 다른 사람들에게 문제의 원인이 있다고 본다. 그들이 이기적이고, 그들은 아무 것도 모르고, 그들은 우리를 조종하고자 하며, 그들은 비합리적이라고 간주한다. 그러나 다른 사람들은 바로 우리를 문제라고 생각한다. 우리는 세상을 각기 다르게 보는데 이는 우리가 각기 다른 정보를 가지고 있고 다른 정보들에 관심을 가지며 해석을 달리하기 때문이다. 우리는 이전 경험들의 영향을 받으며 경험들에도 서로 다른 규칙들을 적용한다. 결국 우리의 결론은 우리 자신의 이해관계를 반영하고 있다. 남이 하면 스캔들이고 내가 하면 사랑이라는 이야기가 바로 이 점을 잘 드러낸다. 바로 우리는 다른 사람에 대해서보다 우리에 대해서 더 잘 안다. 그러나 소통을 잘 하기 위해서는 이러한 한계를 넘어서서 다른 사람들과 타인에 대한 공감적 능력을 향상시키는 것이 중요하다.

1. 있는 그대로 받아들이기[10]

다른 사람에 대한 정보를 해석하거나 받아들이는 과정에서 첫인상은 자동적으로 형성되고 대체로 무의식중에 진행된다. 어떠한 정보에 주목하고, 또 어떻게 해석할 것인가에 대하여 자신의 과거 경험, 요구와 기대, 새로운 사람과 만나게 된 상황에 대한 전제 등이 지대한 영향을 미친다. 인식과정은 정보의 일부를 단순화하거나 제거하기 때문에 완전한 객관적인 정보를 얻는 것은 불가능하다. 또한 새롭고 낯선 상황이 닥쳤을 때, 인간의 두뇌는 몇 가지 빠진 정보를 채워서 결론에 이르게 되는데 이러한 결론은 대체로 과거 경험에 의지한다.

내가 관심을 가지고 있으면 그 관심에 따라 인상이 형성된다. 인간은 자기가 알기 원하거나 기대했던 것들을 보는 경향이 있다. 연구에 의하면, 가난한 아이와 부유한 아이들에게 동전의 모양을 보여주고는 그 크기를 추정하게 했을 때, 가난한 아이들은 부유한 아이들보다도 더욱 크게 추정한다고 한다. 또한 일반적으로 사람들은 자신이 싫어하는 사람보다 좋아하는 사람을 더욱 매력적이고 지적이라고 평가한다.

다음 문장을 읽고 가능한 한 신속하게 빈 칸을 채워본다. 너무 신중히 생각하지 말고 머리에 떠오르는 대로 쓰고 난 후 자신의 고정관념을 점검해본다. 그다지 큰 어려움 없이 그리고 별다른 정보 없이도 어떤 사람이 어떤 부류에 속하는지를 근거로 그 사람에 대한

---

10) Matthew Mckay, Martha Davis, Patrik Panning, 《효과적인 의사소통을 위한 기술》 임철일, 최정임 옮김, 커뮤니케이션북스, 1999, 275~294쪽.

기대를 일반화한다. 고정관념은 대개 다른 사람에 대한 인상을 형성하는 지름길이다. 일반적으로 앞에 있는 사람과 과거 자신이 알고 있는 사람 사이의 관련성은 미미하지만 즉 같은 머리 스타일, 같은 이름, 같은 직업, 또는 비슷한 말투 등에 바탕을 두고 관련성을 찾으면서 자신의 본래의 이미지를 그에게 뒤집어씌운다.

(1) 한국의 공무원은 ＿＿＿＿＿＿＿＿＿＿＿＿＿＿을 한다.
(2) 정치가는 대개 ＿＿＿＿＿＿＿＿＿＿＿＿＿＿＿＿.
(3) 대부분의 시민단체 활동가들은 ＿＿＿＿＿＿＿＿＿＿＿.
(4) 커다란＿＿＿＿을 가진 여자는 매우 ＿＿＿＿＿＿＿.
(5) 뚱뚱한 사람들은 ＿＿＿＿＿＿＿＿＿＿＿＿＿＿＿＿.
(6) 열심히 일하는 여성들은 보통 ＿＿＿＿＿＿＿＿＿＿＿.
(7) 변호사들은 보통 ＿＿＿＿＿＿＿＿＿＿＿＿＿＿＿＿.
(8) 부유한 가정에서 태어난 사람은 ＿＿＿＿＿＿＿＿＿＿.

2. 타인의 감정·정서 이해하기[11]

다음의 여러 가지 정서와 그 의미를 읽고 연습함으로써 타인의 감정과 정서를 읽는 훈련을 한다.

두려움
위험하거나 위협적인 상황을 느끼면서 그것을 피할 방법을 모를 때 유발된다.

---

11) 이장호, 금명자 지음, 《상담연습교본》, 법문사, 2004, 36~39쪽.

불안

공포의 원인 혹은 원천을 모를 때 유발되는, 공포의 일반적인 상태라 할 수 있다. 즉 어떤 사람이 불편함을 느끼면서도 그 원천을 모르는 상태를 말하며, 일정한 대상이 없이 전반적으로 걱정이 많은 상태다.

기쁨

바라던 목표가 달성되었을 때 생기는 것으로, 그 강도는 목표의 중요성, 획득하는 과정에서 겪는 어려움, 획득의 우연성의 정도의 의해서 결정된다.

분노

분노는 목표달성과 관련되어 있으며, 목표획득을 좌절시키는 사람과 사물에 의해 유발된다. 즐거움, 분노를 기본 정서라 하며 이러한 정서들은 일반적으로 목표달성과 관련되어 있다.

성공감과 실패감

자신의 수행 결과를 자신의 기대와 비교해 볼 때 생긴다. 즉 성공감은 기대를 만족시켰거나 그 이상일 때, 실패감은 기대에 미치지 못했을 때 각각 생긴다.

자부심과 수치심

자신의 행위가 자신의 기대에 미치는지를 평가하여 자신을 좋게 혹은 나쁘게 지각할 때 유발된다.

죄책감

수치심과는 다른 것으로, 수치심이 바라는 행동을 달성할 능력이 없어서 유발되는 데 반해 죄책감은 자신의 행동이 잘못되었거나 비도덕적인 것으로 지각되었을 때 유발된다. 통상적으로 자기의 이상적 자아에 일치하지 못하거나 사회적인 행동 기준을 깨뜨리는 경우에는 수치감과 죄책감을 복합적으로 느끼게 된다.

위의 정서들의 의미를 숙지한 후 다음의 연습을 해본다. 지시된 정서를 가장 잘 나타낸 내용은 어떤 것인지 ( )에 그 번호를 써넣으시오.

(1) 두려움 ·· (   )

　　① 그 일은 그 사람의 잘못이다.

　　② 그 일이 일어난다면 그것은 나의 잘못이다.

　　③ 나는 내가 비난받을 것임을 알고 있다.

　　④ 나는 곤경에 빠져있지만 어쩔 수 없다.

(2) 불안 ·· (   )

　　① 지금 아주 긴장이 된다. 무엇인가 좋지 않은 일이 일어날 것 같다.

　　② 이번 인사결과를 기다리기가 너무나 싫다. 나는 승진 못할 것만 같다.

　　③ 나는 내 인사결과에 대해 생각하고 싶지도 않다.

　　④ 아무도 내게 아는 척을 안하면 어떡하지!

(3) 기쁨 ………………………………………………… (   )

　① 나는 정말 놀랐다.

　② 나는 정말로 그 모임이 즐거웠다.

　③ 수 년 동안 노력해 온 결과, 나는 드디어 그것을 얻었다.

　④ 확실히 우리 팀이 훌륭하다. 오늘처럼 과제를 해냈으니까.

(4) 분노 ………………………………………………… (   )

　① 나는 정말 그것을 해 낼 수 없을 것 같다.

　② 나는 그 사람 근처에 서 있을 수가 없다.

　③ 그가 방해만 하지 않았어도 이겼을 것이다.

　④ 잘하려고 애를 쓰면 쓸수록 더 잘 안 되는 것 같다.

(5) 자부심 ………………………………………………… (   )

　① 나는 지금 내가 해야 할 일을 하고 있다.

　② 이겼지만, 최선을 다하지는 않았다.

　③ 나는 더 잘 할 수 있다.

　④ 나는 열심히 최선을 다해서 성공할 수 있었다.

(6) 수치심 ………………………………………………… (   )

　① 모든 사람은 내가 잘하지 못한다고 생각한다.

　② 그렇게 쉬운 일을 해내지 못한 것을 보니 나는 어쩔 수
　　없는 놈이야.

　③ 국장님은 내가 잘하지 못한다고 생각하신다.

　④ 나는 노력하지 않았고 그래서 실패했다.

(7) 죄책감 ··· (　　)

　　① 훔친다는 것은 나쁘다. 나는 그러지 말았어야 했다.

　　② 내가 잡힌다는 것을 알았어야 했다.

　　③ 나는 더 잘할 수 있는 능력이 있다.

　　④ 그것은 내가 무엇을 훔쳤는가에 따라 달려 있다.

(8) 사랑 ··· (　　)

　　① 나는 그녀와 함께 있는 것을 즐긴다.

　　② 그녀는 내가 원하는 것이면 무엇이든지 준다.

　　③ 그녀와 함께 있을 때 나는 달라진다.

　　④ 나는 그녀와 영원히 함께 있고 싶다.

(9) 증오 ··· (　　)

　　① 그는 나를 속였다.

　　② 나는 그를 아주 싫어한다.

　　③ 나는 그가 지구상에서 사라졌으면 하고 바란다.

　　④ 나는 그를 잘 모른다. 그래서 그를 인정할 수가 없다.

(10) 질투 ··· (　　)

　　① 그는 돈이 필요해서 야근을 해야 한다.

　　② 그는 말뿐이다. 그래서 나는 그를 인정할 수 없다.

　　③ 그는 내가 가질 수 없는 물건들을 가지고 있다.

　　④ 그는 일하느라고 나에게 시간을 주지 않는다.

(11) 시기 ··· (　　)

① 나는 이 일을 얻기 위해 열심히 공부했다.

② 그가 오기 전까지 그 일은 내가 했었다.

③ 그는 나보다 그를 더 좋아한다.

④ 그는 그 일을 나보다 더 잘 해낸다.

<해답 171쪽>

3. 여성 혹은 남성 / 영원한 타인 – 젠더커뮤니케이션[12]

여성과 남성의 커뮤니케이션방식은 다르다고 본다. 살아온 역사와 처한 상황이 다르다보니 언어활동에서도 차이가 난다. 여성은 가정이라는 영역 속에서 관계를 가꾸기 위한 감정을 표현하는 말을 많이 사용해왔고 언어의 양과 속도가 여성이 일반적으로 빠르고 많다. 남성은 공적 사회에서 언어활동을 하다 보니 용건과 해결책 제시위주의 말을 주로 해왔다. 그러나 남성이 힘을 가지고 있는 사회에서는 오랫동안 여성의 말하기를 억제하는 경향이 있었다. 여자가 셋이 모이면 그릇이 깨진다, 암탉이 울면 집안이 망한다 등이 그 예다. 사적인 영역에서는 이러한 전통이 많이 깨지고 여성의 말하기 주도권이 강해지고 있다. 그렇다 하더라도 공적인 영역에서는 남성의 말하기가 지배를 하고 있다. 여성들은 공적인 사회에서 말하기를 주저하면서 '제가 잘 몰라서 그러는데요' 라던가 '이런 말을 해서 될지 모르겠는데요' 하면서 서두를 꺼내는 경우가 많다.

---

12) Michael C. Donaldson & Mimi Donaldson, *Negotiating for Dummies*, IDG Books Worldwide, Inc. 1996, pp.133~134.

그리고 여성은 남성이 힘을 가지고 있는 가부장제사회에서 살다 보니 자기를 축소시키거나 어리광 애교를 부리는 경향이 있다. 남성의 눈물은 오죽하면 울까하는 반응을 불러일으켜 대권을 가질 수도 있지만 공적 영역에서의 여성의 눈물은 나약함의 드러남으로 지탄과 비난의 대상이다.

다음의 대화를 읽어보고 무엇이 문제인지를 알아보자. 어느 토요일 오후에 연인으로 보이는 두 남녀의 대화다.

> 남자 : 나도 힘들어. 5일 내내 회사에서 일하고 또 너랑 주말에는 내내
> 데이트해야 하잖아.
> 여자 : 너만 힘드니? 나도 힘들어. 내가 너를 만난 이후로는 친구들도
> 제대로 잘 못 만나.
> 남자 : 잘 됐네. 그럼 주말에 하루만 데이트하자.
> 여자 : (갑자기 흑흑 하고 운다)
> 남자 : (한동안 물끄러미 우는 모습을 쳐다보다가) 왜 우냐? 나가자.

전형적인 남녀 대화다. 여기서 남성은 문제의 해결책을 얼른 제시만 하고 상대방의 마음을 읽어주지 않아서 소통이 막힌 것이다. 해결책 제시는 서로의 감정을 인정한 후에 함께 의논해서 만들어가는 것이다.

여성을 위한 충고
① 남성이 말하고 있는 동안에 말하지 말 것
많은 여성은 친한 남성이나 동료가 이야기를 하면 끼어들기를

한다. 이때에 남성은 여성이 자기의 말을 중단시킨다고 생각한다. 그에 반해 여성은 남성이 하는 말에 보충하고 추가하는 도움을 주었다고 생각한다. 그러나 남성은 이야기를 할 때에 여성보다 더 시간을 갖기 원한다. 말로 '그래요, 네' 라고 맞장구를 치는 대신에 조용히 들어야 한다. 여성이 말할 때에는 이러한 맞장구를 그들의 말이 옳다는 긍정으로 받아들이지만 남성들은 간섭으로 본다. 또 다른 문제는 당신이 이러한 긍정을 말로 할 때, 남성은 당신이 그가 의미하는 것을 이해한다는 것을 알게 하기 위한 것이라고 생각하기 보다는 그가 말하고 있는 것의 내용을 당신이 동의한다고 생각을 한다.

② 그가 말하고 있는 것을 그대로 믿어라

여성은 남성이 다양한 수준에서 이야기 한다고 믿고 감추어진 의미를 찾으려고 노력한다. 그러나 남성은 대부분 그들이 의미하는 것을 말하며, 그들이 말하는 것을 의미하면서 여성도 똑같이 하기를 바란다.

③ 인내심을 가져라

남성의 속도는 여성의 속도와 다르다. 훨씬 더 천천히 말하며 여성보다 더 자주 휴식을 가진다. 그의 생각이 흘러가도록 내버려 두고 잠깐 쉴 동안에 말하지 말아라.

남성을 위한 충고

여기에 여성의 이야기를 들을 때 남성이 주의깊게 들어야 할 3가지 충고가 있다.

① 여성이 이야기 하는 과정을 그대로 따라 하라

때로 여성은 침묵 속에 생각하다 결론을 말하는 대신 그들이 원하는 것을 표현하거나 정보를 추적하기 위해서 이야기를 한다. 당신이 이 점을 알고 있다면 여성의 생각이 흘러가도록 내버려 두어라. 그녀의 생각의 과정에 갑자기 끼어들어 그녀의 감정에 상처를 내지 말아야 한다.

② 그녀에게 전적으로 주목하라

그녀가 이야기 하는 동안에 서류를 뒤적거리거나 딴청을 부려서는 안 된다. 그녀에게 몸을 기울이고 눈을 마주하는 것이 그녀가 말하고 있는 것에 충분히 귀 기울이고 있다는 것에 대한 반응이다.

③ 인내심을 가져라

여성의 속도는 당신의 속도와 다르다. 남성이 하는 대화보다 여성은 동일한 대화에서 더 많은 주제들을 다루려고 할지도 모른다. 여성과 남성은 다르게 소통한다는 것을 기억하고 차이를 극복하도록 노력해야 한다.

2. 소통의 시작은 언제나
아이스브레이킹[13]

　문제에 관한 본격적인 공식적인 소통단계에 들어가기에 앞서 참여자들 간의 벽을 허물고 긴장을 풀며 친숙해질 수 있는 아이스브레이킹 작업을 하는 것이 좋다. 적극적으로 다가가서 자신을 소개한다. 명함을 주고 받을 때 명함을 받으면 들여다보고 거기에서 나타난 정보를 가지고 인사를 나누는 것이 좋다. 명함을 받자마자 아무 데나 구겨서 넣으면 안 된다. 명함을 가지고 있지 않은 사람들에게 명함을 건넬 경우에는 오해를 살 수도 있다. 이름 없이 무명으로 살아 서럽다고 생각하고 있는지 분위기를 잘 파악해서 명함돌리기를 해야한다. 계속 만나는 관계인 경우 이름과 호칭을 기억하여 사용한다. 이름을 외우지 않으면 사람들은 자기에게 관심이 없다고 생각한다.

　간단한 인사와 말로 이어지는 아이스브레이킹의 내용은 주로 정보를 요구하거나 칭찬하기, 약간의 유머, 시사에 관한 이야기들을 하는 것이 좋다. 이때 찬반토론을 격렬하게 할 소지가 있거나 대립과

---

13) Matthew Mckay, Martha Davis, Patrik Panning, 《효과적인 의사소통을 위한 기술》, 임철일 최정임 옮김, 커뮤니케이션북스, 1999, 306쪽.

논쟁을 일으킬 수 있는 이야기들, 예를 들면 종교와 정치관련 이야기 등은 피하는 게 좋다.

처음부터 너무 과도하게 관계를 구축하고자 서두르지 말아야한다. 지나침은 모자람만 못하다는 말이 있다. 처음부터 친밀함을 표현하기 위해서 어깨나 손을 만지는 경우가 있는데 우리 문화에서는 익숙하지 않으며 하는 경우는 대부분 자기가 가지고 있는 권력의 표현이기도 한다. 아랫사람이 그렇게 하는 이유는 건방지다는 느낌을 줄 수 있다. 이전에는 서로 인사로 고개 숙여 절을 많이 하였다. 절을 할 경우에는 고개를 숙여 정성껏 해야한다. 특히 고개만 까딱하는 인사가 되지 말아야한다. 요사이는 인사보다는 악수를 많이 한다. 악수를 하기 위해서는 손관리를 잘 해야한다. 너무 축축하거나 차갑거나 너무 꽉 잡거나 힘이 하나도 없이 잡을 듯 말듯 하거나 너무 오래 잡고 있으면 불쾌감을 준다. 가장 불쾌한 악수는 저 유명한 정치인의 악수이다. 언제나 악수하면서 눈을 마주치지 않으며 다른 데를 본다. 그러면서도 손의 힘은 너무 세서 강압적이라는 느낌을 준다. 필자가 독일에 있을 때 독일인이 해준 이야기, 집회에서 유명한 정치가를 보고 말을 건네려고 했더니 그 사람이 'are you vip?' 라고 묻더란다. 그래서 무조건 'yes' 라고 했더니 그제서야 인사를 받으면서 말을 하더란다. 그러면서 너희네 나라에서 정치가들이 말하는 vip는 어떤 사람들이냐고 질문을 당했던 기억이 난다.

외국인은 눈을 마주치지 않거나 어느 정도 아는데도 포옹을 하지 않으면 관계가 소원하거나 무시당한다고 생각한다. 독일에서 6년간 공부하면서 일한 경험이 있는데 나는 잘 지내려고 언제나 웃으면서 이야기 했다. 그런데 나중에 들은 이야기로는 나는 쌀쌀맞고 정을 주지 않으면서도 이유 없이 웃는 이해하기 힘든 여성이 되어 있었다.

내가 포옹하지 않은 이유는 우리 풍속이 아니라 익숙하지 않았고 키가 작아서 그들과 포옹을 하면 대롱대롱 매달리는 기분이라 기피했었다. 웃음 띤 얼굴은 70년대 우리 사회에서 일었던 스마일 운동 때문이었다. 우리나라 사람들이 웃지 않는 것이 문제라고 해서 노란 색의 스마일배지를 나누어주면서 스마일 스마일해야 한다고 했다. 그 캠페인에 열심히 참여하지 않은 나도 외국에서는 그래야한다는 식으로 나도 모르게 전염이 되었나보다. 독일에서 요구하는 표정은 스마일만이 아니라 다양한 표정이었다. 진지한 이야기를 할 때 나도 모르게 웃는 웃음을 띠었나보다. 그러자 한 독일인이 나에게 진지하게 물었다. 자기가 한 이야기 중에서 어떤 부분이 웃기는 말이냐고. 그 말에 반성을 하고 나의 웃음을 진지하게 점검해본 결과 나는 시종일관 미소를 띠고 있다가 비판을 할 때면 약간 소리를 내면서 웃는다는 사실을 발견했다. 너 그것을 아직도 몰라 내가 한 수 알려주지 그런데 상대방이 무안해할 수도 있으니 약간은 무마하듯 눈의 표정은 약간은 한심해하면서 웃으며 말한다는 사실. 나의 표정을 점검하면서 나는 많은 한국인들이 그렇게 하고 있다는 사실도 알 수 있었다. 게다가 약간은 음성을 쳇소리를 내면서 기가 막힌다는 듯이 자기와 의견이 같다고 생각하는 동료와 눈을 마주치기를 구하면서 말이다. 치웃 발음은 사람을 죽이는 독음이라고 한다. 남의 의견을 박살내고 싶은 무의식적인 심정의 발로다. 진지한 이야기를 할 때는 진지하게 비판을 할 때에도 내가 가르치는 게 아니라 너와 나의 다른 의견을 조율해야하기 때문에 진지한 표정으로 슬플 때는 슬픈 표정들이 나와야 한다.

3. 칭찬하기는
소통의 기본 자산

칭찬은 약간의 아부의 성격을 띠기도 한다. 아부도 자기 목적을 위해 수단화하지 않는 아부, 즉 상대방을 위해 하는 미래지향적 칭찬을 나는 아부라고 생각한다. 칭찬을 잘 못하는 사람들의 이야기를 들으면 사실이 아니기 때문이라고 한다. 부하직원을 칭찬하라고 어느 상사에게 권했더니 일을 못해서 칭찬할 것이 없으며 월급받고 그 정도도 못하냐며 그 정도 일은 당연한 일이라고 한다. 그러나 사실도 변화하고 흐르기 때문에 변화 발전하는 미래를 보고 약간의 아부를 하는 것이다. 아이를 키울 때처럼 말이다. 서양의 희대의 바람둥이인 카사노바는 여성을 칭찬할 때 이렇게 했다고 한다. 외모가 아름다운 여성을 보면 지적이시네요, 하고 지적인 여성을 보면 아름다우시네요, 라고. 이는 물론 사적인 관계에서 해당된다. 사회적 공적영역에서는 가능한 한 외모에 대한 지적을 하지 말아야한다. 공식적인 회의가 시작되기 바로 전 어떤 사회를 맡은 분이 참석한 여성에게 인사를 건넸다. 아름다우시네요. 물론 잘 아시는 사이라면 가능한 인사였는지도 모르지만 가능하면 이런 인사를 하지 말아야한다. 아름다움이란 개인적 취향일 경우도 많다. 그 여성을 아름답다고 생각하지 않는 사람들, 그리고 이런 인사는 사적이라고 생각하면 잘못하면 성희롱이 될 수도 있다. 한번은 교수가 여름방학을 마치고 개학하면서 한 여학생에게 이렇게 말을 건넸다. '예뻐졌네' 내가 옆에 있다가 '성희롱하시네요' 라고 하자 화를 내면서 '사실을 이야기 한 겁니다' 하고 되받아쳤다. 여하튼 그 이후 그 교수는 실제로 성희롱을 했다는 사유로 학원을 떠났다.

칭찬을 받으면 어떻게 해야할까? 말을 건네면 문장으로 응답해야 한다. 글쎄요, 아니요, 네, 모르겠는데요 등의 말로만 반응하지 말아야한다. 우리는 칭찬에 익숙하지 않기 때문에 칭찬을 하면 대개는 어색해한다. '아이가 참 똘똘해보이더군요' 혹은 '사모님께서 참 좋아보이시던데요' 하면 쑥스러워하면서 '아이고, 데리고 며칠만 살아보세요' 하면서 칭찬을 되돌린다. 표정으로는 좋은 것 같은데도 말이다. 칭찬을 들으면 감사합니다, 고맙습니다. 잘 봐주셔서. 정도로 한다. 칭찬을 받고 반대로 과잉반응하는 경우도 있다. 아이 학교에 가서 우리 집에 잘 놀러오는 아이의 엄마를 처음보고 이렇게 말을 건넸다. '아무개가 우리 집에 잘 놀러오는데 아이가 붙임성이 있고 좋아 보이던데요' 했더니 바로 말을 받아서 하는 말 '우리 애가 원래 친구들이 좋아해서 여기 저기 많이 다녀요 오라는 데가 많거든요' 응답한다. 이런 경우는 우리 애가 그 아이한테 사정사정해서 놀러온 꼴을 만들게 되고 잘났다 잘났어하는 심정이 든다. 칭찬을 하면 원래 제가 그렇거든요 하는 식의 반응은 말의 선물을 주고받는 바른 자세가 아니다.

1. 칭찬을 위한 지침14)

칭찬 계좌를 개설하라

칭찬과 호의의 예금액을 쉽게 써버리지 말라. 특히 당신이 칭찬할 필요가 있는 주제가 아닐 때는 하지 마라. 인간관계는 천천히 여유있게 느리게 출발하고 구축하라. 바로 빠르게 접근하는 사람보다는 약간 천천히 우리를 좋아하는 사람들을 우리는 더 좋아하는 경향이 있다. 우리는 그들이 더 통찰력이 있다고 여긴다.

당신이 정말로 칭찬하고 싶은 좋아하는 것을 찾아라

당신이 정말로 마음으로 정직하게 감탄하는 무엇인가를 발견해라. 그리고 그것을 칭찬해라. 이러한 칭찬은 평소에 사람들을 긍정적으로 예의 주시 관찰해야 가능하다. 거짓 칭찬을 하지 말라. 일을 잘못했다고 당신이 생각하는데도 '정말 잘했네요'와 같은 마음에 없는 칭찬을 함으로써 마음에 들려고 애써서는 안 된다. 관계초기에 지나친 칭찬을 하다가 얼마 지난 후에 사실을 이야기 하게 되면 당신이 변했다고 생각한다.

구체적으로, 특별하게 하라

구체적으로 칭찬하는 한 마디가 포괄적인 칭찬보다 낫다. '당신은 참 착하시네요' 하면 어리둥절하게 된다. '당신이 이러저러한 일을 하시는 것을 보니 참 착하시네요'라고 하는 편이 더 낫다. 어떤 사람에게 한 칭찬과 똑같은 칭찬을 다른 사람에게 그대로 하지 마라.

---

14) Richard Stengel, *You're too kind, A brief History of Flattery*, Simon& Schuster, New York, 2000, pp.271~274.

만일 당신이 그러했다는 것을 그들이 알게 된다. 칭찬의 가치는 떨어지고 당신을 무차별적으로 아첨하는 교활한 사람으로 보인다. 조금은 다르게 하라. 만일 당신이 칭찬에 익숙해진 사람에게 칭찬할 경우, 독특한 칭찬을 찾아내라. '친절한 금자 씨'를 보고 당신을 좋아하게 되었다고 이영애에게 말하지 말라. 장면 중 어느 한 장면에서의 연기에 감탄했다고 이야기해라!

지나치지 마라

칭찬이 지나치게 과하면 사람들은 당신을 경계할 것이다. 칭찬은 현실에 기초를 두고 있으면서 듣고 나면 금방 잊어버릴 수 있어야 한다. 만일 당신이 누군가에게 '당신은 가장 위대하다' 또는 '당신은 최고다'하고 말한다면 그것은 겉치레로 들린다.

솔직하게 말해달라고 해도 결코 솔직하게 비판하지 말라

그들은 허심탄회한 비판이 아니라 칭찬을, 솔직함이 아니라 지지를 구하고 있는 중이다. 이 경우 약간 부정적으로만 말해도 곧 심한 비평으로 해석된다.

동의하라 그러나 모든 것에 함께하지는 말아라

상대방과 아주 자잘한 세부사항에까지 의견을 일치하려고 하지는 말아라. 약간 일치하지 않는 어떤 사소한 것을 찾아라. 그러면 상대방은 그것은 당신의 진심에서 우러나는 동의라고 생각하고 당신이 진실하다고 생각할 것이다.

비밀을 말하라

아주 내적인 무엇인가를 공개하라(그러나 예를 들면 '당신은 뻔뻔 스러운 아첨꾼이다'라는 부정적 비밀 말고). 내가 생각하기에 당신은 이해심이 깊고 분별력이 있기 때문에 당신과 관계를 갖고 싶다고 하라. 당신은 신뢰를 가지고 그에게 칭찬을 하는 것이다.

칭찬하면서 동시에 대가를 부탁하지 마라

칭찬에 대한 대가를 기대하면 듣는 사람은 부담을 갖고 칭찬의 내용에 의심을 하게 된다. 충고를 위한 질문을 하는 것은 좋다. 사람들 은 권위를 세워주는 사람을 좋아한다. '선생님, 제가 의사소통에 관한 논문을 써 보려고 하는데요 선생님은 경험이 많으시죠. 어떻게 생각하세요?' 작은 친절을 요청하라. 플루타크(Plutarch)와 라 로슈푸 코(La Rochefoucauld)가 말했듯이 우리는 우리에게 호의를 베풀어 주는 사람보다 우리가 호의를 베풀어 줄 수 있는 사람을 좋아한다.

칭찬을 많이 받았다고 생각하는 사람에게도 칭찬하라

만일 칭찬을 충분히 들었다 하더라도 사람들은 더 많은 칭찬을 원한다. 사람들은 칭찬을 다시 듣고 싶어 한다. 만일 당신이 상대방보 다 지위가 낮은 사람이라면 그에게 당신은 천재라고 말하지 마라. 당신과 당신의 상대 사이에서 직위의 차이가 클수록 당신의 칭찬은 더 세심해야한다. 만일 당신이 지위가 높다면 당신은 직원에게 당신 은 천재라고 말할 수 있다. 아래로 향한 칭찬은 항상 더 쉽고 더 효과적이다. 받는 사람은 보다 더 감사하고 의심을 덜 하기 때문이다. 내리사랑은 더 자연스럽기 때문이다.

4. 내 몸이 말하고 있답니다

의사소통은 전달과 경청과정이다. 몸짓이나 표정 혹은 몸의 언어를 통한 언어적, 비언어적 신호들을 주고받는, 인간사이의 상호교류다. 인간은 얼굴에서 가장 많은 비언어적 암시를 얻는다. 사람들이 소통하는 동안 서로의 얼굴을 우선적으로 바라보기 때문에 인간은 가능한 한 얼굴에서 암시들을 읽고 이해하는 일을 개발해왔다. 전문적인 게이머들은 상대편의 얼굴을 통해서 무표정한 가면 뒤에 숨기고 있는 감정들을 읽을 수 있는 능력을 개발한다. 얼굴에서 눈의 표정을 읽을 수 있고, 그 외에도 팔이나 손, 다리, 발 등의 움직임을 통해서 말로 표현되지 않는 것들을 읽어낼 수 있다. 이러한 태도와 자세는 개인적인 습관으로 종종 많이 작용하기 때문에 읽어내기가 쉽지는 않다. 더더군다나 말하는 도중에 다른 사람을 전체적으로 다 관찰할 수 있는 기회는 그리 많지가 않다. 그럼에도 불구하고 전체적인 것들을 관찰하는 것은 중요한 자원이 된다. 당신이 말걸고 있는 사람들의 비언어적 신호들을 읽어라. 누군가가 갈등을 일으키는 말과 행동을 하고 있을 때 그 사람의 몸짓이 그 말에 어떤 강조를 더하는지를 인식할 필요가 있다. 비언어적 몸의 언어는 주로 다음과 같은 내용들로 이루어져 있다.

몸의 움직임	제스처, 얼굴표정, 자세, 태도
비언어적 연상들	말사이의 휴식, 침묵, 비언어적 소리(웃음, 한숨, 신음, 휘파람 불기)
공간에서의 자신의 위치	사회적 거리, 몸의 방향, 텃세권
기타	액세서리나 의복 같은 인간적인 장치들

1. 소통하는 내 몸[15]

몸을 상대방에게 향하라. 뒤로 넘어가지 않게 하라(특히 남성들 주의). 뒤로 넘어가면 사람들은 자기에게 도전한다는 인상을 받는다. 앞쪽으로 향하라. 그러나 너무 기울어서 몸이 앞으로 쏠리며 탁자에 의지해서는 안 된다. 위축되어 보이고 기운이 없어 보인다. 팔로 얼굴을 받쳐서도 안 된다. 팔과 다리를 펴라. 너무 팔과 다리를 쫙 벌리지 않도록 한다. 눈의 위치와 눈빛을 점검한다. 눈은 마음의 창이라고 한다. 우리들은 아주 공격적이지 않으면 수동적인 눈길을 갖고 있는 경우가 많다. 남성들의 경우 여성들과 회의를 할 경우 특히 여성의 눈을 마주치지 않으려고 아예 쳐다보지 조차 않는 경우가 많은데 이는 여성을 무시한다는 느낌을 준다. 눈을 너무 똑바로 맞추면 우리는 도전한다는 인상을 준다. 몸은 말하는 사람에게 향하면서 눈높이는 직위와 연령에 따라 눈에서 목까지 조절한다. 상황에 따른 사회적 거리 및 공간을 존중해야한다.[16]

인간에게는 모두 다음과 같은 네 가지의 독특한 영역이 있다. 이러한 영역권, 즉 텃세권을 존중하는 것이 중요하다. 콘라드 로렌쯔

---

15) Matthew Mckay, Martha Davis, Patrik Panning, 《효과적인 의사소통을 위한 기술》, 임철일, 최정임 옮김, 커뮤니케이션북스, 1999, pp.303~304
16) 존 팀펄리 지음, 이강락, 김경훈 옮김, 《파워인맥》, 에이지 21, 2004, pp.90~91

의 공격성에 관하여, 라는 책에 보면 도시화 산업화된 사회에서 사람들이 공격적이 되는 이유는 이 텃세권을 인정해주지 않기 때문이라고 한다. 우리말에 아주 가까운 부부사이여도 '24시간 같이 붙어살아라' 하는 것이 큰 욕이었다고 한다. 특히 사회생활에서 너무 지나치게 파고들어가거나 혹은 멀리하면 관계형성에 장애를 일으킨다. 아주 친밀한 영역은 15~40cm 정도의 거리, 나와 감정적으로 밀접한 사람들이 이 공간에 들어올 수 있다. 연인, 부모, 배우자, 자녀, 절친한 친구, 친척들이 이에 포함된다. 개인적 영역은 40~120cm 정도의 거리, 회식, 사교모임, 야유회 같은 데서 보통 남과 이 정도의 거리를 둔다. 사교적 영역은 120~350cm 정도의 거리, 낯선 사람이나 친하지 않은 사람, 또는 싫어하는 사람과는 보통 이 정도의 거리를 사이에 둔다. 사회적 영역은 350cm 이상, 대규모 집단속에서 말을 주고받는 경우에는 이 정도의 거리를 유지한다. 이보다 거리가 가까워지면 포위된 듯한 느낌이 들게 된다.

2. 공격적이지도 수동적이지도 않은 당당한 몸의 언어

구 분	수동적인 소통	당당한 소통	공격적인 소통
행동 특징	자신의 권리, 요구, 욕망을 무시하거나 표현하지 않는다. 타인의 권리침해를 방치한다. 감정적으로 솔직하지 못하고 간접적이며 억압 받으며 속인다. 자신을	자신의 권리와 요구를 표현하고 주장한다. 타인에게 피해를 주지 않으면서 합법적인 권리를 당당히 요구한다. 감정적으로 솔직하고 직설적이고 표현을	타인의 권리를 희생시켜서 자신의 권리를 표현한다. 부적절한 감정폭발 또는 적대적인 과잉반응. 타인의 자존심을 깔아뭉개려고 한다. 자신을 높이고 타인의

	부정하고, 타인이 대신 결정하게 한다.	잘한다. 자신을 높이고 고집스럽고 자신을 위한 선택을 내린다.	문제를 독단적으로 결정한다.
본인의 감정	감정을 억압하고, 나약하고, 상처받고, 불안하다. 당시에는 낙담하고 뒤늦게 분노한다.	말로 표현하고, 신념이 있고, 자존심이 있다. 당시와 나중에도 스스로 만족한다.	외면화, 분노, 독단적, 분개, 우월감을 느끼고 뒤늦게 죄책감을 느낄 수 있다.
비언어적 행동	의기소침 회피 흘겨보거나, 눈물을 글썽인다. 힘이 쭉 빠지고 몸이 무겁고 어깨가 구부정하고 발길이 무겁다. 손을 비비고 입술을 깨물고 옷매무새를 고치고 불안한 제스처를 보인다. 변명조의 단조로운 목소리로 긴장하고 중얼거리고, 징징대고 주저하는 어투	마음을 열고, 직접적이며 노려보지 않는다. 편안하게 서있지만 다리가 힘차고 곧고 안정감 있다. 손은 여유 있고, 음성은 강하고 흔들리지 않고 확고하고 분명하다.	가늘게 떠서 노려보거나 무표정한 눈, 상체가 앞으로 기울고 꼿꼿하고 굳은 자세, 주먹을 꼭 쥐고 돌발적인 움직임에 손가락질에 손은 허리에 올린다. 격앙되고 날카롭고 불손한 어조.
전반적인 태도	자리를 피하고, 저자세이며, 의존적이다.	앞으로 움직이고 상황에 당당히 맞서고, 자신의 입장을 주장하고, 자주적이거나 상호의존적이다.	타인을 깔아 뭉개고, 밀어붙이며, 비의존적이다.
언어적 행동	두서없는 말. 자격부여(당신이 해줄 수 있는가 해서 말인데) 불필요한 말(있잖아, 그러니까 말이지). 부정적인 말(신경 쓰지마, 별로 중요한 것은 아니야).	간결하고 정확한 말. '나'로 시작하는 말(내 생각엔/내 느낌에는/내가 원하는 것은). 협조적인 어휘(우리...하자/이 문제를 우리가 어떻게 풀까?). 관심을 유도하는 표현(네 생각은 어때?/어떻게 보니?)	말이 끊기고 상대의 말을 자른다. 위협(네가..하는 것이 좋을 거야/네가 하지 않으면/조심해). 이름을 부르고 요구하고 비난한다. 무시(왜이래/농담 하지마). 따지고 빈정대고 평가한다.

결과	원하는 바를 얻지 못한다.	원하는 목표를 달성한다.	타인에게 피해주면서 원하는 것을 얻는다.
얻게 되는 것	위험하고 불쾌한 상황과 마찰을 피한다. 원하는 것을 얻지 못한다. 분노가 쌓이고 감정을 존중받지 못한다.	기분이 좋고 자신과 타인에 의해 존중받는다. 스스로를 대견하다고 생각하게 되며 자신감이 높아진다. 원하는 것을 얻고 관계는 더욱 자유로워진다.	분노를 발산하고, '갚아주기' 위해 적개심과 감정적 폭발이 정당화된다.

3. 들을 때 잘 듣는 몸의 언어

몸의 통로	수용적(적극적 신호들)	비수용적(부정적 신호들)
얼굴 표정과 눈	미소, 잦은 눈 접촉, 이야기하고 있는 내용보다 이야기 하는 사람에게 더 관심을 갖는다.	눈을 마주치지 않거나 바로 보지 않는다. 꽉 조인 턱, 뺨은 긴장으로 수축되어 있다. 머리는 화자로부터 약간 외로 돌려져 있다. 따라서 눈을 흘깃 보고 있다.
팔과 손	팔은 떨어뜨리고 탁자 위의 손은 펴져 있다. 무릎은 편안하게 있고 의자에 있는 팔은 편안하다. 손은 얼굴을 만지고 있다.	손을 꽉 쥐고 있다. 팔짱을 끼고 있고, 손은 입 위에 있거나 목 뒤를 긁고 있다.
다리와 발	앉아있다 : 다리를 함께 하거나 한 다리 앞에 가볍게 다른 다리를 놓고 있다(마치 경주의 출발선에 있는 것처럼). 서있다 : 힘은 골고루 나누어져 있고 손은 엉덩이 쪽에 그리고 몸은 화자를 향해서 기울어져 있다.	서있다 : 발을 꼬고 화자로부터 조금 떨어져있다. 앉아있거나 서있다 : 발과 다리는 출구를 향해 있다.
전체	의자 끝에 앉아있고 겉옷은 단추를 잠그고 있지 않으며, 몸은 화자를 향해 기울어져 있다.	의자 뒤로 기울어져 있고 겉옷은 단추를 잠근 채로 있다.

5. 말로 하는 의사소통

이 평가지는 자기 자신이 얼마나 효율적으로 의사소통을 하고 있는지 의사소통기술을 우선 평가해보는 것이다. 각각의 항목에서 현재의 기술과 목표하는 바에 해당하는 점수를 표시한다(잘 할수록 높은 점수를 표시한다).[17]

구 분		1	2	3	4	5
경청	경청하겠다는 의지					
	말을 가로막지 않기					
	상대방 바라보기					
	인정하기					
	격려하기					
	확인하기					
	해석하기					
확인	인격을 문제 삼지 않음					
	옳고 그른 것이 아니고, 개인의 차이점이라고 이야기해 주는 것					

---

17) Peter H. Neidig& Dale H. Friedman, 권진숙역, 《가족갈등조정프로그램》, 나눔의 집, 2001, p.330

감정을 표현하기	신중한 솔직성					
	'당신'이 아닌 '나'로 시작					
	'질문'이 아닌 '서술형'으로					
	현재형으로					
	말하고-질문하는 원칙					
긍정적인 표현	애정과 관심					
	칭찬과 경의					
	감사의 표현					
부정적인 표현	즉각적으로					
	문제의 수준식별능력					
	감정을 유발하는 표현					
요청하기	즉각적으로					
	긍정적으로					
	구체적으로					
	'당신'이 아닌 '나'로 시작하는 말					
	'왜'가 아닌 '어떻게' '무엇'으로 묻는 질문					
	긍정적인 응답에 대해 보상하기					

1. 내 이야기는 내가 한다[18]

나를 드러내기가 어려운 사회다. 나를 드러내면 치부로 여겨져 공격이 들어오기 때문이다. 가장 친한 친구라고 믿어 털어놓았던 이야기들은 돌고 돌아 이상한 이야기들로 각색까지 되어 등 뒤에서 나를 치는 이야기들로 돌아온다. 그래서 가능하면 말하지 않고 술 한잔 걸치고 속내를 드러내도 깨고 나면 술김에 한 이야기라고 오리 발이다. 본 마음은 아닌데 표현이 그렇게 나온 것뿐이라고 오리발을

18) Joel Edelman, Mary Beth Crain, *Das Tao der Verhandlungskunst*, Wilhelm GoldmannVerlag, 1999, pp.69~79.

내민다. 본 마음은 다르다고. 나의 이야기가 공격과 비난의 표적이 아니라 공감이 되는 상황에서는 내 이야기를 내가 할 수 있다. 그러한 상황이 아니다보니 우리는 습관적으로 남의 이야기만 한다. 우리의 요구를 관철하기 위해서도 '내가 원한다'라고 하기 보다는 우리는 보통 '너 때문이야, 다 너 좋으라고 하는 말이야'라고 한다. 원활한 소통을 위해서는 '너 때문이야'라고 말하기보다 내 말의 주체가 내가 되어야 한다. '이도 안 닦고 다니다니 정말 더러운 아이구나'하기 보다는 '이를 닦지 않고 곁에 오면 나는 불쾌해'하고 말해야 한다. 이렇게 말할 때에만 사람들이 자신을 나는 더러운 인간이 아니라 그냥 사정이 있어서 이를 닦지 못한 것뿐이라고 변명하고 방어하느라 애를 쓰는 상황을 피하게 된다. 가톨릭 성당의 한 신부는 고해성사 기간에는 늘 당부한다고 한다. 남의 이야기(죄) 그만 고백하시고 자기 이야기(죄)를 고백하라고. 그래서 '내 탓이야'를 달고 다니지만 '내 탓'을 자동차 앞에 달지 않고 뒤에다 붙이고 다니는 것으로 봐서는 여전히 네 탓을 하는 것이다. 아무리 화가 나는 상황에서도 나는 내 이야기를 할 수 있을 뿐이다. 약속시간에 늦게 온 사람에게도 약속도 하나 못 지키는 인간이라고 비난할 수 있는 권리는 나에게는 없다. 단지 나는 그가 늦게 와서 나는 화가 났다는 나의 생각과 느낌을 즉 그의 늦은 약속이 나에게 끼친 영향에 대해서 말 할 수 있다. 자기 생일을 기억해주지 않는다고 불평하는 아내에게 선물을 사다 주었더니 왈 '해가 서쪽에서 뜨겠네. 웬일이야? 뭐 잘못한 일 있어' 하고 빈정거리는 바람에 다음부터는 선물하지도 말고 그냥 안한다는 욕이나 계속 먹자는 각오를 했다는 이야기를 어떤 남성이 한 적이 있다. 이 경우에도 그 부인은 오랜만에 선물을 받고보니 그동안 서운했던 감정이 되살아났을 수 있다. 이때 그 부인은 새삼 선물을 받으니 그동안 서운했었노라고 말해야한다.

　이렇게 남의 이야기 하는 습관은 우리는 각자 솔직하게 자기 이야기를 허심탄회하게 털어놓자고 하면 그동안 쌓인 감정들을 다 털어내고 수습이 안 되는 경우도 많다. 솔직하게 이야기하라고 하면 그래도 돼요? 하면서 팔 걷어붙이고 그동안 솔직했던 이야기들을 자기한테 미친 영향이 아니라 상대방을 비난하는 말투로 공격을 하게 된다. 이렇게 비평과 비난을 한꺼번에 받는 일은 대부분의 사람들에게 부담이 된다. 비판을 자기 발전의 기회로 받아들이라고 누누이 배우기는 했지만 잘 안되면서 속으로 감정을 쌓는다. '그래 그동안 그런 두 마음을 품고 나를 대했다는 말이지 위선적이네' 그리고 '그렇게까지 나를 나쁜 사람으로 대했다는 말이지' 하고. 자기가 이야기하라고 했으니 표정관리하려고 애는 쓰고 있지만 앞으로 소통은 더욱 막히게 된다. 허심탄회하게 이야기 하고 난후 거리가 더 벌어지는 일도 종종 일어난다.

　이렇게 나의 메시지를 잘 전달하기 위해서는 일단 자신에게 솔직해야한다. 나 스스로 자신의 감정과 사고와 말과 행동을 이해할 수 있어야 한다. 나는 다음과 같은 질문들에 대해서 나 자신에게 우선 설명할 수 있어야 한다: 나는 왜 그런 결론에 도달하고 싶어 하는가? 왜 당신은 다른 사람들에 대해서 그렇게 느끼고 판단하는가? 혹시 당신은 당신의 생각에서 혹시 당신 자신만의 입장을 위한 논거를 찾고 있기 때문에 당신의 상대방이 경청하지 않는 것은 아닌가? 등의 자기성찰을 하는 것은 아주 중요하다. 자기기만을 하지 말고 우리 자신에 대해서 스스로 솔직할 수 있을 때만 우리는 소통을 제대로 할 수 있다.

2. 이렇게 말 하면 된다[19]

소통은, 아래의 표에서 보듯이, 발신자가 의도한 메시지를 수신자
가 이해했다면 성공한 것이다. 그렇다고 해서 수신자가 발신자의
생각과 감정에 반드시 동의해야 하는 것은 아니다. 단지 분명하고
명확하게 발신자의 메시지가 여과 없이 전달되었는지가 중요하다.
가장 명확한 메시지 전달은 발신자가 자신의 이야기를 자기가 하고
상대방의 이야기는 상대방이 하도록 하는 것이다. 우리는 오랫동안
내 이야기는 하지 않고 남의 이야기를 주로 하기 때문에 말하고자
하는 메시지에 혼선을 빚는 경우가 종종 있다. 예를 들어, 집에서
내가 텔레비전을 보는데 아이가 앞을 가로 막아 잘 안보일 경우
'화면이 안보이네' 하는 대신 '어른이 보는데 왜 화면을 가로막니,
버릇이 없구나, 하는 메시지를 보낸다. 이 메시지는 원래 의도와는
전혀 다른 영향을 끼치게 된다.

소통의 과정[20]

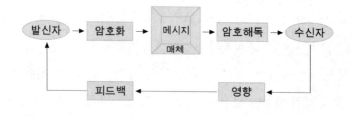

---

19) Florian Gommlich, Andreas Tieftrunk, *Mut zur Auseinanersetzung:*
Konfliktspraeche, Falken, 1999, pp.23~31.
20) Florian Gommlich, Andreas Tieftrunk, *Mut zur Auseinanersetzung:*
Konfliktspraeche, Falken, 1999, p.22

이렇게 남의 이야기가 아니라 그 상황이 자신한테 끼친 영향에 대해서만 말 할 수 있는 전달의 권리가 있으며 민주주의는 내 이야기는 내가 너의 이야기는 네가 할 수 있게 하는 것이 소통의 민주화다. 요사이 '너나 잘해'라든가 '잘났어'라는 유행어들은 이러한 언어권력의 남용에 저항하는 요소가 있다.

의사소통 시 내용(나는 무엇에 관해서 정보를 주고 있나), 자기표현(나는 나에 관해서는 무엇을 표현하나), 관계(우리는 서로 어떤 입장에 있는가), 청원(무엇을 위해서 나는 이야기를 하고 있나)의 네 측면을 고려해서 의사를 전달해야 한다. 예를 들어, '복사기에 종이가 하나도 없잖아'라고 말 할 경우에 다음과 같은 네 측면이 들어 있다: 당신이 지난번에 마지막으로 복사하고 종이를 다 쓴 후에도 종이를 채워 넣지 않았다는 비난(내용), 내가 언제나 종이를 채워 넣게 하는 너에 대해서 아주 실망이다(자기표현), 나는 너보다는 지위가 낮아 대놓고 이야기는 못 한다(관계), 제발 좀 종이를 채워 넣어라(요청).

메시지의 네 측면[21]

내용과 전달메시지는 명료하게 이해할 수 있어야 한다. 메시지는 논리정연하며, 간단해야 한다. 내용을 잘 이해하게 하려면 발신자가 그의 메시지에서 자신을 얼마나 드러내는가, 예를 들어 자신의 감정

21) Florian Gommlich, Andreas Tieftrunk, *Mut zur Auseinanersetzung: Konfliktspraeche*, Falken, 1999, 24쪽

을 얼마나 잘 표현하는가 하는 것이 역할을 한다. 업무결과에 대한 프레젠테이션을 하라는 요청을 받은 김군의 경우 '프레젠테이션이라고요? 아무도 관심을 가지지 않을 텐데요? 게다가 저는 시간도 없어요.'라기 보다는 '프레젠테이션이라고요? 그런 일을 저는 해본 적이 없는데요? 다른 사람 앞에서 그런 보고를 한다고 생각만 해도 저는 불안해 진답니다.'로 해야 분명히 메시지가 전달된다.

메시지를 통해 발신자와 수신자의 관계가 드러난다. 양측은 서로 동등하다고 생각하는가, 아니면 위에 있다고 생각하나, 혹은 아래에 있다고 생각하는가가 드러난다. 위원회에 중요한 업무제안을 하면서 '여러 위원님들, 제가 좋은 제안을 하려고 합니다. 여기 직원이 여러분들에게 제안을 간략하게 소개하겠습니다. 질문이 있으시면 그 후 저에게 하시면 됩니다. 시간을 많이 절약할 수 있지요.' 라기 보다는 '여러 위원님들, 우리가 좋은 제안을 하려고 합니다. 우리 팀장께서 여러분들에게 말씀드리고자 합니다. 물론 질문이 있으시면 언제든지 하십시오. 물론 저에게도 언제나 직접 질문하셔도 됩니다.' 라는 메시지가 더 편하게 느끼지는 이유는 무엇인지 생각해봅시다.

메시지의 네 번째 측면은 청원이다. 이는 메시지가 끼치는 영향과 관계가 있다. 행사를 위한 지원요청을 할 경우, '행사를 위한 지원이 절대적으로 필요합니다. 그날 오전 9시까지 사무실로 집합하시오. 더 이상의 토론은 없습니다. 이상 끝.'이라기보다는 '여러분의 행사 지원이 절대적으로 필요합니다. 그 날 오전 9시까지 여러분을 사무실에서 뵐 수 있다면 아주 기쁘고 고맙겠습니다.'라고 할 경우 훨씬 더 긍정적인 영향을 끼칠 것이다.

3. 나는 이런 말을 하려고 했는데 오해입니다: 의도와 영향의 차이[22]

우리 모두 이렇게 말하면서도 전적으로 다른 것을 의도하고 있을 때가 있다. 또는 전혀 의도하지 않은 방식으로 영향을 끼칠 때도 있다. 의도와 영향이 서로 다르다는 것을 아는 것이 중요하다. 상대방이 한 말을 이해하기 위해서는 곧바로 그 말을 평가하지 말고 일단 사실과 해석을 구분한다. 보내진 메시지가 받아들여진 것과 때로는 일치하지 않는다는 사실을 고려해야한다. 발신자가 정말로 보내고자 한 것만이 중요하다. 대화 상대자의 반응을 주목한다. 의도와 영향의 차이에서 일어난 말다툼의 예를 보자.

철수와 영이는 결혼 2년차인데 말다툼을 종종 한다. 예를 들면 친구들이 초청한 모임에서 영이가 후식으로 나온 아이스크림을 막 입에 넣으려고 하는 순간 철수는 이렇게 말한다. '영이야, 잠깐만! 생각해봐' 다이어트로 노력하는 영이에게 철수가 그런 식으로 말을 하고 나면 모임 내내 둘 다 기분이 언짢아지고 후에 말싸움이 벌어진다.

영이 : 네가 나를 파티에서 친구들 앞에서 그렇게 취급하다니 있을 수 없는 일이야.

철수 : 내가 너를 그렇게 다루었다고? 무슨 말이야.

영이 : 아이스크림 말이야. 너는 마치 네가 아버지나 선생이나 되는

22) Douglas, Bruce Patton, Sheila Heen, *Offen gesagt!*, Wilhelm Goldmann Verlag, Muenchen, 2000, pp.77~92.

것처럼 굴어. 너는 나를 지속적으로 조정하고 무시해.

철수 : 영이야, 나는 너한테 상처를 주려고 하는 게 아니었어. 네가
그랬잖아. 이제 나는 다이어트를 할 것이고, 나를 좀 도와 달라
고. 너는 어쩜 그렇게 피해의식에 사로잡혀 방어적이니? 너는
내가 한 말 중에서 어떤 말 하나만 끄집어내서 그렇게 트집을
잡니. 내는 너를 도우려는 의도로 그렇게 한지 너도 알면서.

영이 : 돕는다고? 이게 돕는 거야? 나를 친구들 앞에서 비참하게 만드는
게!

철수 : 내가 정말 그랬다면 내 잘못이겠지. 내가 그렇게 말했을 때
너는 내가 너를 비참하게 만든 거라고 말하지. 그럼 내가 아무
말도 하지 않으면 너는 또 나에게 내가 이렇게 먹고 있는데도
그대로 내버려 두었다고 틀림없이 비난했을 걸? 이제 나는
정말 여기까지 차올랐어. 가끔 나는 네가 나와 싸우려고 저러는
게 아닌가 하는 생각이 들어.

이 언쟁은 우선 다른 사람의 의도를 파악하기란 쉽지 않으며,
다른 사람의 의도는 가장 깊은 내면에 감추어져 있고 그래서 잘
보이지 않는다는 사실을 간과했다는 것이다. 우리가 의도라고 받아
들인 것의 대부분은 불완전하고 어떤 때는 잘못된 것일 수 있다.
또한 의도가 좋았다 해서 부정적인 영향을 전혀 끼치지 않았다고
보증하지는 못한다. 이 두 잘못을 피하기 위해서는 우리는 일단
영향과 의도 사이를 구분할 줄 알아야 한다. 다른 사람이 정말로
무엇을 말했는가와 어떤 영향을 그 말이 나에게 갖고 있는가와 나는
이러한 영향을 근거로 해서 다른 사람이 어떤 의도를 가지고 있다고
생각하나 이 셋을 잘 구별해야 한다. 두 번째 잘못을 피하기 위해서는

감정을 잘 살펴보아야 하며 그들의 의도에 대해서도 숙고해 보아야 한다. 누군가가 철수의 상황에 있다면 방어적으로 반응을 하는 경향이 있다. 그게 내 의도는 아니었어. 그러나 그렇다 하더라도 앞에서 본 바와 같이 이러한 말은 문제를 일으킨다. 이러한 점을 잘 구분한다면 대화는 이렇게 진행되어야 한다.

영이 : 네가 내 친구들 앞에서 나를 그렇게 취급한 것은 정말 있을 수 없는 일이야.

철수 : 내가 너를 그렇게 취급했다고? 무슨 말이야?

영이 : 아이스크림 말이야. 너는 마치 아버지나 혹은 선생이나 되는 것 같이 굴었잖아. 너는 나를 끊임없이 조종하고 무시하려고 해.

철수 : 어…. 그 말은 마치 내 말에 네가 상처를 받았다고 하는 것처럼 들리네?

영이 : 물론 네가 상처를 주었어. 도대체 너는 뭘 기대했니?

철수 : 글쎄 그 순간에 나는 네가 너의 다이어트에 관해서 이야기 한 것이 생각나서 아이스크림 먹지 말라고 이야기해주는 것이 너를 돕는다고 생각했어. 그런데 이제 그게 너한테 얼마나 유감인지 이해할 수 있겠네. 공공장소에서 이야기했기 때문에 말이야. 그 생각을 왜 미처 못 했을까.

영이 : 아마 나의 행동이 좀 창피했나보지. 그래서 그런 말이 불쑥 나온 게 아닐까?

철수 : 정말 그럴지도 모르지. 아마도 나는 네가 조절을 잘 못한다고 생각했나봐. 너도 알다시피 통제를 잃지 않는 것이 나한테는 아주 중요하잖아.

영이 : 맞아 나 자신도 정말 그때는 통제를 잘 못했어.

철수 : 정말 미안하다. 나는 너를 상처주려고 했던 건 아니야. 앞으로

우리가 그런 상황에서는 어떻게 말하고 행동해야 할지 한번 생각
해 보자.

영이 : 좋은 생각이야.

4. 이런 말들은 걸림돌입니다[23)

명령·요구

① 당신은 이것을 꼭 해야 해요!

② 당신은 이것을 할 수 없어요!

③ 당신이 이것을 하리라고 기대합니다.

④ 제발 그만 두십시오.

경고·위협

① 당신은 차라리 이것 혹은 저것을 했으면 좋았을 텐데요.

② 당신이 그것을 안했더라면, 이랬을 텐데…

③ 차라리 그것을 하지 말지 그랬어요.

④ 경고하죠, 이것을 하십시오.

도덕적 · 설교 · 맹세

① 당신은 그것을 했어야 했어요.

② 그것을 해보시지 그러셨습니까?

③ 그것을 할 의무가 있습니다.

---

23) Vera F. Birkenbihl, *Kommunikation fuer koenner...schnell trainiert*, , mvg Verlag, Muenchen, 2000, pp.83~87.

④ 그것을 하셨어야만 합니다.

⑤ 그것을 하기를 원합니다.

⑥ 제발 그것 좀 하세요.

충고하기·해결책 제시하기

① 나의 견해로는 당신은 이런 것을 했어야 했어요.

② 나한테 물어봤더라면 이렇게 하는 것이 가장 좋을 것이다,
   라고 해줬을 텐데요.

③ 왜 이런 식으로 한번 해보지 않습니까?

④ 최선의 해결책은 다음과 같습니다.

논리적으로 설득하기·강의하기·이유 제시하기

① 당신은 다음에 대해서 분명한 입장이십니까?

② 이 사실들은 다음에 대해서 주장하고 있습니다.

③ 내가 증거들을 제시하겠습니다.

④ 그렇게 해야 옳지요.

⑤ 경험에 따르면 다음과 같이 해야 합니다.

판단하기·비평하기·이의 제기하기·비난하기

① 당신은 일을 망치는군요.

② 잘못하고 있어요.

③ 잘못된 방향으로 가고 있습니다.

④ 옳지 않습니다.

⑤ 그런 이야기를 하시다니 참 어리석으시군요.

찬양하기·동의하기·아부하기

① 보통은 당신은 판단력이 뛰어나죠.

② 당신은 참 지적인 사람이에요.

③ 대단한 능력을 갖고 있지요.

④ 당신 덕분에 대단한 진전을 이루었습니다.

⑤ 이제까지 당신은 늘 성공시켜 왔죠.

욕하기·조롱하기·창피하게 하기

① 정말 게으르구나.

② 당신은 생각을 제대로 할 수가 없나요?

③ 마치 이 이야기를 처음 듣는 것처럼 말씀하시는 군요.

④ 당신은 일을 정말 엉망으로 만들어요.

해석하기·분석하기·처방하기

① 당신은 화가 나기 때문에 그런 말을 하는 겁니다.

② 당신은 질투심이 많군요.

③ 당신이 정말 필요한 것은 이런 거예요.

④ 당신은 권위적입니다.

⑤ 당신은 이런 인상을 풍기고자 하는군요.

⑥ 당신은 약간은 편집증 증세가 있으시네요.

위로하기·호감 표현하기·노골적으로 말하기

① 내일은 당신 생각이 달라질 거예요.

② 이미 조금씩 나아지고 있지 않습니까?

③ 당신이 생각하는 것 보다 사태는 훨씬 심각합니다.

④ 비온 후에는 해가 뜨지요.

⑤ 그렇게 마음 깊이 받아들이지 마세요.

⑥ 그렇게 나쁜 것만은 아닙니다.

연구하기·묻기·심문하기

① 왜 그런 일을 하셨습니까?

② 얼마나 더 오래 그런 생각을 하실 겁니까?

③ 해결책을 구하기 위해서 당신은 무슨 일을 하셨습니까?

④ 당신은 누구와 상의 하셨나요?

⑤ 언제 그런 생각을 하시게 되었습니까?

⑥ 누구한테 영향을 받았죠?

거부하기·비켜가기·회피하기

① 그 또한 좋은 점이 있답니다.

② 그런 생각을 하기 전에 자기 자신을 한번 돌아보세요.

③ 일단 밥 먹으러 가서 잊어버립시다.

④ 나의 그 시절을 떠올리게 하네요.

⑤ 당신은 아마도 문제를 갖고 있는 것 같아요.

다음의 말들이 위의 어느 항에 해당되는지 답해보면 자신이 얼마
나 장애를 일으켜왔는지를 점검할 수 있다.

① _____모임할 때마다 그렇게 남의 말을 중단한다면 당신
은 따돌림을 받을 거예요.

② _____ 제발 다른 사람들도 이야기를 하도록 해주세요. 당신 혼자만 그렇게 말을 많이 하지 마시고요.

③ _____ 이것은 아주 간단한 예의의 문제입니다. 당신이 말을 하는 만큼 다른 사람들도 말을 하도록 하셔야죠.

④ _____ 신은 우리에게 두 귀를 주었지만, 입은 하나를 주었습니다. 말하자면 우리는 말하는 것 보다 2배 더 많이 들을 수 있다는 것이지요.

⑤ _____ 당신에게 제안을 하겠습니다. 다른 사람들이 다 말을 마칠 때까지 다음번 회의에서는 말을 삼가세요.

⑥ _____ 당신은 우리 모임 때 정말로 무례하시네요.

⑦ _____ 나는 당신이 정말로 지적이고 창의적인 생각들을 가지고 있다는 것을 압니다. 하지만 우리 토론에서는 다른 사람에게 기회를 좀 주시지요.

⑧ _____ 당신은 우리 회의에서 마치 당신이 당사자인 것처럼 말하시는군요.

⑨ _____ 나는 당신이 우리를 끊임없이 중단시키는 나쁜 습관을 쉽게 버릴 수 있을 거라고 확신합니다.

⑩ _____ 나는 당신의 그 큰 경험과 지식을 우리들에게 전달하기 위해서 사용하고 있다고 믿습니다.

⑪ _____ 왜 당신은 그렇게 대화를 자기중심으로 끌어들이고 다른 사람들을 중단시킵니까?

⑫ _____ 당신은 우리 회의에서 너무 자주 말을 안하세요. 언제나 당신은 당신의 생각을 감추고 계시네요.

<해답 171쪽>

6. 입은 하나, 귀는 둘
잘 들읍시다[24]

우리는 대체로 다른 사람의 말을 잘 안 듣는 경향이 있다. 듣기보다 말하기가 인정과 보상을 받는 교육과 문화, 더 중요한 사람, 지위가 높은 사람 힘이 많은 사람 등이 말하는 문화, 아는 것이 없으니까 아무 말도 하지 못한다는 편견이 원인을 이룬다. 또한 다른 사람이 말하는 속도보다 대체로 우리의 머리의 생각의 회전속도가 더 빠르며, 게다가 우리의 사고체계- 믿음, 전제, 태도, 의견들-를 이미 갖고 있다.[25]

훌륭한 경청은 말하는 사람에게 몸을 향하면서 그 사람 입장에서 그 말을 이해하고자 하는 노력이다. 관계가 오래되면 우리에게는 고정관념이 생긴다. '나는 저 인간이 처음에 운을 떼는 것만 봐도 무슨 말을 하려고 하는지 다 알아' 하는 마음이 다른 사람의 말을 잘 듣지 못하게 하거나 오해하게 한다. 사람은 별로 변화하지 않는다는 말이 있다. 변화하기가 그렇게 어렵다는 말이다. 양치기소년은

---

24) Rupert Eales-White, *Ask the Right Question!*, Mc Graw-Hill, New York, 1998, pp.18~20.
25) Rupert Eales-White, *Ask the right question!*, Mcgraw-Hill, New York. 1998, pp.18~20.

거짓말을 세 번 했기 때문에 그 다음에 그 소년이 하는 말은 다 거짓말로 간주해서 믿지 않아 소년이 늑대에 물려가 죽었다는 옛 동화는 그래서 거짓말을 하지 말라는 위협적 교훈을 준다. 그러나 우리가 세상을 살면서 3번 아니라 100번 그랬다 하더라도 101번째는 다를 수 있다고 나는 생각한다. 이렇게 새롭게 사람을 만나야 우리는 사람의 말을 들을 수 있다. 또한 너무나 믿은 나머지 그와 나는 무슨 말을 해도 그와 나는 하나다, 라고 간주한다. 우리는 사람의 말을 들을 때 이심전심 눈빛만 봐도 안다는 이야기를 한다. 눈빛만 봐도 아는 사이는 정말로 인간이 희구하는 합일에의 경험이다. 너와 나의 벽이 허물어지고 완전한 하나다. 이 느낌만큼 황홀하고 힘을 나게하는 감정은 없을 것이다. 이 느낌은 생각이 다른 적이라고 규정한 다른 편들과 대립되어 있을 때 더욱 일어난다. 스크럼을 짜고 최루탄 속에서 눈물을 흘리며 서로를 바라보는 동지의 눈빛만큼이나 아름다운 것이 어디 있을까? 어제까지 아옹다옹했어도 오늘 여기서만은 우리는 하나다. 사랑을 할 때도 그러하다. 사랑은 서로의 눈을 들여다보며 모든 차이를 해소시키는 것 같다. 그러나 홀린 듯한 감정에서 문득 깨어나 보면 그렇게 사랑했던 사이도 그렇게 동지애로 하나가 되었던 감정들도 나의 감정으로 상대방을 덮어씌우기를 한 것으로 드러난다. 인간과 인간사이의 동감이란 그렇게 어려운 것이다. 동감은 그래서 과장되어서 권력의 상하에서 강요되어지는 경우가 많다. 윗사람이 "선배가 문제가 없냐"고 물으면 "없다"라고 답해야 한다. 우리는 하나이니까. 거꾸로 윗사람이 맞습니다, 맞고요를 말하면 어떤 생각이 드나. 동감을 과장한 소통은 그래서 결과적으로 대립될 수 있는 상황을 발생시킨다.

인간과 인간 사이는 거리두기가 중요하다. 예의란 거리가 있다는 사실을 받아들이고 존중하는 데서 비롯된다. '나는 아니지만 당신이 그렇다니 당신한테는 그렇겠군요.'다. 동감의 전제하에 결혼한 부부들이 가장 많이 싸우는 문제는 조국의 평화로운 통일방안에 대한 토론에서가 아니다. 부인이 '아휴 추워'하면 남편은 말한다. '뭐가 추워'라고. 부인은 화가 난다. '내 몸 가지고 나는 춥지도 못하나? 그래서 그래요. 추워요. 보일러 틀어야겠어요.'하며 보일러를 튼다. 남편 왈 '석유도 한 방울 안 나는 나라에서 당신 제 정신이야?' '그래요, 나는 제 정신이 아니에요. 미쳤어요. 당신 나 미친 줄 이제 알았어요?'한다. 처음부터 아내가 춥다고 하면 나는 안 추워도 당신은 춥구나 했으면 좋았을 텐데.

자전적 경청이란 이렇게 남의 말을 공감해주지 않는 것이다. 남의 말을 잘 듣는다고 하는 사람들의 대부분이 이렇게 자기 입장에서 듣는다. 아이가 '학교 다니기 싫어.' 하면 '그래도 학교는 다녀야지. 아빠가 살아보니까 그래도 학교졸업장은 필요하더라.'고 답한다. 학교 다니기 싫어하는 마음을 인정해주는 것이 아니라 얼른 자기 입장에서 충고를 해주는 것이다. 이러한 충고는 구하면 물어보면 할 수 있다. '학교가기 싫은데 아버지는 어떻게 생각하세요?' 라고. 충고를 전문적으로 하는 직업에 종사하는 사람들은 처방과 해결을 요청받기 때문에 하는 것이 문제가 안 된다.

이러한 자전적 경청을 하는 순간에는 너와 나는 대등한 입장이라기보다는 너는 나의 충고를 받아야하고 그러한 일에 대해 나보다 못한 인간이다, 라는 전제가 깔려있다. 해석과 판단을 자주 내리는 사람도 나만이 아니라 세상 사람들도 다 알 만큼 안다고 자기 경험 속에서 나름대로의 옳고 그름의 판단을 내릴 줄 안다고 전제해야 한다. 이렇게 자기 입장에서 듣는 자전적 경청은 금물이다.[26] 듣기는 듣는데 자신의 생각이나 판단 감정을 가지고 듣는다. 따라서 말하는 사람의 말을 들었다기 보다는 그 이야기를 계기로 자기 이야기를 하는 것이다. '우리 부서에서는 요즘 이런 일이 고민입니다' 라고 하면 '우리 부서는 안 그러는데요'라는 식의 경청이다. 즉 '우리 부서는 그러한데 당신이 일하시는 부서는 어떠하십니까?' 라고 물어보지도 않았는데 자기 이야기를 곧바로 하는 격이다.

이런 유형의 자전적 경청은 주로 남성, 지도자들, 식자층, 부모, 선생들이 많이 하는 편이며 다음과 같은 예를 들 수 있다. 판단은 상대방의 감정이나 행동을 이해하기보다는 자신의 생각이나 입장을 가지고 듣는다. 들으면서 자기 입장에서 판단을 하게 되면 상대방의 말과 생각을 경청하기보다는 상대방을 내 생각으로 규정하고 판단함으로써 진정한 소통을 방해한다. 상대방의 생각에 나의 판단으로 너무 빨리 동의하거나 혹은 동의하지 않으면서 듣는 경청은 듣는 척만을 할 뿐이다: 맞습니다, 옳아요 혹은 그렇게 생각하지 마십시오, 그런 생각은 옳지 않지요 등이다. 충고도 자전적 유형에 속한다. 상대방을 충분히 이해하기 전에 문제 해결이라는 나의 무기를 가지고 상대방에게 달려들기 때문에 상대방은 경청받고 인정받는다는 느낌을 가질 수가 없다. 우선은 듣고 나중에 해결해야 한다: 제 전문적인 식견으로는 이런 편이 더 낫습니다, 이렇게 해보세요, 상대방이 이야기를 하면 자신의 이론과 지식으로 해석, 부연 설명을 하는 자전적 경청도 있다. 자신의 경험이나 입장, 준거 틀에서 상대방의 말에 탐색적 질문을 계속 한다: 그런 말씀을 하시다니 공무원이신가 봐요, 제가 족집게지요.

---

26) Patrick Fanning, Matthew Mckay, *Being a man*, New Harbinger Publications, Inc, 1993, pp.144~146.

우리가 남의 말을 잘 들으려면 나를 내려놓고, 나를 비우고, 그 사람을 나만큼 존중하면서 있는 그대로 들어야한다. 자기를 비우는 일은 쉽지 않다. 그래서 하루에 어느 시간을 정해놓거나 아니면 일주일에 몇 시간이라도 정해놓고 자기가 잘 하는 것 중의 하나를 택해서 하지 않기로 작정하는 훈련을 해야 한다. 듣기의 가장 깊은 형태는 공감이다. 공감에는 입장 바꾸기가 속해 있다. 다른 사람이 나에게 어떤 영향을 미치는지를 밖에서 관찰하는 것을 그치고 그 대신 그의 마음속에 어떻게 보이는지, 어떻게 느껴지는지 그의 피부 속에서 어떤 경험들과 생각들을 가지고 있는지 세상을 그의 눈으로 보아야 한다.

공감적인 경청자로서 우리는 어떤 목표나 방향을 갖고 있지 않은 여행을 시작하는 것이다. 우리는 아마도 결코 도달할 수 없는 목적지를 갖고 있을지도 모른다. '나는 당신을 이해할 수 있다.' 고 우리는 말할 수 없을 지도 모른다. 그렇게 하기에는 우리 모두 너무나 복합적이기 때문이다. 다른 사람 입장이 완전히 되어보는 것은 제한된 능력이다. 우리는 단지 다른 사람의 생각과 느낌을 이해하기 위해서 그렇게 노력을 할 뿐이다. 그러한 노력을 하는 경청자는 소통을 잘 할 수 있게 된다. 표현된 말 이상을 넘어서, 그 배후의 의도를 읽으며 다측면성을 주시할 수 있을 때 가능하다.

얼마나 공감적 반응을 잘하는지 점검해본다. 잘 못한 순서대로 순위를 매긴다.[27]

(1) "요즘에는 공해 문제가 심각해진 것 같아요."

---

27) 이장호, 금명자, 《상담연습교본》, 법문사, 2004, 84, 134~135쪽

_____① "우리나라도 공해 문제가 심각하지."

_____② "당신이 관심을 갖는 공해 문제는 어떤 건가요?"

_____③ "경제가 발전되면 으레 공해가 생기는 법이야."

_____④ "당신도 공해 문제에 관심을 가지고 있나요?"

_____⑤ "우리 고장에는 어떤 공해 문제가 있을 수 있을까요?"

(2) "별안간 이야기하다 기운이 쪽 빠지네요. 말하고 싶지 않아요."

_____① "오늘 무슨 힘든 일을 하셨어요?"

_____② "무슨 일이신가? 말씀을 잘 하시다가 갑자기."

_____③ "무엇인가 당신의 기운을 빠지게 하는 일이 일어났군
요."

_____④ "무엇인가 말하시면서 해도 소용없다거나 오히려 불쾌
해지시는 것을 경험하셨나보군요. 어떤 일이 일어났는
지 같이 이야기해 볼까요."

_____⑤ "이야기 하시면서 말해도 소용없다거나 오히려 불쾌한
일을 겪으셨군요. 혹시나 이 대화가 당신을 그렇게 만든
것은 아닐까요?"

(3) "위원님은 항상 우리들 말을 무시하십니다."

_____① "무슨 소리야, 내가 언제 그런 적이 있는가?"

_____② "자네 맡은 일이나 정신 차려 하게나."

_____③ "나는 늘 자네들 뜻을 존중한다고 생각해 왔는데 자네들
말을 무시한다니 도대체 무슨 소리인가?"

_____④ "내가 자네들을 늘 무시한단 말이지?"

_____⑤ "나는 늘 존중해 왔다고 생각했는데 그 반대말을 들으니

뭔가 잘못되어 있다는 생각이 드는군. 어떻게 그런 생각을 하게 되었는지 같이 이야기나 하세나."

<해답 171쪽>

적극적 경청[28]

적극적 경청에는 바꾸어 말하기, 명료화하기, 피드백 주기 등이 있다. 바꾸어 말하기란 다른 사람의 표현을 어떻게 이해했는지를 자기 자신의 말로써 다시 정리 요약해서 표현해보는 것을 의미한다. 바꿔 말하기를 하면 첫째는 자신의 이해를 점검할 수 있다. 바꿔 말하기를 통하여 다른 사람을 잘 이해했는지를 점검할 수 있다. 어려운 대화 일수록 잘못 이해하면 문제를 크게 만들며, 이러한 오해는 우리들이 생각하는 것보다 훨씬 더 자주 발생한다.

둘째, 이점은 내가 이해한 바를 다른 사람에게 보여줄 수 있다. 우리는 대화에서 대개는 상대방의 말이 그대로 잘 전달되었는지에 대한 지침을 갖고 있지 못하다. 그러므로 바꿔 말하기는 하나의 신호가 될 수 있다.

이러한 바꾸어 말하기를 잘 하기 위해서는 사실과 해석 구분하기, 누가 무엇을 말했는지 확실하게 하기, 무엇이 암시되어 있는지를 잘 가려내야 한다.

일단은 바꾸어 말하기는 원래 발신자가 말하고자 하는 말을 그대로 완벽하게 전달함으로써 발신자 자신이 전달하고자 하는 바가 완전하게 도달되었다고 느껴야 한다. 무엇이 발신자에게 특히 중요

---

28) Vera F. Birkenbihl, *Kommunikation fuer koenner...schnell trainiert*, mvg erlag, Muenchen, 2000, pp.44~66.

한가, 메시지의 어떤 측면이 특별히 중요한가 하는 것에 대해서는 서로 다른 해석들이 있을 수 있다. 바꾸어 말하기에서는 메시지를 전달한 사람이 중요하게 생각하는 개념들이 드러나야 한다. 우리 자신의 가치 체계를 그 위에 덮어 씌어서는 안 된다. 당신은 정말로 어떤 의도로 말했는지를 알아야한다. 우리들 모두는 역설적으로 혹은 냉소적으로 한 발언들이 원래는 그것을 의미한 것이 아니라는 것을 잘 알고 있다. 그러므로 바꿔 말하기에서는 다른 사람이 말한 것을 그대로 다시 말하는 것이 아니라 그가 그의 말을 가지고 의도했을 수 있는 것을 드러내는 데 있다. 말을 들은 자의 관점에서 보면 두 가지 가능성이 있는데 한편으로는 말하는 자가 실제로 의도했던 바를 안다고 믿거나 아니면 우리가 노력을 기울이지 않는다면 그 간접적인 소식을 전혀 알 수가 없다. 그렇다면 당신은 원래 그것을 원했는가를 물어야한다. 우리는 간접적인 소식에서 한걸음 더 넘어서 가야한다. 우리는 바꿔 말하기를 할 때 화자가 말한 것 이상의 목적을 가지고 있을 수도 있다는 데 주의를 기울어야 한다.

다음을 연습해보자.

과제 1 : 들은 말 그대로 따라하기
일주일 정도 듣거나 읽은 것들을 대로 따라 해보자. 텔레비전에서 나오는 메시지를 그대로 따라 하는 것도 좋다.

과제 2 : 들은 말 요약하기
A가 이야기를 하면 B가 듣고 A에게 중요한 것이 무엇인지를 요약한다.

과제 3 : A는 일단 자신이 옳다고 생각하는 이야기를 한다. B는 그 말을 듣고 자신이 바꾸어 말하면서 동의를 구한다. 세 번 동의를 구할 때까지 계속한다.

A : 오늘 날이 덥군요.

B : 그래서 불쾌하신가요?

A : 예.(첫 번째 동의)

B : 저도 덥다고 느껴야 하신다는 말씀인가요?

A : 아니오.

B : 물 한잔 갖다 달라는 말씀인가요?

A : 아니오.

B : 그냥 저에게 지금 별로 기분이 좋지 않다는 이야기를 하고 싶으셨나요?

A : 예.(두 번째 동의)

B : 제가 기분을 좋게 할 일을 했으면 하시나요?

A : 예.(세 번째 동의)

과제 4 : 텔레파시 키우기

3인 이상의 조가 한다. 일단 발신자와 수신자를 정한다. 수신자는 눈을 감고 있게 한다. 다른 조원들에게 발신자는 표정으로만 어떤 물건을 들어올리겠다고 암시한다. 수신자를 눈뜨게 한 다음 발신자가 계속 말하고 나머지 조원들은 침묵의 표정으로만 도와 수신자가 그 물건을 알아맞히도록 한다.

7. 아는 길도 물어
간다?-질문하기

질문을 어떻게 하느냐에 따라서 소통을 촉진하기도 하고 훼손하
기도 한다. 우리는 질문을 하거나 받는 경우 긴장하고 당황하며
공격을 당한다고 느끼는 경향이 있다. 소통을 하려면 가능한 내
의견을 말하고 질문하지 않는 편이 낫다. 왜냐하면 질문은 상대방보
다 우위에 점하고자 하는 경향을 본질적으로 갖고 있기 때문에 대화
를 방해할 수 있다. 질문을 하면 통제가 된다. 모든 사람은 스스로
상황을 통제하고 있을 때 편안하고 안전하게 느낀다. 질문은 대답을
요구하므로 질문을 하는 사람이 유리한 입장에 서게 된다. 질문에
답하면 스스로 설득이 된다. 사람들은 누가 해주는 말보다 자기가
하는 말을 믿는다. 사람들은 자신이 생각해 낸 것을 좀 더 쉽게
믿으며, 질문을 요령 있게 하면 사람들의 마음을 특정한 방향으로
움직일 수 있기 때문이다.

물론 질문은 마음을 열게 하는 긍정적 측면도 있다. 사람들은
자신의 사연, 의견, 관점에 대한 질문을 받으면 우쭐해진다. 질문을
하는 것은 상대방과 그의 이야기에 관심을 보여주는 것이므로 과묵
한 사람이라도 자신의 생각과 감정을 드러낸다. 이런 점에서 질문은

소통을 촉진할 수도 있다.29)

질문거리를 만드는 동안에 스스로의 생각도 정리가 된다. 질문을 하는 경우에는 이 질문을 해서 정확히 내가 얻으려고 하는 것이 무엇인가? 누구에게 질문할 것인가? 질문을 하기에 적절한 시기나 상황은? 이 질문이 어떤 영향을 미칠 것인지를 고려해야 한다.

1. 개방형, 폐쇄형 질문30)

어린 시절 자동차로 긴 여행을 할 때 다음과 같은 질문을 한 적이 있을 것이다. '우리 벌써 다 왔어요?' 아직도 다 오지 않았다는 것을 알고 있으며, 그것을 알고 있다는 사실을 부모 또한 알고 있다. 그래서 부모들은 건성으로 아니라고 대답을 한다. 원래 우리가 하고자 하는 말은 '아, 너무 지루해요.' '이제 도착했으면 얼마나 좋을까!' '이 자동차 여행은 끝이 안날 것 같네요.' 하고 말하고 싶었던 것이다. 이 경우에 우리는 다음과 같은 중요한 질문 규칙을 알게 되는데 이는 '질문이 없으면 하지 말라'는 것이다. 이렇게 질문으로 변장한 주장들, 자기가 답을 이미 알면서 하는 탐색적 질문들, 수사학적 질문들이 그런 것이다.

우리를 막다른 골목에 빠뜨리는 또 하나의 잘못된 질문은 자기의 주장을 다른 사람들에게 설득하기 위해서 질문을 사용하는 데서 발생한다. 예를 들면 '이것이 나의 잘못이라고 너는 분명히 생각하고 있지.

---

29) 도로시 리즈, 노혜숙역, 《질문의 7가지 힘》, 더난 출판, 2005, 25쪽
30) Joel Edelman, Mary Beth Crain, *Das Tao der Verhandlungskunst*, Wilhelm GoldmannVerlag, 1999, pp.128~129.

그러나 네가 확실하게 이에 대답을 못한다면, 너는 나보다 더 큰 실수를 한거야. 그렇지 않니?' 이런 질문은 애초부터 잘못된 방향에 있다. 사람들은 자기 자신은 옳고 다른 사람은 옳지 않다고 생각하며, 그렇다는 것을 다른 사람들에게 확신시키기 위해서 이러한 의도성 질문을 던진다. 이러한 질문 뒤에 숨겨져 있는 의도들을 건설적으로 이용하기 위해서 사람들은 숨겨진 주장들을 끄집어내고 표현해야 한다. 방해받지 않는 진리로서 주장을 표현하는 대신 개방적인 질문, 혹은 주관적인 표현으로써 다른 사람들의 의견을 요청해야 한다.

따라서 소통을 위한 질문은 기본적으로 개방적이어야 한다. 폐쇄질문의 예를 들면 그 회의 언제 시작하죠? 시간이 오래 걸리겠죠? 보고서를 끝냈나요? 음료수를 드릴까요? 등의 질문은 대답이 쉬우므로 필요로 하는 정보를 쉽게 얻을 수 있다. 이러한 질문은 토론이나 대화가 빗나갈 때 원점으로 되돌리기 위해 사용할 수 있다: 그 주제에 대해서는 이미 결정이 난 것 아닌가요? 지금 이 주제는 회의안건과는 상관이 없지 않나요? 등. 또한 합의 사항을 확인할 때 사용할 수 있다: 그렇다면 우리가 동의를 한 건가요? 합의서에 언제 서명을 하시겠습니까? 그러나 폐쇄 질문은 대화를 계속해야할 경우는 적절치 않다. 여러 말 말고 내 질문에 이거냐 저거냐 가부만 답하세요, 라는 식의, 혹은 잘 했어 잘 못했어 여러 말 말고 이 질문에만 대답하라는 식의 폐쇄질문은 상대방의 마음을 표현하지 못하게 원천적으로 차단한다.

대화를 계속하려면 개방형 질문을 해야 한다. 개방형 질문은 심층적인 대답을 할 수 있게 한다. 비교적 큰 여지를 가지고 답변하도록 하는 질문들이다. 너 화가 났지 하는 것 보다는 기분이 어떠니라는 질문이 상대방으로 하여금 자신을 설명할 수 있는 기회를 준다.

개방질문들은 예스, 노 질문, 혹은 특정한 대안들을 제시하는 질문 예를 들면 '너 이거 할래? 저거 할래?' 하는 질문보다 더 큰 여지를 상대방에게 준다. 전형적인 개방적인 질문으로는 저에게 좀 더 상세하게 설명해 주세요, 혹은 잘 이해할 수 있도록 도와주세요, 이 일을 좀 더 잘하려면 어떤 점을 바꿔야 할까요, 어떻게 그런 결정을 내리게 되었나요? 등이다.

다른 사람들이 어떻게 그런 결론에 도달했는지를 이해하기 위해서 그 사람들에게 그들의 사고의 과정, 그들의 생각, 그들을 더 정확하게 설명해 달라고 요청하는 질문이 개방적 질문이다. 어떻게 이런 주장을 하시게 되었나요, 저에게 적절한 예 하나만 들어 주세요, 이런 것을 어떻게 보십니까, 이것은 어떻게 작용할까요, 이 상황을 어떻게 보는지 조금 더 자세하게 설명해 주실 수 있습니까, 혹시 저에게 빠져있는 정보들을 추가해 주시겠습니까, 당신은 이와 다르게 보십니까, 나의 태도가 당신에게 어떤 영향을 미쳤습니까, 내가 만약 틀렸다고 생각하신다면 왜 그런지 더 자세하게 설명해 주실 수 있습니까, 내가 한 일에 대해서 어떻게 생각하고 느끼십니까, 이것이 당신에게 왜 중요한지 설명을 해주십시오, 만약 그런 일이 일어난다면 그것은 당신에게 어떤 의미가 있습니까 등이 개방형 질문의 예다.

폐쇄형 질문	개방형 질문
내가 도와줄까요?	내가 무엇을 도와줄까요?
그 임무를 끝내지 않았습니까?	그 임무를 끝낼 수 없었던 어떤 이유가 있었습니까?
내가 전에도 그렇게 말하지 않았나요?	당신을 이해시키려면 내가 어떤 식으로 말해야 했을까요?

개방적 질문, 폐쇄적 질문[31)

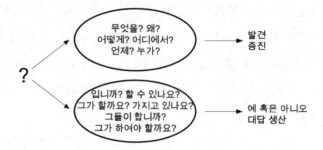

31) Rupert Eales-White, *Ask the Right Question!*, Mc Graw-Hill, New York, 1998, p.11.

8. 논쟁이 아니라 대화로[32)

　소통은 대화로 진행된다. 우리는 흔히 논쟁을 하면서 대화한다고 말하기도 한다. 논쟁의 목적은 논증에 승리해서 적을 물리치는 것이다. 대화는 아주 다른 목적을 가지고 있다. 대화에서는 누군가는 승리하고 누군가는 졌다고 말할 수 없다. 대화에서는 모든 참여자들이 함께 승리하거나 혹은 함께 패배한다. 대화와 논쟁이 서로 상반된다. 그런데 토론이 어느 지점에 위치하는가 하는 것은 그렇게 분명하지는 않지만 아주 중요하다. 왜냐하면 대화의 특질이 가장 잘 드러나는 것에 토론과 대화의 차이가 있기 때문이다. 토론과 대화의 차이로는 첫째, 동등함과 억압적 영향력의 부재, 둘째, 적극적 경청, 셋째 개방적인 전제들과 같은 세 가지를 들 수 있다. 이 세 가지가 다 존재하면 토론은 대화가 된다. 그 중에 하나라도 모자라면 토론은 대화가 될 수 없다. 대화를 잘 하기 위해서는 사전에 어떤 대화의 결과를 원하는지, 어떤 주제의 정보들을 전달하고자 하는지, 어떻게 유쾌한 대화 분위기를 만들고자 하는지가, 어떤 목적을 대화 상대자에게 주고자 하는지, 어떤 관계를 당신은 그와 갖고자 하는지, 이전의

---

32) Daniel Yankelovich, *The magic of Dialogue*, Nicholas Brealey Publishing, London, 1999, pp.38~46.

경험들에 근거해서 어떤 태도를 기대하는지, 당신의 목표를 달성한 때에도 어떻게 당신의 대화상대자가 체면을 잃지 않도록 할 것인지를 고려해야 한다.[33]

1. 논쟁과 대화의 차이

논 쟁	대 화
올바른 답을 자신이 가지고 있다고 가정	많은 사람들이 부분적인 대답의 파편들을 가지고 있고 함께 모아 해결을 모색할 수 있다고 가정
투쟁적인 : 참가자는 다른 편이 틀렸다는 것을 증명하기 위해 시도	협력적인 : 참가자는 공통의 이해를 지향하여 함께 노력
이기는 것에 관하여	공동기반을 모색하는 것에 관하여
반대주장을 하기 위해 들음	이해하고, 의미를 찾고, 합의하기 위해 듣는 것
가설들을 진리로 수호함	가설들을 재평가하도록 함
다른 편의 입장을 비판함	모든 입장을 재시험함
다른 사람들에게 대항하여 자신의 관점을 수호	다른 사람들의 생각을 그들 자신의 입장에서 개선할 수 있다고 봄
다른 사람들의 입장에서 결함과 약점 찾기	다른 사람들의 입장에서 강점과 가치 찾기
자신의 입장을 옹호하는 결론이나 표결을 구함	종결하지 않으면서 또 다른 대안들을 찾음

2. 대화의 장애물

이러한 대화의 어려움을 토로하는 사람들이 많다. 대화를 하려고 하는 사람들 사이에서 초기 단계에서 가장 많이 나오는 불평은 사람

---

33) Florian Gommlich, Andreas Tieftrunk, *Mut zur Auseinanersetzung: Konfliktspraeche*, Falken, 1999, p.133

들이 참여하기를 꺼려한다는 것이다. 그들은 뒤로 물러서서 함께 하고자 하지 않는다. 그 사람들에게 왜 그러느냐고 물어보면 그들은 글쎄요 할 말이 없는데요, 별로 이야기하기가 편치 않은데요 혹은 조금 지켜보다가 이야기 하죠, 라고 한다. 사람들이 뒤로 물러나는 데는 여러 가지 이유가 있을 수 있다. 가장 많이 등장하는 이유는 아직 신뢰관계가 형성되지 않았다는 것이다. 대화는 개방적이고 또한 그 안에 어느 정도의 자기 노출이 포함되어 있기 때문이다. 사람들은 적대감과 당혹스러움 등을 느낄 때에는 언제나 뒤로 물러 선다. 불일치의 조짐이 없을 때조차도 사람들은 뒤로 물러서는데 이는 약간의 생물학적인 이유도 있는 듯하다. 왜냐하면 대부분의 동물들이 텃세권을 가지고 있고 자기 영역이 아닌 곳에서는 움츠러 들며, 함께 하는 데는 시간이 좀 걸린다. 이를 극복할 수 있는 제안으로 는 유능한 진행자 및 사회자가 사람들을 친숙하게 느낄 수 있도록 분위기를 조성하는 것이 중요하다.

또한 대화에 참여하는 사람들이 이미 생각의 틀을 가지고 있을 수도 있다. 그 틀 안에서만 대화를 하기 때문에 이미 그 틀 안에서 옳고 그른 것이 대화 전에 판가름 나 있다. 이를 극복하려면 대화중에 참여자들이 이미 가지고 있는 전제들과 가설들을 드러내도록 하면 다른 대화 상대자들도 자신들의 의견을 내놓을 수 있고 이를 통해서 서로를 더 잘 이해할 수 있게 된다.

더 나아가서 이미 오래전부터 길들여진 선입견에 사로잡혀 있으 면 대화가 잘 되지 않는다. 이러한 선입견을 가진 사람들은 자신이 알고 있는 것의 중요성을 다른 사람들이 잘 모른다고 생각을 하기 때문에 반복해서 자기가 알고 있는 것을 이야기하는 경향이 있다. 따라서 다른 참여자들도 반복해서 그들도 정말로 그 점을 잘 이해하고 있고 그 점에 동의하지는 않아도 진지하게 고려하고 있다고 해야 한다.

대화 참여자들이 처음부터 다른 입장에서 출발하게 되면 참여자들은 대화 이전에 이미 존재하는 입장들을 갖고 있고 이러한 입장들이 대화중에 더욱 더 고착되어진다. 이 경우 대화를 위해서 더 많은 시간을 내야하고 왜 그들이 그렇게 생각하고 느끼는지 하는 것들을 알 수 있도록 더 많은 이야기를 나누어야 한다는 것이다.

대화를 위트의 게임으로 편을 나누어서 스포츠를 하듯이 상대방을 조롱하고 다시 되받아치는 게임을 하는 사람들도 있다. 가능한 많은 해석들과 아이디어들, 대안들을 이야기함으로써 양편으로 갈라지지 않도록 해야 한다.

토론을 시작하자마자 바로 문제를 발굴해 문제해결중심으로 대화를 하는 경우 충분하게 이해와 생각과 감정들을 정리하지 않은 채로 문제를 해결을 하기 위한 생각만을 하게 된다. 누군가가 너무 성급하게 해결을 지향한다면 잠깐 중단시키면서 더 대화를 나누어야 할 필요성을 강조한다.

자기들이 얼마나 많이 알고 있으며, 얼마나 멋지며, 얼마나 활동적인가를 늘 과시하고 싶어 하는 사람들도 있다. 이들은 늘 자신들의 주장을 당신은 이 문제를 간과하고 있습니다, 이 말을 하시는 걸 빠뜨리셨군요 들로 늘어놓는다. 이렇게 과시하는 경향을 보이는 참가자들이 있다면 추가로 시간을 따로 충고를 해야 한다. 그렇다고 해서 이러한 유형의 사람들을 대화에서 다 제외시킬 수는 없고 유일한 해결책은 그들이 그 과시를 충분히 다 할 때까지 인내심 있게 기다리는 수밖에 없다.

많은 대화 참여자들이 이미 충고를 주는 자들로 훈련을 받아왔기 때문에 대화를 하면서 어떤 사람이 핵심을 잘 못 집었나, 과장해서 말하고 있나 등을 체크하면서 듣는다. 변호사들만 그런 게 아니라 시민사회단체 집단들, 정치적인 활동가들, 외교관들, 노조간부들, 경영자들 그리고 또 다른 전문가들도 그렇게 한다. 이러한 그들의 소통방식은 바로 협동보다는 경쟁을 강조하는 그들의 조직문화를 보여준다. 이들 또한 대화를 하는 외에도 시간을 더 내서 대화를 잘 할 수 있는 규칙을 훈련하고 익혀야 한다. 다른 대화 참여자들의 관심사를 듣고 이해하기 보다는 끊임없이 자기 이야기를 반복적으로 똑같은 노래를 부르는 사람들도 있다. 자신의 정체성이 훼손된다고 생각하면 그들은 노래를 부르기 시작한다. 소수인종 여성운동 환경운동 종교집단 정치적인 집단주의자들의 지도자들이 조금만 도전을 받는다고 생각하면, 혹은 도전이 없을 때조차도 그들의 노래를 계속해서 부르는 경향이 있다.[34]

3. 대화를 위한 점검[35]

구분	설전	배움의 대화
무슨 일이 일어났는지에 대한 대화 문제 : 상황은 당사자들이 의식하는 이상으로 더 복합적이다.	**인식** : 나는 무엇이 일어났는가를 이해하기 위해서 알아야만 하는 모든 것을 알고 있다. **목적** : 나는 내가 옳다는 것을 다른 사람들에게 확증할 것이다.	**인식** : 우리들 중에 누구나 다 서로 다른 정보들과 인식들을 대화 속에 끌어 들인다: 우리는 우리로부터 많은 것을 배울 수 있다. **목적** : 양측의 이야기들을 추적 한다: 우리는 각각이 어떻게 다르게 상황을 보고 있는가? 그에 따라 단점이 어떻게 달라지는지를 함께 조사하고자 한다.

---

34) Daniel Yankelovich, *The magic of Dialogue*, Nicholas Brealey Publishing, London, 1999, pp.129~146.
35) 앞글, pp.289~290.

	인식 : 나는 다른 사람들의 의도를 어떻게 추적할지 알고 있다. **목적** : 그는 그의 태도가 잘못되었다는 것을 알아야만 한다.	**인식** : 나는 내가 무엇을 하고자 하며 어떻게 다른 사람의 태도가 나에게 영향을 미치는지를 알고 있다. 나는 그의 내면에서 움직이는 것을 알지 못하며, 알 수도 없다. **목적** : 나는 다른 사람들의 행동이 나에게 어떤 영향을 끼쳤는지를 다른 사람들에게 설명하고자 하며, 그리고 그가 무엇을 생각하는지를 알아내고자 한다. 더 나아가서 나는 나의 행동이 어떻게 그에게 영향을 끼쳤는지를 알고 싶다.
	인식 : 다른 사람이 잘못이다(혹은 모든 것이 내 잘못이다). **목적** : 그는 죄를 고백해야만 하고 그 잘못을 어떻게 다시 보상할 수 있을지 설명해야 한다.	**인식** : 우리는 이 막다른 상황에 둘 다 원치 않은 채 도달 한 것 같다. **목적** : 서로 기억할 수 있도록 한다. : 우리의 태도가 어떻게 동시에 작용을 했으며, 어떻게 이런 결과에 이르게 되었는지를 알아본다.
감정의 대화 문제: 상황에 이미 감정이 깔려있다.	**인식** : 감정은 적절하지 않다. 감정을 서로 주고 받는 것은 아무데도 소용이 되지 않는다(혹은: 내가 이런 나쁜 감정을 느끼게 된 데는 다른 사람의 책임이 있다. 고로 그는 거기에 대해서 알아야만 한다) **목적** : 감정관련 대화는 피한다(혹은: 네가 저지른 일이 어떤 일인지 너는 똑바로 봐야해)	**인식** : 감정은 문제의 원래적인 핵심이며, 감정은 보통 복합적이다. 나는 나 자신의 감정을 이해하기 위해서 아마도 더 철저하게 검토해봐야 한다. **목적** : 그에 대한 가치 판단을 하거나 잘못을 전가하지 않으면서 감정을 인식한다(나의 감정 그리고 다른 사람의 감정을) 문제해결로 넘어가기 전에 감정을 인식한다.
정체성의 대화	**인식** : 나는 무능, 혹은	**인식** : 우리 둘 다를 위해서 심리적

| 문제 : 상황은 우리의 정체성을 위협한다. | 유능하다. 선, 혹은 악하다. 사랑받을 가치가 있다 혹은 호감을 주지 않는다는 양자사이에는 아무 것도 없다.

목적 : 나의 이것 아니면 저것이라는 자아상을 수호한다. | 측면에서 가능한 많은 것들을 염두에 둔다. 우리들 모두가 다 복합적인 개성을 가지고 있고 누구도 완전하지 못하다.

목적 : 우리 모두가 어떤 정체성을 가지고 있는지 묻고 이해한다. 나 자신의 내면적인 균형을 인지하기 위하여 보다 복합적인 자아상을 발전시킨다. |

해답

▶ 116쪽

(1) ④, (2) ①, (3) ③, (4) ③, (5) ④, (6) ②, (7) ①,

(8) ③, (9) ③, (10) ④, (11) ②

▶ 149쪽

1. 경고·위협, 2. 명령, 3. 설교, 4. 가르침, 강연하기,

5. 충고와 해결책 제시, 6. 판단하고 비판하기, 7. 칭찬하고 아부하기,

8. 조롱하기, 9. 진정시키기, 10. 분석하기, 11. 연구하고 심문하기,

12. 풍자하기

▶ 155쪽 해답

(1) 2, 5, 1, 4, 3 . (2) 1, 2, 3, 4, 5   (3) 2, 1, 4, 3, 5

4장

공공갈등과 협상

▌ 서론

서로 다른 생각과 삶의 방식을 가진 사람들이 모인 사회에서 갈등이 발생하는 것을 당연하게 여기면서도 막상 갈등이 생기면 피하거나, 마지못해 소극적으로 대응하는 것이 보통사람들의 행동방식이다. 또한 갈등이 발생하면 역기능도 있지만 순기능도 있기 때문에 갈등에 적극적으로 대응해야 한다고 말하면서도 현실적으로 갈등이 발생하면 일단은 역기능을 더 많이 걱정하는 것이 또한 우리네 사고방식이다.

이렇게 피하고 싶고 우려스러운 갈등을 언제부터인가 그냥 그대로 두지 말고 정부가 직접 나서서 적극적으로 관리하면 어떻겠느냐는 생각이 확산되고 있다. 정부의 법령 제·개정 또는 공공사업 추진과정에서 서로 충돌하고 있는 다양한 가치와 이해관계를 상호 배타적인 관계로만 보지 말고 상호 보완적인 관계로 한 단계 업그레이드 시킬 수는 없는가 하는 의문을 갖기 시작한 것이다. 그 결과 사회갈등을 사후에 해결하기 보다는 사전에 예방하자는 취지에서 갈등영향분석과 참여적 의사결정 등 다양한 기법들이 제시되고 있다.

갈등을 해소하는 데에는 효과적인 기법을 활용하는 것도 중요하지만 실제로는 그 기법을 움직이는 근본 원리를 파악하는 것이 필요하다. 동서고금을 통해 서로 다른 의견이나 요구가 있을 경우, 이를 평화적으로 해결하고 상호 이익이 되는 공동해결안을 찾기 위해서는 가장 먼저 '협상'을 하게 된다. 좋은 갈등관리기법은 협상을 통해 나오고 아무리 심한 반목도 결국은 협상이란 과정을 통해 해소의 길로 나아갈 수 있기 때문이다. 그래서 싫든 좋든 협상하지 않을 수 없는 것이 우리네 인생이라는 말도 나온다.

지금까지 협상의 개념이나 원리, 다양한 전략들은 민간부문을 중심으로 개발되고 발전되어 왔다. 물론 국제관계나 국제통상 등 다국 간 협상도 끊임없이 진행되고 있지만 그러한 협상을 일반화하는 데에는 한계가 있다. 반면 민간부문에서의 협상은 기업을 중심으로 꾸준히 그 수요가 증가하고 있고 그에 따라 협상의 개념이나 적용기법들도 변화 · 발전하고 있다. 민간부문에서 협상이 발전할 수밖에 없는 이유 가운데 하나는 문제가 되는 쟁점이나 이해관계가 분명하고 나아가 이해관계자의 수나 협상의 범위가 명확하기 때문에 어떻게 협상전략을 세우느냐에 따라 그 결과에 있어 많은 차이가 날 수 있기 때문이다. 그러나 공공부문에서 발생하는 갈등의 경우에는 가치갈등과 이익갈등이 혼재된 복합갈등의 성격이 강해 쟁점이나 이해관계를 분명하게 구분 짓기가 어렵고 사안에 따라 이해관계자가 너무 많거나 불특정다수가 협상상대일 수도 있어 갈등상황은 훨씬 더 복잡하다.

본 교재는 협상을 통한 공공갈등의 해소에 초점이 맞추어져 있다. 창출하려고 하는 공익과 그로 인해 침해받을 것으로 예상되는 가치 또는 사익 사이에 공공갈등이 발생할 경우 어떻게 그 갈등을 이해하고 어떠한 방법으로 이견을 해소해 나가는 것이 정부와 이해관계자 모두에게 상생의 해법인지를 협상의 관점에서 서술했다. 그러면서도 갈등관리의 다양한 기법들을 적용함에 있어 가장 기본적인 지식이자 가장 효과적인 수단으로서의 협상의 역할을 고찰했다.

「공공갈등과 협상」이 나오기까지 공공부문 및 민간부문의 협상분야에서 전문성과 경험을 갖춘 많은 분들이 머리를 맞대고 힘을 합쳤다. 1장부터 3장까지의 공공갈등과 협상의 기본 개념 및 구조, 특징에 관해서는 박홍엽 박사가 서술했고, 4장 성공적 협상과 협상과정 부분은 김병국 변호사가 서술했으며, 5장 공공갈등 해소의 성공요인과 협상전략에 관한 부분은 서창수 교수가 서술했다. 그리고 경유자동차 허용과 관련된 협상사례는 박태순 박사가, 그리고 시뮬레이션 부분은 박진 교수가 서술했다.

지금까지 제대로 연구되지 않고 있는 공공부문의 협상에 관한 교재가 발간된 것에 대해 한편으로 기쁘게 생각하면서도 다른 한편으로는 이제 시작이라는 생각이 앞선다. 이 책이 공공부문의 협상에 관해 본격적으로 연구하는 하나의 계기가 되었으면 하는 바람을 가져본다. 이 책이 나오기까지 많은 수고를 아끼지 않은 대통령자문 지속가능발전위원회의 관계자 여러분에게 고마움을 전한다.

2005년 8월
공동저자를 대표해
박홍엽

1. 공공갈등과 협상

1. 갈등관리와 협상

1. 협상을 통한 갈등관리의 필요성

참여와 협력을 강조하는 새로운 행정패러다임의 대두

최근에 '갈등관리'라는 단어가 자주 눈에 띤다.36) 가능한 한 피하려 했고, 어쩔 수 없이 발생하더라도 맞부딪치기 보다는 적당히 덮어버리려 했던 갈등을 이제는 정부가 나서서 적극적으로 관리하겠다는 입장을 밝히고 있다. 정부가 정책추진 과정에서 발생하는 공공갈등을 과거의 권위주의적 방식으로 적당히 얼버무리지 않고 예상되는 갈등을 분석하고, 합의절차를 밟아 정책을 결정하고 그래도 갈등이 발생했을 때는 갈등조정절차를 밟겠다는 '갈등관리 과정'을 제시하고 있다. 갈등에 대한 정부의 이 같은 입장변화는 행정패러다임의 변화로 지칭할 수 있을 만큼 획기적이다. 정책을 추진함에 있어 결과 못지않게 과정도 중요하다는 점을 인정한 것이고 나아가 정책의 효율적 추진 원칙도 중요하지만 민주성과 형평성 원칙도 중요하다는 점을 인정한 것으로 볼 수 있다.

---

36) 갈등의 종류는 매우 다양하다. 개인의 내면적 갈등에서 가족간 갈등, 세대간 갈등, 지역간 갈등, 노사갈등, 조직갈등, 국가간 갈등에 이르기까지 다양하지만 여기에서 다루는 갈등은 국가의 정책추진 과정에서 발생하는 공공갈등을 의미한다.

정책추진에 있어 절차적 합리성의 제고 필요성

갈등에 대한 정부의 태도를 이 같이 변화시킨 원인은 어디에 있는 가? 그것은 정부의 정책추진 과정에서 발생하는 공공갈등의 성격과 전개양상이 과거의 그것과는 전혀 다르기 때문이다. 정치적, 행정적 민주화와 정보화가 진행되면서 정책의 객체에 불과했던 국민의 '참여'가 보장되고 정책결정과정 상의 정보가 다양한 통신수단을 통해 빠르게 확산되면서 정책갈등의 범위와 강도가 과거와는 비교할 수 없을 정도로 커졌고 갈등의 양상 또한 전혀 예기치 못한 방향으로 전개되는 경우가 많아졌다. 사회적 갈등이 발생한 후에 수습하는 데 소요되는 사회적 비용과 노력이 너무 막대해 오히려 사전에 갈등을 예방하는 것이 보다 효율적이라는 인식이 강해졌다. 특히 방사능폐기물처리시설과 같은 비선호시설의 입지선정과 관련해 정책결정과정 상의 의견수렴 절차가 미흡해 커다란 사회갈등을 야기했다는 비판이 제기되면서 정부정책의 내용적 합리성(substantial rationality)과 함께 절차적 합리성(procedural rationality)을 제고할 필요성이 높아졌다.

협상을 통한 공공갈등관리의 필요성 증대

공공갈등을 사전에 예방하고 정책의 절차적 정당성을 높일 수 있는 관리 수단으로 다양한 기법이 제시되고 있다. 갈등관리법(안) 상의 갈등영향분석과 참여적 의사결정, 갈등관리심의위원회와 갈등조정회의 등 다양한 제도적 접근이 이루어지고 있다. 이 같은 갈등예방 및 해결 절차들은 대부분 최근에 개발된 것으로 각기 나름대로의 장점과 유용성을 지니고 있다.37) 그러나 너무 제도적인 갈등해소방

---

37) 갈등조정회의에서 이용되는 조정기법은 ADR(대안적 분쟁해소)의 일 기법으로 선진국에서 오랫동안 활용해 왔다.

안에만 골몰한 나머지 갈등해소의 가장 기본적인 수단이자 갈등관리 과정 전 과정에서 유용하게 활용할 수 있는 협상능력의 향상 및 협상기법 개발에는 소홀했던 것이 사실이다. 협상(negotiation)은 갈등의 발생 이전과 발생과정 그리고 발생 이후의 모든 국면에서 이견을 좁히고 이해관계자 상호간의 공유이득을 더 많이 창출해낼 수 있는 수단임에도 불구하고 정부의 갈등관리법이나 제도의 어떠한 영역에서 어떠한 방식으로 더 많이 활용되어야 한다는 내용을 찾아볼 수 없다. 따라서 본 교재에서는 공공갈등의 관리 과정에서 협상이 갖는 의미를 올바르게 이해하고 활용할 수 있는 방안을 중점적으로 다루게 된다.

2. 갈등에 대한 올바른 이해

'불가피한' 사회적 산물로서의 갈등

갈등이란 단어 자체는 생소한 것이 아니지만 막상 자신이 갈등에 포함되는 것에는 누구나 주저하고 가능한 한 회피하려 하는 것이 인지상정이다. 그래서 동서고금을 막론하고 갈등에 관한 모든 논의의 첫 출발점으로 갈등은 인간의 상호작용 속에서 '필연적'으로 발생하기 때문에 피할 수도 없고 피하려 해서도 안 된다는 점이 지적된다. 즉 갈등은 사회의 발전과정에서 불가피하게 발생할 수밖에 없는 사회적 산물이라는 것이다. 하물며 다양한 이해관계를 아우르고 조정해야 하는 정부의 정책을 둘러싼 갈등은 더욱 피하기 어렵다는 점을 인식할 필요가 있다.

'역기능'과 '순기능'의 두 얼굴을 가진 갈등

갈등이 갖는 두 속성, 즉 부정적 속성과 긍정적 속성을 이해하는 것이 필요하다. 갈등이 단기적으로는 파괴적이고 역기능적인 역할을 할 수 있지만 장기적으로는 건설적이며 순기능적인 역할을 한다는 점을 인식할 필요가 있다. 물론 인종간의 갈등과 같이 오랜 역사를 통해 파괴적인 기능을 하는 갈등도 있지만 한 사회 내에서 정책갈등들을 잘 관리한다면 순기능으로 작용할 여지가 매우 높다.

2. 협상에 대한 이해

1. 협상에 대한 편견

우리 사회에서 협상의 필요성은 인정하면서도 협상에 나아가는 것에는 주저하는 경우가 많다. 협상은 고사하고 아예 얼굴조차 마주하지 않으려는 태도를 갖고 있어 협상테이블에 나서기까지 복잡한 심경변화를 겪어야 하는 경우도 많다. 이는 협상에 대한 선입견이나 편견이 내부적으로 고착되어 있어 선뜻 협상에 나서지 못하기 때문이다. 협상에 대한 부정적인 선입견으로 지적되는 것으로 다음과 같은 경우를 예시할 수 있다.

'강한 자는 협상하지 않는다'는 편견

협상에 나서는 것 자체를 권력 또는 힘(power)이 약해졌거나 상황에 굴복했기 때문으로 인식하는 경우에는 결코 협상에 나설 수가 없다. 상호간의 관심사항을 논의해 공동해(common solution)를 창출하기 위해 협상에 나선다고는 생각하지 못한다.

'협상을 하려면 어느 정도 힘의 균형이 있어야 한다'는 편견

협상력이 현저하게 차이가 나는 경우에는 협상이 성립될 수 없다는 생각을 할 수 있다. 그러나 협상력의 차이가 협상결과에서의 차이로 그대로 이어진다는 생각은 큰 오산이다. 오히려 적은 협상력을 어떻게 활용하느냐에 따라 협상결과가 크게 달라진다는 것이 협상의 많은 사례들이 증명하고 있다.

'협상은 우는 애에게 떡 하나 더 주는 것이다'는 편견

협상에 나서는 것 자체를 상대방이 떼를 쓰기 때문이라고 비하하는 경우가 있다. 마치 선심을 쓰는 듯한 태도로 협상에 임할 경우 좋은 결과를 기대할 수는 없다. 파트너십 관계가 아닌 온정주의적 태도로 협상에 임하는 것은 협상결과에 관계없이 바람직하지 않다.

'상대방은 절대 양보 안할 것이다'는 편견

상대방은 결코 양보할 사람이 아니라는 생각을 지레 가져버릴 경우에 원활한 협상을 하기 어렵다. 서로 만나서 대화해보지 않고 상대방에 대해 판단하는 것은 매우 성급한 태도일 뿐만 아니라 자신이 옳다는 것을 스스로 확신시키기 위한 심리적 방어기제(psychologically defensive mechanism)일 뿐이다.

'협상은 야합과 같아 도덕적, 윤리적이지 않다'는 편견

협상을 마치 남의 눈에 띄지 않는 곳에 숨어서 하는 뒷거래 정도로 생각하는 경우가 있다. 이것은 협상이 당사자 간의 필요에 따라 비공개적으로 진행되기도 하고 때로는 협상에서 논의된 내용을 비밀에 붙인다는 점 때문에 그런 선입견을 가질 수도 있다. 그렇지만 협상이 대부분 공개적으로 당당하게 이뤄지는 경우도 많고, 특히 공공갈등의 경우에는 협상과정이 공개적이고 투명하게 진행될 때 협상결과가 갖는 정당성이 더욱 높아질 수 있다. 협상을 야합이나 담합으로 보는 것은 매우 미시적인 시각으로 협상이 갖는 긍정적인 기능, 즉 이견해소와 가치창출 측면을 도외시 한 것이다.

2. 성숙한 협상문화를 가로막는 장애요인

우리나라에서 협상문화가 제대로 꽃피우지 못하는 문화적 배경으로 다양한 이유가 제시되고 있다.

감정에 치우치는 정서

갈등상황이 발생했을 때 합리적이고 이성적으로 접근하기 보다는 감정적으로 접근할 경우 합리적으로 협상을 하기가 어렵다. 특히 오랜 역사를 거치는 동안 하나의 공동체로서의 의식이 강한 우리나라의 문화에 있어 문제가 발생했을 때 상대방에 대한 말 한 마디, 행동 하나 때문에 문제의 본질은 온데간데없고 사소한 다툼으로 끝나는 경우가 많다. 문제의 본질을 직시하지 않고 문제를 둘러싸고 있는 사소한 여건에 휘말려들 경우 상대방에 대한 감정만 악화되고 정작 중요한 협상이 이루어져야 할 시기에는 등 돌리는 경우가 많다.

체면 문화

협상의 내용보다는 협상의 형식에 더 얽매일 경우 협상이 제대로 이루어지기 어렵다. 물론 협상대표의 공식적인 지위나 격은 협상을 진행함에 있어 중요한 요소인 것은 사실이다. 그러나 많은 경우 비공식적인 요인이 공식적인 요인을 압도하고 나아가 협상자체를 어렵게 만드는 경우가 많다. 협상의 필요성을 인정하면서도 나이 또는 사회적 관계 등을 중시하는 나머지 협상테이블에 나서는 것을 주저하는 경우가 이에 속한다. 장유유서와 같은 유교 문화적 전통이 강한 나라일수록 협상의 형식을 중시하는 경향이 강하다.

'떼법' 문화

개인적으로는 생각할 때는 불합리하고 안 될 것으로 여기면서도 집단의 힘을 빌면 될 수도 있다고 생각해 법의 허용한도를 벗어난 집단시위를 벌이는 경우가 이에 속한다. 어떻게 하는 것이 합리적인 지에 관해 이성적인 토론이나 대화를 하기보다는 일단 집단의 힘으로 상대방을 굴복시키고 난 후에 대화를 하는 것이 훨씬 이익이라는 믿음이 앞설 경우 합리적이고 이성적인 협상은 발붙이기가 무척 어려울 수밖에 없다.

밀어붙이기 문화

행태 면에서 '떼법' 문화와 비슷하다. 다만 집단이냐 아니냐의 차이일 뿐이다. 무조건 밀어붙이면 결국에는 상대방이 양보할 것이라는 막연한 믿음을 갖고서 마구잡이로 던져 밀어붙이는 경우가 이에 속한다. 극단적인 행동이 나오기 쉽고 벼랑끝 전략(brinkmanship strategy)을 사용하는 경우가 많다.

'연줄' 강조 문화

객관적인 기준이나 원칙보다는 학연, 지연, 혈연 등 관계를 중시하는 풍토에서는 누구나 정당한 노력을 통해 성과를 높이려하기보다는 로비나 비공식적인 접촉에 의존하기 쉽다. 공개적인 경쟁보다는 비공개적인 담합을 선호하고 공식적인 협상보다는 비공식적인 친분관계에 매달리는 상황에서 합리적이며 이성적인 협상문화가 싹틀 수는 없다.

3. 공공갈등관리와 협상

1. 공공갈등의 특성 이해

정부사업의 추진과정에서 발생하는 공공갈등은 가족갈등, 종교갈등 등 다른 종류의 사회갈등과는 그 성격에 있어 큰 차이를 보이고 있다. 정부가 갈등의 당사자로 포함된다는 점과 정부정책을 둘러싸고 발생한다는 점, 그리고 대부분 엄청난 규모의 정부예산이 소요된다는 점이 큰 특징이다.

공익을 둘러싼 갈등

정부가 추진하는 대형국책사업의 경우 특정 지역이나 특정 계층의 주민만을 위한 사업이 아니고 국민 모두를 위한 사업인 경우가 대부분이다. 정부가 고속도로 혹은 발전소를 건설하거나 정신병원을 설립하는 것은 모든 국민과 국가경제를 위해 예산을 투입한 것이지 특정주민과 특정지역을 위한 것이 아니다. 이 경우 고속도로나 발전소는 모두 비배제성(non-exclusiveness)과 비경합성(non-rivalry)의 속성을 지녀 공공재(public goods)로서의 성격을 띠게 된다. 그런데 문제는 공공재의 성격에 따라 어떤 지역에서는 유치를 희망하는 반면,

어떤 지역에서는 반대로 반발하는 모습을 보인다는 점이다. 어떤 지역에서는 교통편의와 지가상승을 기대하고 도로를 개설해달라고 요청하는 반면, 어떤 지역에서는 도로개설로 생활공동체가 나뉘게 되므로 강력하게 반발하는 경우가 있다. 대기오염이나 수질오염을 막기 위해 정부가 강력한 규제법규를 만들어야 한다는 주장이 있는가 하면, 그런 규제로 인해 경제활동이 제약받으므로 아예 그런 규제를 만들지 말자는 주장이 있다. 공공재에서는 공익이라는 개념이 중요하다. 공익을 위한 공공재 건설로 사익이 침해받을 수 있다고 여기면 언제든지 갈등은 발생하기 마련이다. 따라서 공공갈등의 경우에는 '이익의 비교형량의 원칙'에 따라 창출되는 공익의 크기와 침해받는 사익의 크기 사이의 비교 기준을 잘 세워야 할 뿐만 아니라 침해받는 사익에 대한 적정한 보상 문제가 항상 대두된다.

가치갈등과 이익갈등이 혼재된 복합갈등

대부분의 공공갈등에 내포된 갈등의 속성을 파헤쳐 보면 크게 '지켜야 할 가치'를 수호하기 위한 가치갈등과 '내 몫이 더 커져야 한다.'는 이익갈등이 복합적으로 작용하고 있음을 알 수 있다. 특히 생태계와 문화유산 등 지켜야 할 가치는 추상적인 반면, 확보하고자 하는 이익은 구체적이어서 갈등조정과정이 무척이나 어렵고 오랜 시간이 걸리는 경우가 많다.

편익과 비용구조의 불일치

정부정책을 둘러싸고 갈등이 발생하는 가장 큰 원인 가운데 하나는 특정시설의 입지와 관련해서 그러한 시설이 입지하기 때문에 재산상의 가치하락 등 비용을 지불하게 되는 계층과 그러한 시설의

서비스를 소비함으로 편익을 얻게 되는 계층이 서로 다르기 때문인 경우가 많다. 특히 핵폐기물처리시설이나 화장장, 쓰레기소각시설과 같은 비선호시설인 경우, 시설이 입지한 지역은 부동산가격의 하락으로 인해 발생하는 모든 비용을 떠안게 되지만 그러한 시설의 이용을 통해 편익을 얻는 사람은 광범위해 편익과 비용구조가 일치하지 않는다는 점이 공공갈등 발생의 가장 큰 원인으로 지적된다.

매몰비용(sunk cost)의 문제

정부나 민간업자가 대규모의 공사를 진행하기 위해서는 실제 공사에 투입되는 비용이외에도 많은 비용이 소요된다. 예를 들면 법적인 서류를 갖추거나 사전 타당성 조사를 실시할 때 소요되는 비용 등은 대부분 회수가 어려운 매몰비용인 경우가 많다. 매몰비용은 포기할 수밖에 없는 비용이지만 갈등 당사자는 어떻게든 회수를 하려는 열망을 갖게 된다. 공공갈등에서 매몰비용의 문제는 갈등상황을 더욱 악화시키는 하나의 요인으로 작용하는 경우가 많다.

막대한 기회비용(opportunity cost)

대규모의 인력과 재원이 투입된 공공시설이 제대로 기능하지 못하거나 혹은 공공갈등으로 인해 공사가 진행 도중에 중단될 경우 그로 인한 기회비용이 매우 큰 경우가 많다. 특히 장기간에 걸쳐 법적인 공방이 계속될 경우 공사 중단으로 인한 기회비용은 기하급수적으로 증가하게 된다. 공공갈등으로 인한 비용 산출시 기회비용의 개념은 중요하게 사용된다.

원상회복의 어려움

공공사업의 경우, 사업진행과정에서 법률적 판단이나 불가피한 사유로 인해 사업이 중단되더라도 이미 공사는 상당한 정도로 진행되어 원상회복이 불가능한 경우가 많다. 막대한 철거비용의 문제뿐만 아니라 비용부담의 주체문제, 정책과실의 책임추궁문제 등 다양한 요인이 뒤엉켜 원상회복 문제가 쉽게 풀리지 않는 경우가 많다.

2. 공공갈등의 해소수단으로서의 협상

갈등관리의 모든 과정에서 활용

협상의 가장 큰 장점은 다양한 이해관계를 조정하고 이견차를 좁힐 수 있는 매우 효과적인 수단으로 갈등관리 과정의 모든 단계에서 활용이 가능하다는 점이다. 예를 들면, 협상에서 가장 기본적인 요소로 간주되는 이해관계자(stakeholder), 쟁점(issue), 입장(position), 이해관계(interest) 등은 갈등영향분석의 핵심내용을 구성하고 있다. 갈등영향분석에서 결론적으로 제시하는 합의가능성 여부와 합의형성절차 설계 부분도 실제로는 각 이해관계자들이 협상을 통해 합의에 이를 수 있는지 여부와 협상을 통해 합의형성절차에 동의할 수 있도록 시스템을 설계하는 것을 의미한다.

하드웨어와 소프트웨어의 양 기능을 동시에 수행

협상은 이해관계자 상호간의 실질적인 이견해소 수단이자 각 갈등관리 과정의 적용과정에서 활용할 수 있다. 정부가 상호 대립하고 있는 이해관계자들을 참석시켜 이견해소의 기회를 갖는 것 자체가 협상이다. 참여적 의사결정 절차나 갈등조정회의가 합의형성을 위한 하드웨어를 구성한다면 그 내부에서 발생하는 다양한 이견이나 요구는 결국 협상을 통해 처리될 수밖에 없다.

대안적 분쟁해소(ADR)의 수단

양자 간 혹은 다자간 협상을 통해 이견을 해소할 수 없을 경우 중립적이며 신뢰할 수 있는 제3자의 개입을 통해 갈등해소절차를 밟을 수 있다. 갈등관리법 상의 갈등조정회의는 대표적인 대안적 분쟁해소(ADR ; alternative dispute resolution)의 수단이다. 대안적 분쟁해소란 대립되는 쟁점을 사법적인 판단에 맡기기 이전에 상호 이견을 해소할 수 있는 기회를 갖자는 것이 가장 큰 목적으로 결국 제3자의 조정 혹은 중재 하에 당사자들 내부의 협상이 중요한 역할을 하게 된다.

2. 협상의 기본 개념

1. 협상의 정의와 핵심 구성 요소의 도출

1. 협상의 정의

세베니어스(James Sebenius)의 정의38)

미국 하버드대학 경영대학원 교수인 세베니어스는 협상을 다음과 같이 정의한다. '협상이란 공동결정 행위를 통해 자신의 이해관계를 증진하려는 행위다(Negotiation is a means of advancing the full set of your interests by jointly decided action).'

이 정의는 3가지의 핵심개념을 포함하고 있다.

① 협상의 천연자원인 이해관계

② 이익을 증진시키는 수단

③ 공동의 문제해결 과정

첫째, 세베니어스는 이해관계(interests)를 '상호작용을 하는 가운데 가장 문제시 되는 것(Interests are whatever is at stake in the interaction

---

38) Sebenius, James K. 1993, *Essentials of Negotiation*, N2-894-012, 11/18/93, Harvard University Case.

that you care about.)'으로 정의하고 이해관계를 협상의 천연자원으로 표현할 만큼 중요한 요소로 간주하고 있다.

둘째, 협상이란 이해관계를 증진하는 수단이기 때문에 합의가능영역(ZOPA) 등 다양한 협상의 개념을 숙지할 필요가 있음을 역설한다.

셋째, 협상이란 공동의 문제해결 과정(joint problem-soliving process)이므로 '그들의 문제는 당신의 문제의 일부분'임을 인정하는 것이 필요하다. 그리고 협상안이 양측의 이익을 동시에 증진한다는 점을 상대측에 주지시켜야 한다. 이 경우 협상안은 동시해(simultaneous solution)로서의 성격을 지니게 된다.

락스와 세베니어스(Lax & Sebenius)의 정의[39]

락스와 세베니어스는 두 사람이 공저한 책, 《협상가로서의 관리자(The Manager as Negotiator)》에서 협상을 다음과 같이 정의한다. '협상이란 분명한 갈등관계에 있는 둘 혹은 그 이상의 협상의 당사자가 개별적인 행위보다는 상호 결정된 행위를 통해 더 나은 결과를 가져오기 위해 기회추구적인 상호작용을 하는 과정을 말한다.' 이 정의는 다음 네 가지 핵심개념을 포함하고 있다.

① 상호의존(Interdependence)
② 갈등의 인지(Some Perceived Conflict)
③ 기회추구적인 상호작용(Opportunistic Interaction)
④ 타결의 가능성(The Possibility of Agreement)

위 네 가지 개념은 협상의 정의를 구성하는 기본개념이자 협상이

---

39) Lax, David & Sebenius, James K.. 1986. *Manager as Negotiator*, New York: Free Press. pp.11.

성립하기 위한 기본 요건으로서의 역할을 하고 있다. 즉 갈등이나 문제가 있다고 해서 무조건 협상에 임할 것이 아니라 협상 자체가 성립할 수 있는지를 검토할 필요가 있는데 그 때 위 네 가지 요건은 중요한 기준이자 지침으로서의 역할을 하고 있다. 자세한 내용은 다음 절에서 다룬다.

2. 협상의 핵심 구성 요소의 도출

미국 하버드대학 경영대학원 교수인 웨어(Ware)는 협상의 핵심 구성 요소를 다음과 같이 설명한다.[40]

둘 혹은 그 이상의 구별되는 당사자(parties)

당사자란 협상의 결과에 직접적인 이해관계를 가진 개인이나 집단(any of the individuals or groups who have a direct stake in the outcomes of the negotiation)을 일컫는다.

쟁점(issues)

당사자들은 하나 혹은 그 이상의 쟁점에 대해 서로 다른 이해관계를 갖고 있다. 만일 당사자 간에 쟁점을 둘러싼 차이점이 없다면 협상은 있을 수 없다.

---

40) Ware, James P. 1980. *Bargaining Strategies*, 9-480-055 Rev. 4/80, Harvard University Case.

이해관계(interests)

당사자들은 공통된 이해관계를 갖고 있고 합의를 해야 한다는 점에서 의견을 같이 하고 있다. 상호간에 공통된 이해관계(common interests)와 상충하는 이해관계(conflicting interests)가 상존한다는 점이 협상을 더 중요하고 흥미롭게 한다.

자원의 공유나 교환(sharing or exchange of resources)

협상을 통해 당사자들은 하나 혹은 그 이상의 자원에 대해 자발적으로 공유하거나 교환을 하며 무형적인 성격의 쟁점에 대해서도 해결방안을 모색한다. 협상을 통해 각 당사자들은 협상 이전에 갖지 못했던 자원을 최소한 소유하거나 통제할 수 있게 되며 그렇게 했을 때 생기는 이득이 비용보다 커야 한다. 만일비용이 이득보다 크다면 협상은 일어나지 않게 된다.

순차적인 과정(a sequential process)

협상은 일반적으로 타결을 할 때까지 협상당사자들이 자신의 요구를 제안하고, 다른 사람의 제안을 받아들이는 순차적인 과정의 연속이다. 협상은 역동적이고 발전적인 성격의 것으로 광범위한 정보 교환이 필요하고, 상대방 발언의 정확성과 신뢰여부를 계속적으로 평가해야 한다. 또한 협상은 탄력적인 자세를 유지해야 하며 만일 당사자의 어느 한쪽이 하나의 입장만을 고수하면서 양보를 거부한다면 그것은 결코 협상이라 할 수 없을 것이다.

3. 공공갈등관리 차원에서의 협상의 구성요소 재검토

위에서 설명한 협상의 핵심구성 요소들은 민간영역의 협상에서 논의되는 내용이다. 이를 공공갈등 차원에서 검토해 그 차이점을 살펴본다.

협상의 당사자로서의 정부

공공갈등에서는 반드시 '정부'가 협상의 당사자로서 존재한다는 점이다. 여기에서의 정부란, 중앙정부 또는 지방정부를 일컫고 때로는 공공단체를 포함해 포괄적으로 '공공기관'으로 지칭된다.

협상의 상대가 명확치 않을 가능성

공공갈등에서는 당사자가 불특정다수의 지역주민이 될 경우가 많다는 점이다. 즉 협상의 당사자가 의사표시를 분명하게 하지 않고 있는 많은 지역주민일 경우가 많고 이 경우 지역주민을 대표하는 협상대표가 대표성을 확보하고 있는지 여부가 협상을 진행하는 데 중요하다.

이익형량의 원칙

정부가 당사자일 경우 쟁점과 이해관계가 '공익적 성격'을 지닐 경우가 많고 이 경우 민간영역에서 하는 협상과 같이 단순한 이익배분의 차원으로 다룰 수 없다. 창출이 예상되는 공익과 침해받을 가능성이 있는 사익 사이의 이익형량이 중요하다.

공식적인 협의기구의 필요성

공공갈등 분야에서 이뤄지는 협상의 경우에는 민간영역에서 주로 이뤄지는 대면협상(face to face) 형식보다는 협의회와 같은 공식적인 협의기구를 통해 이뤄지는 경우가 많다. 공공갈등에서는 협의기구 구성을 위한 협상에 상당한 시일이 소요되는 경우가 많고 다양한 이해관계자가 협의기구에 포함될 경우 협의과정에 상당한 굴곡이 생기는 경우도 많다.

2. 협상의 출발점

1. 협상이 성립하기 위한 기본 요건

갈등을 빚고 있는 양측이 협상의 중요성과 필요성을 절감한다 해서 무턱대고 협상에 나서는 경우는 드물다. 어떠한 경우에 협상에 나서고 어떠한 경우에는 협상이 이루어질 가능성이 없으므로 협상에 나서지 않아야 하는지 협상의 요건을 알아볼 필요가 있다. 그렇게 함으로써 무턱대고 협상에 나섬으로써 입게 되는 손실을 줄일 수 있으며 협상에 대한 사전준비도 철저히 하게 된다. 협상 전에 반드시 검토하고 협상 중에도 계속 짚어보아야 할 협상의 핵심요건을 락스와 세베니어스(Lax & Sebenius)가 제시한 협상의 4 요건을 중심으로 살펴본다.[41]

상호의존(Interdependence)
상호의존은 양측이 상호작용을 통해 만들어내는 가치가 혼자

---

41) Lax, David & Sebernius, James K. 1986. *The Manager as Negotiator*, New York: Free Press. pp.6~11.

힘으로 만들어내는 가치보다 크다는 것을 말하고 이는 상호필요성을 의미한다.

만일에 혼자 힘으로 어떤 일을 해낼 수 있다면 결코 협상의 필요성을 느끼지 않을 것이다. 협상을 하기 위해서는 함께 하는 일(joint action)이 혼자 하는 일(action by one party)보다 더 많은 보상과 결과를 만들어 낼 수 있다는 확신이 필요하다. 따라서 협상이전에 일방이 혼자 힘으로 얼마의 비용을 투입하여 어느 정도나 할 수 있으며 그것이 바람직한 것인지를 검토한 후 만일 협상을 통해 양측이 얻는 이익이 독자적인 행동으로 얻는 이익보다 크다는 확신이 섰을 때에 협상에 나서게 된다.

갈등의 인지(Some Perceived Conflict)

갈등의 인지는 가치배분(claiming the value)과 관련한 요건이다. 창조된 가치(예를 들면, 파이)를 나눔에 있어 그것을 어떻게 나누어야 하는지에 대해서는 서로 다른 선호를 가지고 있기 마련이고 이는 곧바로 갈등으로 발전한다. 만일 어느 쪽도 양보를 하지 않는다면 어떻게 파이를 나누는 것이 공정한지 협상이 필요하게 된다. 이렇게 상호간의 서로 다른 선호를 인정하면서 갈등을 건설적으로 승화시키고자 하는 노력이 협상이다.

기회추구적인 상호작용(Opportunistic Interaction)

기회추구적인 상호작용은 협상전후와 협상테이블에서 전개되는 다양한 협상전략의 차원에서 고려되는 요건으로 협상을 자신에게 유리한 쪽으로 이끌려는 모든 조작이나 행위 혹은 전술 전략이다.

협상에서 자신에게 유리한 정보만을 공개하고 불리한 정보를 감추려는 것이나 상대에게 불리한 정보를 확대하고 유리한 정보를 축소하려는 행위, 자신을 지지하는 집단을 동원하여 협상장의 주변에서 시위하는 행위 등 어떤 행태로든 협상에 영향을 미치고자 행사하는 모든 전술, 전략은 기회추구적인 상호작용에 속한다.

타결의 가능성(The Possibility of Agreement)

타결의 가능성은 협상의 결과와 협상이후를 예측하는 요건으로 만일 협상을 타결했을 때 어떠한 형태로 협상을 끝낼 것인가 하는 점과 협상결과가 향후 협상당사자의 행위를 구속(binding)하느냐 여부, 그리고 타결된 협상안이 얼마동안이나 유효한가 하는 점 등이 모두 이에 속한다.

2. 기본적인 협상구조의 분석

당사자와 이해관계자, 그리고 제 세력 간의 연대

위에서 설명한 바와 같이 협상의 당사자란 '협상 결과에 직접적인 이해관계를 갖는 개인이나 집단'을 의미한다. 따라서 협상 당사자는 협상 테이블에 적극적으로 나서서 자신의 입장이나 요구사항을 관철하기 위해 노력한다. 반면 이해관계자는 '협상의 결과에 직·간접적인 이해관계를 갖는 개인이나 집단'으로 당사자를 포함한 보다 포괄적인 개념으로 이해할 수 있다. 이해관계자는 협상에 직접 참여하는 경우도 있고, 자신의 권한을 위임하고 참여하지 않는 경우도 있다.

협상 당사자 혹은 이해관계자와 관련해 가장 중요한 분석의 초점은 연대(alliance) 혹은 연합(coalition) 관계의 파악이다. 협상에 임하는 당사자는 누구나 협상력(negotiation power)을 확대하려 하고 협상에서 유리한 위치에 있고 싶어 한다. 연대나 연합은 협상력을 확대하려는 가장 기본적인 전략 가운데 하나고, 특히 공공갈등에서는 다양한 이해관계자 사이에 다양한 종류의 연대나 연합이 만들어질 수 있다.

쟁점, 입장, 이해관계의 구분

협상에 착수하기 이전 단계에서 분석해야 할 가장 중요한 사항이 갈등상황에 대한 쟁점, 입장, 이해관계를 파악하고 구분하는 것이다. 쟁점이란 협상테이블에 올라와 있는 안건을 의미하고, 입장이란 쟁점에 대한 당사자의 요구를 의미하며, 이해관계란 입장을 결정하는 요인을 말한다. 쟁점, 입장, 이해관계는 협상의 준비단계에서부터 종료단계까지 협상 당사자들이 씨름하여야 할 대상이자 협상이 방향을 잃지 않고 끝까지 바르게 나아갈 수 있도록 인도하는 나침반과 같다.

협상의 기본 유형

협상의 성격에 따라 협상을 다음과 같은 유형으로 구분할 수 있다.

① 웨어(Ware)의 구분

• 배분적인 협상(distributive bargaining) : 배분적인 협상이란 희소한 자원을 어떻게 배분할 것인가를 놓고 협상하는 상황으로 주로 경쟁적인 전략(competitive strategy)이 필요하다. 이를 게임이론

의 시각에서 보면 제로섬 게임(zero-sum game)이라 할 수 있으며 윈루즈 게임(win-lose)이라고도 일컫는다. 제로섬게임이란 이미 파이의 크기는 정해져 있으므로 어느 누가 더 많이 가져가느냐 하는 것으로 한쪽이 많이 가지면 다른 쪽은 적게 가질 수밖에 없는 게임의 상황을 일컫는다.

• 통합적인 협상(integrative bargaining) : 통합적인 협상이란 협상 당사자들이 모두 이익을 얻을 수 있는 협상안을 만들어 내기 위해 당사자들이 힘을 모아 공동의 문제를 해결하고자 하는 상황으로 주로 협조적인 전략(cooperative strategy)이 필요하다. 이를 게임이론의 시각에서 보면 넌제로섬 게임(Non zero-sum game)이라 할 수 있으며 윈윈 게임(win-win game)이라고도 일컫는다. 넌제로섬 게임이란 공동의 노력으로 전체적인 파이의 크기를 키울 수 있다는 것으로 한쪽이 많이 가진다 해서 다른 쪽이 반드시 잃는 것은 아닌 게임의 상황을 일컫는다.

② 피셔와 어리(Fisher & Ury)의 구분[42]

현재 미국에서 협상을 다루고 있는 책 가운데 가장 많이 읽히고 있는 ≪Getting to Yes: Negotiating Agreement without Giving in≫을 공저한 피셔와 유리(Fisher & Ury)는 입장에 입각한 협상(positional bargaining)보다는 원칙에 입각한 협상(principled bargaining)을 해야 한다고 주장한다.

• 입장에 입각한 협상(positional bargaining) : 피셔와 어리(Fisher

---

42) Fisher, Rogrer & Ury, William. 1981. *Getting to Yes: Negotiating Agreement without Giving in*, New York: Penguin.

& Ury)는 협상의 대부분은 입장에 입각한 협상이라고 주장하면서 단지 차이점은 부드러운(soft) 입장인가 아니면 강경한(hard) 입장인가 하는 점에서만 다르다고 설명한다. 부드러운 입장이란 협상상대를 친구로 삼아 신사답고 멋지게 행동하는 것이 특징이지만 타결을 강조함으로써 많은 것을 양보당할 가능성이 있음을 충고한다. 강경한 입장은 상대를 적으로 삼아 수단과 방법을 가리지 않고 협상을 승리로 이끌려 하기 때문에 파국으로 몰고 가는 경우가 많다고 지적한다.

입장에 입각한 협상은 입장을 자존심(때로는 명성 혹은 체면)과 연계한 나머지 타협을 위해 양보하는 것을 수치로 여기는 경우가 있으며 때로는 상대방의 일방적인 양보만을 요구해 설사 협상이 타결되더라도 결코 현명한 결과를 도출하기가 쉽지 않다. 또한 협상에서 양측의 입장만을 내세울 경우 협상은 오랜 시간을 끌며 서로 상대방을 비방하는 데 치중하게 되어 비효율적인 경우가 허다하며 협상 후에도 인간관계에 손상이 가는 경우도 많다.

입장에 입각한 협상과 원칙에 입각한 협상의 차이

문제 : 입장에 입각한 협상 어느 게임을 택할 것인가?		해결안 : 메리트에 따른 협상 게임을 변화시켜라
부드러운 입장	강경한 입장	
참여자는 친구다.	참여자는 적이다.	참여자는 문제해결자다.
목표는 타결이다.	목표는 승리다.	목표는 효율적이고 우호적이어야 하며 현명한 결과를 창출해 내는 것이다.
관계개선을 위해 양보한다.	관계개선의 전제조건으로 양보를 요구한다.	**문제에서 사람을 분리한다.**
사람과 문제 모두에 대해 부드러운 입장을 택한다.	사람과 문제 모두에 대해 강경한 입장을 택한다.	사람에게는 부드럽고 문제에는 강경하다.

남을 신뢰한다.	남을 불신한다.	신뢰는 협상과 별개다.
입장을 쉽게 바꾼다.	입장을 고수한다.	**입장이 아닌 이해관계에 초점을 맞춘다.**
제안을 한다.	위협을 한다.	이해관계를 맞춘다.
최저선을 공개한다.	최저선을 그릇되게 알려준다.	최저선 갖는 것을 피한다.
타결에 이르기 위해 한쪽만의 손실을 감수한다.	타결의 대가로 한쪽만의 이익을 요구한다.	상호이득을 위해 옵션을 찾아낸다.
상대방이 받아들일 하나의 해답을 모색한다.	내가 수용할 수 있는 하나의 해답을 모색한다.	**다양한 옵션을 개발하여 결정은 후에 한다.**
타결을 주장한다.	입장을 주장한다.	**객관적인 기준을 주장한다.**
의지관철경쟁을 피한다.	의지관철경쟁에서 이긴다.	의지와는 별개로 기준에 입각하여 결과를 찾는다.
압력에 굴복한다.	압력을 행사한다.	합리적인 논리를 제시하고 합리적인 논리를 듣는다.

※ 자료 : Fisher & Ury(1981: 13).

• 원칙에 입각한 협상(principled bargaining) : 원칙에 입각한 협상은 협상을 문제해결중심으로 냉정하고 합리적으로 이끌어가 양쪽이 만족할 수 있는 결과를 만드는 데 중점을 둔다. 원칙에 입각한 협상을 위해서는 협상 전에 많은 준비와 분석이 필요하다. 협상 중에 사람과 문제를 철저히 구분해 심리적인 함정에 빠지지 않고 원칙을 견지해 나가는 것이 필요하며, 상대가 납득할 수 있는 협상의 규칙과 방법을 찾아내어 상대의 동의를 구하고, 이해관계를 파악하여 양측이 수용할 수 있는 다양한 옵션을 찾아낼 수 있어야 한다. 그리고 협상이 봉착됐을 때 양측이 수용할 수 있는 합리적이며 객관적인 기준을 제시하여 상대가 따라올 수 있도록 하는 게 무척이나 중요하다.

원칙에 입각한 협상은 입장보다는 양측의 이해관계를 조화시켜 양측이 만족할 만한 결과를 만들어내는 데 중점을 두고 있고 협상시

불필요한 행위나 자원낭비적인 소모전을 피함으로써 효율성을 기할 수 있으며 문제에는 엄격하되 인간관계에는 부드럽게 대함으로써 우호적인 인간관계를 유지할 수 있다는 장점이 있다.

앞의 표에 입장에 입각한 협상과 원칙에 입각한 협상의 차이가 설명되어 있다. 협상의 상대, 목표, 관계, 문제, 신뢰성 등에 있어 인식의 차이가 명확하고 뚜렷하게 구분되는 것을 알 수 있다.

3. 협상을 통한 공공갈등의 해소 가능성 파악

공공갈등의 예방 및 해소 과정에의 협상의 역할을 구체적으로 살펴본다.

이해관계자의 요구 사항 파악

공식적인 협의기구의 구성이나 협의절차의 착수에 앞서 협상 당사자 및 이해관계자 간의 개별적인 접촉을 통해 요구사항을 파악하고 효율적이며 효과적인 갈등해소 방안을 모색한다. 갈등상황이 복잡하여 깊이 있는 분석이 필요하다고 여겨질 경우 갈등영향분석을 실시할 수도 있고, 아니면 협의체 구성을 통한 이견조정에 곧바로 착수할 수도 있다.

협상을 통한 공정한 절차에의 합의

대다수 이해 관계자들의 참여하에 갈등해소 과정을 설계하고 나아가 협의기구 구성 방안에 대한 합의를 도출해내는 데에도 협상이 중요한 역할을 수행한다. 실제로 대부분의 공공갈등에서는 이해관계자들이 참여하는 협의기구를 구성하기까지 많은 노력과 시간이 소요되는 경우가 많다. 공식적인 논의의 장을 마련하기 위한 의견수렴과정에서 협상의 역할은 매우 중요하다.

협상을 통한 대화경로의 확보

공식적인 협의기구가 마련되었어도 참여자 간의 의사소통이 제대로 이뤄지지 않는 경우에는 협의기구 운영이 제대로 될 수가 없다. 협의기구 운영과정에서 새로이 발생하는 다양한 이견과 쟁점들을 효과적으로 수렴·통제할 수 있는 다양한 의사소통 채널의 확보가 필요하다. 아울러 공식적인 협의채널 이외에도 비공식적인 협의채널이 마련되어 참여자 간에 활발한 의사소통이 이루어질 수 있도록 한다.

협상을 통한 합의문 작성과 이행 담보

쟁점에 대한 이견이 좁혀져 공동합의안을 작성할 때나 합의안이 가결된 후 합의사항을 이행하는 과정에서도 협상은 중요한 역할을 하게 된다. 합의안 초안 작성에서부터 내용 및 문구 수정, 최종안 확정에 이르기까지 참여자 간의 끊임없는 의견교환이 필요하다. 합의안이 통과된 이후에도 합의사항의 이행을 둘러싼 이견은 표출되기 마련이다. 협상은 공식적인 협의의 시작 단계에서부터 합의문의 최종 이행에 이르기까지 상호이견조정이 필요한 경우에는 언제든지 활용될 수 있다.

3. 공공갈등에서의 바람직한 협상

협상의 목표는 왜 협상이 필요한가와 밀접히 연관되어 있다. 협상을 통하지 않는 문제해결방식도 많이 있을 수 있는데 왜 굳이 협상을 해야 하는가라는 질문을 던질 수 있다.

문제는 협상을 통하지 않는 방식과 협상을 통한 문제해결 방식 사이에는 커다란 차이가 존재한다는 점이다. 예를 들어, 협상을 통하지 않고 물리력이나 소송에 의해 문제해결을 시도할 경우 투입되는 비용과 재원이 협상에 의한 방식보다 훨씬 클 가능성이 높고, 해소에 필요한 기간도 훨씬 장기화될 가능성이 높다. 무엇보다 대립하는 당사자 사이에 관계가 악화되어 상호불신이 더욱 커질 우려가 있다.

협상의 목표에 대한 검토와 함께 바람직한 협상이 갖는 요건과 공공갈등에서의 바람직한 협상이 갖추어야 할 요건을 살펴본다.

1. 협상의 목표

협상의 어느 측면을 보느냐에 따라 다양한 목표를 도출해낼 수 있다. 먼저 일반적인 협상의 목표를 살펴본다.

갈등의 평화적 해소(과정중시)

폭력이나 무력 혹은 강압에 의한 문제해결을 지양하고 평화적이
고 상호 납득할 수 있는 해결방안을 지향한다.

최대공약수적인 해결안을 모색(합의중시)

일방적인 해결안을 강요하기 보다는 참여자의 다양한 이해관계
를 최대한 반영한 공동해(common solution)를 모색한다.

공동의 가치창출(결과 중시)

협상은 당사자 간의 상호의존관계를 확인하는 것에서 출발한다.
상호의존성이란 각 당사자가 얻을 수 있는 개별적인 이득보다는
상호 협력하여 창출되는 공동의 이득이 더욱 크다는 것을 의미한다.
따라서 협상을 통해 더 큰 이득을 어떻게 창출할 것인지가 가장
큰 목표가 된다.

장기적이며 생산적인 관계의 형성 및 유지(관계 중시)

일회성 게임이나 거래인 경우 장기적인 관계를 유지하기 힘들며
굳이 협상이란 방식보다는 일회성 흥정에 의한 방식에 의존하는
경우가 많다. 민간부문이나 공공부문의 갈등해소 방안으로 협상방
식이 채택된 경우에는 단기적이 아닌 장기적으로 건설적인 관계를
유지하고자 하는 목적이 있다.

부정적인 협상목표(협상의 악용)

•정보수집 : 문제해결보다는 상대방의 의중을 탐색하고 필요한 정보를 획득하려는 목적으로 협상을 이용할 수도 있다.

•기만(속임수)의 용도 : 상대방을 속이기 위해 이중플레이(double play)의 수단으로 협상을 악용할 수 있다. 한편으로는 전쟁을 준비하면서 다른 한편으로는 협상을 통해 평화적으로 현안을 해결하려는 척 하는 태도를 보이는 경우가 이에 속한다.

•대외선전효과 : 대외명분축적을 위해 협상에 나서는 것을 말한다. 실제로는 협상에 나서고 싶지 않지만 주위의 압력이나 대외명분을 살리기 위해 협상에 임하는 척 하는 것을 말한다.

•시간 확보 : 지연전술의 일환으로 협상을 이용할 수 있다. 내부적으로 아직 확실한 입장이 정해지지 않았거나 내부적인 반발이 심해 결정에 이르기까지 시간이 더 필요한 경우 협상이란 수단을 통해 시간을 확보하려는 목적을 가질 수 있다.

2. 바람직한 협상이 되기 위한 요건

협상이라고 모두 긍정적인 것만은 아니다. 어떤 협상은 결국 타결됐지만 결과적으로 참여자 모두에게 부정적 인식만을 남기는 경우도 있다. 피셔와 어리(Fisher & Ury)가 제시하는 성공적인 협상의 요건을 살펴본다(Fisher & Ury, 1981: 14).

현명한 타결(a wise agreement)

현명한 타결이란 협상당사자의 기본적인 이해관계에 초점을 맞추어, 상호 만족하는 옵션을 만들어내고, 공정한 기준에 따라 해결안을 창출해내는 것을 말한다. 즉 협상 당사자의 이해갈등을 공정하게 해결하여 가능한 한 당사자의 정당한 이해관계에 부합한 타결안을 말한다.

효율적(efficient)일 것

효율적인 협상이란 시간, 자원, 노력을 헛되이 낭비하지 않고 양측이 만족하는 협상결과를 만들어 내는 것을 의미한다. 우리나라 말에 '상처뿐인 영광'이란 말이 있다. 협상에 너무 많은 비용이 소요되어 협상결과가 비용대비 효과가 크지 않을 때 비효율적인 협상이 되기 쉽다.

우호적(amicable)인 관계의 유지

우호적인 관계란 협상 과정뿐만 아니라 협상 후에도 건설적이며 생산적인 관계를 지속하는 것을 의미한다. 협상이 격렬하고 상호 타협하는 자세가 부족할 경우 비록 쟁점은 마무리되었지만 인간적으로 다시 접촉하기를 거부하는 경우가 있을 수 있다. 주로 협상성과에만 매달린 나머지 관계를 소홀히 하는 경우에 발생한다.

3. 공공갈등에서의 바람직한 협상의 요건

공익의 창출

대부분의 공공갈등에서는 새로이 창출하고자 하는 공익과 그로 인해 침해받거나 침해받을 것으로 예상되는 사익 사이에 충돌이 발생한다. 만일 침해받는 사익에 비해 창출되는 공익이 월등히 크다면 그 사업의 내용적 합리성(substantive rationality)은 확보된다. 공공갈등의 해소를 위한 협상이 민간부문의 협상과 다른점은 공익을 다룬다는 점이다. 협상과정에서 창출되는 공익의 성격과 규모에 대한 합의를 이루기 위해 노력할 필요가 있다. 침해받는 사익에 대한 적정한 보상도 중요하지만 사익 보상의 논란과정에서 공익창출이라는 본래의 목표가 상실되지 않도록 각별한 주의가 필요하다.

공정한 절차를 통한 합의 형성

공공갈등의 관리과정에서는 쟁점이 되는 공공사업의 내용적 합리성과 함께 갈등해소과정에서의 절차적 합리성(procedural rationality) 또한 매우 중요하다. 특히 많은 이해관계자가 참여하는 협의체에서는 다수가 인정하는 공정한 절차에 따라 협의가 진행되지 않을 경우 아무리 좋은 협의결과라 해도 의문이 제기될 수 있다. 목적이 수단을 정당화할 수 없듯이 아무리 좋은 내용의 협상결과가 예상된다 할지라도 협상과정에서의 적법절차(due process)에 하자가 있지 않도록 세심한 주의가 필요하다.

효율성 기준의 충족

효율성 기준이란 투입비용 대비 산출효과가 더 커야 하는 기준을 말한다. 모든 갈등의 예방 및 해소에는 비용이 소요되기 마련이다. 특히 이해관계자가 많을 경우 거래비용(transaction cost)은 기하급수적으로 증가한다. 배보다 배꼽이 더 크다는 우리 속담과 같이 목표로 하는 공익의 규모에 비해 너무 많은 재원이 투입되어야 하거나 너무 오랜 기간이 소요되는 협상이 될 경우에는 효율성 기준에 적합하지 않을 수 있으므로 신중한 접근이 필요하다.

정부에 대한 신뢰유지

정부가 공공갈등의 해소를 위해 협상에 나서는 목적은 당연히 문제가 되는 쟁점의 해소를 위한 것이지만 그 과정에서 정부의 권위나 신뢰에 손상이 가는 일이 생기지 않도록 세심한 배려가 필요하다. 빈대 잡으려다 초가삼간을 태우는 어리석음을 범하지 않아야 한다는 말이 있듯이 공공갈등 해소과정에서 정부가 국민에게서 신뢰를 상실해 정부의 정책추진력이 현저하게 떨어지지 않도록 조심할 필요가 있다. 정부 스스로 협상과정에서 신뢰를 축적할 수 있도록 적극적으로 노력하는 모습을 보이는 것이 중요하다.

긍정적 학습효과

공공갈등의 관리 과정은 하나의 사회적 학습과정으로서 다른 갈등사례에도 적용될 가능성이 높다. 따라서 미시적이고 단기적인 시각으로 공공갈등에 접근하는 것은 바람직하지 않고 다른 갈등사례의 해결에 긍정적 영향을 미칠 수 있도록 접근하는 것이 바람직하다. 공공갈등의 관리 과정에 대한 자세한 기록이나 협상의 규칙 등은 그 사회의 갈등관리 경험지식으로 공유하고 전수될 필요가 있다.

3. 협상의 구조 이해

1. 협상의 기본 구조

1. 협상의 두 축

협상을 구성하는 가장 큰 두 개의 축은 '경쟁(competition)'과 '협력 (cooperation)'이다. '경쟁'이란 협상에서 다루어지고 있는 파이의 크기가 고정된 것으로 여기고 더 많은 몫을 차지하기 위해 각 이해관계자들이 다투는 것을 의미한다. 경쟁은 주로 협상 상황을 '윈루즈 게임'(win-lose game)으로 간주하거나 상대방이 가져가는 만큼 내 크기가 줄어든다고 생각하는 '제로섬 게임'(zero-sum game)으로 간주하는 경향이 강하다. 경쟁상황에서는 정보를 감추거나 잘못된 정보를 흘리고 상대방이 양보할 것만 강력히 주장하며, 만일 상대방이 양보하더라도 별로 가치가 없는 양보라며 평가절하 하는 반응을 보이는 것이 특징이다.

반면 협상에서의 '협력'이란 협상에서 다루고 있는 파이의 크기가 결코 고정된 것이 아니고 참여자들의 공동노력으로 얼마든지 파이를 키울 수 있기 때문에 먼저 파이의 크기를 확대한 후 각자의 몫을 요구하자는 입장이다. 협력은 주로 협상상황을 '윈윈 게임'(win-win game)으로 간주하거나 상대방이 가져가는 만큼 내 크기가 줄어든다고 생각하지 않는 '넌제로섬 게임'(nonzero-sum game)으로 간주하는 경향이 강하다. 협력 상황에서는 의사소통과 정보공유가 활발히 진행되고 창의성을 발휘해 파이의 크기를 확대하며 문제해결적인 태도로 상대방의 문제를 공동의 문제로 다루려는 태도를 보이는 것이 특징이다.

협상이 경쟁과 협력의 두 축으로 구성되어 있다는 의미는 협상이 전적으로 경쟁이나 협력의 어느 한 축으로만 구성되어 움직인다는 의미가 아니고 두 개의 축을 모두 활용해 움직인다는 의미로 파악하는 것이 옳다.

2. 협상의 기본 원리

협상의 두 축인 경쟁과 협력을 락스와 세베니어스(Lax & Sebenius)는 '가치요구(value claiming)'와 '가치창출(value creating)'로 개념화하고 있다. 즉 협상 과정에서 경쟁적으로 제 몫을 챙기려는 움직임을 가치요구적인 행위로 파악하고, 상호 문제해결적인 태도로 먼저 파이의 크기를 확대하고 그 후에 파이나누기를 하자는 입장을 '가치창출'로 파악하고 있다(Lax & Sebenius, 1986: 30~33). 가치요구와 가치창출의 개념을 이용해 협상의 기본원리를 설명하면 다음과 같다.

> **협상의 기본원리 : 가치를 요구하면서 창출하기**
> (creating the value while claiming it)

협상에서의 가치요구 행위와 가치창출 행위는 별개로 이루어지지 않고 동시에 이루어지며 두 행위가 상호 긴밀히 연계되어 있음을 알 수 있다. 가치요구가 너무 강조되면 협상이 격렬해지면서 상호불신이 높아지고 가치배분을 둘러싼 줄다리기가 강해지기 쉽고, 가치창출이 너무 강조되면 협상이 한편으로는 유연해지는 장점이 있는 반면, 다른 한편으로는 참여자들의 양보와 순응만이 중요시되면서 쟁점이 제대로 다루어지지 않고 협상의 성과 부분이 간과될 수 있다는 단점이 있을 수 있다. 유능한 협상가는 가치요구와 가치창출을 적절히 조합하여 어느 한 쪽도 소홀히 다루지 않고 두 개의 행위를 잘 조화시킨다.

협상의 기본 원리

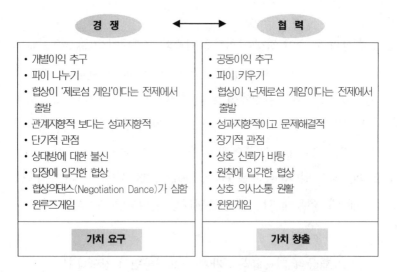

경 쟁 ⟷ 협 력	
• 개별이익 추구 • 파이 나누기 • 협상이 '제로섬 게임'이다는 전제에서 출발 • 관계지향적 보다는 성과지향적 • 단기적 관점 • 상대방에 대한 불신 • 입장에 입각한 협상 • 협상의댄스(Negotiation Dance)가 심함 • 윈루즈게임	• 공동이익 추구 • 파이 키우기 • 협상이 '넌제로섬 게임'이다는 전제에서 출발 • 성과지향적이고 문제해결적 • 장기적 관점 • 상호 신뢰가 바탕 • 원칙에 입각한 협상 • 상호 의사소통 원활 • 윈윈게임
가치 요구	**가치 창출**

2. 공공갈등에서 발생하는 협상가의 딜레마와 그 극복방안

1. 협상가의 딜레마

락스와 세베니어스(Lax & Sebenius)는 죄수의 딜레마(prisoner's dilemma) 모형을 변형하여 '협상가의 딜레마'(Negotiator's dilemma)를 제시했다(Lax & Sebenius, 1986: 38~42). 협상의 참여자들이 가치요구에만 몰두한 나머지 더 좋은 해결안이 있음에도 불구하고 훨씬 열등한 해결안으로 귀착되고 만다는 것이 협상가의 딜레마의 핵심 내용이다.

협상가의 딜레마를 이해하기 위해서는 먼저 죄수의 딜레마를 이해하는 것이 필요하다. 범죄를 저지른 2명의 공범이 체포되어 각각 상호 의사소통을 할 수 없는 방에 갇힌 후 범죄사실을 자백할 것이냐 아니면 비밀을 지킬 것인지에 대한 선택 안이 주어졌을 경우, 상호 비밀을 지킨다면 더 많은 공동이득을 얻을 수 있음에도 불구하고 상대방을 믿지 못하고 더 많은 개별이득을 추구한 나머지 결국 2명 모두 자백을 하게 되어 더 오랫동안 옥살이를 할 수밖에 없는 상황을 설명하는 것이 죄수의 딜레마 모형이다.

상황 설명

2명의 공범이 붙잡혀 각자 다른 방에 수감됐다. 두 공범은 서로 의사소통할 수가 없는 상황에서 검사가 다음과 같은 정보를 각자에게 주었다.

		공범 B	
		침묵	자백
공범 A	침묵	-1, -1	-10, 0
	자백	0, -10	-4, -4

검사가 제시한 이득 행렬(payoff matrix)에 대한 설명

우리는 범죄에 대한 충분한 정황증거를 가지고 있다. 만일 두 사람 모두 침묵하면 두 사람 모두 기소되어 1년 징역형을 받는다. 그러나 한 사람이 자백하고 다른 공범이 침묵하면 자백한 사람은 석방될 것이나 침묵을 택한 다른 공범은 10년 징역형을 받는다. 그 반대의 경우도 마찬가지이다. 그리고 두 사람 모두 자백하면 두 사람 모두 4년 징역형을 받는다.

두 사람은 어떤 선택(전략)을 취할 것인가?

공범 A와 B가 모두 합리적일 경우 '자백'을 선택하여 4년씩 감옥살이를 하게 된다. 즉 (자백, 자백)이 우위전략(dominant strategy)인데 이는 어떤 전략에도 지배받지 않는 전략을 의미한다. 결국 두 사람이 서로에게 도움이 되는 침묵을 택하지 못하고 자백을 택하게 된다.

결론

죄수의 딜레마 모형이 알려주는 교훈은 상대방을 신뢰하지 못하고 자기의 이익만을 추구할 경우 결국 더 좋은 해결안이 있음에도 불구하고 바람직하지 못한 결과를 초래한다는 점이다.

	너의 행동	
	협 력	배 반
나의 행동 협 력	I win, You win	I lose, You win
배 반	I win, You lose	I lose, You lose

현실에의 적용 사례

죄수의 딜레마 상황을 현실에서 쉽게 찾아볼 수 있다. 냉전시대에 강대국 상호간의 신뢰가 부족해 핵무기 생산 등 군비경쟁에 돌입하는 경우나 무역수지의 불균형 문제로 국가 간에 관세경쟁을 벌이는 것도 이 같은 경우에 속한다. 경쟁기업 간에 치열한 가격경쟁을 벌이는 것이나 라이벌 상대에게 결코 경쟁에서 뒤지지 않겠다는 결연한 의지를 보여주기 위해 생산설비 확대 경쟁을 벌이는 것 등은 죄수의 딜레마 상황으로 해석될 수 있다.

협상가의 딜레마

락스와 세베니어스는 죄수의 딜레마를 협상 상황에 대입해 다음과 같이 협상가의 딜레마를 설명한다.

		참여자 B	
		창 출	요 구
참여자 A	창 출	훌륭(good) 훌륭(good)	최고(great) 최악(terrible)
	요 구	최악(terrible) 최고(great)	보통(mediocre) 보통(mediocre)

　　협상의 참여자들이 '창출'전략을 선택해 '훌륭'한 결과를 만들어 낼 수 있음에도 불구하고 '요구'전략만을 고수한 나머지 '보통'의 결과만을 만들어내는 안타까운 상황을 '협상가의 딜레마'라 한다.

2. '협상가의 딜레마'의 타개전략

　　미국 미시건 대학의 로버트 액셀로드(Robert Axelrod)는 '죄수의 딜레마' 상황에서 어떤 전략이 가장 우수한 성과를 거둘 수 있는지를 알아보기 위해 관련 분야의 많은 학자들과 함께 죄수의 딜레마 상황을 가정한 컴퓨터 토너먼트 게임을 실시했다. 많은 전략들이 제시됐지만 가장 대표적인 전략은 (i) 항상 배반전략(All D), (ii) 맞대응 전략(tit-for-tat)이었고, 두 전략 가운데 맞대응 전략이 보다 우수한 성적을 거둔다는 점을 파악했다. 즉 일회성 죄수의 딜레마 상황이 아닌 반복적인 죄수의 딜레마 상황에서 가장 우수한 전략은 '맞대응 전략'이었고 이 같은 전략은 이기적인 당사자들 사이에 협력을 조성할 수 있는 방안으로 제시되었다.[43]

---

43) Axelrod, Robert. M. 1984. *The Evolution of Cooperation, Basic Books*, pp.3~87.

맞대응 전략(tit-for-tat strategy)

맞대응 전략이란 비록 죄수의 딜레마 상황에서도 먼저 배반하지 않는 것이 중요하고, 만일 상대방이 배반했을 경우에는 즉각적으로 보복조치를 가해 이쪽에서도 배반하며, 그 후 상대방이 다시금 협력하는 자세를 보일 경우에는 즉각적으로 용서하고 협력으로 돌아온다는 내용의 전략이다. 맞대응 전략은 다음과 같은 핵심 내용을 그 구성요소로 담고 있다.

- Be nice : 먼저 배반하지 않는다.
- Be provocative : 상대방이 배반하면 즉각적으로 보복해 배반전략을 구사한다.
- Forgive : 상대방의 배반으로 인해 이쪽에서도 배반을 하고 그 결과 상호 성과가 좋지 않다는 것을 상대방이 감지하고 다시금 협력하는 태도를 보이면 그 즉시 용서하고 협력전략으로 돌아선다.

맞대응 전략의 한계와 유의점

반복적인 죄수의 딜레마 상황에서 맞대응 전략이 효과적이라는 점은 파악했지만 그 한계 또한 분명하게 인식할 필요가 있다.

① 무엇보다도 맞대응 전략은 결코 상대방보다 앞서가거나 우위에 서려는 전략이 아닌 수동적인 전략이라는 점이다. 즉 상대방이 협력하는 한 같이 협력해 공동으로 높은 점수를 내지만 만일 상대방이 배반할 경우에는 보복차원에서 같이 배반해 공동으로 낮은 점수를 내기 때문에 수동적인 전략이다. 따라서 점수 면에서 상대방과 같거나 적게 되지 상대방보다 많지는 않다는 점을 염두에 두어야 한다.

② 상대방을 협력하게끔 만들려는 전략이다. 맞대응 전략은 배반

할 가능성이 높은 반복적인 죄수의 딜레마 상황에서 상대방으로
하여금 어떤 전략을 채택하는 것이 가장 좋은 전략인지를 깨닫게
하고 협력으로 돌아오게끔 만드는 전략이다.

협력의 생성 원리

제1차 세계대전 중에 최전선에서 서로 마주보고 있는 양측 군인
들이 교전상대인 적을 쏘아 죽이려 하지 않는 것이 관찰되었다.
즉 한쪽이 자제하면 다른 쪽도 자제함으로써 대응하는 것이었다.
때로는 지휘관의 명령마저 어기면서 암묵적인 협력을 하는 모습을
보였다. 어떻게 서로 죽이려는 전투군인들 사이에 협력이 생길
수 있는가?

이 같은 상황이 재현될 수 있었던 것은 어느 한쪽에서 먼저 총을
쏘거나 배반하는 행위를 하게 되면 반드시 보복이 따르고 그 결과
양측 모두 목숨을 잃을 수 있다고 판단했기 때문에 먼저 배반하지
않으려 했던 것으로 이해할 수 있다. 이 같은 현상을 액셀로드는
'live and let live system'(상호 살아남기 체제 혹은 살려면 살려줘라
체제)로 명명했다. 즉 최전방에서 대치하고 있는 군인들 사이에
전혀 '우정'이나 '미래에 대한 예견'이 없어도 협력이 가능하듯이
극히 이기적인 경쟁당사자들 사이에도 협력이 생길 수 있듯이 보여
준 것이다.

그러면 그 같은 상황에서 협력이 가능했던 이유는 무엇인가?
그것을 액셀로드는 '상호성'(reciprocity)으로 설명하였다. 즉 이쪽이
배반하지 않으면 상대방도 배반하지 않을 것이라는 일종의 '상호성'
이 작용했기 때문에 협력이 가능했다는 것이다. 맞대응 전략을 비롯
해 현실 세계의 모든 협력 관계는 '상호성'을 바탕으로 생성된다는

주장은 매우 설득력이 있고 공공갈등의 예방 및 해소 측면에서도 많은 시사점을 제시해준다.

3. 공공갈등과 협상가의 딜레마

많은 공공갈등의 전개과정에서 협상가의 딜레마를 찾아보는 것은 어렵지 않다. 중앙 혹은 지방정부가 갈등의 당사자가 되어 의도적이던 그렇지 않던 간에 결과적으로 협상가의 딜레마에 봉착한 경우도 있지만 정부사업을 둘러싼 민간단체 사이의 갈등관계에서도 협상가의 딜레마는 일어날 수 있다.

정부가 당사자인 경우

정부가 오랫동안 추진해오고 있지만 지역 주민의 반발이 거세거나 여건 미성숙 등으로 제대로 진행하지 못하고 있는 사업 가운데 협상가의 딜레마를 찾아볼 수 있다. 예를 들면, 중앙 정부가 그린벨트의 해제요건으로 공익사업을 제시하고 그 일환으로 화장장(추모공원)이나 국민임대주택을 건설하려 하지만 지방자치단체와 지역주민들이 반발하여 공공사업이 진행되지 못하는 사례를 볼 수 있다. 정부는 화장장 시설이나 임대주택의 부족으로 인해 많은 문제에 부딪히게 되고 해당 지역은 지역대로 새로운 개발행위나 재산권 행사를 일체 할 수 없게 되면서 시간만 흘러가게 된다. 또한 핵폐기물 처리장 부지 선정을 둘러싼 정부와 지역주민 간의 갈등도 극한 대립의 과정을 겪으면서 정부는 정부대로 정책 사업을 추진하지 못하고, 해당 지역은 지역대로 지역공동체 내부의 갈등과 심리적 상처로 인해 피폐화되는 결과를 빚고 있는 것도 협상가의 딜레마 모형으로 설명할 수 있다.

민간부문 사이의 갈등관계

지역 간 혹은 민간단체 간에도 협상가의 딜레마는 쉽게 찾아볼 수 있다. 의약분업을 둘러싼 의사협회와 약사협회 간의 갈등이나 쓰레기 소각장 건설을 둘러싼 인접지역 지방자치단체와 지역주민 간의 갈등, 도로개설을 놓고서 찬성하는 지역주민 측과 반대하는 지역주민 측간의 갈등도 이에 속한다.

공공갈등의 측면에서 '협상가의 딜레마'를 바라보는 시각

공공갈등 분야에서 협상을 통해 더 큰 가치를 창출하지 못하고 가치요구에만 매달린 나머지 협상가의 딜레마에 빠지게 된 가장 큰 원인은 ① 상호신뢰의 부족, ② 의사소통의 미흡이다. 정부와 주민 간에 혹은 민간단체 사이에 정보를 공유하면서 솔직한 대화의 과정을 거치면서 조금씩 신뢰를 회복하고 어떠한 문제도 대화로 풀어나가겠다는 자세가 필요한 데도 그렇게 하지 못하고 있는 것이 현실이다.

4. 공공갈등에서의 협력 촉진 방안

이제 공공갈등 분야에서 어떻게 협력을 생성시키고 확대시킬 것인지에 대한 고민이 필요한 때가 됐다. 액셀로드가 제시한 '협력의 촉진방안'을 중심으로 살펴본다.[44]

---

44) Axelrod, Robert. M. 1984. *The Evolution of Cooperation, Basic Books,* pp.

반복적인 상호작용(reiterated interaction)

반복적인 죄수의 딜레마 상황에서 협력관계의 생성은 가능하지만 만일 일회성 게임이나 거래일 경우 협력생성의 가능성은 매우 낮다. 잦은 접촉을 갖지 않고서는 참여자 간의 관심사나 기대하는 바를 알 수 없고 상대방을 이해할 수도 없다. 자주 만나면서 상호간의 필요한 정보를 교환하고 의사소통을 원활히 할 때 협력관계를 구축할 가능성이 높아진다. 협력생성의 첫 번째 요건은 어떠한 형태로든 반복적인 상호작용을 통해 협력의 가능성을 높여야 한다는 점이다.

미래의 창 확대(enlarge the shadow of the future)

누구나 똑같은 금액의 현재가치에 비해 똑같은 금액의 미래가치를 더 낮게 평가한다. 그 이유는 미래가치는 현재가치에 할인율을 적용해서 산정하기 때문이다. 만일 할인율이 매우 높아 미래의 가치가 낮을 경우 안정적인 협력관계가 생성되기 어렵다. 할인율을 낮추어 미래가치를 증대시킬 수 있을 때 협력관계는 보다 쉽게 형성된다. 미래의 창을 확대하기 위해서는 반복적인 상호작용을 통해 상호간의 신뢰를 확보하고 그런 상호신뢰를 바탕으로 미래에 더 많은 가치가 창출될 수 있다는 믿음을 공유하는 것이 필요하다.

이득구조의 변경(change the payoffs)

이득구조를 변경시켜 배반할 때 얻을 수 있는 인센티브를 제거하거나 현저하게 낮추는 것이 필요하다. 상호 협력해서 얻는 이득이 배반함으로써 얻는 이득보다 적다면 협력은 결코 생성되지 않는다.

124~141.

특히 공공갈등에서 정부와 협력함으로써 얻는 이득이 협력하지 않음으로써 얻는 이득보다 크다는 것을 확신시킬 수 있을 때 협력이 가능하다.

상호성(reciprocity)에 대한 이해

협력관계 생성의 기저에는 상호성의 원리가 작동하고 있다. 즉 한쪽이 포기하는 만큼 상대방이 최소한 같은 만큼이나 아니면 그 이상을 보상해주길 기대하거나 아니면 상대방도 같은 만큼 포기할 것으로 기대될 때 협력관계가 생성될 수 있다. 공공사업을 둘러싼 갈등에서 '적정 보상'의 문제가 자주 현안으로 대두되고 있는 이유도 그 기저에는 '상호성'의 원리가 작용하고 있기 때문이다.

3. 갈등의 진단

1. 갈등진단모형(Conflict Diagnostic Model)

그린할그(Greenhalgh)는 갈등이란 눈에 보이거나 손으로 만질 수 있는 것이 아니고 당사자들의 마음속에 있는 것이라며 갈등을 해결하고자 한다면, 주요 행위자들이 갈등상황을 어떻게 인식하고 있는지를 이해해야 하고 그들로 하여금 자신들의 견해를 재고해보도록 설득하는 것이 중요하다고 주장한다.45) 그린할그는 갈등을 관리하기 위해서는 주요 행위자들의 상황인식에 영향을 미쳐야 하고 그렇게 하기 위해서는 갈등상황을 정확히 파악할 필요가 있다면서 다음과 같은 갈등진단모형을 제시했다. 만일 진단결과 '해결하기 어려운' 쪽이 더 많으면 갈등상황은 쉽게 해소되지 않을 것이며, 만일 진단결과 '해결하기 쉬운' 쪽이 더 많은 것으로 나오면 갈등상황은 해소될 가능성이 높다고 볼 수 있다.

---

45) Leonard, Greeenhalgh. 1993. *Managing Conflict* in Lewicki, Roy J. 「Negotiation, (IRWIN: Bostom, MA)」, pp.7~14.

문제가 되는 쟁점

문제가 되는 쟁점이 원칙에 관한 것일 경우 합리적 타협은 사실상 어려워진다. 그 이유는 '원칙'이란 끝까지 견지해야 하거나 아니면 순수성을 희생해야 하는 문제이기 때문이다. 갈등 또는 협상상황에서 '원칙'문제를 제기할 때는 타협을 위한 것이라기보다는 내부 단결을 통해 입장을 강화하기 위한 것이고 그 결과 갈등상황은 교착상태에 빠지기 쉽다. 만일 쟁점을 다양한 측면에서 분해할 수 있고 분리할 수 있다면 갈등은 더 쉽게 해결할 수 있다. 그 이유는 다양한 옵션이 창출될 수 있고 그 결과 합의 가능한 쟁점에 관해서는 이견을 좁힐 수 있기 때문이다.

갈등진단모형

차원	관점의 연속성	
	해결하기 어려운	해결하기 쉬운
문제가 되는 쟁점	원칙의 문제	분해 가능한 쟁점
이해관계의 크기	큰	작은
당사자 간의 상호의존성	제로섬	포지티브 섬
상호작용의 연속성	일회성 거래	장기적인 관계
당사자의 구조	약한 리더십으로 분열되어 있을 경우	강한 리더십으로 응집력이 클 경우
제3자의 개입	중립적인 제3자가 없을 경우	신뢰, 파워, 권위가 있고 중립적일 때
진행된 갈등에 대한 인식	불균형 : 한 쪽이 다른 쪽에 비해 더 많은 손실을 입었다고 느낄 경우	당사자 상호간에 공평하게 손실을 입혔을 경우

2. 이해관계의 크기

이해관계의 크기에 따라 갈등상황의 해결가능성이 결정된다는 점은 쉽게 이해할 수 있다. 적대적인 합병 인수의 표적이 된 회사의 경영자가 모든 수단을 동원해 합병인수에 격렬하게 저항하는 이유는 그렇게 될 경우 입을 손실이 너무 크기 때문이다. 이 같은 경우에는 합리적인 대안제시를 통한 설득이 중요하다. 때로는 상대방의 격한 감정이 가라앉을 때까지 냉각기를 갖고 기다리는 것도 필요하다. 그럴 시간이 허용되지 않을 경우에는 상대방이 최대한 상황을 객관적으로 평가할 수 있도록 자료 및 정보를 제공하고 설득을 병행하는 것이 필요하다.

당사자 간의 상호의존성

한 쪽이 얻은 만큼 다른 쪽이 잃는 제로섬 상황에서 협상을 통해 합의를 이루기란 무척 어려울 수밖에 없다. 왜냐하면 갈등 당사자들이 협력과 문제해결을 통해 공동이득을 창출하려 하기보다는 경쟁을 통해 개별이득을 더 많이 획득하려 하기 때문이다. 반면에 갈등상황이 비록 제로섬으로 보일지라도 이해당사자들이 포지티브 섬으로 해결할 수 있다고 접근할 경우 갈등해결의 가능성은 보다 커지게 된다.

상호작용의 연속성

오로지 단 한 번의 거래만 있고 미래에 접촉할 필요성이 없을 경우 협상은 어려워지고 갈등의 해결가능성은 낮아질 수밖에 없다.

그러나 미래에도 계속 접촉하고 거래가 있을 것으로 여긴다면 협상에 대한 자세도 달라지고 현재의 거래에 그렇게 큰 의미를 부여하지 않을 것이기 때문에 갈등해결의 가능성은 높아진다. 일회성 거래의 경우에는 상호간의 신뢰구축이 필요 없지만 장기적으로 상호작용이 계속될 것으로 여길 경우에는 신뢰구축이 필수적이기 때문에 협력의 가능성은 더욱 커진다 할 수 있다.

당사자의 구조

대표자간의 협상을 통해 도출된 합의안이 각 대표가 속한 조직의 구성원들에게 그대로 관철될 것인가 아니면 거부될 것인가는 협상대표의 리더십에 달려 있다. 약한 리더십을 가진 협상대표와 진통 끝에 합의를 이루었다 해도 구성원 내부의 강한 반대 목소리에 의해 합의안이 지켜지지 않을 가능성이 높다. 반면에 강한 리더십을 가진 협상대표의 경우에는 내부 반발이 있더라도 합의안을 관철할 수 있을 것이므로 갈등이 해결될 가능성은 높아진다고 볼 수 있다.

제3자의 개입

협상이 교착상태에 빠져 더 이상 진전할 수 없는 상황에 처해 있을 때에 신뢰할 수 있고, 중립적이며, 권위 있는 제3자의 개입은 협상을 다시금 재개할 수 있는 계기가 될 수 있다. 특히 각자의 입장만을 고수한 채 극한 대립을 보이고 있는 경우에도 단순히 중립적인 제3자의 출현만으로도 비합리적인 주장을 거두어들이고 비생산적인 전술을 포기하는 경우가 있다. 이는 최소한 중립적인 제3자에게 만큼은 비합리적이고 감정이 앞선 사람으로 보이지 않으려는 사람의 심리가 작용하기 때문이다. 따라서 경험이 많고 신뢰할 수 있는 유능한 제3자의 존재여부는 갈등상황의 타결 가능성을 가늠하는 중요한 요소 가운데 하나다.

갈등의 진행

어느 정도 진행된 갈등과정에서 어느 한쪽이 다른 쪽에 비해 더 많이 손실을 입었다고 느낄 경우에 손실을 입었다고 느끼는 쪽은 어떻게 해서든지 손실을 만회하기 위해 상대방을 공격하려 할 것이다. 이런 악순환이 계속되면 갈등상황은 심화되기 쉽다. 갈등에서 대립되는 양측이 균등하게 그러면서도 충분히 손실을 입었다고 느낄 때 갈등이 해소되는 방향으로 나아갈 가능성이 높다.

3. 갈등진단모형의 공공갈등에의 적용

'원칙'을 둘러싼 쟁점에의 대응

가치갈등과 이익갈등이 혼재된 공공갈등의 경우에 협상이 진척되지 못하는 가장 큰 이유 가운데 하나는 '지켜야 될 가치'를 원칙의 문제로 여긴 나머지 전혀 협상에 응하지 않으려 하기 때문인 경우가 많다. 생태계의 가치나 환경의 가치를 지키기 위해서는 협상이 필요한 것이 아니라 투쟁이 필요하다고 여길 경우에 갈등상황이 진정되기는 무척 어렵다. 이런 상황에서는 상대방의 서로 다른 관점을 이해하고 있다는 태도를 보임으로써 문제해결의 방향으로 나아갈 수 있다.

'선례'에 대한 무의식적인 집중을 사전에 방지

이해관계의 크기에 따라 공공갈등의 규모나 양상도 영향을 받는다. 특히 정부사업의 경우 한번 착수되면 돌이킬 수 없다는 특성 때문에 지역주민의 반발이 거세어진다. 핵폐기물처리장 부지선정 문제나 화장장 부지문제 등이 표류하는 이유 가운데 하나는 그러한 시설이 미칠 이해관계의 크기가 너무 크고 선례로 작용될 가능성이 있기 때문에 갈등이 악화되는 경우가 많다.

이해관계의 크기에 영향을 미치는 요인 가운데 하나는 선례로 남을 것인지의 여부다. 만일 현재의 갈등해결 사례가 미래의 선례로 작용한다고 할 경우 타협과 협상은 훨씬 어려워진다. 이런 경우에는 이번의 해결방식이 이번 한 번으로 국한된다는 점을 상호간에 이해할 수 있을 때 문제를 쉽게 해결할 수 있다.

상호의존관계를 활용해 더 큰 가치를 창출할 수 있다는 확신

공공갈등의 상황이 제로섬으로 여겨지는 대표적인 경우는 주로 이익집단 간에 이해충돌이 발생할 때다. 의약분업을 둘러싸고 의사협회와 약사협회가 다투었던 것이 대표적인 사례다. 제로섬 상황을 타파하기 위해서는 희소한 자원을 놓고 다투기 보다는 장기적으로 상호이익이 되는 해결안을 찾도록 공동으로 노력하고 개별이득보다 더 큰 공동이득을 창출할 수 있는 방안을 놓고 상호간에 진지한 논의를 진행할 필요가 있다.

장기적이고 미래지향적인 관계구축의 필요성 강조

정부와 관련된 공공사업이 일회성으로 끝나는 경우는 거의 없다.

대규모 시설이 완공된 이후에도 끊임없이 문제는 발생할 수 있기 때문에 장기적인 대주민관계는 무척이나 중요하다. 사회구성원 간의 신뢰가 사회적 자본으로서 중요하게 받아들여지는 이유는 바로 구성원 간에 형성된 신뢰만큼 사회적 비용이 적어지기 때문이다. 현실적으로 일회성 관계란 거의 없다. 이해당사자 상호간에 장기적이고 미래지향적인 관계를 갖도록 서로 노력하자는 데에 공감대가 형성될 경우 협력의 가능성은 더욱 커진다.

대표성과 리더십을 갖춘 협상지도부의 구성

공공갈등의 경우에는 이해관계자가 불특정다수일 경우가 많고 특히 이해관계자가 넓은 지역에 산재해 있을 경우 대표성을 확보한 협상지도부를 구성하기가 어렵다. 대표성이 확보되었다 해도 강한 리더십을 갖고 있지 않아 협상타결안이 관철되지 못하는 경우도 있을 수 있다. 협상상대방의 리더십이 약할 경우에는 내부 조직의 반발을 무마시킬 또 다른 양보안이 필요하게 될 수도 있으므로 신중한 대응이 필요하다. 이해관계자가 조직화되고 세력화되지 않았다 하여 일방적으로 밀어붙이는 것은 바람직하지 않다. 사업이 진행되면서 뒤늦게 집단세력화 되는 경우도 있기 때문이다. 조금씩 사업을 진행시키되 상대방이 대표성과 리더십을 갖춘 협상지도부를 구성하도록 인내심을 가지고 기다리면서 꾸준히 접촉하는 것이 중요하다.

신망 있고 중립적인 제3자의 확보

갈등 당사자 간에 극심한 대립이 지속될 경우, 신망 있고 중립적인 제3자의 개입은 대결보다는 대화의 장으로 갈등 당사자를 이끌어낼 가능성이 높다. 이 경우에 제3자는 당사자 간의 합의를 중시하는 조정역할, 어느 정도 사법적인 권한을 갖고서 최종안을 작성하는 중재역할을 수행할 수 있다. 중립적인 제3자는 해결안을 강요하기보다는 대립되는 당사자 사이의 의사소통 채널을 확보하고 대화를 촉진해 서로 간에 상대방의 입장을 이해하는 바탕위에서 스스로 해결안을 만들어낼 수 있도록 하는 것이 중요하다.

갈등상황의 심화 방지

공공갈등은 자칫 심화되기 쉽다. 어느 한쪽이 일방적으로 당했다는 생각이 들고, 그동안의 투자를 매몰비용으로 감수하라고 하면 그동안의 손실을 보상하기 위해 투쟁의 강도를 높이지 않을 수 없게 된다. 갈등이 심리적으로 심화되면 좀처럼 타협을 하기가 어렵다. 왜냐하면 손실이나 보상 모두 주관적인 것이어서 객관적으로 평가할 수가 없고, 한번 확대된 갈등상황에서 먼저 그만두는 것은 상대방에게 '항복'으로 보일 수 있다는 우려를 갖고 있기 때문이다. 갈등상황이 심리적으로 확대되는 것을 방지하기 위해서는 양측이 공평한 입장에 있다는 점을 설득시키는 것이 중요하다. 그리고 갈등이 심화되는 것에 대한 사전준비와 예방이 필요하다.

4. 협상 태도의 이해

1. 이중 관심 모형(The Dual Concern Model)[46]

이중관심모형은 각 개인이 협상 또는 갈등상황에 대해 어떠한 태도를 지니고 있는지를 파악하고자 하는 모형이다. 먼저 횡축은 '자신의 결과에 대한 관심'으로 오른쪽은 많은 관심, 왼쪽은 적은 관심을 나타낸다. 종축은 '상대방의 결과에 대한 관심'으로 위쪽은 상대방의 결과에 대한 높은 관심, 아래쪽은 낮은 관심을 의미한다.

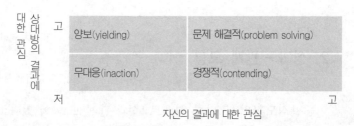

문제 해결적(problem solving)

자신의 결과에 대한 관심뿐만 아니라 상대방의 결과에 대한 관심도 모두 높은 경우이다. 가장 바람직한 갈등대응 유형이자 협상태도다.

---

46) Dean, Pruitt. & Jeffrey, Rubin. 1993. *Strategic Choice* in Lewicki, Roy J. 「Negotiation, (IRWIN: Bostom, MA)」, pp.37~39.

양보(yielding)

자신의 결과에 대한 관심은 적은 반면 상대방의 결과에 대한 관심이 높은 경우다. 이 경우 양보에 대한 성격이 중요하다. 정말 진정으로 양보하는 것일 수도 있지만 나의 이익을 얻기 위한 수단인 경우도 많다.

경쟁적(contending)

자신의 결과에는 관심이 높은 반면, 상대방의 결과에 대한 관심이 낮은 경우이다. 경쟁적인 사람은 가치창출 보다는 가치요구에 매달린다.

무대응(inaction)

자신의 결과에 대한 관심뿐만 아니라 상대방의 결과에 대한 관심도 낮은 경우에 발생한다.

2. 성과 - 관계 모형

이중관심모형의 또 다른 형태로 '성과-관계 모형'이 있다. 만일 어떤 관리자가 '성과'와 '관계'를 모두 중시한다면 '신뢰를 갖고 협력'하는 태도를 지닐 것이며 반대로 '성과'와 '관계', 양자 모두에 대해 관심이 적을 경우 '협상회피'적인 태도를 보일 것이다.

만일 어떤 관리자가 '성과'를 중시하고 '관계'에 별로 관심이 없을 경우에는 '치열한 경쟁'의 모습을 보일 것이고 반대로 '관계'를

중시하고 '성과'에 별로 관심을 두지 않을 경우에는 '공개적인 순응'
의 태도를 보일 것이다.

		관리자에게 성과가 매우 중요한가?	
		예	아니오
관리자에게 관계가 매우 중요한가?	예	S1 신뢰를 갖고 협력 (성과와 관계 모두 중시)	S2 공개적인 순응 (관계 중시)
	아니오	S3 치열한 경쟁 (성과 중시)	S4 협상회피 (성과와 관계 모두 경시)

S1 : win-win outcome
S2 : yield-win outcome(상대 쪽은 원하는 것을 얻을 수 있으나 이쪽은
　　　전혀 얻을 수 없음)
S3 : win-lose outcome
S4 : lose-lose outcome(협상회피)

5. 협상상황에 대한 기본 분석

1. 배트나(BATNA)

배트나(BATNA ; Best Alternative To Negotiated Agreement)란 협상이 결렬됐을 때 취할 수 있는 행동계획으로 '최후최선대안'이란 의미를 갖고 있다. 일반적인 배트나(BATNA)로 협상테이블에서 퇴장이 있을 수 있는데 노사협상의 경우 퇴장은 파업을 의미하고 구매협상인 경우 협상결렬(퇴장)은 내부에서 조달하거나 다른 공급업자를 선택하는 것을 의미한다.

배트나를 알고자 할 때 맨 먼저 생각해야 하는 것이 임계값(threshold value)이다. 임계값이란 협상안이 지니고 있는 총체적 가치가 넘어야 할 최소한의 기준 값이다. 따라서 배트나란 협상이 타결되기 위한 필요조건이라 할 수 있다.

2. 조파(ZOPA)

조파(ZOPA ; Zone of Possible Agreement)란 '합의가능영역'이란

의미로 협상이 타결될 수 있는 범위를 말한다. 범위를 설정하기 위해서는 최소값, 최대값이 결정되어야 하는데 이를 구매협상의 예를 통해 설명하면 다음과 같다. 판매자와 구매자가 어떤 상품을 놓고 협상을 할 때 합의가능한 영역은 판매자의 최소값과 구매자의 최대값 사이의 영역이다.

판매자의 최소값 [   ] 구매자의 최대값

조파(ZOPA)가 존재하는 경우

만일에 판매자가 구매자가 생각하는 최대값 이상을 요구하거나 구매자가 판매자가 생각하는 최소값 이하를 요구하면 협상은 아예 이루어지지 않거나 결렬된다. 달리 말하면 다음과 같은 상황에서는 조파가 형성되지 않는다.

구매자의 최대값] [판매자의 최소값

조파가 존재하지 않는 경우

조파가 갖는 의미는 첫째, 조파는 협상당사자들의 배트나를 초과하는 것이므로 조파내에서의 합의는 협상의 당사자에게 모두 이익이 된다는 점이다. 둘째, 유보가격을 파악해낼 수 있다는 점이다. 조파를 구성하는 양값 즉 최소값, 최대값을 파악하면 유보가격을 알 수 있다.

3. 포컬 포인트(Focal Point)

'초점' 혹은 '집중점'이란 의미로 합의가 이루어질 가능성이 가장 많은 점을 말한다. 예들 들면, 두 사람이 100원을 나눌 때 커다란 협상력의 차이가 있지 않는 한 50원씩 나누게 된다. 이때 50원이란 합의점이 포컬 포인트가 된다. 포컬 포인트가 중요한 이유는 첫째, 협상결과에 대한 당사자들의 평균적인 기대값을 예측하는 데 도움이 된다. 협상결과를 사전에 예측함에 있어 기준점 역할을 한다. 둘째, 협상결과가 공정한가, 하는 의문은 대부분 포컬 포인트와 관련해 제기된다. 만일에 협상결과가 포컬 포인트에서 크게 벗어나면 무엇인가 잘못된 협상이거나 불공정한 협상이란 의문이 제기될 가능성이 많다.

4. 앵커링(Anchoring)

효과적인 협상가는 일련의 예상되는 협상결과나 조파에 관한 상대방의 인식에 영향을 미친다. 대부분의 경우 개시 제의 혹은 첫 제의가 앵커링의 역할을 하게 되며 상대방의 유보가격과 조파에 대한 인식에 영향을 미치려는 의도로 활용된다. 앵커링에서 유의해야 할 점은 다음과 같다.

첫째, 앵커링은 매우 강력한 심리적 현상이다. 한번 앵커링에 걸리면 무의식적으로 앵커(초기값)를 기준으로 추정하게 된다.

둘째, 앵커는 외부적 혹은 내부적으로 결정된다. 외부적으로 결정된다 함은 예를 들면, 과거의 타결사례가 앵커가 된다는 것이고 내부적으로 결정된다 함은 협상당사자 가운데 한쪽의 행위, 즉 첫 제의와 같은 행위가 앵커가 되는 것을 말한다.

5. 프레이밍(Framing)

어떤 상황이나 대상 혹은 사건을 묘사하고 제시하려는 것을 프레이밍(framing, 상황묘사 혹은 상황규정)이라 한다. 협상은 프레이밍에서 시작한다. 왜냐하면 모든 협상의 당사자들은 협상상황을 나름대로 분석하고 이해하면서 대응안을 마련하기 때문이다.

프레이밍이 협상에서 중요한 이유는 다음과 같다.

첫째, 상황이나 쟁점 혹은 이해관계를 어떻게 프레이밍 하느냐에 따라 협상하고자 하는 것의 가치가 달라지기 때문이다.

둘째, 대부분의 사람들은 현재의 프레임을 당연한 것으로 받아들이기 때문에 상대방의 조작에 현혹되기가 쉽기 때문이다. 상대방이 만든 프레임을 다른 시각에서 리프레이밍하려는 시도를 하지 않을 경우에 협상은 상대방의 의도대로 끌려갈 수밖에 없다.

프레이밍은 협상에서 3가지 목적으로 활용된다.

① 내가 양보한 가치를 강조하기 위해

② 상대방이 양보해야 하는 이유를 제시하기 위해

③ 협상에서 창출된 가치를 나눔에 있어 공정한 기준을 제시하기 위해

4. 성공적 협상과
   협상과정의 이해

1. 성공적 협상의 의미

1. 성공적 협상이란

협상은 이기기 위해서 하는 것이 아니라 성공적인 결과를 만들어 내기 위해서 하는 것이다. 우리가 협상에 능하지 못한 근본적인 이유는 협상을 이기기 위해서 한다고 생각하기 때문이다. 이기는 협상을 시도하는 것은 마치 전쟁을 하는 것과 같다. 전쟁을 통해서 이길 수 있으나 이기는 과정 속에서 투입되는 비용과 전쟁의 후유증을 생각한다면 전쟁을 통해서 이기는 것이 차라리 전쟁을 하지 않는 것보다 훨씬 더 못한 결과임을 알 수 있다. 이기는 협상이 아니라 성공하는 협상을 하려는 협상 마인드를 가지게 될 때 뛰어난 협상가가 될 수 있다.

성공적 협상이란 이렇게 정의할 수 있다. '협상 과정을 통해 올바로 설정한 목표를 성취하고 상대방으로 하여금 협상 결과나 나름대로 만족감을 느끼고 협상 테이블을 떠날 수 있도록 하는 것'이다. 성공적 협상의 정의를 명확하게 이해하기 위해서 몇 가지 용어를 정리해 보자. 먼저 협상 과정이란 서로 원하는 것 혹은 생각이나 의견이 다를 때 이를 좁혀가며 합의점을 찾아가는 과정을 의미한다.

이 말의 의미에서 볼 때 우리에게 협상의 기회가 주어졌다고 하는 것은 기본적으로 나와 상대방의 생각이나 원하는 것이 다르다고 하는 출발점에 섰다고 하는 것이다. 협상의 기회는 상대방과 내가 원하는 것이 다를 때 이를 해결할 수 있는 하나의 방법으로 주어진 것이다.

올바로 설정한 목표란 협상을 전략적인 시각에서 바라보고 결정된 목표를 의미한다. 뛰어난 협상가는 한, 두 가지의 의제를 자기가 원하는 방향으로 성취하기 위하여 협상을 진행하지 않는다. 협상을 통해서 얻어내는 전체의 크기를 극대화하는 방향으로 조합되고 설정된 목표가 올바로 설정된 목표다. 협상을 실패로 만들어 가는 협상가의 대표적 특징 중 하나가 바로 몇 가지 눈에 띠는 단편적 목표에 집착하며 협상을 진행하는 것이다. 성공하는 협상가는 목표를 설정하는 과정에서 단기적인 결과는 물론 협상이 끝난 후 상대방과 나와의 관계 등과 같은 장기적인 영향 등을 함께 고려하는 모습을 보인다.

실패하는 협상가는 협상을 시작하기도 전에 쌍방이 만족하는 협상을 미리 포기한다. 가장 큰 이유는 서로 표현된 요구 수준의 차이가 너무 커서 이를 동시에 만족시키는 것이 불가능하다고 생각하기 때문이다. 이들의 생각대로 대부분의 협상에서 쌍방이 동시에 목표로 하는 요구 수준을 달성하는 일은 불가능하지는 않겠지만 대단히 어려운 일임에 틀림없는 사실이다. 아무리 뛰어난 협상가가 협상을 한다고 할지라도 상대방의 요구 수준을 전부 수용하며 자신의 목표를 달성하는 결과를 만들어 내는 것은 불가능에 가까운 일이다. 그러나 뛰어난 협상가가 실패하는 협상가와 다른 점은 상대방의 요구를 액면 그대로 다 수용하지 않으면서도 상대방을 만족시켜서 협상 테이블을 떠날 수 있도록 만들 수 있다는 것이다. 이와 같은 일이 가능한 이유는 협상의 성공과 실패를 판단하는 기준으로 사람들은 언제나 두 가지를 동시에 사용하고 있다는 것을 정확하게 알고 있기 때문이다.

2. 성공협상과 실패협상의 기준

사람들은 협상의 성공과 실패를 판단하는 기준으로 '협상의 결과'와 '협상의 과정'을 함께 사용한다. 협상의 결과란 협상을 시작하기 전에 설정했던 객관적인 요구 수준을 얼마나 달성했느냐 하는 것을 의미한다. 협상의 과정이란 합의점을 도출해 나가는 과정에서 상대방과 내가 어떤 감정으로 어떤 절차를 밟아 합의에 이르렀는가 하는 것을 의미한다. 협상 상대방은 때로는 아무리 좋은 결과를 얻었어도 과정에 불만족하면 성공한 협상이라고 생각하지 않는다. 반대로 결과가 예상보다 썩 좋지 않더라도 협상의 과정에서 만족하면 성공한 협상으로 평가하는 일이 드문 일이 아니다. 성공적인 협상을 진행하기 위해서는 결과에만 집착하지 말고 과정에 더 많은 무게를 두고 협상을 준비하고 진행하는 습관을 가져야 한다.

사례 1) 만족한 결과에도 불구하고 성공한 협상이라고 생각하지 않는 사례[47]

얼마 전 사촌의 집들이에 초대를 받았다. 강남에서도 좋은 곳에 위치한 중형 아파트를 사서 입주한 사촌은 맛있는 음식을 차려놓고 가까운 친척들을 초대했다. 결혼한 지 15년이 넘도록 집장만을 못 하고 전세 집에서만

---

47) 김병국, 《비즈니스 협상론》, 능률협회, 2nd ed. 2004

살고 있던 중 부동산값이 폭락하자 내 집을 마련할 절호의 기회라 생각하고 집을 마련한 것이었다.

'사촌이 땅을 사면 배가 아프다'라는 속담이 생각나 속으로 웃으며 작은 선물을 사들고 찾아갔다. 식사를 마치고 이런 저런 이야기를 하다 물었다.

"위치도 좋고 인테리어도 좋은데 얼마나 주고 샀어?"

"2억 7천만 원. 현금은 2억 원밖에 없었는데 은행 융자 5천만 원하고 회사에서 2천만 원 대출 받았어."

"그렇게 싸게 샀어? 아파트 값이 정말 많이 내렸군. 예전이라면 4억 5천만 원쯤 했을 텐데. 내가 귀국해서 집 보러 다닐 때 하도 비싸서 이 동넨 두 번 다시 오지 말아야 겠다 한 적이 있거든. 아무튼 싸게 사서 기분 좋겠네."

"싸게 산 것 같기는 한데 기분이 영 찜찜해. 더 깎을 수 있었는데 하는 억울한 생각이 들어서 말야."

"아니, 그렇게 싸게 사고도 그래? 사기 전에 주변 시세는 알아봤을 거 아냐?"

"물론 알아봤지. 시세는 3억 2천쯤 했고 이 집은 3억 3천에 나와 있었어. 그래서 시세보다 한 2천만 원쯤 싸게 살 수 있다면 일 년 월급의 절반은 버는 셈이구나 생각하고 집사람하고 작전을 세웠거든. 목표를 3억으로 정하고 처음에는 되든 안 되든 2억 7천만 원에 해달라고 배짱 좋게 나갔지. 차츰 올려서 3억에 맞출 요량으로 말야. 물론 2억 7천이면 2주일 이내 현금으로 지급하고 이사하겠다는 조건을 달긴 했지만, 황당하게도 당장 계약하자고 나오는 게 아니겠어? 처음엔 이게 웬 떡이냐 하고 좋아하다가 집주인이 너무 쉽게 승낙을 하니까 혹 아파트에 이상이 있는 게 아닌가 하는 생각이 들었어. 등기부등본 떼어본 다음에 하자가 없으면 하루 후 바로 계약을 하자고 했지. 다음날 등기부등본을 확인해 보니 은행융자 외에는 아무런 하자도 없는 거야. 결국 2억 7천만 원에 계약서를 쓰는데 기분이 되게 찜찜하더라구. 그래 계약하면서 이사 비용으로 50만 원만 더 깎아달라고 했더니 그것도 좋다는 거야. 그쯤 되니까 내가 왜 2억 5천을 부르지 않았나 후회막급이야. 지금도 그 생각만 하면 잠이 안 온다니까."

3. 양보의 가치

만약 처음에 2억 7천만 원을 불렀을 때 집주인이 3억 2천만 원 이하로는 절대 안 된다고 버티다가 2억 9천 5백만 원 정도에서 합의를 보았다면, 어땠을까? 아마도 사촌은 2억 7천만 원에 산 것보다 훨씬 기분이 좋았을 수도 있다. 물론 부인에게도 '그것 보라구, 내가 협상을 잘해서 시가보다 2천 5백만 원이나 싸게 아파트를 샀잖아'하고 자랑도 할 수 있었을 것이다. 그런데 너무 쉽게 2억 7천만 원에 아파트를 구입한 사촌동생은 지금 부인 앞에서 자랑은커녕 협상 이야기조차 꺼내기 힘들게 된 것이다.

아무리 급해도 너무 빨리 'Yes'를 해버리는 습관은 협상에선 절대 금물이다. 내가 해준 양보가 협상에서 얼마만큼의 비중을 갖고 있는지에 상관없이 간단하고 쉽게 양보했다고 보이게 되면 상대방은 오히려 이를 기회로 삼아 협상을 자신의 페이스로 이끌어가면서 더 많은 것을 요구하게 된다. 집주인이 계약을 체결할 욕심에 너무 쉽게 가격 제안을 받아들였기 때문에 싼 가격에 집을 사고도 집주인의 양보를 고맙게 생각하지 않고 추가로 다른 것을 요청할 수 있는 빌미가 되었다. 결과적으로 사촌에게도 싸게 샀다는 만족감을 줄 수 없었다. 협상

결과에 대한 만족감은 개인에 따라 차이는 있지만 꼭 내용만이 중요한
것은 아닌 듯싶다. 오히려 어렵사리 상대방으로부터 'Yes'를 이끌어냈
을 때의 만족감이 더 큰 경우도 있으니까.

2. 협상에 의한 문제해결

1. 협상의 중요성

서로 원하는 것이 다르거나 생각이 다를 때 반드시 협상을 통해서만 해결해야 하는 것은 아니다. 다른 방법들도 있다. 내가 상대방보다 힘의 우위에 있다고 판단될 경우 협상이라는 귀찮은 과정을 거쳐서 의견의 일치를 만들기 보다는 힘을 활용하여 상대방을 일방적으로 움직일 수 있도록 만들 수도 있다. 협상이 아니라 힘으로 해결하는 방법이다. 그러나 힘으로 해결하는 방법은 손쉽게 보이기는 하지만 상당히 많은 후유증을 가지고 있는 방법이다. 특히 장기적인 관계가 중요한 내용을 힘으로 해결하는 방법은 관계를 결정적으로 해친다는 사실을 알 필요가 있다.

협상 이외에 또 다른 해결 방법은 내가 상대방보다 힘이 없다고 느낄 때 상대방의 처분을 바라고 맡기는 것이다. 이해관계가 단순하고 서로가 서로를 잘 알고 있는 상황 속에서는 상당히 효과적인 방법이다. 특히 장기적인 관계가 중요한 사이에 힘이 약한 사람이 자기 것을 주장하며 상대방의 양보를 직설적으로 요구하는 것은 경우에 따라서 상황을 오히려 더 악화시킬 수도 있는 것이 우리 문화다. 그러나 가족과 같은 좁은 범주를 일단 벗어나고 보면 이해관계가 그렇게 단순하지도 않고 서로를 잘 알고 있지도 못한 환경이 된다. 이런 환경 속에서 상대방에게 알아서 해주기를 기대하며 맡기는 것은 서로에 대한 이해를 할 수 없도록 방해하는 원인이 됨으로 서로 불만족한 결과를 이끌어 내게 될 것이다.

힘의 균형을 생각하며 협상 과정을 거치는 대신 다른 해결 방법을 택할 수 있으나 특수한 예외 상황을 제외하고서는 협상을 통해서 원하는 것의 차이를 해결하는 것이 가장 좋은 것이라는 것을 알 수 있다.

사례 2) 이견을 어떻게 극복할 것인가[48]

김건전 씨는 작년 말, 결혼 후 10년 만에 자기 집을 마련했다. 집을 마련하느라 절약에 절약을 더해 온 김건전 씨는 요즘 새로운 걱정이 생겼다. 신혼 초부터 타고 다니던 자동차가 10년이 가까워 오면서 자주 말썽을 부리기 시작한 것이다. 집을 사면서 은행 융자까지 받아 놓은 터라 김건전 씨는 자동차를 새로 구입하기 위해 들어갈 돈부터 걱정된다. 그러나 한편으로는 10년이 넘도록 지겹게 타 온 자동차를 바꿀 수 있다는 생각에 기대가 되기도 한다.

어제는 드디어 자동차가 출근길에 서 버렸다. 자동차를 견인해 놓고 회사에 앉아서 이제는 오래된 자동차를 바꿔야 할 때라고 결정을 내렸다. 그리고 기왕이면 결혼 전부터 꿈꿔 온 레저용 지프차로 사야겠다는 결심을 굳혔다. 퇴근 후 자신의 생각을 아내에게 이야기한다.

"여보, 오늘 말도 말아. 출근길에 자동차가 서 버리니 참 난감하더라고,

---

48) 김병국, 《비즈니스 협상론》, 능률협회, 2nd ed., 2004

중요한 회의에도 참석하지 못하고 말이야. 당장 자동차를 바꿔야겠어. 더구나 유지비용이 점점 많이 들어가잖아."

"고생 많으셨네요. 당신 말이 맞아요. 이제 차를 바꿔야 될 때가 된 것 같아요. 집 때문에 융자 받은 금액이 좀 부담스럽기는 하지만 조금 더 절약하며 살면 되겠죠. 혹시 생각해 둔 차종은 있어요?"

"음…. 요즘 새로 나온 레저 지프가 어떨까?"

"가격이 얼마나 하는데요?"

"알아보니 좀 비싸더군. 중형차보다 조금 더 비싼 것 같더라고."

"여보, 이번에는 조금 참고 소형차로 합시다. 집 사느라 은행에서 융자 받은 금액도 많이 남아 있는데……."

"아니야, 이번 기회에 꼭 그 차를 사고 싶어. 결혼 전부터 타고 싶었던 차거든."

"애들 교육비에, 은행 이자에, 어떻게 당신이 원하는 것만 생각하세요? 다음에 하세요."

자동차 교체에 대해 아내와 생각이 다르다는 사실을 확인한 김건전 씨가 이 문제를 해결할 수 있는 방법에는 어떤 것이 있을까?

2. 협상으로 해결한다

대부분의 경우에 있어서 협상을 통한 해결이 가장 이상적인 방법이 될 수 있다. 특히 장기적인 관계를 중요하게 생각해야 할 상황에서는 더욱 그렇다.

협상을 통한 해결 방안이란 상대방과 나의 의견 차이를 서로 양보를 하여 좁혀 가다가 중간에서 해결 방안을 찾는 것을 의미한다. 어떤 자동차를 살 것인지에 대하여 아내와의 의견 차이를 확인한 김건전 씨가 택할 수 있는 가장 이상적인 방법은 서로의 의견을 절충하여 합의점을 도출해 내는 것이다. 어떤 방법들이 있을까?

• 다른 차량과 비교할 수 있는 자료를 준비해서 지금 당장은 부담이 되지만 장기적으로 봤을 때 어떤 장점이 있는지를 보여 준다.
• 결혼 전부터 갖고 싶은 차였다는 점을 주지시키며 감정에 호소한다.
• 아르바이트를 할 수 있는 기회를 들어 경제적 부담이 많지 않다는 설명을 한다.
• 자신이 가장 원하는 모델은 아니지만 레저용 지프차 중 비교적 가격이 낮은 모델을 골라 아내를 설득한다.
• 아내의 이야기를 듣고 일리가 있다고 생각하고, 자신도 약간의 양보를 하여 절충안으로서 중형차를 사기로 마음을 바꾼다.

이와 같이 상대방과 내가 서로 처한 상황을 이해하며 의견 차이를 극복하는 적절한 과정을 거쳐서 합의에 이르게 되면 장기적인 관계를 손상하지 않고 서로가 이해할 수 있는 해결 방법을 찾을 수 있다. 이것이 바로 협상을 통한 갈등 해결 방법이다.

3. 판을 깨버린다

합의한 이후에 후회할 가능성의 고려

협상을 하는 이유는 단 한 가지다. 협상을 통해서 무엇인가 보다 나은 결과를 만들어 내기 위한 것이다. 그러나 때로는 협상을 타결하는 것이 협상을 시작하기 전보다 더 나쁜 결과를 만들어 내기도 한다. 이런 결과를 가져온 협상 타결은 협상을 아니 한 것보다 못하다.

위 예에서 알 수 있듯이 김건전 씨는 결혼을 하면서 내 집 마련이 가장 큰 소원인 아내를 만나 10여 년간을 참아 왔다. 그런데 지금 차를 바꿀 수 있는 절호의 기회가 찾아왔다. 김건전 씨의 소원을 제대로 이해하지 못한 아내는 어떤 차를 선택하느냐 하는 결정을 그렇게 대수롭게 생각하지 않는다. 경제적인 면만을 고려해서 김건전 씨의 의견을 꺾으려 하고 있다.

이런 상황에서 김건전 씨가 아내의 의견에 진정으로 동의하지 않은 채로 자신의 생각을 양보하여 값이 싼 자동차를 사면 어떤 일이 일어날까? 자동차를 산 다음날부터 후회하게 될 것이다. 왜 내 아내는 자신의 생각만 하고 내가 원하는 것에 대해서는 이해를 하지 못할까? 지금까지 아내의 요구에 맞춰서 구두쇠라는 소리까지 들어가며 절약해 왔는데, 평생 소원인 자동차 하나 내가 원하는 것을 못 타게 하나. 이런 생각이 자동차를 탈 때마다, 길거리를 다니며 자신이 원했던 스포츠 레저용 지프를 볼 때마다 머릿속을 스쳐 갈 것이다.

이런 생각을 하며 원하지 않았던 자동차를 산다면 김건전 씨는 자신의 결정에 대해 후회를 하게 된다. 양보를 해서 다른 차를 사기보다는 자신의 의견을 강하게 주장해서 아내가 받아들이지 않으면 차라리 문제가 된 차를 폐차해 버리고 당분간 차 없이 지내다가 다시 아내와 협상할 수 있는 기회를 갖는 것이 좋을 것이다. 기왕에 시작했으니 끝을 내야 한다는 생각을 하기보다는 타결의 결과를 생각해 보아 잠시 협상을 접어두는 것도 고려해 볼 수 있다.

3. 협상이란 파트너인 상대방과
함께 추는 춤이다

협상 과정에서 상대방과 함께 줄다리기를 하는 경쟁적인 모습이 없을 수는 없다. 가장 가까운 부부관계에서도 의견의 차이가 있을 때 이를 해결하는 과정에서 서로 끌고 당기는 모습을 관찰 할 수 있는 것은 그렇게 드문 일이 아니다. 그러나 성공적 협상을 줄다리기에 비유할 수 없는 이유는 결과 때문이다. 줄다리기의 결과는 언제나 승자와 패자로 나뉜다. 그러나 성공적 협상에는 승자만이 존재하고 실패한 협상에는 패자만이 존재한다. 이런 의미에서 볼 때 협상의 모습을 가장 잘 표현하고 있는 것을 찾는다면 바로 상대방과 함께 추는 춤이 될 것이다. 춤을 추는 과정을 살펴보면 서로를 끌고 당기는 모습을 보여주기도 하지만 결국 쌍방이 다 기분이 좋게 끝을 내거나 혹은 쌍방이 다 기분 좋지 않은 모습으로 중도에 그만두거나 하는 결론을 맺기 때문이다.

춤의 모습을 잘 관찰해 보면 상대방과 나 사이의 관계를 어떻게 이해하고 만들어 갈 것인가 하는 것을 어렵지 않게 찾아낼 수 있다. 춤의 모습을 이해하며 공공협상에서 상대방을 어떤 시각으로 바라보고 어떻게 대해야 하는지를 생각해보자.

1. 춤에서 배우는 협상의 원리[49]

몇 해 전 「쉘 위 댄스?」라는 영화가 한국에 소개되었다. 일상생활에 지친 한 샐러리맨이 춤을 통해 자신을 찾아가는 내용이다.

영화 속의 주인공이 춤을 배우던 장면과 파트너와 함께 춤을 추던 모습들은 상대방과 내가 서로 다른 의견을 가지고 있지만 함께 양보를 하기도 하고, 받기도 하며 진행하는 협상을 연상시킨다. 영화 속에서 두 사람이 짝을 이뤄 한 사람이 당기면 한 사람은 자연스럽게 끌려가고, 또 끌려가던 사람이 상대방을 잡아당기고 방향을 틀면서 아름다운 춤을 만들어 나간다.

만약 우리가 춤을 추는 것처럼 협상을 진행할 수 있다면 얼마나 좋을까? 춤을 추는 두 사람이 함께 즐기며 공동의 목적을 달성하는 것처럼 협상을 통하여 서로 만족하는 결과를 얻어낼 수 있는 방법은 없을까? 춤의 원리를 협상에 적용해보자.

상대방의 요구를 들어줄 수 있어야 한다.

주위에서 쉽게 찾아볼 수 있는 김일방 씨의 협상 방법이다.

'나는 협상을 할 때 언제나 내가 꼭 받아야 할 것만을 상대방에게 요구합니다. 내가 받아야 할 것보다 더 요구해서 밀고 당기고 하는 것은 불필요한 과정이라고 생각됩니다. 내가 솔직하게 나가면 상대방도 솔직하게 나오는 것이 인지상정 아니겠습니까?'

이와 같은 스타일의 협상 방법이 통하는 것은 상대방에게 저항할 수 없는 힘의 우위를 점하고 있을 때 외에는 생각하기 어렵다. 협상

---

49) 김병국, 《상대방을 내편으로 만드는 협상기술》, 더난출판, 2003.

타결이란 쌍방이 자신이 원하는 것이 있을 때 서로 양보하여 중간의 어느 지점에서 만나는 것을 의미한다. 자신은 절대로 움직이지 않고 상대방만 내 쪽으로 다가오도록 하는 협상 방법을 택하는 김일방 씨는 협상 타결보다는 결렬을 경험한 쪽이 훨씬 많을 것이다.

협상을 시작할 때는 언제나 내가 상대방에게 무엇을 줄 수 있을까를 준비하는 것이 필수다. 상대방에게 무엇을 준다고 하는 것은, 춤을 출 때 상대방이 나를 끌어당기면 자연스럽게 끌려가는 것과 같다. 절대로 끌려가지 않으려고 버티는 사람이 좋은 춤을 출 수 없듯 절대로 양보하지 않는 사람은 협상을 파국으로 이끌어갈 수밖에 없다.

협상의 실패는 양보를 많이 해서 생기는 결과가 아니다. 실패는 양보하지 않아야 할 것을 양보하기 때문에 생기는 것이다. 협상을 준비하는 과정에서 내가 지켜야 할 것과 양보할 것을 잘 구분하고, 양보할 것들을 적절하게 양보한다면 협상은 훨씬 더 매끄럽게 흘러간다.

김일방 씨는 계속해서 이렇게 말한다.

'나는 상대방의 요구를 들어주는 것이 참 견디기 힘듭니다. 꼭 경기를 하다 지는 것 같아서 자존심이 상하거든요. 지는 것은 못 참는 성격이라서요.'

춤을 출 때 상대방이 끌어당기는 대로 끌려가는 것을 자존심 상하는 일이라면 생각하는 사람은 춤에 대한 가장 기초도 모르는 사람이다. 상대방이 끌어당길 때 끌려가는 것은 당연한 일이다. 협상을 진행하며 상대방이 요구하는 것을 들어주고 내 주장의 일부를 양보하는 것 또한 당연하고 반드시 해야 하는 일이다.

협상은 어느 한 사람이 이기면 상대방이 반드시 지는 그런 경기가 아니다. 시장에서 물건 값을 한 푼이라도 더 받기 위해서 열심히 설명하는 상인과 조금이라도 절약하기 위해서 가격을 깎아 달라고 요구하는 고객은 마치 누가 승자가 되는가를 가리는 경기를 하는 것처럼 보이지만 타결된 협상의 결과는 쌍방이 다 승자가 되는 경우가 더 많다.

"1만 원만 깎아주세요."

"도대체 3만 원짜리 옷을 1만 원이나 깎아 달라는 분이 어디 있습니까? 오늘 첫 손님이니 2만 5천 원만 내세요. 요즘 장사가 안돼서 본전에라도 파는 거예요."

"에이, 세상에 본전에 판다는 말을 어떻게 믿습니까. 백화점에서도 2만 5천 원이면 사겠네요. 2만 원에 해주세요."

"허 참, 지독한 손님이시네. 내가 졌습니다. 2만 원만 내슈. 그 대신 나중에 다시 꼭 찾아주신다고 약속해야 합니다."

흔히 볼 수 있는 시장에서의 흥정 장면이다. 고객이 승자고 상인은 패자라고 판단할 수 있을까? 그렇지 않을 것이다. 비록 겉으로 보기엔 상인이 양보를 했기 때문에 패자처럼 보이지만 상인이 얼마나 이익을 남겼는지 고객은 알 수 없기 때문이다.

상대방의 양보 요구에 따라 내가 적절히 끌려가는 것은 협상을 매끄럽게 이끌어갈 수 있는 기본이다. 문제는 준비하지 않고 즉흥적으로 상대방의 요구를 수용하는 데 있다. 상인이 원가를 계산하고 과다한 재고를 생각한 후 얼마간의 이익을 희생하며 고객의 요구를 들어주는 결정을 했다면 이는 결코 자존심 상해할 부분이 아닌 것이다.

상대방에게 자신 있게 요구할 수도 있어야 한다

끌려가는 모습과 끌어당기는 모습이 어우러져 하나의 춤이 완성되듯, 반복적으로 일어난다. 언제나 상대방이 있는 협상에서도 밀고 당기는 타협이 조화롭게 이루어질 때 성공적인 결과를 만들어낼 수 있다.

협상에서 끌려가는 일과 끌어당기는 일 중 어떤 것이 더 쉬울까? 협상가의 개인적인 성향에 따라 차이가 있을 것이다.

협상에서 끌어당긴다고 하는 것은, 자신이 얻어내고자 하는 것을 분명하고 시의 적절하게 상대방에게 요구할 수 있는 것을 말한다.

그런데 사람들은 대부분 상대방에게 요구하는 것에 대하여 많은 어려움을 느낀다. 어려움을 느끼는 가장 큰 이유는 두려움과 상대방에 대한 지나친 배려 때문이다. 두려움은 내가 상대방에게 원하는 것을 요구할 때 혹시나 협상이 결렬되지 않을까 하는 데서 출발한다.

그러나 내가 원하는 것을 상대방에게서 얻어내기 위하여 시작한 협상이 결렬될까 두려워 출발점에서 앞으로 나아가지도 못하고 주저앉는다면 그것은 협상의 기본마저 흔들리게 되는 것이다.

물론 많은 사람들의 잠재의식 속에는 남에게 비춰지는 자신의 모습에 대하여 많은 관심을 가지고 있다. 따라서 내가 상대방에게 이렇게 요구했을 때 상대방에게 혹시 내가 좋지 않은 사람으로 비춰지는 건 아닐까, 라는 생각에 사로잡히기 쉽다.

그러나 우리는 협상을 하는 것이지 상대방과 사랑을 하는 것이 아니다. 상대방에 대한 적절한 배려는 서로가 만족할 수 있는 이상적 협상 결과를 도출하는 데 가장 중요한 기본이다. 그러나 이와 같은 배려가 도를 지나치다 보면 협상의 의미를 상실하게 된다.

협상을 시작하면서 얻어 내기를 원했던 사안이 있다면 필요한 때 상대방에게 자신 있게 요구할 수 있는 태도가 협상의 기본이다. 상대방을 내가 원하는 방향으로 끌어당길 수 있는 자세가 필요하다.

둘 다 만족할 수 있어야 한다

다시 춤을 생각해 보자. 두 쌍이 춤을 추고 있다. 한 쌍은 두 사람 모두 춤을 잘 추는 사람으로 구성되어 있고, 다른 한 쌍은 상당히 춤을 잘 추는 한 사람과 전혀 못 추는 한 사람으로 구성되어 있다. 어느 쌍이 더 매끄럽게 춤을 즐기며 잘 출 수 있을까? 당연히 두 사람 모두 잘 추는 사람으로 구성된 팀이다. 한 사람이 아무리 잘 춘다 할지라도 파트너가 따라주지 못하는 다른 한 쌍은 춤을 제대로 만들어갈 수 없다.

당신이 춤을 잘 못 추는 파트너를 만나 춤추는 모습을 상상해보자. 춤을 잘 추기 위해서 당신이 해야 할 일은 무엇인가? 상대방의 춤 솜씨가 엉망이라고 비난하는 것이 도움이 될까? 오히려 상대방을 비난하는 것은 춤을 엉망으로 만들어버릴 것이다.

당신이 할 수 있는 최선의 방법은 상대방에게 리듬에 맞춰 춤을 추는 방법을 가르치는 것이다. 그러면 상대방은 춤을 추는 방법을 배우며 당신과 호흡을 맞추고 보다 즐거운 춤을 만들어내는 데 협력하게 될 것이다.

싫어하는 사람과도 어울려야 한다

우리는 춤을 출 때 파트너 선택의 자유가 있다. 파트너가 마음에 들지 않으면 언제든 마음에 드는 사람이 나타날 때까지 기다릴 수 있다. 마음에 들지 않으면 함께 춤을 추지 않으면 그뿐이다.

그러나 상대방과 내가 마주앉아 진행하는 협상이란 춤처럼 그리

간단하지 않다. 불행히도 우리는 협상 파트너를 내 마음에 드는 사람으로 선택할 만한 자유가 없다. 협상을 할 때는 우리가 원하는 파트너를 선택하는 것이 아니라 필요에 따라 할 수 없이 주어진 파트너일 경우가 대부분이다.

이런 상황에서 상대방과 마주 앉아 있는 그 짧은 시간에도 몇 번씩 "집어 치워"라는 소리를 하고 싶은 유혹에 빠진다. 그러나 마음에 떠오르는 생각대로 협상을 진행했다가는 모든 협상을 망쳐버리고 말 것이다. 이럴 때 요구되는 것이 인내와 참을성이다. 협상가의 덕목 중 가장 큰 것으로 인내와 참을성을 꼽는 이유가 다 여기에 있다. 자신이 원하는 것을 상대방에게서 얻어내기 위해서는 끝까지 참아낼 줄 아는 인내심이 필요하다.

4. 성공적 협상을 위한 협상 마인드를 가져라

1. 성공적 협상은 언제나 가능하다

아무리 어려운 상황에서라도 쌍방이 인내를 가지고 협상 과정을 잘 이끌어 간다고 하면 반드시 쌍방이 함께 만족할 수 있는 해결 방법이 있을 수 있다는 확신을 가지고 접근하는 것이 협상 성공의 기본이다. 우리가 협상에 실패하는 가장 큰 이유는 너무 빨리 포기하기 때문이다. 되지 않을 것이라고 믿는 사람은 결코 최선을 다해 해결책을 찾으려고 시간과 노력을 투자하지 않는다. 그러나 어딘가에 반드시 해결 방안이 있다고 믿는 사람은 아무리 어려운 상황이라 할지라도 협상으로 해결하려는 노력을 계속하게 된다. 그리고 이와 같은 노력이 결국 성공적인 협상의 열쇠가 되는 것이다.

2. 왜 성공적 협상은 언제나 가능한가

성공적 협상이 가능한 첫 번째 이유는 만족감이란 주관적 느낌이기 때문이다. 협상 성공을 판단하는 중요한 요소 중 한 가지가 협상의 과정에서 내가 얼마나 만족했느냐 하는 것이다. 비록 내가 원하는 것을 전부 얻어내지는 못했다 할지라도 협상을 진행하며 상대방이 나를 이해하고 내가 상대방을 이해할 수 있는 환경을 성공적으로 만들어 낼 수 있다고 하면 만족하는 것이 협상의 모습이다. 공공협상 과정 속에서 가장 큰 문제는 상대방이 소외되었다고 느낄 때 혹은 속았다고 느꼈을 때 발생하는 것을 보게 된다. 과정을 잘못 다룰 때 상대방은 원하는 결과를 얻었어도 만족하지 않는 것이 일반적이다. 우리는 협상과정에서 상대방의 요구를 다 들어줄 수는 없어도 협상과정 속에서 상대방을 인정하고 솔직하게 신뢰감을 형성하는 과정은 만들어 갈 수 있다. 과정을 잘 통제할 때 주관적인 만족감이 커지고 이는 협상 성공이 된다.

성공적 협상이 가능한 두 번째 이유는 상대방의 생각과 내 생각이 다르기 때문이다. 생각이 다른 것이 협상을 어렵게 만들기도 한다. 그러나 협상 과정 속에서 상대방과 내 생각이 다르다고 하는 사실이 서로가 만족하는 협상을 이끌어 낼 수 있는 기본적인 전제 조건이다. 서로의 생각이 다르기 때문에 교환하는 것을 잘 선택함으로 서로의 만족감을 크게 만들 수 있다. 협상은 서로 원하는 것을 채워가는 과정이다. 상대방이 원하는 것을 채워줄 수 없으면 협상 타결은 불가능한 일이다. 또 내가 지켜야 할 것을 전부 다 내줘야 하는 상황이라면 역시 협상 타결이 불가능하다. 만약 상대방과 내가 중요하다고 생각하는 것의 우선순위가 똑같다면 완전한 제로섬의 모습이 되기 때문에 서로의 양보를 주고받는 교환 과정을 통해 동시에 만족하는 결과를 만들어 낼 수 없다. 그러나 다행히도 모든 협상에서 예외 없이 상대방의 생각과 내 생각이 다르기 때문에 서로의 파이를 함께 키울 수 있는 가능성이 생기게 되는 것이다.

　서로가 만족하는 협상이 가능한 또 다른 이유는 협상 과정에서 가치를 만들어 낼 수 있다는 것이다. 그런 의미에서 협상은 무에서 유를 창조해내는 예술과 같은 성격을 지녔다고 말할 수 있다. 사람이 느끼는 가치의 크기는 알고 있는 지식이나 경험의 한계에 의해서 결정된다. 협상 과정 속에서 주고받는 내용들에 대한 상대방의 지식의 정도를 높이고 직간접적인 경험을 할 수 있는 기회를 제공할 수 있다면 상대방이 느끼는 가치는 그만큼 커지게 된다. 이렇게 커진 가치는 서로가 윈-윈의 모습으로 협상을 마무리 지을 수 있는 것을 가능하게 한다.

5. 협상과정의 이해

비즈니스 협상, 외교 협상, 공공 협상 등 많은 종류의 협상이 있지만 대부분 협상 결과의 효력이 다양한 구성원과 조직에 미치는 협상들은 대체로 일정한 틀 속에서 체계적으로 진행이 된다고 볼 수 있다. 성공적인 협상을 위해서는 협상의 단계가 어떻게 진행되는가 하는 것을 이해하고 각 단계별로 적절한 협상의 전략 전술 등을 활용하여 진행할 때 협상 성공의 가능성이 높아지게 되는 것이다.

협상과정은 크게 6단계로 나누어서 생각해 볼 수 있으며 각 단계별로 중요한 부분들은 협상을 진행하는 데 중심 가이드라인으로 삼을 수 있다.

- 1단계 초기 접촉 : 협상할 가능성이 있는 상대방과의 접촉 단계
- 2단계 협상 준비 : 협상할 가능성이 현실화가 된 단계
- 3단계 예비 협상 : 협상 진행 절차와 방법에 관한 협상단계
- 4단계 본 협상 : 실질적 내용에 관한 협상 진행단계
- 5단계 합의된 내용을 문서로 기록하여 작성 : 협상을 통하여 합의된 내용을 정리
- 6단계 이행 및 재협상 : 합의된 내용을 이해하고 주변 환경 변화에 따른 합의 내용 변경

1. 1단계 : 초기 접촉 단계

초기 접촉 단계란 협상할 가능성이 있는 상대방과 접촉을 하는 협상의 제일 초기 단계를 의미한다. 구체적으로 이 과정에서 협상가가 관심을 기울이고 행동으로 옮겨야 하는 것은 가장 먼저 상대방과 좋은 인간관계를 맺는 것이다. 협상이 성공하는 상당부분은 눈에 보이지 않는 인간관계에 의해서 결정되는 것은 누구나 잘 알고 있는 사실이다. 공공 협상의 특성상 많은 이해 관계자들이 얽혀 있기 때문에 사적인 인간관계의 중요성이 상대적으로 쌍무적 협상보다 떨어진다고 볼 수 있지만 인간관계의 중요성은 결코 간과할 수 없는 중요한 부분이다. 협상이 시작되기 전 초기접촉 단계에서부터 인간관계의 중요성을 미리 인식하고 협상의 상대방이 될 수 있는 사람들과의 인간관계를 잘 만드는 것은 성공적 협상의 받침이 된다.

이 단계에서 중요한 또 한 가지는 협상의 참여자들이 정보를 공유함으로써 신뢰감과 유대감이 조성되는 환경을 만드는 것이다. 인간관계가 사적이고 감정적인 것이라면 신뢰감을 형성하고 정보를 공유할 수 있는 환경을 조성하는 것은 보다 이성적인 관점에서 바라볼 수 있는 것이다. 협상이 시작되기 전부터 상대방에게 신뢰할 수 있을 만한 협상의 상대자라는 인식을 얻을 수 있고, 협상 성공에 결정적 영향을 끼치는 중요한 정보를 공유한다는 인식을 상호간에 가질 수 있을 때 협상은 다음 단계로 나아갈 수 있다.

2. 2단계 : 협상 준비 단계

협상할 가능성이 현실화가 되면 성공적인 협상을 위해 진행되는
다음 단계는 협상의 준비 단계다. 준비 단계에서 중요하게 생각할
두 가지가 있다. 하나는 준비는 요식행위가 아니라는 것이다. 협상의
준비가 의미가 있는 이유는 준비가 될 수 있을 때 체계적이고 구체적
인 협상의 진행이 가능하기 때문이다. 둘째는 준비에 투자하는 시간
과 비용은 가장 효율적인 투자라는 사실을 인식하는 것이다. 협상
준비에 시간과 노력을 투자하면 할수록 협상 결과를 통해서 얻어내
는 것의 크기가 커진다는 것을 이해할 필요가 있다.

준비 단계에서 구체적으로 검토해야 할 내용들은 다음과 같다.

정보수집

선택에 영향을 미치는 일반적인 정보, 자신의 제약과 권한 등을
이해하기 위한 자신에 관한 정보, 상대방의 제약과 권한 등을 이해하
기 위해 상대방에 관한 정보 등을 수집하고 정확한 의미를 파악하는
것은 진행되는 협상의 전략과 전술을 선택하기 위한 기본 준비다.

정확한 의제 선택

상대방과 협상을 진행하는 과정 속에서 정확하게 다루어야 할
범위와 내용을 의제라는 모습으로 설정하는 것은 협상의 초점을
맞추고 진행할 수 있는 기본 준비다.

목표 수위 결정

협상의 방향과 전략을 결정하는 데 결정적인 역할을 하는 것으로 협상의 완급을 조절하고 방향을 결정하는 역할을 한다.

협상 주변 환경 분석

협상은 테이블에 나와 있는 사람들만으로 구성되는 것이 아니다. 특히 공공협상과 같은 다중의 이해가 직·간접으로 얽혀 있는 상황에서는 협상 주변의 환경을 정확하게 분석하는 준비가 될 수 있을 때 서로가 받아들일 수 있는 윈-윈의 결과를 찾아내는 것이 가능하게 된다.

내부 분석 및 협상팀 결성

내부적인 역학 관계, 협상을 직접 진행할 담당자들의 역할 등을 설정하는 준비 단계로 상대방에게 협상과정에서 신뢰감을 심어주고 내부적인 협력을 받아내기 위한 준비 단계다.

상대방 분석

협상은 언제나 상대적이다. 상대방의 역학관계, 숨겨진 이해관계, 협상 담당자들의 결정 권한 등과 같은 것을 찾는 준비 단계다.

대안 준비

협상은 언제나 계획대로 진행되는 것은 아니다. 협상을 힘 있게 소신껏 진행하기 위해 가장 중요한 것은 협상이 결렬 되었을 경우에 어떤 방법을 택할 수 있을 것인가 하는 대안을 마련하는 것이다.

대안을 가지고 협상을 진행할 때 상대방을 이끌고 협상의 주도권을 확보할 수 있다.

협상 전략 전술의 선택

지금까지 준비된 내용을 토대로 어떻게 목표를 달성할 것인가 하는 전략과 협상의 전술 등을 선택하는 단계다.

3. 3단계 : 예비 협상 단계

예비 협상의 단계는 협상을 진행하기 전에 협상 진행을 위한 절차와 방법에 관한 협상을 하는 단계다. 비즈니스 협상과 같이 눈에 보이는 이해관계가 뚜렷한 협상의 경우에는 상대적으로 예비 협상의 단계가 그렇게 중요하지 않다. 그러나 공공 협상과 같이 다양한 참여자가 다양한 형태의 이해관계를 가지고 협상을 진행하는 경우에는 예비협상이 때로는 본 협상을 진행하는 것보다 더 많은 시간과 노력이 필요하다. 이 단계를 밟으면서 협상 참여자들은 막연한 기대를 가지고 협상에 참여할 수 없다는 것을 알게 되고 구체적인 협상으로 임하기 위한 준비가 된다. 이 단계에서는 이런 내용들이 논의되고 결정된다.

① 의제 확인
② 협상의 장소
③ 협상의 시간
④ 협상 참석자
⑤ 협상 방법

4. 4단계 : 본 협상 단계

이 단계에서는 준비된 내용과 예비 협상 과정에서 합의된 내용을 토대로 실질적 의제를 가지고 상대방과 협상을 진행한다. 서로 양보를 하고, 받기도 하고 쌍방이 함께 윈-윈의 결과를 만들어 내기 위해서 정보를 공유하고 때로는 상대방을 위협하기도 하는 단계라고 볼 수 있다. 대부분 협상과 관련된 전략과 전술 등은 본 협상 단계를 진행하는 데 도움을 주기 위하여 만들어진 것이다. 본 협상 단계에서 주의를 기울여야 할 몇 가지를 살펴보자. 가장 먼저 유연한 사고를 가지고 협상에 임해야 한다는 것이다. 지나치게 경험을 신뢰하지 말고 당연해 보이는 사안에 대해서 언제나 의문을 제기하는 습관을 유지할 때 협상 실패를 미연에 예방할 수 있다. 또 언제나 자신의 판단과 상대방에 대한 예측이 틀릴 수 있다는 겸손함을 유지할 때 유연하게 본 협상을 이끌어 나갈 수 있을 것이다.

본 협상 과정에서 주의해야 할 또 한 가지는 내가 속한 조직의 뒷받침이 필수적이라고 하는 사실을 명심하는 것이다. 협상가는 권한이 있다고 다 행사할 수 있는 것이 아니다. 자신의 권한을 적절하게 사용하기 위해서는 협상 과정 속에서 지속적인 내부 커뮤니케이션을 유지하는 것이 대단히 중요한 것이다. 본 협상 단계에서는 이런 행동들이 일어나게 된다.

① 협동적 분위기를 조성하기 위해 '서먹서먹한 분위기 깨기'(icebreaking, climate setting)
② 협상의 커다란 그림을 상대방에게 전달하고 원칙에 대해서 합의하는 프레젠테이션
③ 의제별 첫 제안과 이에 대한 반응

④ 양보를 하고, 받으면서 공통의 이해관계를 찾아가며 의견의
  차이를 좁혀감
⑤ 마무리

5. 5단계 : 합의문 작성 단계

협상을 통하여 합의된 내용을 정리하여 문서화 하는 단계를 의미
한다. 이 과정에서 누가 합의문을 작성할 것인가 하는 것을 결정하고
작성된 합의문의 내용이 쌍방의 이해한 합의 내용을 정확하게 반영
하고 있는지를 확인한다. 그리고 합의문에 포함된 내용이 어떤 법률
적 효력이 있는지 등에 관한 검토도 함께 해야 하는 단계다.

6. 6단계 : 합의문 이행 및 재협상 단계

일단 합의문을 작성하고 나면 쌍방은 기본적으로 자신이 약속한
내용을 충실하게 이행할 법적 윤리적 책임을 지게 된다. 따라서
특별한 상황의 변화가 발생하지 않는 한 쌍방은 합의된 내용을 최선
을 다해 이행해야 한다. 그러나 대부분 협상에서 합의문에 모든
내용을 다 포함하는 것은 불가능 하다. 따라서 합의 내용을 이행하는
과정에서 예기치 못한 일들이 발생하기도 하고 환경의 변화 때문에
합의 내용을 이행하기 어려운 상황에 처하기도 한다. 이때는 합의된
내용을 수정하기 위한 재협상의 단계를 밟아서 합의 내용을 변경할
필요가 있다.

5. 공공갈등 해소를 위한 성공요인과 협상전략

1. 공공갈등 협상의 성공요인

1. 상호 신뢰관계의 형성

공공갈등 협상에서 합의점을 찾지 못해 실패하는 가장 큰 원인은 상대방을 불신한다는 것이다. 특히 공공기관50)에 대한 불신이 팽배하다. 상대방과 터놓고 대화하면서 상호 원하는 대안을 제안하고 협의하는 상대로서 믿을 수 없다는 것이다. 따라서 우선 협상을 위한 만남의 기회자체를 만들기가 어렵다는 데에 한계가 있다.

정부나 공공기관에 대한 신뢰가 약한 데에는 기본적으로 그동안 공공기관이 갈등관리해온 과정에서 그 원인을 찾을 수 있다. 갈등사안을 기획하고, 발표하고, 집행하는 과정에서 일방적으로 계획과 일정을 발표하면서 이해관계인의 의견수렴에 소홀했는가 하면 참여와 합의에 의해 문제를 해결하자고 하면서 이해관계인의 의견은 형식적으로 듣고 결국은 정부가 원하는 대로 밀고 나갔던 경우가 많아지면서 일반 주민이나 이해당사자들은 정부를 더 이상 믿지 못하는 것이다. 최근에는 많이 개선됐지만 과거에는 주민의 반대가

---

50) 공공기관이라 함은 갈등관리법(안)에서 규정하고 있는 중앙정부, 지방자치단체, 공공단체를 통칭함.

예상되는 경우에는 정보공개를 꺼리거나 모르게 해치우는 식의 행정
행위도 있었다. 정부정책에 대한 근본적 불신과 절차상의 문제제기
의 원인을 제공한 것이다.

또한 정보의 비대칭성으로 인하여 흩어져 있는 개별적인 이해관
계자들은 공공사업의 입안과정에서, 추진자들이 정보를 독점해서
막강한 힘으로 자신들을 무모하게 밀어붙인다는 막연한 피해의식으
로 불신을 하게 된다. 정부의 지시를 따라가면 왠지 근거 없이 당하는
것 같고 손해 볼 것 같은 막연한 불안감과 저항감을 갖게 된다.
이른바 무지로 인한 불안과 불신이다.

이러한 정부에 대한 불신은 협상을 위한 만남 자체를 어렵게
한다. 만나더라도 언쟁과 난동만 불러일으키고 협상해야 할 문제의
논의조차도 어렵게 된다. 상대를 협의 대상이 아니라 대결의 상대,
이겨야 할 상대로 즉 적으로 본다. 나는 이겨야 하고 상대방은 져야
한다는 이분법적인 논리에 사로 잡힌다. 내가 이기지 못하면 진다고
생각한다. 대등하게 마음을 터놓고 상대방이 무엇을 원하는지를
논의하고 교환을 할 수가 없다.

공공갈등해결의 성공과 실패를 결정하는 중요한 요인은 상대방을
진정한 협상의 상대로 인정하느냐 그렇지 않느냐에 달려있다.

전국 100여 개의 쓰레기 소각장 건설사업 중 사전에 입지선정과정
에서부터 정보공개와 투명한 행정을 통하여 주민들의 신뢰를 얻어
원활하게 추진한 지방자치단체(지자체)가 있는가 하면, '주민들이
아는 게 많을수록 일처리에 방해가 된다.'는 식으로 입지선정의
내용을 공개하지 않는 등 정보공개와 투명행정이 이루어지지 못하고
주민들과 신뢰관계가 형성되지 못한 지자체의 경우에는 소각장 건설
이 제대로 이루어지지 못하였다.

2. 공공기관의 관료제도, 관행

공공기관의 업무추진 방식이나 제도, 관행 또한 원활한 협상의 장애가 된다. 협상을 잘 하기 위해서는 무엇보다 상대방을 이해하고 배려하는 자세, 적절한 양보와 교환, 그리고 무엇보다 상황에 따른 유연성과 창의성이 필요하다.

이런 관점에서 보면 공공기관의 업무추진 스타일이나 관행상의 경직성으로 인해 협상의 유연성을 저해하는 경우가 많다. 정부의 경우 의사결정과정의 복잡성과 권한위임의 한계 등으로 신속한 대응이 어렵고 기존의 법률이나 규정으로 인해 자유롭고 창의적인 새로운 대안의 창출과 집행에 많은 한계가 따른다.

또한 공공성이나 보안이라는 관료주의적 이념으로 인해 내부의 상황이나 정보를 자유스럽게 공개하고 논의하기가 어려운 상황 역시 원활한 협상의 진행을 어렵게 만든다.

3. 언론, 여론의 이해와 활용

흔히 공공갈등의 해결은 여론이나 언론에 영향을 많이 받게 된다. 언론이 어떠한 입장을 취하느냐에 따라 정당성이나 합리성과 관계없이 그쪽으로 여론이 형성되고 그것이 일정한 의견으로 자리를 잡게 되는 경우가 많다. 더구나 정치권 또한 언론이나 여론에 의해 입장이 정해지는 경우가 많아 원활한 협상을 위해서는 언론과 정치권, 여론과 같은 요인들을 어떻게 활용하느냐가 중요한 변수가 된다.

문제는 언론이나 여론이 언제나 합리적으로 형성되거나 움직이지 않는다는 데 있다. 집단정서나 군중심리가 작용하는 것이 여론이고 언론도 사안에 따라서는 특정 갈등의 이해관계자일 경우가 있다. 언론이나 여론을 통제한다는 것이 아니라 협상의 당사자 모두가 만족하는 원하는 결과를 얻기 위해서는 언론이나 여론의 성격을 이해해야 하고 이를 제대로, 합리적으로 활용할 줄 알아야 한다는 것이다.

아무리 협상당사자들이 만족하는 결과를 얻더라도 언론이나 여론에서 다른 입장으로 문제제기를 하면 결코 잘 된 협상이라고 볼 수 없는 것이 현실이기 때문이다.

4. 공공갈등의 구조에 따른 협상의 어려움

다수의 협상당사자와 복잡한 이해관계

공공갈등은 일반 기업의 비즈니스협상과 달리 협상의 당사자가 다수인 경우가 많다. 협상의 당사자가 많다는 것은 이해관계자가 많다는 것이고 이해관계가 복잡하다는 것이다. 협상에서 쌍방이 서로 다른 두 가지 입장을 가지고 협의하여도 어려운데, 둘 이상의 당사자가 서로 다른 의견을 단일안으로 만들어간다는 것은 더더욱 협상을 어렵게 한다.

예를 들면 동강댐 건설에 대한 갈등의 경우 건설교통부, 수자원공사, 영월군민, 정선군민, 환경연합, 그린피스, 언론, 충청북도와 강원도 의회 나아가 전 국민의 관심사가 되더니 급기야는 당시의 대통령까지 이 문제에 개입을 하는 상황이 된다.

두 당사자가 서로 다른 두 가지 이해관계의 합의점을 찾는 것도 어려운데 이 많은 당사자들의 서로 다른 의견을 어떻게 단일안으로 만족시킬 수 있는가? 공공갈등의 어려움이다.

집단갈등이 갖는 다양한 특성

공공갈등은 대부분 갈등의 이해관계자들이 여럿이지만 각 당사자들도 한 개인이 아니라 복수의 집단으로 구성되어 있다. 사회적 혐오시설 건설의 경우도 그렇고 건설공사의 경우도 그렇다. 공공사업을 시행하는 정부나 공공기관 말고는 대부분 이해당사자들이 복수의 개인으로 구성된 집단이다.

그 집단내부에는 다시 서로 다른 이해관계와 정서가 지배하고 있다. 이 집단은 대외적으로는 한 목소리를 내지만 내부적으로는 다양한 주장이 혼재하는 경우가 대부분이고 심한 경우에는 그 내분이 외부로까지 터져 나온다. 따라서 기본적으로 이러한 집단은 집단의사결정을 하여야 하고 군중심리와 집단정서가 존재한다. 즉 다시 말하면 주장이나 결정에 많은 비합리성과 비효율성이 존재하게 되고 따라서 합리적인 협상의 당사자로서 대하기에는 많은 어려움이 따르게 된다. 집단행동이 빈발하게 되고 비합리적인 주장을 하는가 하면 협상에서 합의해 놓고도 내부적인 동의를 구하지 못해 뒤늦게 결렬을 선언하기도 한다. 그러한 집단은 대외적인 협상과 함께 자기들끼리의 내부적인 협상을 잘 해야 하는 추가적인 부담을 가지고 있다. 일반적인 개별 협상당사자와는 달리 많은 인내와 이해가 필요하다.

2. 공공갈등 해소를
위한 협상전략

1. 공공갈등 협상전략의 전제

공공갈등은 비즈니스협상과 같은 경쟁적 협상이 아니라 상호
관계적 협상이라고 봐야 한다. 공공갈등에 대한 해결책으로서의
협상은 일회성으로 끝나는 단발적인 협상이라기보다는 지속적으
로 반복되는 장기적 관계형성과 유지를 위한 협상이라고 봐야 할
것이다.

비록 협상의 직접 당사자가 되는 중앙정부나 자치단체, 공공단체
는 사안에 따라 서로 다를 수 있지만, 유사한 공공갈등은 계속해서
반복적으로 발생될 수 있기 때문에 한번 타결된 갈등은 그 후에도
지속적으로 선례가 되고 관계의 기초가 되기 때문에 사실은 유사한
갈등이 지속된다고 보는 것이 옳을 것이다. 특히 정부나 자치단체,
공공단체의 갈등을 처리하는 행태나 협상을 하는 자세는 일반 국민
들에게는 공공기관에 대한 신뢰와 관계가 있기 때문에 과거에 정부
가 유사한 갈등을 어떻게 처리하였는가는 미래의 갈등처리와 협상에
굉장한 파급효과를 미칠 수 있기 때문이다.

따라서 공공갈등에 대한 협상을 비즈니스 협상과 같이 일회성으로 이해하고 단기적인 이해관계에만 집착하게 되면 안 된다. 과거의 협상결과가 미래에도 계속 영향을 미치는 지속적인 과정으로 이해하고 한 번의 이해관계에 집착하기 보다는 장기적인 관계의 형성과 유지, 개선을 통해 장기적인 상호 이득을 창출하는 협상으로 이해하고 접근해야 한다. 따라서 비즈니스 협상에서 이용하는 일반적인 경쟁적, 일회성적인 전략 전술은 공공갈등에서는 그 적용이 제한될 수밖에 없다.

　또한 공공갈등에 대한 협상은 한번 합의가 되었다고 끝나는 것이 아니다. 합의이후에도 언제든지 번복이 있을 수 있고, 그 결과가 다시 새로운 협상의 대상이 되기도 한다. 대충 임시변통으로 상대방을 현혹하여 자기에게 유리하게 협상을 마쳤다고 좋아할 일이 아니다. 언제든지 다시 문제제기가 되고 뒤엎어지는 상황이 생기기 때문에 이러한 불합리성에 대비하면서 지속적인 협상을 해 나간다고 봐야 할 것이다. 무엇보다도 일상에서 협상을 위한 마인드와 자세가 요구된다고 할 것이다.

2. 상호신뢰를 조성하라

가. 상대를 진정한 파트너로 인정하라.
나. 상대방의 입장을 이해하고 체면을 세워주라.
다. 과오와 책임을 인정하고 파워를 공유하라.
라. 일관되고 정직하라.
마. 장기적인 동반자 관계를 구축하라.

갈등관계에 있을 때 가장 일반적인 사람들의 행태가 상대방을 적대시하면서 상대방을 이기기 위해 또는 힘으로 제압하기 위하여 공격적인 행동을 취하거나(Fight), 아니면 상대방과 갈등으로 인해 생기는 불편함이나 상처를 피하기 위해 갈등을 회피하는(Flight) 것이다. 실제 나타나는 행동이야 이렇게 명백하게 두 가지 유형으로 나타나지 않겠지만 다양한 반응의 유형을 보면 그 이면에는 이 두 가지 동기가 깔려 있는 것이 대부분이다.

공공갈등 상황에서도 대부분 나타나는 것이 당사자 간의 불신과 대립의 상태다. 상대방을 신뢰하지 못하고 인정하지 못한다. 이유야 어디에 있건 상대방을 믿지 못하고 상대방의 말을 믿지 않는다. 상대방 입장은 고려하지 못하고 자기 입장만 고집한다. 상대방이 누구이든 간에 상대방은 싸워 이겨야 할 적이고 내가 이기지 못하면 내가 지게 된다는 극도의 이분법적인 대립관계로 빠지게 된다. 따라서 최선의 방어는 공격이라는 생각으로 무조건 나서서 밀어붙이는 극도의 물리적 행동부터 하게 된다. 초반부터 기선을 제압하고 큰 소리로 상대방을 압도해 보자는 것이다. 교통사고가 났을 때 잘잘 못을 따지기 전에 무조건 큰 소리부터 치고 보자는 식이다. 많은 공공갈등이 극도의 소란과 행동으로 치닫는 경우의 대부분이 이러한 상대방 불신의 결과다.

이런 관계에서는 협상은 시작조차 어렵게 된다. 우선 상대방을 갈등문제 해결을 위한 동료로 인정할 수 없고 상대방이 무슨 말을 하더라도 그 말을 믿을 수가 없다. 상대방이 하는 모든 말이나 행동은 나를 기만하고 나를 이기기 위한 유도전술로 오해가 되기 십상이다.

이러한 상황에서는 무엇보다도 상대방의 입장을 서로 이해하고 신뢰하는 분위기를 만드는 것이 중요하다. 상대방이 나를 기만하고 힘으로 제압하고 이기려고 하는 적대적인 사람이 아니라 쌍방 혹은 다자간에 발생한 문제를 원만하게 해결하기 위해 같은 입장에 있는 동반자라는 생각을 갖는 것이 무엇보다 중요하다.

상대를 진정한 파트너로 인정하라

공공협상을 바라보는 일반적인 시각 가운데 하나는 몇몇 비이성적인 막무가내식 사고를 가진 사람이나 집단이 협상을 어렵게 만들고 있다는 것이다. 이성적인 상대라면 훨씬 쉽게 해결이 된 내용인데 이번 사건을 빌미로 억지를 부려 개인적 이득을 취하려는 사람들이 협상 자체를 불가능하게 만들고 있다고 생각하기 쉽다. 우리가 상대해야 하는 협상의 상대편은 우리가 생각하는 것처럼 비이성적이고 막무가내식 사고를 가진 사람들이기 때문에 체계적인 협상이 소용없는 것일까. 그렇지 않다. 상대방을 비이성적이라고 비난하는 것은 나 중심의 시각에서 바라보는 편향적 시각의 산물이다. 이 세상에는 비이성적이고 언제나 막무가내식의 사람은 없다. 모든 사람은 자신의 시각에서 바라볼 때 이성적이고 자신이 택한 행동에 정당성을 부여하고자 한다. 우리가 상대방을 비이성적이라고 생각하고 매도하는 근본적 이유는 내 시각에서만 상대방을 바라보기 때문이다. 심리학자들은 이와 같은 현상을 나타내는 사람을 '미숙한 현실주의자'라는 말로 표현한다. 이런 사람들은 자신이 현실을 객관적으로 해석할 수 있는 능력을 갖추고 있다고 믿고 있을 뿐 아니라 자신의 신념이나 사상, 생각은 한 쪽에 치우치지 않은 균형 잡힌 것이라고 생각한다는 것이다. 미숙한 현실주의자들은 자신의 생각과 다른 상대방을 이렇게 해석한다.

• 상대방은 정보의 부족이나 지식의 부족 때문에 알아야 할 것을

알지 못하기 때문에 행동을 잘못하고 있다.
- 상대방은 잘못된 사상이나 편견을 가지고 있기 때문에 행동을 잘 못하고 있다.
- 상대방은 현실감이 없기 때문에 행동을 잘 못하고 있다.

상대방에 대하여 이렇게 해석하는 미숙한 현실주의자는 협상과 정에서 몇 가지 치명적 실수를 범함으로 실패하는 결과를 만들어 낼 수밖에 없다. 예상되는 첫 번째 실수는 자신을 지나치게 신뢰한 나머지 상대방의 논리나 새로운 정보 등에 대하여 귀를 막게 된다. 상생하는 해결 방법을 찾는 기본이 상대방의 이야기를 잘 듣는 것이라고 할 때 상대방의 목소리에 귀를 막는 행동은 상생협상에 걸림돌이 될 것임은 자명한 것이다. 두 번째 예상되는 실수는 자기 최면에 빠지는 것이다. 사람들은 자신이 옳다고 지나치게 믿기 시작하면 사건이나 정보를 편견 없이 받아들이지 못한다. 자신의 생각이 옳다고 믿게 만드는 사건과 정보만 선별적으로 받아들이는 자기 최면의 상태에 빠지는 것이다. 이와 같은 자기 최면의 상태는 상대방의 주장이나 논리를 정확하게 이해하지 못하도록 만드는 원인이 된다. 세 번째 예상되는 실수는 상대방을 비이성적이라고 대하기 시작하면 상대방을 분노하게 만들 수 있다는 것이다. 상대방에 대한 마음속의 평가는 협상과정에서 상대방에게 노출되게 되어있다. 나를 비이성적이라고 생각하며 마지못해 협상을 진행하는 사람에게 분노하며 협상을 더욱 어렵게 만들어 가는 것은 당연한 일이다.

성공적 협상을 위해서는 상대방을 비이성적이고 비합리적인 막무가내식 사람이라고 매도하지 말고 상대방의 입장에서 생각하며 상대방을 인정하는 태도가 필요하다. 이 세상에 비이성적인 사람은 하나도 없다. 다만 나와 다른 각도에서 다른 방법으로 접근하기 때문에 그렇게 보일 뿐이라는 사실을 명심해야 한다.

신뢰를 형성하기 위해서는 무엇보다도 상대방을 인정해야 한다. 피상적으로 요식적으로 인정하는 것이 아니라 진정으로 협력의 파트너로 인정하느냐는 것이다. 상대방이라 청해 놓고 들러리를 세우는 식이라든지, 약속을 해 놓고 나중에는 그냥 무시하고 당초 의도대로 밀고 나간다든지 하면 진정한 파트너로 인정하는 것이 아니다.

상대방을 진정한 협력의 파트너로 인정하기 위해서는 사업의 계획단계부터 상대방을 참여시키고 정보와 지식을 공유해 나가는 것이 필수적이다. 계획단계부터 상대방의 이해관계를 파악하고 그 것을 반영하는 것이 중요하다. 정보와 지식을 상대방과 공유함으로써 정보의 비대칭으로 인한 피해의식이나 오해를 줄일 수 있고, 상대방의 협조를 쉽게 구할 수 있다.

문제가 있을 때는 문제 해결과정에 상대방을 참여시켜 모든 것을 공동으로 진행한다. 문제를 조사하고 해결대안을 모색하는 과정에도 상대방을 참여시켜 문제해결에 대한 공동의 책임의식을 부여하자. 문제는 나만의 문제가 아니라 상대방도 공동으로 책임이 있다는 것을 느끼도록 하라.

상대방의 입장을 이해하고 체면을 세워줘라

상호 신뢰관계를 구축하려면 서로의 입장에 대한 진정한 이해와 배려가 전제되어야 한다. 우선은 상대방이 나와 의견이 다르다는 것을 인정해야 한다. 상대방은 나와는 다른 입장을 가진 이해 못할 존재가 아니라 나와는 다른 의견을 가진 '또 다른 나'라는 인식이 중요하다. 상대방이 어떠한 입장을 가졌든 그럴 수 있다는 배려가 필수적이다. 나는 옳고 상대방은 옳지 않다는 이분법이 아니라 서로가 다르다는 '차이'를 인정하는 자세가 무엇보다 중요하다.

그리고 상대방의 입장을 공감하고 이해할 수 있어야 한다. 철저하게 상대방 입장이 되어서 내가 상대방 상황에 처한다면 그럴 수밖에 없겠구나 하는 정도로 상대방을 이해하는 자세가 중요하다. 진정으로 자신의 입장을 이해하는 상대방 앞에서만 진정한 신뢰가 형성된다고 할 수 있다.

동시에 상대방의 체면을 세워 주어야 한다. 갈등은 갈등이 되는 실제적인 문제와 함께 감정적인 이슈가 혼재해 있는 경우가 대부분이다. 실제적인 갈등문제가 해결되더라도 서로 인간적인 감정문제를 해소하지 않으면 갈등은 완전히 해결되지 않는 것이 보통이다. 갈등의 당사자들이 인간이라는 특질에서 오는 특성이다. 대신 감정문제가 원만히 해소되면 갈등의 실제적인 문제는 의외로 수월하게 해결되는 경우가 많다. 그 만큼 갈등에서 감정문제는 중요하다. 따라서 갈등관계에서 감정적인 해소를 위해 상대방의 체면을 세워주는 것이 무엇보다 중요하다. 개인적으로나 조직의 상황에서 상대방은 인간적인 체면을 생각하는 경우가 많다. 이것을 파악하여 상대방이 원하는 체면을 세워주어야 한다. 상대방의 운신의 폭을 넓혀 주는 것이다. 상대방이 협상을 할 수 있는 입지를 만들어 주고 협상의 장으로 초대하는 것이라고 볼 수 있다.

따라서 갈등의 당사자들은 서로에게 적대적이 아니라 갈등문제를 향해 공동의 노력을 기울여야 하는 동반자가 된 것이다. 따라서 갈등의 당사자들은 상호 신뢰로 서로에게 도움이 되는 해결책을 찾아야 하는 공동운명에 처한 것이나 다름없는 관계로 변모한 것이다.

과오와 책임을 인정하고 파워를 공유하라

신뢰형성의 가장 큰 한계는 과거의 불신에서 기인하는 경우가 대부분이다. 과거에 그렇게 하지 않았고 일관성이 없었고 일방적으로 밀어붙였기 때문이다. 과거에서 비롯된 상호불신은 과거를 정리할 때 회복이 된다. 과거에 불신의 원인이 되었던 사안에 대하여 과실과 책임이 있었으면 확실하게 인정한다. 그러한 인정이나 청산 없이는 진정한 신뢰관계가 형성될 수 없다. 상대방은 언제 또 다시 그러한 불신의 원인이 되는 행위를 할지 모른다고 생각하기 때문에 신뢰할 수 없다. 과거에 대한 잘못이나 책임을 솔직하게 인정하는 것은 신뢰를 회복하는 데 의외의 큰 힘을 발휘할 수 있다.

그리고 상대방과 파워를 공유할 수 있어야 한다. 문제해결의 결정권 일부를 상대방에게 준다든지 아니면 결정에 참여하도록 함으로써 상대방이 공동의 의사결정을 하고 있다는 느낌을 통해 대립의식을 줄이고 신뢰를 증진할 수 있다.

일관되고 정직하라

상호 불신의 가장 큰 원인은 서로가 정직하지 못하였거나 일관성이 없기 때문이다. 의도하였던 의도하지 않았던, 행위나 주장이 일관성이 없거나 사실과 다를 때 앞으로의 예측가능성을 줄여주기 때문에 상대방을 믿지 못한다. 사소한 말이나 사실도 각별히 주의하여 일관성을 확보하는 것이 무엇보다 중요하다.

흔히 정부의 정책이나 제도에 대한 불신은 이러한 일관성을 결여하거나 같은 사실도 이러한 점을 간과함으로써 별 하자가 없는 현재의 행정행위도 불신을 받게 되고 동의를 구하는 데 어려움을 겪는 경우가 많다.

장기적인 동반자적 관계를 구축하라

위와 같은 노력을 함으로써 상대방을 이해하고 상대방과 갈등문제를 앞에 놓고 같은 입장이 되는 그야말로 공동의 문제 해결자가 될 수 있다. 갈등의 당사자들이 서로 불신하는 적대관계에서 서로를 이해하게 되고 각자가 상대가 무엇을 원하는지를 알게 됨으로써 각자가 원하는 바를 해결하도록 도와주는 관계로 변화함으로써 상호 동반자 관계로 변하는 것이다. 지금까지는 갈등문제에서 서로가 더 많은 부분을 차지하기 위해 대립했다면 이제는 갈등의 당사자 모두가 갈등문제를 공동의 문제로 인식하고 공동으로 문제를 풀어야 하는 동반자가 된 것이다. 그야말로 'Me against You'에서 'Us against Problems' 관계로 변한 것이다.

진정한 파트너십을 유지하기 위해서는 지금까지 뿐만 아니라 앞으로도 진정한 파트너로 인정하기 위한 제도적 장치를 강구하여야 한다. 정부나 공공단체의 당사자나 주민들도 시간이 지나면서 사람들이 바뀌고 상황이 변하면 서로간의 신뢰에 대한 문제가 재발될 수 있기 때문에 항구적인 상호 신뢰유지를 위한 장치가 제도적으로 강구되고 모두가 그것을 바탕으로 예측가능성을 가져야 한다. 예를 들면 이해관계자 협의체를 공식협의체로 제도화해 놓는다든지, 사업마다 이해관계자 참여를 의무화 해 놓을 수 있다. 이해관계인과의 정보나 지식을 공유하도록 제도화하고 상호 의사소통채널을 제도화하여 정기적인 모임을 공식화 할 수 있을 것이다.

3. 갈등문제를 세부적으로 분해하라[51)52)]

가. 입장과 이해관계를 분리하라.
나. 문제와 사람을 분리하라.
다. 문제와 해결책을 분리하라.
라. 차이점과 공통점을 분리하라.
마. 쟁점과 감정을 분리하라.
바. 문제의 내용과 절차를 분리하라.

갈등은 겉으로 보면 굉장히 복잡한 양상을 보인다. 서로 다른 당사자들의 다른 이해관계가 얽혀있고 내용도 이해하기가 어려운 복잡성을 내포하고 있다. 이러한 복잡한 갈등이 서로 다른 이해관계 자가 요구하는 공통의 해결책을 찾기 위해서는 갈등이 되는 사안을 세밀하게 분해하여 쪼개고 분리해야 한다. 그래야 그 속에 얽힌 내용을 정확하게 이해하고 다양한 대안을 강구할 수 있고 만족스러운 합의가 도출될 수 있다.

입장과 이해관계를 분리하라

입장은 당사자들이 원하는 것, 요구하는 것을 말하고 이해관계는 왜 그것을 원하는지 그 이유를 말한다. 입장의 차이로 갈등이 있을 때 입장만을 가지고 해결을 하려고 하면 한쪽의 승리와 다른 쪽의 패배로 밖에 결론이 나지 않는다. 한 입장을 두고 갈등이 있다는 것은 가질 수 있는 것은 유한하거나 제한적이라는 것이기 때문이다.

이러한 분쟁이 생기는 경우, 당사자의 일방적인 힘이나 권력보다

51) Cloke & Smith, 2000. Cloke, Kenneth & Smith, Joan Gold, 2000, *Resolving Conflict at Work*, San Francisco, Josssey-Bass Inc.
52) 서창수, 《갈등을 경영하라》, 라이트북닷컴, 2005

는 국가에 의한 재판이나 공정한 절차에 의한 선거, 당사자 합의에 의한 협상이나 합의라는 방법으로 해결을 하는 시대가 되었다. 그래서 등장한 것이 이해관계에 의해 갈등을 해결하자는 것이다. 고속버스에 승객들은 왜 냉방기를 켜기를 원하고, 왜 끄기를 원하는가? 즉 당사자들의 이해관계가 무엇인지를 파악하여 그 사람들의 요구사항을 충족시켜 주도록 하면 된다는 것이다. 즉 냉방기를 끄고 켜는 것 즉 입장이 아니라 왜 켜자고 하는지, 왜 끄자고 하는지를 파악하여 그 요구대로 해 주면 양 당사자들의 요구를 전부 만족할 수 있다는 것이다. 이것이 바로 이해관계에 따라 갈등을 해결하자는 것이다. 고속버스에서도 냉방기를 켜 달라고 했던 사람들을 위해서는 한 방향으로 몰아서 앉히고 창문을 열게 한다든지, 춥다고 하는 사람들은 다른 쪽으로 몰아서 바람이 안 가게 하여 양쪽의 이해를 다 만족시켜 줄 수 있다는 것이다. 즉 갈등의 당사자들을 다 만족시킬 수 있다는 것이다.

모든 갈등에서 이처럼 입장과 이해관계를 분리할 수 있다면 양측의 이해관계를 파악하고 각 이해관계에 따라 여러 가지 대안을 마련할 수 있을 것이고 따라서 복수의 여러 대안 중에서 양쪽의 요구를 다 만족시킬 수 있는 대안을 찾을 수 있을 것이다.

물론 양쪽의 이해관계를 쉽게 파악하는 것은 다소의 어려움이 있을 수 있다. 이해관계를 파악하는 가장 쉬운 방법은 당사자들이 '왜' 그 입장을 취하게 되었는지를 파악하는 것이다. 그러한 입장을 취하게 된 이유를 파악하기 위한 질문을 여러 가지 할 수 있는데, 대표적으로 할 수 있는 질문은 다음과 같은 것들이 있을 수 있다. 모두 왜 그것을 원하는지에 관한 직접적, 또는 간접적인 질문들이다.

"왜 그것이 그렇게 중요합니까?"

"여기서 진짜 중요한 문제는 무엇입니까?"

"여러 가지 해결책이 있다면 그 중에서 어떤 것을 가장 선호하십니까?"

"이것에 대해 정말로 염려하는 점은 무엇입니까?"

"미래 장기적인 목표는 무엇입니까?"

이러한 질문들을 통하여 갈등 당사자들이 왜 그것을 원하는지를 알 수 있고, 그것에 대한 해결대안을 마련할 수가 있으며, 이렇게 될 경우 양쪽의 이해관계를 전부 만족시킴으로써 그야말로 윈-윈 해결이 가능하게 된다.

문제와 사람을 분리하라

우리는 흔히 갈등 당사자들을 '적'이라고 치부하고 그들은 불공정 하고 부정직하며 성격이 특이한 사람들이라고 매도하는 경향이 있 다. 그리고 그들이 하는 모든 행동은 우리를 향한 적대적 행위로 간주하는 경향이 있다. 그러나 따지고 보면 그들의 행위는 그들 자신의 내부 활동의 하나이거나 그들의 문제해결을 위한 자체 노력 의 하나인데도 우리는 그들의 모든 행위들이 우리를 향한 적대적인 행위로 비추어 진다.

사람들은 한쪽에서 상대방을 무시하거나 적대적인 행위를 한다고 생각하면 그것이 사실이든 아니든 간에 금방 상대방을 향하여 적대적 이 된다. 상대방을 오해하고 들으려 하지 않고 적대감을 표시한다. 그러한 반응을 받은 당사자도 상대방의 원인 모를 적대행위에 즉각적 으로 적대행위로 반응을 하고 원수처럼 대하게 된다.

보통의 경우 사람들은 그들만의 중요한 목표를 가지고 있고 그 목표를 달성하기 위하여 남에게 해를 끼치는 경우는 있지만 남을 해롭게 하기 위한 행위 자체는 없다고 한다. 따라서 우리가 상대로부터 어떤 위해 행위를 느끼고 있더라도 그것은 아마 자신들의 목표달성을 위한 노력의 하나이지 우리를 해롭게 하기 위한 적대적 행위는 아닐 가능성이 높다는 것이다.

따라서 사실은 이런 적대적인 관계에서 양 당사자들은 문제가 아니라는 것이다. 진정으로 문제가 되는 것은 그들이 하는 행위이지 사람들 자체는 아니라는 것이다. 그리고 또 하나의 문제는 양 당사자들이 상대방에 대응하는 방법이나 기술이 서툴다는 것이다. 진정으로 문제가 되는 것은 사람이 아니라 그들의 행위나 반응하는 방법이라는 것만 알더라도 그들은 서로가 보다 기술적으로 자신 있게 행동하였을 것인데 그렇지 못하다는 것이 문제다.

따라서 우리는 갈등에서 문제가 되는 이슈와 당사자인 사람들을 분리해서 생각함으로써 사람간의 감정적인 오해나 대립관계를 없애고 노력이나 열정을 사람이 아닌 문제에 집중하자는 것이다.

그리고 모든 갈등에서 우리가 진실로 이해하여야 할 것은 갈등에서 우리 모두는 우리들의 행위에 대하여 책임을 져야 한다는 것이다. 갈등에서 문제가 되는 행위와 사람들을 분리하여 생각함으로써 책임의 대상을 '나'나 '그들'이 아닌 '우리'가 됨으로써, 양 당사자가 갈등에 대한 책임에서 해결책의 강구와 집행에 까지 공동으로 책임을 진다는 개념이 되는 것이다. 그리고 문제의 대상도 '상대방인 너'가 아닌 '그것'이라는 객체로 바뀜으로써 문제를 함께 풀어가는 관계가 되면서 성공적인 문제해결이 가능하게 된다.

문제와 해결책을 분리하라

우리가 갈등관계에 있을 때는 문제를 제대로 인식하고 분석하고 합리적인 대안을 찾는 것이 아니라 대부분 서로 의견이 불일치하는 갈등부분에 집중하고 서로의 입지를 강화하거나 급한 나머지 일시적인 해결책을 강구하는 데 온 정신을 집중하는 경향이 있다. 그렇게 급조된 해결책은 양측의 이해관계자들이 충분히 참여하여 합의된 해결안이 아니기 때문에 양측에게 신뢰를 얻지 못하고 제대로 집행되기도 어렵다.

갈등에 대한 해결책을 제대로 마련하기 위해서는 해결책을 섣불리 찾기 전에 문제를 제대로 이해하고 분석하여야 한다. 대안 찾기를 시도하기도 전에 문제를 상대방과 충분히 토의하여야 한다. 그 문제가 다른 문제와 관련은 없는지, 그 문제로 인한 영향은 누가 받게 되고 얼마나 받게 되는지 등에 대한 분석을 해야 하고 문제의 성격과 원인에 대하여도 충분히 검토해야 한다.

문제해결에 관한 한 연구결과에 의하면 문제자체가 제대로 규명되면 그 해결책의 효과성이 85% 정도나 높아진다고 할 정도로 해결책을 강구하기 전에 문제 자체의 정밀 분석이 중요함을 지적하고 있다. 가장 창의적인 해결책을 찾는 기법에서도 가장 많은 시간을 문제 자체를 분석하는 데 투입하라고 권하고 있다. 문제 자체를 규명하기 위하여 우리는 다음과 같은 질문을 할 수가 있겠다.

"갈등은 정확하게 무엇에 관한 것인가? 왜 그것에 관한 것인가?"
"언제 그 갈등은 시작되었는가?"
"누가 그 갈등에 관련되어 있는가?"
"어떤 종류의 갈등인가?"

"갈등의 원인은 무엇인가?"

"어떻게 갈등을 분석할 것인가? 갈등은 어떤 형태의 갈등인가?"

"갈등을 세부적인 부분으로 분해할 수 있는가?"

갈등을 효율적으로 해결하기 위해서는 문제 자체를 그 해결책과 분리해서 생각해야 한다. 해결책은 생각하지 않고 문제 자체만을 분석하라고 하는 것이 어떻게 보면 불합리한 것 같이 보이지만, 그것이 더 효율적이다.

어떤 갈등이 있는 조직에 대해 다른 것은 하지 말고 우선 작은 팀끼리 모여서 어떤 문제가 있는지 그것들을 토의하여 나열하고 어떤 것이 중요한지에 대하여 우선순위를 정하라고 하였다. 각자가 인지한 문제들을 나열하는 동안 각 팀에서는 굉장히 유쾌한 웃음소리가 끊어지지 않을 정도로 분위기가 고조되어 있었다. 왜 그렇게 분위기가 들떠 있냐고 물어 봤더니 단지 서로가 인지하고 있으면서 공개적으로 이야기하지 못했던 문제들을 공개적으로 이야기하고 공감을 하는 것 자체가 상당한 위안이 된다는 것이다. 어떤 사람은 같은 문제를 가지고 있는 사람들을 만났다는 자체가 위안이 된다고 하였다. 다른 사람들은 문제 자체를 토론하는 것은 해결의 가능성도 기대할 수 있기 때문에 기분이 좋다고 하였다.

이처럼 갈등에 대한 문제 자체를 토의하고 분석하는 것 자체만이라도 구체적인 해결책을 제시하는 것 보다 더 큰 효과를 볼 수 있다. 그들은 문제 자체를 토의하는 것만으로도 문제가 사라짐을 느낀다고 하였다. 갈등문제는 문제에 관련되어 있는 사람들이 팀으로 참여하여 해결책을 논의하고, 확인 가능한 목표를 정해서 사전에 진행절차를 정해서 문제의 원인에 대한 공개적인 토론이 가능하게 되면 그

해결의 가능성이 굉장히 높아진다.

차이점과 공통점을 분리하라

우리들은 갈등관계에 있을 때는 서로의 공통점 보다는 차이점을 집중적으로 부각하는 경향이 있다. 물론 서로의 차이점을 인식하고 해결책을 찾는 것이 갈등해결의 핵심부분이지만, 서로의 차이를 강조하다 보면 서로의 공통점을 보지 못한다는 데 문제가 있다.

서로에게 차이점과 공통점이 있을 때 이왕이면 차이점보다는 공통점을 중심으로 대화를 시작하면 차이점도 쉽게 극복이 된다는 것이다. 갈등관계에 있는 모든 당사자들은 최소한 몇 가지의 공통점은 가지고 있다고 본다. 정말 공통점이라고는 없더라도 최소한 하나의 인간으로서의 공통점을 가지고 있다고 볼 수 있다. 아니면 최소한 서로가 갈등이 있다는 것만은 공통점으로 이야기할 수 있다. 어떤 것이라도 공통점이 있으면 그것을 시작으로 공감대를 만들고 같은 입장이 되어보고 서로를 이해하는 계기가 될 수 있다는 것이다.

서로가 공통점 또는 공동의 욕구를 찾았을 때는 쉽게 서로에게 연대감이 생기고 문제점에 대해서도 서로 이야기를 시작하고 해결책도 공동으로 강구하기 시작한다는 것이다. 이렇게 되면 서로의 심각한 차이점이 있더라고 서로의 차이점도 서로의 공감대 속에서 논의가 됨으로써 서로의 의견 접근이 그 만큼 쉬워질 수 있다는 것이다.

실제 심각하게 대립하고 있는 노사갈등에 있어서도 노측과 사측을 별도로 소집하여 미팅을 하고 서로 공동의 목표를 찾으라고 하면 몇 가지 공통점을 찾는다. 상호 확인된 공통점을 시작으로 협상을 시작하면 서로 차이가 있는 부분에 대해서도 보다 쉽게 논의가 되기 시작한다는 것이다.

다음의 몇 가지 질문은 상대방과의 공통점을 찾는 데 도움을 줄 수 있는 예들이다.

"당신과 상대방의 공통점 3가지는 무엇입니까?"
"3가지를 찾을 수 없다면 왜 그렇게 어렵습니까?"
"실제로 상대방에 대하여 얼마나 알고 있습니까?"

상대방과의 공통점을 찾을 때도 과거 일에 집착하거나 과거 일의 책임문제를 가지고 이야기가 진행되면 이야기가 어려워지기 쉽다. 과거에 집착하면 현재나 미래로 한 발짝도 나갈 수가 없다. 현재와 미래의 비전을 가지고 이야기할 때 보다 창의적인 대화가 가능하고 현재의 현실에 대한 공감대 형성이 쉽고 미래의 희망과 꿈을 이야기 하면 공통점을 쉽게 찾을 수 있기 때문이다.

쟁점과 감정을 분리하라

사람은 감정의 동물이다. 우리들은 감정을 억누르고 있으면 그것 이 사라지는 것이 아니라 내부에 잠재해 있다가 아무데서나 튀어나오 든지 우리들의 의식이나 무의식 속에 남아서 일상생활에 영향을 미친다. 이러한 해소되지 않은 감정은 갈등문제에 대한 전략적이고 이성적인 해결을 어렵게 만드는 주요 원인이 된다.

또한 감정을 남에게 떠넘기면 갈등은 점점 심화되고 서로 신뢰를 상실하는가 하면 무엇이 진정으로 중요한지에 대한 판단을 흐리게 함으로써 전체 상황에 대한 숲을 보지 못하는 우를 범하게 된다. 급기야는 서로가 건설적인 행동을 하지 못하고 쉽게 파국에 빠지고 마침내는 문제를 해결할 수 없는 것으로 믿게 되는 상황으로 까지 발전한다.

어쨌든 감정을 억제하거나 협상의 대상으로 삼아서도 안 되지만 협상을 감정적으로 하지 말아야 한다는 것은 아주 중요한 일이다. 협상이 감정에 치우치면 합리적이고 이성적인 해결책을 찾고 선택하는데 많은 지장이 있을 수 있다. 협상을 할 때는 감정은 철저히 배제하고 현실적으로 서로에게 가장 합리적이고 쌍방이 동의할 수 있는 대안을 찾아 합의를 이끌어 내야 한다.

흔히 갈등에서 어느 한쪽이 다른 쪽에 비해 감정 표현을 잘 하는 경우가 있거나 여러 사람이 한꺼번에 동시에 감정을 표출하려는 과정에서 감정처리의 어려움이 있는 경우가 있다. 이럴 경우에는 감정표현의 일종의 원칙을 정하여 모두가 감정을 제대로 표출할 수 있도록 특별한 배려가 있어야 한다. 만약에 일부라도 감정처리가 잘 되지 않으면 협상 중에 언제라도 그 불만이 터져 나오게 되고 협상에서 언제든지 낭비적인 논쟁이나 별로 중요하지 않은 주제에 시간을 낭비하는 원인이 되기도 하기 때문이다.

다음은 갈등에서 감정을 확인할 수 있는 몇 가지 질문들이다.

> "갈등에서 어떤 감정을 느끼고 있습니까?"
> "그 감정을 해소하기 위해서는 무엇을 어떻게 해야 된다고 보십니까?"
> "당신의 감정을 갈등 당사자들과 이야기해 본적이 있는지요 그들의 반응은?"
> "당신의 감정을 어떻게 건설적으로 표출하는지요?"
> "상대편은 어떤 감정을 느끼고 있는지 알고 있나요?"
> "상대방이 그들의 감정을 어느 정도까지 표출할 수 있도록 허용하였나요?"
> "당신의 감정이 논리적인 협상에 방해가 되고 있나요?"

"상대편의 감정은 협상에 방해가 되고 있나요?"

문제의 내용과 절차를 분리하라

갈등의 내용에는 사실과 관계되는 갈등이 있고, 일의 진행절차와 관련된 갈등이 있을 수 있다. 즉 하나는 내용에 관한 갈등이고, 다른 하나는 절차에 관한 갈등이다. 일반적으로 문제의 내용과 관련된 갈등은 해결이 되려면 상대방을 완전히 설득하지 않으면 해결이 어렵다. 그러나 일의 진행절차와 관련된 갈등은 보다 유동적이고 덜 예민하게 생각하는 경향이 있다. 즉 일의 절차와 관련된 갈등은 상대적으로 쉽게 합의를 할 수 있는 성격을 가지고 있다.

따라서 일반적으로 갈등해소의 시작은 쟁점의 내용보다는 해결을 모색하는 절차에 관한 사항을 먼저 합의하면 그 내용이 다소 복잡하더라도 내용의 해결에도 쉽게 합의를 모색하는 것을 볼 수 있다. 특히 조직 갈등의 경우 먼저 일의 진행절차에 관한 원칙합의가 내용의 해결을 위한 합의에도 많은 도움을 주는 것으로 나타나고 있다. 해결해야 할 갈등의 문제가 아주 복잡하고 단기간에 해결하기 어려운 경우라도 일의 진행절차나 원칙과 같은 아주 작은 사항에 관하여 단 몇 가지의 합의라도 이루어지기 시작하면 이것이 상호신뢰의 시작점이 되고 대화의 실마리가 되어 보다 심각한 이슈의 내용도 한 층 더 가볍게 또는 쉽게 접근을 시도할 수 있다.

일반적으로 절차나 원칙에 관한 것에 합의를 하면 상호 신뢰가 없던 갈등의 양당사자 사이에 신뢰가 형성되기 시작한다. 그리고 본격적인 갈등해결에 장애가 될 수 있는 작은 갈등들을 제거하는 효과가 있고 절차에 대한 예측가능성과 질서의식을 부여하며 일이 굉장히 민주적으로 공정하게 진행되는 듯한 느낌을 준다. 또한 절차에 관한 합의는 양 당사자로 하여금 일의 진행절차를 통제하고 있다는 느낌과 자기들이 이 갈등해결의 주인이라는 의식을 심어주며, 해결되거나 협상되어야 할 이슈가 무엇인지를 확인해 주는 역할을 하는가 하면 갈등관계에서 해결되지 않는 이슈에 대해 서로가 대화채널을 구축하는 효과도 있다.

따라서 처음에는 몇 개의 간단한 기본적인 원칙이나 절차부터 접하면서 합의를 시작하는 것이 좋다. 만약 절차를 정하면서 서로 의견이 안 맞는 부분이 있으면 우선 의견이 같은 부분부터 합의를 해 나가는 것이 바람직하다. 그 다음 더 복잡하거나 이견이 있는 부분에 대하여 서로의 대안을 접근 하도록 하고 아주 시간이 걸릴 사안은 잠정적인 합의를 하면서 넘어감으로써 전체적인 분위기를 유도해 나갈 필요가 있다.

일반적으로 일의 진행절차나 기본원칙과 관련된 이슈는 다음과 같은 것을 예를 들 수 있다.

• 회의에는 자발적으로 출석할 것
• 회의 중 어떠한 발언에도 보복적이거나 평가를 하는 발언을 삼가할 것
• 회의 참석자에 관한 사항
• 언제 어디서 만날 것인가에 관한 사항
• 회의 중 토의사항에 대한 비밀유지의 원칙과 어길 경우의 대책
• 회의 주제와 주제별 토의 순서에 관한 사항
• 회의 결과의 합의 방식(다수결 또는 만장일치)
• 회의 시간제한 및 휴식시간에 관한 원칙
• 발언 순서와 발언의 규칙에 관한 원칙
• 회의결과 대외공표 방법과 시기

• 회의가 결렬되었을 때를 대비한 대책 등

　앞으로는 협상을 하면서 협상의 진행이 교착상태에 빠졌을 때는 지체 없이 협상의 내용을 협상의 진행절차나 일의 처리절차와 관련된 것으로 전환하라. 일의 진행절차나 원칙에 합의를 이끌어 내면 일의 내용에 관한 협상도 자동적으로 잘 풀릴 것이다.

4. 파이를 키워라(상호 만족하는 대안을 개발하라)[53]

> 가. 대안개발과 선택기능을 구분하라.
> 나. 한 가지 대안에 집착하지 말고 선택의 폭을 넓혀라.
> 다. 공동의 이해관계를 찾아라.
> 라. 상대방 입장에서 선택을 도와주어라.

　흔히 협상에서 저지르는 오류는 양측이 가질 수 있는 것은 정해져 있고 양 당사자는 그것을 어떻게 나누어 가지느냐만 남은 것으로 착각한다는 것이다. 이렇게 되면 협상에서 만족할 만한 결과를 도출하기는 구조적으로 한계가 있게 된다. 가질 것은 제한되어 있고 협상은 그것을 적절히 나누어 가지는 기술만을 말하기 때문에 협상이라는 것이 엄청난 한계를 지닌 기술로 전락할 수밖에 없다.

　그러나 훌륭한 협상자는 정해진 파이를 나누기 전에 그것을 키울 줄 안다는 것이다. 파이를 키운다는 것은 더욱 더 창의적인 생각으로 양 당사자가 택할 수 있는 옵션을 보다 많이 개발한다는 것이다.

---

53) Fisher, Rogrer., Ury, William & Patton, Bruce. 1981. *Getting to Yes: Negotiating Agreement without Giving in*, New York: Penguin.

당사자들이 선택할 수 있는 옵션을 많이 개발한다는 것은 그 만큼 만족하면서 선택할 수 있는 대안이 많다는 것으로 만족스런 협상의 가능성을 높여준다는 것이다.

그러나 일반적으로 대안을 많이 개발하지 못하는 한계가 있다. 그것은 첫 번째가 개발된 대안을 어떻게 실행할 것인지에 집착한 나머지 활발한 대안개발이 어려운 경우, 두 번째 한계는 협상에서 합의안은 오직 하나밖에 없고 협상은 그 유일한 대안에서 상대방과 어떻게 의견을 좁혀나가는 것이라고 생각하는 것이다. 세 번째 한계 는 협상에서 얻을 수 있는 파이의 크기는 정해져 있다는 가정이다. 협상은 정해진 파이를 어떻게 합리적으로 나누어 갖느냐에 관한 것이라는 인식의 한계다. 마지막 한계로 대부분 협상에서는 자기만의 입장으로 모든 것을 보기 때문에 대안개발이 어렵다는 것이다. 상대 방의 입장을 알아야 상대방 입장에서의 대안개발이 가능한 데 대부분 자기만의 생각으로 일방적인 해결책만을 발전시킬 따름이다.

대안개발과 최종선택 기능을 구분하라

해결책을 최종선택하기 전에 가능한 대안의 모색과 개발을 충분 히 하여야 한다. 흔히 갈등에서 합의를 모색하면서 충분한 대안의 검토 없이 최종안의 선택에 너무 집착하는 경향이 있다. 이 경우 갈등의 쌍방이 만족할 수 있는 대안이 나올 가능성이 낮을 뿐 아니라 제한된 대안에서 최적안을 선택하기란 여간 어렵지 않다.

따라서 합리적인 최선의 갈등해결책이 나오려면 해결책을 최종 선택하는 데 너무 집착하지 말고 그 이전 단계인 가능한 해결대안의 모색에 더 많은 노력을 기울여야 한다. 지나치게 최종안의 선택에만 집착하고 대안의 적용가능성과 성공가능성에만 신경을 쓰다 보면 대안의 개발자체가 쉽지 않다. 결과에 지나치게 집착하다 보면 창의적이고 자유로운 대안 창출이나 개발이 제약받게 되면서 기발한 대안의 아이디어가 나오지 못하는 부작용이 초래된다. 창의적인 아이디어는 어떤 선택이 최선의 것이냐를 논쟁하는 것 보다는 어떤 것이 문제해결을 위한 새로운 방법인지를 찾을 때 보다 활발히 솟아날 수 있다.

따라서 최종안의 선택이전 단계에서 다양하고 창의적인 대안의 개발에 최선을 다하면서, 이 단계를 최종안의 선택과는 독립하여 별도로 생각하는 것이 갈등의 해결책을 찾는 데 도움이 된다.

우리는 어떤 대안을 검토할 때 그것의 적용가능성, 효과성 등에 집착하지 않을 때 더 자유롭고 창의적인 여러 가지 아이디어를 찾을 수 있다. 따라서 다양하면서도, 생각 가능한 모든 대안을 전부 나열하고 검토한 다음에 최종선택에 임해야 한다. 결과부터 먼저 생각한다면 사전에 절대 좋은 아이디어가 나올 수 없다.

한 가지 대안에 집착하지 말고 선택의 폭을 넓혀라

일반적인 협상에서 관찰되는 문제점 가운데 하나는 유력한 한 가지 대안에 지나치게 집착한다는 것이다. 그러나 협상의 초기단계에서는 대두된 대안의 심도 있는 검토보다는 협상의 여지를 개발하는 데 집중적인 노력을 기울여야 한다. 협상의 여지를 개발한다는 것은 서로 성격이 다른 대안을 많이 개발하는 것을 의미한다. 훌륭한 연예인을 육성하기 위해서는 이미 있는 연예인을 키우기 보다는 아직 어린 초등학생을 두루 발굴하는 것이 더 중요한 것과 마찬가지다.

폭 넓은 대안을 많이 창출해 내기 위해서는 몇 가지 방안들이 동원될 수 있다.

먼저 갈등이 되는 문제가 무엇이 잘못되었는지, 현재 무엇이 문제가 되고 있는지를 먼저 파악하고, 그 문제를 진단하고 증후별, 원인별로 분류하는가 하면 가능한 전략이나 처방은 어떤 것이 있을 수 있는지, 문제해결을 위해 무엇을 해야 하는지 등을 차례로 생각하는 과정을 통해 다양한 아이디어가 창출될 수 있다.

두 번째는 여러 분야 전문가들의 서로 다른 눈을 통해 갈등문제를 보자. 다른 직업과 다른 규칙의 입장에서 그 문제를 비추어 보자는 것이다. 예를 들어 환경갈등의 경우, 다양한 대안을 개발하기 위해 환경전문가가 아닌 교사, 은행가, 의사, 성직자, 스포츠전문가, 주식시장 중개인, 경제학자, 조세전문가와 같은 사람의 눈을 통해 문제를 투영해 보자. 전혀 생각지 않던 대안이 창출되는 것을 쉽게 볼 수 있다.

세 번째는 다양한 합의 방법을 생각할 수 있다. 협상에서 완전한 최선의 합의가 어려울 경우에는 차선의 합의부터 시작할 수 있다. 예를 들면 문제의 실질적인 부분에 대한 합의가 어려우면 절차적인 부분에 대한 합의는 보다 쉽게 도달할 수 있다. 포괄적인 합의가 어려우면 우선 가능한 부분적인 합의는 가능하고, 무조건적인 합의가 어려우면 조건을 수반하는 합의는 가능하며, 구속력이 있는 합의가 어려우면 구속력이 없는 합의부터 해 나갈 수 있다. 이렇게 우선 합의가 가능한 부분부터 시작하여 어려운 부분으로 옮겨갈 수 있다고 생각한다면 더 많은 대안을 개발할 수 있다.

또한 위에서와 같이 합의의 정도뿐 아니라 합의의 범위를 세분화한다면 합의 가능성은 더욱 더 높아질 수 있고 이러한 대안은 더욱 많이 개발될 수 있을 것이다.

공동의 이해관계를 찾아라

협상 당사자들이 서로 다른 이해관계를 모두 만족시킬 수 있는 대안을 찾기가 쉽지 않겠지만 협상 당사자들이 조금씩 양보할 경우 불가능한 것은 아니다. 갈등을 해결할 수 있는 대안이 한 가지만 있어서 협상의 상대들이 그것을 나누어 가지는 것이 최선의 해결책이 아니라 개발된 다양한 대안들을 가지고 파이를 키움으로써 서로가 가지고 갈 수 있는 몫을 키울 수 있다.

우선 협상 당사자들의 공동의 이해관계를 확인하여야 한다. 공동의 이해관계란 협상 당사자들이 갈등에서 진정으로 원하는 것을 말한다. 이러한 진정으로 원하는 이해관계가 파악될 때 그것을 만족시킬 수 있는 대안의 강구가 가능해진다.

서로 다른 이해관계를 교환하거나 조정하는 과정이 필요하다. 협상 당사자들이 서로 다른 이해관계를 가지고 서로 다른 요구를 하고 있기 때문에 서로 원하는 것을 교환하거나 조정함으로써 당사자들의 요구사항을 최대한 만족시킬 수 있다. 서로 다른 것을 원한다는 차이점이 각 당사자들을 어느 정도 만족시킬 수 있는 여지를 만들어주고 있는 것이다. 주식시장에서 같이 파는 사람과 사는 사람이 동시에 존재한다는 것은, 서로가 믿고 기대하는 바가 다르기 때문에 거래가 발생하는 것과 같다고 할 수 있다.

상대방 입장에서 선택을 도와주어라

협상의 성공은 상대방이 당신이 원하는 대로 선택을 하는 것이기 때문에 당신이 협상에서 성공하기 위해서는 상대방의 선택이나 결정을 도와주어야 한다.

그러기 위해서는 상대측이 처한 다양한 상황을 고려하여야 한다.

즉 속한 조직의 상황, 결정자가 누구인지, 조직에서 협상당사자의 위치와 여건 등을 미리 알고 상대방이 쉽게 처신할 수 있게 하여야 한다. 따라서 상대방의 개인 상황, 조직 상황 등을 고려하여 상대방이 쉽게 선택할 수 있는 대안을 제공하여야 한다. 이러한 배려 없이는 협상의 장에서 합의하였다고 그대로 시행된다는 보장이 없다.

5. 공정한 선택기준과 절차를 정하라[54]

서로 만족하는 협상안을 원만하게 도출하기 위해서는 구체적인 대안에 대한 검토가 있기 전에 각 대안을 검토하고 선정할 기준과 절차를 사전에 정해야 한다. 그 이유는 그러한 객관적이고 공정한 기준과 절차가 사전에 정해지지 않으면 선정기준과 절차까지 같이 검토가 되어야 함으로 인해 협상은 한층 더 복잡한 양상을 띠게 될 뿐 아니라, 아무리 좋은 대안이 있다 하더라도 합의 기준이나 절차가 사전에 합의되지 않음으로 인해 합의자체에 큰 애로가 생기게 된다. 객관적이고 공정한 기준과 절차가 없다는 것은 결국은 당사자들의 의지와 힘에 의해 결정되어진다고 볼 수 있기 때문에 합의해 놓고 후회를 하거나 불만이 발생할 여지가 크다고 할 수 있다.

예를 들면, 혐오시설 설치를 위한 주민합의가 필요한 경우, 주민합의라는 기준이 무엇이냐 하는 것이다. 주민의 몇 %까지 동의 한 것을 합의로 볼 것이냐를 사전에 당사자끼리 합의해 놓지 않으면

---

54) Cloke, Kenneth & Smith,, Joan Gold, 2000, *Resolving Conflict at Work*, San *Francisco*, Josssey-Bass Inc.

나중에 주민투표를 실시해 놓고도 합의가 되었는지에 대해 서로 다른 이야기를 하게 되고 협상은 진전이 되지 않는다. 더구나 투표결과를 놓고 서로 자기에게 유리한 주장을 펼치는 상황이 전개되면 투표를 실시하지 않은 것만 못한 결과가 초래될 수 있다. 사전에 어떻게 누구를 대상으로 투표를 해서 몇 %를 획득하면 동의한 것으로 본다는 합의가 있은 후에 투표를 실시하여야 한다는 것이다.

공정한 합의 기준을 개발하라

일반적으로 공정하게 적용할 수 있는 선택기준은 양측의 의지와는 무관하여야 하고 정당성이 있고 실용적이어야 한다. 흔히 공공갈등에서 채택될 수 있는 대표적인 기준으로 시장가격이나 선례, 과학적 판단이나 동등한 대우, 전문성이나 효율성, 호혜주의 등이 동원될 수 있으나 다음과 같은 것을 참고할 수도 있다.

- 양측이 합동으로 전문가의 의견청취
- 결과나 처리의 평등성
- 상호 합의된 윤리적 기준이나 가치
- 우선순위의 설정
- 저비용의 우선
- 최소 시간의 우선
- 대안 간 교환의 원칙
- 사법처리 결과
- 전례나 전통
- 신규 구입비용과 대체비용의 차이
- 상호 합의된 계산공식(방법)에 따라

이 외에 구체적인 기준을 찾기가 어려운 경우에 다음과 같은
질문을 통해서 합리적인 기준을 모색할 수 도 있을 것이다.

- 문제 해결을 위한 최적의 대안을 찾기 위한 동원 가능한 기준은
  어떤 것이 있나?
- 무엇이 모든 안을 공평하게 할 수 있는가?
- 어떻게 양측이 원하는 것을 달성할 수 있는가?
- 다른 사람들은 이 문제를 어떻게 다루었는가?
- 법정으로 간다면 이 문제는 어떻게 될 것인가?
- 어떤 전문가의 의견이 유용할 것인가?
- 어떤 윤리나 가치기준이 고려되어야 하나?
- 왜 제시된 특정기준이 잘못 되었다고 생각하는가?
- 어떻게 하면 양측이 이겼다고 생각하게 할 수 있는가? 등

물론 이러한 기준을 탐색하고 선정하는 과정은 협상의 당사자들
이나 그 대표들이 공동으로 작업을 하여야 한다. 그 과정으로 통하여
선정의 타당성도 부여하지만 상대방의 이해관계를 더욱 가까이서
이해하는 계기가 되기 때문이다.

공정한 절차에 합의하라

합의 기준이 아무리 공정하게 선정되었다고 하더라도 그 기준을
적용하는 절차가 쌍방이 합의하는 공정한 절차가 아니라면 역시
불만의 원인이 되거나 만족하는 협상이 될 수가 없다.

가장 흔하게 이용되는 방법이 '한 명이 자르고 또 한 명은 고르는
방식'이다. 사과 1개를 놓고 어떻게 배분할 것이냐의 경우에 한
사람은 반으로 자르는 역할을 하고 한 사람은 선택권을 갖도록 하는

원칙으로 누구나 받아들이지 않을 수 없는 절차의 한 방법이다. 양측이 협상에서 각각의 역할을 결정하기 이전에 양측이 공정하다고 생각하는 대안을 놓고 협상하는 방법이다. 공공갈등에서도 한 사안을 두고 서로 많이 차지하겠다고 하는 경우에 그대로 원용할 수 있는 방법이다.

그 다음 절차상의 해결책을 모색할 때 흔히 사용하는 수단이 '차례대로 하기', '제비뽑기', '제3자에게 결정하도록 하기'다. 차례대로 하기에서 차례는 어떤 순서로 할 것인지만 정하면 가장 합리적인 절차 중의 하나로 손색이 없다. 제비뽑기나 동전 던지기, 기타운에 맡기는 방법들이 너무 임의적인 방법으로 객관적 논리가 결여된 것처럼 보일지 모르지만 근본적으로는 가장 공정한 방법들이다. 그 결과를 가지고 불공평하다고 이야기할 수도 있지만 동등한 기회와 확률이라는 측면에서 보면 공평한 방법이다. 제3자에게 맡기는 방법도 공동으로 결정을 해야 하는 경우에 변형시켜 사용할 수 있는 아주 좋은 절차다. 그 3자가 누구인지만 당사자가 합의하여 결정한다면 아주 유용한 절차다.

혐오시설 유치나 천안·아산지역 역명에 관한 천안시와 아산시의 갈등에서 양 당사자가 추천하고 동의하는 중립적인 인사로 구성되는 '선정위원회'를 구성하여 결정을 위임하도록 한 것은 아주 좋은 예다.

6. 협상력을 키워라

협상력이라고 하는 것은 협상에서 상대방의 결정에 영향을 끼칠 수 있는 힘을 말한다. 협상력이 있으면 그 만큼 자기의 이해관계를 상대방에게 설득시키기가 수월하고 자기의 이해관계에 보다 가깝게 합의가 이루어지도록 하는 데 유리하다.

그러나 협상력이 상대방을 위협하거나 상대방을 어려운 지경으로 몰기위한 수단으로 사용하는 위험한 도구로 전락할 수 있다. 잘 사용하면 협상을 더 쉽게 하는 촉매제로 작용하지만 잘못 악용되면 협상을 얕은 술수의 게임으로 전락시키는 속임수와도 같은 것으로 치부당할 수도 있다.

협상력은 물리적인 힘과 다르다

협상에서의 파워는 일반적인 물리적인 힘과는 다소 다른 속성을 가지고 있다. 대규모 국책사업을 추진하는 정부와 토지를 수용당하는 시골마을의 농부들이 어떻게 대등하게 협상을 할 수 있을 것인가? 겉으로 보기에는 힘의 균형에서 도저히 공정한 기반 위의 협상이 불가능하리라 예상이 되지만, 농민들이 정부의 조그마한 절차상의 하자를 지적하면 협상은 오히려 힘없는 농민들이 유리하게 주도해 나가는 모습을 볼 수 있다.

협상에서 힘은 가변적이고 유동적이다. 같은 갈등사안에서 협상

상대에 따라, 협상시점에 따라 커지기도 하고 작아지기도 한다. 정부의 협상력이 상대가 언론이냐 건설업체이냐에 따라 달라지고 공사가 시작된 뒤냐 시작하기 전이냐에 따라 달라지고 처음에는 강하던 힘이 시간이 지나면서 약해지는가 하면 그 반대인 경우도 있다.

협상에서 힘은 처음부터 주어지는 것이 아니고 주어졌다고 끝까지 지켜지는 것도 아니다. 없던 힘도 만들어 질 수 있고, 있던 힘도 없어진다. 갈등의 초기에는 아무 힘도 없던 농촌의 개별 농민들이 주변의 주민들을 규합하면서 집단의 힘이 만들어지고, 언론이 가세하면서 중앙정부의 장관이 시골 마을을 찾아 올 수 있게 하는 힘을 만들기도 한다.

그래서 협상에서의 힘은 협상과정에 많은 역동성을 부여하면서 많은 전략적 의미를 내포하고 있다. 협상력을 어떻게 활용하느냐에 따라 교착상태에 빠진 협상의 돌파구를 만들 수도 있고 불리하던 협상을 유리하게 전환할 수도 있으며 유리하던 협상이 갑자기 불리하게 뒤집히기도 하기 때문이다.

경쟁 상태를 만들면 힘이 생긴다

협상도 시장에서 가격이 결정되는 메커니즘과 비슷한 면이 있다. 즉 수요와 공급의 관계다. 내가 선택할 수 있는 대안이 많으면 나에게 힘이 생긴다. 반대로 상대방은 경쟁 상태에 놓이게 됨에 따라 힘이 약해진다. 다시 말해 선택할 수 있는 옵션이 많기 때문에 지금 협상하고 있는 상대와 굳이 협상을 하지 않더라도 다른 상대와 협상할 여지가 많기 때문에 큰소리치며 자기주장을 더욱 강하게 할 수 있다는 논리다.

쓰레기 소각장 건설에 반대하는 주민과 자치단체가 협상을 한다면 소각장 유치를 희망하는 지역이 한 곳도 없이 전부가 기피시설로 반대를 하는 입장이라면 해당지역 주민의 협상 파워는 강해지는 것이고, 만약에 소각장 시설이 그렇게 해롭지 않은 것으로 알려지면서 오히려 소각장 유치를 희망하는 지역이 많아져서 경쟁이 되는 상황이라면 협상에서 자치단체가 힘을 가지고 있다고 봐야 할 것이다.

따라서 실제 협상에서는 갈등을 조기에 원만히 해결하고자 한다면 이러한 경쟁의 원리를 적용하여 협상의 상대를 경쟁의 상태로 만들어 감으로써 협상을 빨리 또는 유리하게 이끌어 갈 수 있다.

그러나 반대로 상대방이 독점 상태이고 이쪽이 경쟁 상태라면 조속히 경쟁 상태를 해소하고 나만의 차별화 전략을 취하여야 할 것이다. 즉 상대가 선택할 수 있는 상대가 많더라도 내가 가지고 있는 대안은 다른 경쟁상대와는 다른 차별화된 것이라는 것과 상대가 나와 협상하지 않을 수 없는 이유를 개발하여 제시함으로써 이쪽의 경쟁 상태를 조속히 해소하여야 할 것이다.

정당성과 권위를 확보하면 힘이 생긴다

협상에서는 같은 내용이라도 포장을 잘 하면 또는 모양을 잘 갖추면 훨씬 유리하게 힘을 가지고 협상을 진행할 수 있다.

먼저 합법성이나 도덕성, 원칙과 관습과 같은 요인들을 갖추면 정당성을 인정받는다. 같은 자료나 행위나 사안이라도 합법성에 관한 요인, 도덕성과 관련된 요인을 갖추면 상대방으로부터 정당성을 인정받고 반대로 그 부분이 결여되면 정당성을 잃으면서 힘을 상실하게 된다. 아무리 설득력이 있는 대안이더라도 불법적인 것이나 부도덕한 것이라면 설득력을 잃게 될 것이고 입지가 그 만큼

좁아진다고 할 것이다. 공공갈등에서 아무리 억울하고 피해자라고 하더라도 불법적인 집단행동으로 협상력을 발휘하려고 한다면 행위의 정당성에서 입지를 상실하고 말 것이다.

또한 원칙과 관습에 근거하거나 그것을 준수하면 행위나 정보나 사례는 역시 정당성을 인정받아서 자료나 정보, 발언의 힘을 얻게 된다. 불확실한 상황이나 판단이 어려운 상황인 경우 전례에 따랐다든지, 사실상의 관습이 그렇다든지 하면 쉽게 정당성을 인정받을 수 있고 주장의 힘을 얻을 수 있다.

동시에 자료나 정보를 특별히 포장을 잘 함으로써 상대방에게서 권위를 부여 받을 수 있고 권위가 부여되면 협상에서는 힘이 생긴다. 준비한 자료나 제시할 정보를 이왕이면 수기로 직접 쓰는 것 보다는 활자매체를 활용한다든지, 표준양식을 사용한다든지, 가급적 공식적인 직인을 찍는다든지 해서 협상에서 유리한 힘으로 작용하도록 할 수 있다. 나아가 복장이나 외모도 협상자의 권위를 부여하는 중요요인으로 지적되고 있다.

그러나 상대방이 이러한 정당성과 권위로 포장을 할 경우에는 그 정당성과 권위를 과감히 도전하고 깨뜨려 볼 필요가 있다. 특히 관습이나 원칙 같은 경우에는 얼마든지 도전하여 깰 수 있고, 권위를 얻기 위해 포장된 것은 그 껍질을 벗기고 실체를 제대로 이해함으로써 그 권위에 도전해 볼 필요가 있다. 잘 포장된 자료나 정보더라도 그 실체는 큰 차이가 없기 때문이다.

전문성, 정보, 시간은 협상력의 원천이다

협상에서 갈등사안에 대한 해박한 지식과 고도의 전문성, 정보력을 갖추면 협상에서 우위를 점할 수 있다. 아는 만큼 보인다고 하듯이 전문성을 갖출수록 상대방을 앞서서 유도할 수 있고 발언에 힘을 실을 수 있다. 우리가 평소에 자동차 수리점에 가서 기름기 묻은 젊은 기사의 값비싼 부품을 교체해야 한다는 한마디를 거역할 수 없는 이유는 그 사람의 전문성을 인정하기 때문인 것과 마찬가지다. 공공갈등에서도 상대방을 압도하는 전문성과 정보력만 구비할 수 있다면 협상은 얼마든지 유리한 국면으로 전환할 수 있다.

또한 협상에서는 시간을 잘 활용하면 큰 힘이 된다. 보통 협상은 마감시점이 있기 마련이다. 일반적으로 시간적 여유가 많은 측이 협상에서는 유리하다고 할 수 있고 시간에 쫓기는 측이 불리하다고 할 수 있다. 마감시간에 쫓기는 측은 결론을 서두르게 되고 따라서 만족하지 못한 결론도 수용하고 마는 우를 범하기 쉽다.

따라서 상대방의 마감시간을 아는 것은 아주 중요한 전략적 의미를 갖는다. 마감시간을 알 경우 시간이 있는 협상초반에는 여유를 부리다가 마감시간이 임박한 시점에서 협상의 핵심 사안을 집중 협의하면서 상대방의 양보를 쉽게 얻어내려고 하는 경우가 자주 있다. 그래서 협상을 할 때는 우리 측의 협상시간 계획은 철저히 보안에 부쳐져야 한다.

한편 협상시점을 언제로 하느냐에 따라 유리하고 불리함이 갈리기도 한다. 시장에서 야채구입을 아침에 하느냐 늦은 저녁시간에 문을 닫기 직전에 하느냐에 따라 가격협상의 여지가 달라지고 에어컨을 여름에 구입하느냐 겨울에 하느냐에 따라 협상의 힘이 달라지듯이, 직장에서 결재시간에 따라 상사의 결재를 받느냐 못 받느냐가 있듯이 시간만 전략적으로 활용하더라도 같은 사안의 협상에서 훨씬 유리한 위치를 점할 수 있다.

또한 협상에서 일반적으로 협상의 막바지에 하는 양보와 자포자기상태를 주의하여야 한다. 일반적으로 사람들은 협상 초기에는 문제의 핵심쟁점에 대한 심도 있는 검토보다는 주변상황에 대한 가벼운 접근이나 탐색을 하는 데 대부분의 시간을 보내고 마감시간이 임박해서야 핵심사안에 대한 본격적인 논의를 시작하고 조급하게 합의를 보려고 하는 속성을 가지고 있다. 이럴 경우 문제가 되는 것은 마감 시간 내에 합의를 해야 한다는 강박관념 때문에 쉽게 양보를 하는 경향이 있다는 것이다. 협상을 하는 입장에서 보면 상대방의 이러한 상황을 적극 활용하여야 하겠지만 자신은 이러한 상황에 처하지 않도록 주의하여야 할 것이다.

세(勢)를 불리면 힘이 생긴다

협상에서 이해관련자가 많은 쪽이 힘을 얻을 수 있다. 협상결과에 영향을 받는 사람이 많다는 것은 상대방 입장에서 보면 그 만큼 합의될 결과에 신경을 쓰지 않을 수 없게 된다. 상대방에게 심적인 부담을 주게 된다.

따라서 보통 협상의 타결이 임박하여 협상당사자들에게 심리적 압박을 가하기 위한 수단으로 수많은 사람들이 모여 세를 과시하면서 집단행동을 하는 것을 볼 수 있다. 노조가 단체행동을 하면서 산별 노조, 지역별 노조, 전국노조로 연대하여 행동을 하는 것도 마찬가지다.

그러나 이러한 집단행동이 순수한 협상의 힘을 부여하는 차원을 넘어 논리가 없고 상대방에 대한 설득력이 없는 집단이기주의로 발전하는 경우에는 협상의 차원이 아닌 대립과 투쟁의 장으로 변하고 만다. 어디까지가 합리적인 협상의 장이고 어디까지가 억지의 불법적 투쟁의 장이냐 하는 것은 아주 어려운 판단이지만, 그야말로 상호 신의성실의 원칙에서 판단할 수밖에 없을 것이다.

공공갈등에서 자신들의 주장을 관철하기 위하여 집단행동을 자주 한다. 합법적이고 합리적인 방법으로 하는 경우도 많지만 많은 경우 불법적이고 파괴적인 행동도 불사한다. 협상의 상대방도 이해하는 합리적인 주장을 합법적인 방법으로 하는 것은 이해가 되지만, 파괴적이거나 불법적인 집단행동을 협상력을 키우기 위한 건설적인 전략이라고 말할 수는 없을 것이다.

7. 까다로운 상대와는 이렇게 협상하라[55]

가. 개인적으로 받아들이지 말고, 감정적이 되지 말자.
나. 사전에 충분히 준비하라.
다. 막 받아 치지 말고 우회하라.
라. 당신의 아이디어를 방어하지 말고, 상대방에게 비판과 조언을 구하라.

대중은 왜 분노하는가?

공공 협상을 성공적으로 이끌어 가기 위해서는 가장 먼저 왜 공공의 이익을 추구하기 위해서 진행하는 일에 대하여 반대하는 사람이나 그룹이 생겨나는지에 대한 이해를 할 필요가 있다. 사람들이 반대하며 자기 목소리를 높이는 근본적인 이유는 크게 네 가지로 나눠볼 수 있다.

---

55) Shapiro, Ronald M & Jankowski, Mark A. 2000. *The Power of Nice*, New York, The Spieler.

① 직접적인 손실이 원인이다

사람들은 예기치 못한 손실에 대하여 분노한다. 공공 정책의 집행자들이나 기업의 경영자들은 자신의 책임 하에 과제를 수행하는 과정에서 예기치 못한 사고를 접하게 된다. 이와 같은 사고가 원인이 되어 다중에게 손실을 입혔을 경우 손실을 입은 대중은 정책기관이나 기업을 향하여 민감하게 반응한다. 이와 같은 일들은 같은 패턴으로 반복되는 모습을 쉽게 찾아볼 수 있다. 배수처리 시설이 제대로 갖춰지지 않는 지역에 매년 찾아오는 홍수로 인하여 재산상의 피해를 입은 주민들이 관련기관을 상대로 손해 배상을 요구하면 집단행동을 하는 것은 직접 입은 손실 때문에 분노하기 때문이다.

② 위험을 감지할 때 반응한다

원전폐기물 처리장 설치를 둘러싸고 많은 반대의 목소리가 있는 것은 앞으로 일어날 수도 있는 장래의 위험에 대한 두려움 때문이다. 복잡한 과학적 이론을 이해할 수 없는 대부분의 보통 사람들에게는 위험이 없다는 설명으로만은 두려움이 없어지지 않는다. 물론 모험을 즐기는 일부 예외가 있지만 대부분의 사람들은 번지 점프와 같은 스포츠를 즐기지 않는다. 아무리 위험이 없다고 설명을 하고 실제로 안전을 위한 철저한 준비가 되어 있다고 할지라도 높은 곳에서 뛰어내리는 것은 위험하다고 생각하는 사람들의 생각을 바꿀 수는 없는 것이다. 타의에 의해서 자신이 위험에 처할 가능성이 높다고 생각할 때 위험의 원인을 제공하는 대상에게 반대하며 대립하는 것이 보통 사람들이다.

③ 자신의 신념과 배치될 때 분노한다

자신이 옳다고 믿고 있는 신념이나 사상 믿음에 반하는 사건을 만나게 되면 사람들은 거부하는 반응을 일으킨다. 손실을 입었거나 장래에 발생할 위험에 때문에 반대하는 사람들은 금전적인 보상이나 적절한 위험 예방 조치를 통해서 협상 타결을 이끌어 낼 수 있다. 그러나 신념에 반한다는 생각을 가지고 반대하는 상대방을 설득하는 일은 더 많은 인내와 끈기가 필요하며 창조적 해결 방법을 요구하는 일이다.

④ 협상의 전략으로 반대한다

반대하는 또 다른 원인은 표면에 나타난 주장과는 달리 자신이 진행하고 있는 협상을 유리하게 이끌어 가기 위한 일종의 작전일 수 있다. 주위의 관심을 이끌어 내기 위해서 혹은 상대방을 궁지에 몰아넣음으로 빠른 해결을 원하는 방법으로 분노하는 모습을 택하며 표현하는 것이다.

반대의 크기는 이럴 때 증폭된다

대중이 반대하는 원인은 손실을 입었거나, 위험에 노출될 가능성이 있거나, 자신의 신념에 반하거나 아니면 협상의 전략으로 활용하려는 생각이다. 그러나 이와 같은 원인 때문에 발생한 초기의 반대를 해결하는 것은 상대적으로 그렇게 어렵지 않다. 반대의 원인이 비교적 단순하고 명료하기 때문에 이를 중심으로 적절한 협상 방법을 찾아내서 진행하는 것이 가능하기 때문이다. 그러나 초반부의 단계를 잘못 다루면서 반대의 크기가 커지고 다양한 협상 참여자들의 감정적 대립과 반응이 나타나기 시작하면 협상으로 해결하는 방법이 더욱 어려워진다. 상대방의 반대와 분노를 어떻게 다룰 때 사태를 악화시키는지에 대한 원인을 찾고 이와 같은 대응방법을 피하는 것은 대중을 상대로 하는 협상의 가장 중요한 부분이 될 것이다.

① 약자라고 무시당할 때 반대는 분노로 바뀐다

힘으로 무장한 상대방으로부터 약자라고 무시당한다는 생각을 하게 될 때 반대의 목소리에 감정이 섞이는 분노로 바뀌게 된다. 손해를 입은 개인이 손해의 재발을 방지하고 적절한 보상을 요구해 왔을 때 고압적인 태도로 임할 경우 그 행위는 개인은 분노할 수밖에 없다. 위험이 있다고 믿고 있는 개인에게 복잡한 과학 이론을 제시하며 무식하기 때문에 잘못 알고 있다고 무시하는 모습 또한 분노를 일으킨다. 사람들은 대부분 인정받을 때 상대방을 인정하게 되고 무시 받을 때 상대방에게 감정적인 대응을 하게 된다.

② 속았다고 생각할 때 반대는 분노로 바뀐다

대부분 사람들은 상대방에게 속았다는 생각을 할 때 분노한다. 두 가지 이유 때문이다. 한 가지는 상대방과 나 사이에 신뢰감을 중심으로 하는 관계가 깨졌기 때문에 배신감을 느끼기 때문이다. 속았을 때 우리는 배신감을 느낀다. 또 다른 이유는 자신이 바보가 된 것 같은 느낌을 갖게 되기 때문이다. 누구나 자신이 바보가 되는 것을 원치 않는다. 스스로 지적이고 논리적이며 합리적인 똑똑한 사람이라고 생각하며 살아갈 때 만족감이 커지는 사람들에게 타인이 나를 바보로 만들었다고 하는 것은 참기 힘든 모욕이다. 장기적 관계 설정에 치명적 장애가 되는 배신감과 모욕감은 상대방으로부터 속았다는 생각을 하게 될 때 생기는 감정이다.

개인적으로 받아들이지 말고 감정적이 되지 말자

까다로운 협상자들은 쉽게 감정적이거나 충동적이다. 의도적으로 그럴 수도 있고 천성적, 습관적으로 그러기도 한다. 이때 상대방마저 감정적이 되거나 섣불리 맞대응을 하면 쌍방이 쉽게 흥분이 되고 평정을 잃어버리게 되어 협상은 파국으로 치닫는다.

상대방의 입장을 공격하지 말고 그 입장의 이면을 보라. 상대방의 힘에 저항하려 하지 말고 그 힘을 긍정적으로 바꾸어 이해관계를 탐구하고 상호이익이 되는 옵션을 창안해 내고 독립적인 기준을 찾도록 한다. 상대방이 자신의 입장을 내세울 경우 그것을 받아들이지도 말고 거부하지도 말며, 그것을 단지 하나의 가능한 대안으로 생각한다.

상대가 분노하면 그 원인부터 찾도록 하자. 어려운 이야기인지 모르지만 상대방이 극도의 감정적인 표현으로 공격을 하고 있는데, 차분히 이성적으로 그 원인을 찾는다는 것이 어려운 일이지만 절대 감정적인 공격에 감정적으로 대응해서는 안 된다. 무엇이 그들을 화나게 만들었는지 화나게 하는데 내가 잘못한 것은 없는지, 다시 협상을 재개할 수 있는 방법은 없는지 등의 방안을 찾아야 한다. 상대방의 분노에 대응은 하되 요구에는 대응하지 말아야 한다.

사전에 충분히 준비하라

협상자가 평범하지 않고 까다로울수록 더 많은 준비를 해야 한다. 비공식적인 접촉의 기회를 찾는 일, 갈등이슈 외에 공통의 관심사를 찾는 일, 상대방의 예측하지 못한 행동에 대한 대비책의 강구 등과 같은 준비를 사전에 충분히 함으로써 까다로운 협상자를 대상으로 만족하는 결과를 창출할 수 있다.

맞받아치지 말고 우회하라

보통 사람들은 감정이 고조하는 경우 즉각적으로 반응하는 경향이 있다. 상대방이 감정적일 때는 우선 바로 감정적으로 반응하지 말아야 한다. 모든 과정을 멈추고 잠시 휴식을 가진다. 그리고 감정적인 것을 벗어날 수 있는 무언가를 하면서 상대방이 당신에게 무엇을 원하는지를 분석하라. 분석을 하는 순간 감정이 사라지고 이성이 들어설 것이다.

직선적으로 감정이 대립될 때는 직접 맞서기 보다는 우회하는 지혜를 발휘해야 한다. 정면으로 대결하는 것 보다는 지그재그로 나가면서 누그러뜨릴 필요가 있다. 결국은 그것이 자신들이 원하는 목적지로 갈 수 있는 효율적인 방법이다.

당신에 대한 인신공격은 갈등이슈에 대한 공격으로 바꾸어라

상대방이 당신에게 인신공격을 할 경우, 역공을 하고 싶은 유혹을 뿌리치고 뒤로 한발 물러서서 그가 하고 싶은 말을 다 하도록 내버려둬라. 상대방으로 하여금 열기를 발산하도록 해 준다. 그리고 그의 말이 끝나면 당신에 대한 인신공격을 문제 자체에 대한 공격으로 바꾸라.

상대방이 받는 스트레스나 압력을 인정하고
이해하도록 노력하라

상대방이 까다로운 데에는 이유가 있을 것이다. 성격과 같은 선천적인 이유도 있지만, 주위의 요인에 의하여 그렇게 되는 경우가 많다는 것이다. 이 경우 상대방이 그렇게 된 이유를 알아서 그것을 이해하고 동정하는 계기를 마련함으로써 상대방의 까다로움이 관대

함으로 바뀌는 것을 볼 수 있다. 상대방의 까다로운 협상행태 저변에 깔려있는 진짜 이유를 밝힐 수 있는 질문을 하면서 우회해 보라.

그리고 당신도 비슷한 문제를 지니고 있음을 알리면서 스트레스 없는 사람이 어디 있느냐는 식의 공감대 조성을 통하여 상대방의 스트레스나 걱정거리를 인정한다. 단순히 그것을 인정해 주는 것만으로 상대방의 열기를 가라앉힐 수 있다. 상호 동질감을 확보하는 것이다.

체면을 세워 주도록 하라

상대방의 분노나 까다로운 행태는 대부분 감정적인 왜곡에서 촉발된 경우가 많다. 자기 자신보다는 주위의 눈 때문에, 또는 상대방에게 당한 감정적인 상처 때문에 정상적인 공감대 형성이 어려운 경우가 많다. 상대방이 빠져 나갈 수 있는 명분을 제공하든지, 주위에 체면을 세울 수 있도록 해 줌으로써 상대방에게 승리감을 안겨 줄 수 있다. 덜 중요한 것을 양보함으로써 상대방에게 승리감을 줘라. 그 대가로 나에게는 더 큰 승리가 올 것이다.

당신의 아이디어를 방어하지 말고 상대방에게
비판과 조언을 구하라

협상에서는 많은 시간을 서로가 상호 비판하는 데 소비한. 상대방의 비판을 반박하고 자신의 주장을 강조하기 보다는 오히려 상대방의 비판을 요청한다. 당신은 상대방에게 얻은 비판으로 당신의 아이디어를 개선함으로써 합의를 하는 데 장애가 되었던 그 비판을 합의과정의 필수요소로 변화시킬 수 있다. 상대방도 비판을 요청받음으로써 무조건적인 비판보다는 보다 책임 있는 답을 연구하고 나아가 그 문제를 공동으로 해결하는 듯한 자세를 가지게 됨으로써 상호 동반자관계가 촉진될 수 있게 된다.

8. 약자 입장에서 협상하기[56]

가. 협력자와 연계하라.
나. 위기를 조성하여 기회를 만든다.
다. 캐스팅 보트(Casting Vote) 상황을 만들어라.
라. 벼랑 끝 전술도 필요하다.

협상을 대등한 입장에서 대등한 관계로 하면 좋겠지만 현실은 그렇지가 못하다. 많은 경우 여러 가지 불리한 상황에서 협상을 해야 하는 경우가 있다. 협상이 여건에 의하여 그 결과가 정해진다면 협상의 전략은 무의미해 진다. 전략이 전략으로서 의미를 갖기 위해서는 불리한 여건에서도 이기고 유리한 여건에서도 질 수 있는 역동성이 있을 때 그 의미가 커진다고 할 수 있다. 어떻게 상대적으로 불리한 여건에서 유리하게 협상을 할 수 있을까?

특히 공공갈등에서는 정부와 공공기관을 상대로 협상을 한다고 할 경우, 사람들은 대부분 공공기관과 협상을 과연 제대로 할 수 있겠느냐고 한다. 정보나 영향력, 전문성, 파워에 이르기까지 대부분의 여건이 공공기관에 비하여 상대적으로 불리하다는 것이다. 시민단체나 일반 주민들이 어떻게 협상이라는 말조차 할 수 있겠느냐라는 것이 현실의 인식이다.

---

56) 박선철, ≪한국형 협상의 법칙≫, 원엔원북스, 2004, 178~195쪽

협력자와 연계하라

강한 상대를 상대하기 위해서는 약자는 우선 힘을 모아야 한다. 비슷한 처지의 협력자를 모아 전략적 제휴를 함으로써 흩어진 작은 힘을 한 군데로 모을 수 있다.

협상팀을 보강하는 것도 필요하다. 대부분의 협상은 개인보다는 몇 사람의 팀 단위로 한다. 이 경우 개인의 자질도 중요하지만 그보다는 유능한 팀원들이 확보되어야 한다. 협상팀을 보강하여 외부의 전문가나 갈등상황에 익숙한 사람을 보강하는 것도 필요하다. 특히 갈등문제에 대한 최고의 전문가를 초청함으로써 취약한 입지를 보강할 수 있다. 당신이 직접 전문가가 될 필요는 없다. 필요하면 민간의 변호사, 회계사, 건축사, 환경전문가, 해당분야 교수, 의사 등을 초청하여 팀을 보강하라. 전문가는 당신의 취약성을 다른 식으로 평가해 줄 것이며 당신이 간과했거나 당연하게 여겼던 협상에 대해 창의적인 해결책으로 골리앗인 상대방을 압도할 수도 있을 것이다.

위기를 조성하여 기회를 만든다

힘이 약한 당사자는 절대로 직접 상대해서는 승산이 약하다. 제3자를 활용하여 외부에 위기를 조성하고 강한 상대방이 그 위기에 연루되게 만들면 의외로 협상의 입지가 강해질 수 있다.

몰타(Malta)라는 35만 인구의 작은 지중해의 나라가 강대국 영국을 상대로 한 군사기지 협상에서 나토회원국과 구소련을 협상의 파트너로 끌어들여 경쟁과 위기상황을 연출함으로써 불리한 협상여건을 극복하고 이전보다 훨씬 유리한 조건으로 군사기지를 제공하게 된다. 국력이 약한 북한이 핵문제를 가지고 초강대국 미국과 협상을 시작하면서 그 열세를 극복하기 위하여 6자 회담이라는 틀을 만들어 한국, 일본, 중국, 러시아를 활용하여 위기를 조성하고 기회를 창출함으로써 약한 협상입지를 확보하고 미국과 대등하게 협상을 하고 있다.

캐스팅 보트(Casting Vote)의 상황을 만들어라

불리한 입장의 협상당사자는 단독의 힘으로는 약하지만 다른 당사자와 힘을 합칠 때 강한 상대방보다 더 큰 힘을 발휘할 수 있다. 우리 주위에서 보아온 예 가운데 하나가 정치권의 연합정치행태 중에서 소수 정당이 과반수가 안 되는 여당과 역시 과반이 안 되는 야당 사이에서 사안에 따라 때로는 여당과 연합하고 때로는 야당과 연합함으로써 그 어느 정당보다도 강한 협상력을 발휘한 적이 있었다.

공공갈등에서 시민운동단체나 환경운동단체는 비록 단체의 크기나 사람 수에서는 적지만 캐스팅 보드 입장을 잘 만들면 얼마든지 협상력을 발휘할 수가 있다. 협상력이 약하다고 지레짐작으로 포기하지 말고 약자의 강점을 최대한 활용할 수 있는 기회를 찾아야 한다.

벼랑 끝 전술도 필요하다

불리한 협상자가 유리한 협상자에게 극단적인 최후의 대안을 제시하면서 상대방을 압박하는 방법이다. 의외로 강자를 상대로 한 약자의 벼랑 끝 전술은 성공가능성이 높다. 왜냐하면 실패하더라도 약자가 잃을 것은 별로 없으며 성공했을 경우에는 많은 것을 얻을 수 있기 때문이다. 그러나 강자는 성공했더라도 약자를 상대로 한 협상인 만큼 비난을 받을 가능성이 높기 때문이다.

공공갈등에서 거대한 공공기관이나 대기업을 상대로 자기의 주장을 관철하기가 어려운 경우 이러한 극단적인 방법으로 자기의 주장을 관철하고자 하는 경우가 많다. 도로 터널공사의 중단을 요구하며 단식을 한다든지, 아파트철거 저지를 위하여 크레인 위에서 목숨을 걸고 농성을 하는 경우나 공사 중단을 요구하며 삼보일배 행진을 하는 경우 등이 이러한 벼랑 끝 전술에 해당된다.

그러나 이러한 전략은 이해관계를 관철하기 위한 극단적인 투쟁 전략으로 바람직한 방법은 아니며, 갈등은 가급적 그 이전단계에서 합리적인 절차와 방법으로 신뢰를 갖고 대화와 공감대 조성으로 다양한 창의적인 대안을 개발하고 상호 협의의 과정을 거쳐 해결하는 것이 가장 바람직하다.

9. 협상의 이면을 간파하라

협상 당사자는 누구를 대표하는 대리자이든 아니든 간에 한 사람이다. 그 사람은 협상 당사자로서 협상테이블에 와 있지만 가만히 따지고 보면 한 사람의 개인으로서 개인적인, 인간적인 여러 가지 욕구와 관심사들이 있을 수 있고 겉으로 드러나지 않는 내면의 다양한 모습을 가지고 있을 수 있다.

따라서 협상테이블에서는 겉으로 제기된 공식적인 의제 외에 개인적인 또는 그 사람이 속한 조직의 특성에 따른 제반 요인들에 대한 검토가 필요하다. 예를 들면 협상 당사자들은 공식의제에 관해 협상을 하기위해 여기에 있지만 그 사람들은 공식적인 협상대표이전에 한 개인으로서 희망사항이나 욕구가 있을 것이고 그 사람이 속한 조직의 상황이나 논리를 무시할 수 없는 존재일 것이다. 공식적인 협상의제가 원만하게 합의가 되는 것을 연구하는 입장에서는 이러한 협상자들의 이면을 헤아리고 이해할 줄 안다면 공식적인 협상을 훨씬 수월하게 접근할 수 있을 것이다.

공식적인 의제는 대부분 그 상황이 표면에 드러나기 마련이다. 그러나 개인적인 이면이나 그 개인이 속한 조직적인 상황은 공식적으로 드러나지 않는 요인들이다. 겉으로 드러나지 않는 요인들이 감안되고 배려될 때 의외로 부드럽게 협상이 진행될 수 있고 쉽게 합의에 도달할 수도 있다. 비공식적인 요인들이 개인들의 인간적인, 감정적인 요인들을 자극함으로써 공식적인 의제의 접근을 더 쉽게 해 주기 때문이다. 흔히 협상이 교착상태에 빠졌을 때 비공식적인 회동을 하라고 권하는 경우가 있다. 같은 맥락에서 인간의 개인적인, 비공식적인 관심부분에서 더욱 쉽게 공감대를 만들어 볼 수 있다는 것이다.

이러한 비공식적인 요인들은 개인의 관심, 희망, 욕구와 관련이 있거나 속한 조직이나 사회에 관계된 요인들로서 다음과 같은 것들을 지적할 수 있다.

- 갈등 당사자들의 개인적인 성격, 개성, 자신만의 행동유형들
- 갈등 당사자들이 가지고 있는 개인적인 감정들
- 개인적으로 추구하고 있는 이해관계, 욕구, 희망사항들
- 개별적인 자아인식이나 자기 존중의식
- 겉으로 드러내지 않은 개별적인 기대감
- 과거로부터 쌓인 감정이나 미해결의 과제들
- 소속한 직장이나 조직의 영향
- 사회 문화적 배경

따라서 협상을 전문적으로 잘 하기 위해서는 공식적으로 거론되는 갈등쟁점 외에 위에서 예시한 보이지 않는 협상자의 이면을 간파하여 만족시켜 주거나 이해관계를 같이 함으로써 훨씬 쉽게 상대방과 공감대가 만들어 질 수 있고 상호 만족하는 대안도 찾을 수 있을 것이며 따라서 내가 원하는 바도 보다 손쉽게 얻을 수 있을 것이다.

6. 협상에 의한
공공갈등 해결 사례

1. 수도권 대기환경개선
특별법 제정 과정

1. 문제 제기

수도권 대기환경개선특별법은 대기환경개선 목표, 지역배출허용총량 할당, 저공해자동차 보급 확대, 매연여과장치 부착, 에너지 상대가격 조정, 무·저공해차 세제지원 등에 관한 내용을 담고 있는 법으로, 2003년 7월 관계부처·산업계·시민단체, 전문가의 합의를 거쳐 그해 12월에 제정된 법률이다.

이 법이 제정된 의미는 경유승용차의 국내 시판을 허용할 수밖에 없는 상황에서 대기질을 보전하고 개선할 수 있는 최소한의 제도적인 장치를 마련했다는 점이다. 이 법의 제정으로 2002년 5월 시민단체와 자동차업계 간에 경유자동차 국내시판을 둘러싸고 갈등이 빚어진 이후 여러 집단이 가세하면서 갈등이 확산되고 증폭되면서 2년 가까이 지속되던 갈등이 일단락되었다. 경유승용차의 국내 시판이 2005년부터 가능하게 되었고, 동시에 경유승용차에 의한 대기오염 악화를 방지할 수 있는 기틀이 마련된 것이다. 이는 경유승용차도 개발해야하고 대기오염 악화로부터 국민의 건강도 지켜야 하는 두 마리

토끼를 잡기 위한 노력의 소산이었고, 복잡한 이해관계를 지닌 여러 집단 간에 이루어진 협상과 타협의 산물이었다. 그러나 대화와 타협의 문화와 관행이 아직 정착되지 않은 우리사회에서 이런 결론에 도달하기까지의 과정은 결코 순탄치 않았다.

그동안 시민단체는 국민건강에 심대한 영향을 끼칠 수 있는 경유승용차의 국내 시판 허용은 대기오염 저감을 위한 종합적인 대책이 마련되지 않는 한 허용할 수 없다는 입장을 견지해왔고, 환경부는 경유승용차의 국내 시판의 불가피성은 인정하지만, 이와 동시에 대기오염 저감을 위한 제도적 장치가 마련되어야 한다고 주장해왔다. 이에 반하여 자동차 업계와 정부개발 부처는 날로 거세 가는 국내 경유차시장의 개방 압력에 대응하기 위해서는 타국에 비해 턱없이 높은 경유에 의한 배출가스의 허용기준을 국제적인 수준에 맞게 완화해야 하고 수출 경쟁력 제고를 위해 국내 경유승용차 시판을 허용해야 한다고 맞서왔다.

이런 갈등을 해결하기 위해 2002년 정부, 시민단체, 기업 등이 참여하는 <경유차공동위원회>를 구성하여 일부 경유차종의 국내시판 허용과 경유차에 대한 총량규제를 동시에 실시하기로 합의하였으나, 이해관계가 엇갈려 이 합의는 곧 무산되었다. 이후 여러 차례 합의 도출을 위한 시도가 이루어졌고 일정한 합의에 이르기도 하였으나, 입장 차이와 이해관계의 상충으로 합의는 계속 결실을 보지 못해왔다.

이런 과정에서 2003년 1월 시민단체와 환경부가 <경유차 환경위원회>를 구성하고 경유승용차 배출가스 기준, 연료품질 개선, 에너지 가격조정 등 대기질 개선을 위한 전반적인 대책이 담긴 합의문을 발표하게 된다. 이런 합의를 애써 무시하던 개발 부처들은 배출가스 허용기준이 낮아지지 않는 한 경유자동차의 국내시판은 불가능하다는 현실 인식을 기반으로 2003년 5월 30일 경제장관 간담회에서 경유승용차 배출기준을 국제수준으로 조정하고 2005년부터 국산경유자동차를 허용하되, 추가적인 대기질 악화 방지를 위해 수도권특별법을 제정하기로 결정한다. 합의가능성이 높아진 것이다. 뒤이어 관계부처·산업계·시민단체·전문가 등으로 합동 T/F를 구성하고, 협의·조정을 거쳐 2002년 이후 난항을 겪던 특별법안의 내용에 합의를 함으로써 수도권특별법이 탄생한다.

지금까지 대부분의 국가 정책의 입안이나 집행, 법안의 제개정은 국가의 고유권한으로 인식되어 공권력에 의해서 일반적이고 권위적인 방식으로 처리되거나, 공청회나 설명회 등과 같이 형식적인 요식절차만을 통해 이루어졌다. 이런 과정에서 소외된 시민사회는 이미 만들어진 정책이나 법에 저항하여 비타협적인 투쟁으로 맞서는 것이 일반적이었다. 그러나 수도권특별법의 제정과정은 처음부터 정부와 기업, 시민단체가 협의체를 구성하고 타협과 협상을 통해 합의점을 찾기 위해 노력해고, 우여곡절을 끝에 합의에 도달한 내용을 법안에 담았다는 점에서 우리에게 시사하는 바가 크다.

이 글에서는 갈등의 시작부터 수도권특별법이 제정되기까지의 과정을 시간의 흐름에 따라 기술하되 3번에 걸친 협의 과정에 주안점을 두고 전개해갈 것이다. 즉, 갈등의 발단에서 '경유차공동위원회' 구성과 경유차협약서 작성까지를 1단계, 협약서 파기, 공동위원회 해체부터 '경유차환경위원회' 구성과 합의문 작성까지를 2단계, 환경위원회 결정사항이 무시되고 갈등이 심화된 후 우여곡절 끝에 T/F를 구성하고 수도권특별법 제정에 이르기까지를 3단계로 나누어 각 단계별 주요 이슈와 이해관계자, 쟁점사항 등을 중심으로 살펴볼 것이다.

2. 갈등의 전개과정

갈등의 배경

① 대기오염과 경유차 국내 시판 허용 요구

우리나라는 호흡기 질환, 조기사망 등을 유발하는 미세먼지와 이산화질소 오염도가 OECD 국가 중 최하위이며, 오존주의보 발령횟수, 환경기준초과율 중 이산화질소, 미세먼지가 수도권에 집중되어 있다. 그 결과 대기오염으로 인한 사회적 피해비용이 연간 10조 원(2002년, 한국환경정책평가연구원)에 달한다는 조사가 있으며, 미세먼지에 의한 사망자수가 이미 매년 2,000명을 넘어섰고, 2020년에는 4,000명으로 증가할 것이라는 전망도 나오고 있다. 특히 수도권 지역은 선진국 주요도시는 물론, 국내 타지역에 비해서도 대기오염이 심각한 상황이다. 서울의 미세먼지 오염도는 선진국의 2~4배, 이산화질소 오염도는 1.5배에 달하고 있다. 미세먼지로 인하여 서울지역의 연평균 시정거리가 계속 감소하여 울산 등 공업도시에 비해서도 낮은 수준이다. 자동차, 인구는 물론, 에너지 수요가 지속적으로 증가할 것으로 예상되어 특단의 대책이 마련되지 않을 경우 대기오염의 악화로 인한 지역내 주민건강피해가 심화될 전망이다. 따라서 사후적인 농도규제에 의존하는 대기환경보전법 체계로는 수도권의 대기질을 효과적으로 개선하는 데는 한계가 있는 것으로 알려져 있다.

이처럼 대기 오염이 심각한 상황에서, 2002년 경유승용차 수출은 허용하되 국내수입은 금지되어 있어 유럽 등과 이에 대한 국제 통상 마찰이 발생하기 시작하였다. 이러한 통상마찰이 수출의 장애요인이 될 가능성이 높아지자 자동차업계는 정부에 경유승용차 시판을 허용해줄 것을 요구하기 시작하였다. 자동차업계를 중심으로 국내 경유승용차 시판에 허용이 이슈화되면서 이를 허용하자는 산업계 입장과 대기오염 배출량이 높아 반대하는 시민단체 및 환경부간의 이견은 커져 갔다. 국가발전을 위해서는 산업경쟁력 촉진과 환경보전 중 어느 가치를 더 중시할 것인지를 놓고 갈등이 증폭되기 시작하였다.

갈등의 전개과정

① 경유차공동위원회(2002.5~2002.9)

• 경유차공동위원회의 구성과 경유차협약서 작성

턱없이 높은 배출가스 기준치에 대한 자동차 업계의 반발 등으로 경유승용차 허용 문제가 본격 부각되기 시작한 것은 2002년부터다. 90년대까지만 해도 국내 업계는 유럽의 기술을 따라잡기에는 역부족이었고, 이에 따라 외국 경유승용차의 국내 진입을 막기 위한 고육책으로 자동차업계는 배출가스 허용 기준치를 높게 잡을 것을 정부에 주문했었다. 이런 현실을 감안해 정부는 지난 93년 시행규칙을 개정 (96년 1월 발효)하여 경유승용차의 허용치를 유럽보다 높게 설정한 데 이어 99년에는 유럽에서 커먼레일 방식으로 불리는 직접분사방식의 엔진이 개발되자 국내 기준을 쉽게 통과할 수 있을 것이라는 판단 아래 기상천외할 정도로 강력한 기준(작년 1월 시행)을 마련하였다. 이 기준은 km당 탄화수소 0.01g, 질소산화물 0.02g, 미세먼지 0.01g으로, 유럽연합이 2005년부터 시행키로 한 유로-4보다 각각 5배, 12배, 2.5배나 엄격한 세계에서 가장 높은 기준이었다. 국내 자동차 업계를 보호하기 위한 조치로 풀이될 수 있다. 그러나 유럽시장에 경유승용차 수출을 계속하면서 국내에는 높은 배출허용기준을 적용해 외국차의 국내 진입이 불가능하게 만드는 것은 부당하다는 국제적 압력 또한 높아졌다. 또한 어느 정도 기술력을 확보한 자동차 업계는 빠르게 증가하는 국내 경유승용차 시장의 확보를 주요 전략으로 삼는다. 이런 상황에서 자동차업계와 정부는 유럽의 배출가스 허용기준인 유로-4를 2005년부터 도입한다는 데 잠정 합의한다. 주요 신문에 자동차 제작사의 요청에 의해 환경부가 대기환경보전시행 규칙(101호) 수정 움직임이 있다는 보도가 나가자, 그때까지 대기오염의 주범으로 경유 승용차를 지목하고, 경유 승용차의 급격한 증가를 우려하고 있던 시민단체는 2002년 5월 전체 35개 단체 연명으로 경유차 문제에 대한 성명서를 발표하고, 정부의 경유승용차 기준 완화 의도와 정부와 기업의 밀실야합을 비판하며 경유차문제해결을 위한 공동대책위원회(경유차 공대위)를 구성하여 공동 대응에 나서게 된다. 이에 환경부는 규제완화의 불가피성을 시민단체에 설명하는 한편, 공동논의를 하자는 이들의 요구를 수용하여 정부, 업계, 시민단체 등이 포함된 <경유차 문제 해결을 위한 시민, 정부, 기업 공동위원회(경유차공동위원회)>를 2002년 5월 말 구성하고, 6월 24일 '경유차 공동위 이행협약서'를 작성한다.

〈경유차 공동위〉 협약서의 주요 내용

공동위원회는 우선 유해 배출가스가 많은 구형 경유 다목적차와 버스 등을 조기에 단종시키고 저공해 엔진의 장착 확대를 통해 오염물질 배출량을 삭감키로 한다. 이어 경유 다목적차 문제가 해결되는 대로 경유승용차 문제를 논의하기로 결정한다. 이에 따라 스포티지, 레토나, 갤로퍼, 트라제 XG 7인승 등을 단종시키고 카렌스는 올해 연말까지, 트라제

XG 9인승은 계속 생산하는 데 합의를 했다.

그 결과 7월 1일부터 다목적 자동차가 경유승용차로 분류됨에 따라 생산이 중지될 처지에 놓였던 산타페는 다목적형 자동차로 재분류되어 생산과 판매를 계속 허용하는 대신 갤로퍼 등 일부 경유차의 조기 단종과 배출가스의 대체삭감 등의 의무사항을 통해 대기질을 개선한다는 것이다. 현대와 기아차는 이 같은 내용을 골자로 한 이행계획안을 정부에 제출하고 정부는 이행상황에 대해 시민단체, 전문가와 공동으로 합동점검을 실시한다는 내용이다.

이런 협약이 가능했던 배경을 살펴보면 다음과 같다. 환경부는 경유차에 의한 대기오염이 계속 증가하자 2002년 7월 대기환경보전법 시행규칙을 개정하여 '경유차량 배출가스 총량제'를 도입할 예정이었다. 이 시행규칙이 발표되면 유해 배출가스가 많은 구형 경유 다목적차와 버스 등을 조기에 단종시켜야만 한다. 이런 규칙이 실행되면 당시 판매가 급증하던 산타페를 비롯하여 갤로퍼, 카렌스 등 현대와 기아에서 생산하고 있던 대부분의 다목적 경유차의 생산을 중단해야 된다. 현대로서는 그냥 넘길 수 없는 상황이었다. 반면에 환경단체는 대기오염문제 해결을 위해 자동차 배출허용기준 강화, 자동차 수요 및 운행의 억제 방안 등 자동차정책 전반에 대한 재검토와 대기오염의 주범으로 지목되고 있는 경유자동차 문제와 관련 다목적 경유자동차의 기형적 증가추세를 억제할 수 있는 방안을 정부에 계속 요구하고 있는 상황이었다. 협약서는 이런 기업의 요구와 환경단체의 요구를 결합한 타협안이었다.

즉 2001년 5만 대 이상을 판매했던 싼타페의 국내 판매를 계속할 수 있도록 허용하는 대신, 싼타페가 배출하는 오염물질에 대해서는 현대가 생산하는 다른 차종에서 삭감해 총량적으로 오염물질 배출량이 증가하지 않도록 현대 갤로퍼와 기아자동차 레토나 스포티지 등 다른 경유차량은 단종한다는 것이다. 판매가 급증하고 있는 산타페를 살리기 위해 차량 분류기준을 바꾸는 대신 판매가 미미하고 오염을 과다 배출하는 차량에 대하서는 단종조치를 함으로써 자동차 산업도 살리고 환경단체의 요구도 일부 수용한다는 것이다.

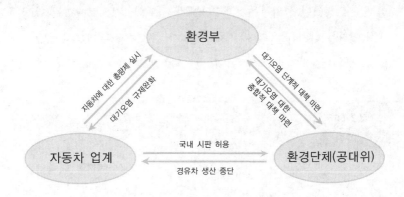

• 경유차 공동위원회의 해체와 협약서 파기

그러나 협약서를 발표하자, 현대는 갤로퍼의 조기 단종에 대해 이의를 제기하며, 공동위원회 합의 과정에 참여했던 자사의 협상 대표를 제명처분하고, 협약서에 합의한 바 없다고 주장하게 된다. 이에 대해 시민단체와 환경부는 현대·기아차가 아직 최종 합의에 이르지는 않았지만 이행계획서를 공문으로 보낸 만큼 사실상 합의의 효력을 갖는 것이라고 주장하며 맞서게 된다.

이런 와중에서 산업자원부가 이행협약서에 법적 근거가 없다며 규제개혁위원회(규개위)에 심사를 요청하고, 규개위가 2002년 9월 경유 다목적자동차 관련 협약서가 규제법정주의에 위배된다는 이유로 시정을 권고하는 유권해석을 내린다. 이에 시민단체(경유차 공대위)는 공동위원회로부터 탈퇴를 선언하고, 공동위 활동은 중단된다.

　시민단체는 당시 "삶의 질을 개선하기 위해 자발적으로 합의한 협약서가 왜 행정규제에 해당하는지 상식적으로 납득할 수가 없으며 특히 산업과 경제분야의 부처가 환경분야에 유권해석을 한다는 것 자체가 촌극에 불과하다"며 규개위를 강력히 비판하고, 규제위에 심사를 요청했던 산자부는 "환경단체가 정부의 주요 정책결정 과정에서 입장을 나타내는 것에는 찬성하지만 결정과정 주체로서 협약서를 작성하는 것은 문제가 있다"고 주장했다.

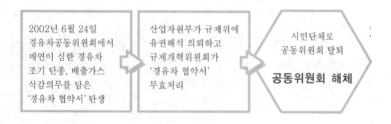

② 경유차환경위원회(2002.9~2003.5)

• 경유차환경위원회의 구성과 2월 14일 협약서의 탄생

　2002년 6월 합의된 공동위원회 협약서가, 현대의 갤로퍼 조기 중단에 대한 반발과 규개위의 결정에 대한 시민단체의 반발과 공동위 탈퇴로 해체된 뒤, 10월 환경부는 규제개혁위원회에 '경유차 협약서' 수정안을 제출하였으나, 시민단체는 환경부에 합의가 파기 되었지만 원안대로 해당차종(싼타페, 카렌스 II 포함)들을 단종할 것을 요청하게 된다. 규개위는 수정 '경유차 협약서'를 인정하게 되지만, 시민단체는 공동위 탈퇴를 하였으므로 근거가 없다고 판단, 수정한 '경유차 협약서'를 인정하지 않게 되면서 갈등이 심화된다.

자동차업체들은 '경유 승용차가 수출 경쟁력을 갖추려면 내수기반이 있어야한다'는 논리로 정부에 배출허용기준을 유럽수준으로 현실화해서 경유 승용차의 국내 시판이 가능하게 해 줄 것을 요구하고 나섰다. 그러나 시판 허용 시기와 방법 등 각론에서는 업체들끼리도 의견이 엇갈렸다. 이미 경유 승용차를 개발해 유럽에 수출하고 있는 현대·기아차가 2004년부터 우선 유로-3(당시 유럽연합 배출가스기준)에 적합한 경유 승용차의 시판을 허용하라고 주장한 반면, 경유 승용차개발이 늦은 지엠대우, 르노삼성차, 쌍용차 등 나머지 3개사는 유로-3 단계를 거치지 않고 2006년부터 유로-4(2006년 시행예정 유럽연합 배출가스 기준)를 적용해야 한다고 주장했다. 유로-3 기술이 갖춰지지 않았던 타자동차업체들은 2004년에 유로-3을 적용한다는 것은 선발업체인 현대·기아차에게 특혜를 주는 것이라고 반발했다. 이에 대해 시민단체는 경유 화물차만으로도 미세먼지(PM) 농도가 경제협력개발기구(OECD) 국가 가운데 가장 높을 정도로 대기오염이 심각한 상태에서 경유 승용차까지 시판할 경우 대기오염도가 급격히 높아질 것이라며 반대했다.

　　이런 가운데 2002년 12월 경제장관회의에서 경유차 내수판매 허용에 관한 논의가 시작된다. 대기오염에 대한 아무런 전제나 준비가 없는 상태에서 논의가 시작된 것이다.

　　환경부와 시민단체는 경제부서의 경유차 내수판매 허용 움직임에 대한 대응으로 2003년 1월 11일 환경부, 시민단체, 전문가 등 15인으로 구성된 <경유차 환경위원회>를 구성한다. 경유차환경위는 1차례의 공개토론회와 8차례의 회담을 거쳐 2월 14일 경유승용차 배출가스 기준치, 연료품질 개선, 에너지 가격조정 등 대기질 개선을 위한 전반적인 대책이 담긴 합의문을 발표한다.

경유차환경위원회 합의문의 주요 내용

- 대기오염 저감을 위해 미세먼지 환경기준 강화, 제작차 배출허용기준 강화, 운행차 관리 대책 강화
- 무공해·저공해차 보급, 저공해 연료를 사용하는 차량에 세제감면
- '06. 7월까지 휘발유 : 경유 : LPG의 상대가격을 100 : 85 : 50 수준으로 조정,
- 「수도권대기환경개선에관한특별법」을 조속히 제정
- 이런 것들이 충족된다면, 2005년 유로-3[57]와 유로-4 차량 판매에 50 : 50이라는 쿼터제를 적용하거나, 매연저감장치(DPF)를 장착한 유로-3 차량을 유로-4차량과 동시 판매

- 경유차환경위원회 합의문 무력화 시도

그러나 2003년 3월 27일 경제정책조정회의에서 경유차 환경위원회가 2005년 경유승용차를 허용하는 전제조건으로 제시한 휘발유·경유·LPG 상대가격 조정, 수도권특별법 제정 등에 대해 구체적인 일정을 제시하지 않는 등 당초 합의보다 후퇴한 상태에서 경유승용차 허용방침만이 발표한다. 민관 협의회에서 결정된 사항이 협의없이 누락되자 환경부는 경유승용차 허용을 위한 '대기환경보전법시행 규칙개정안'의 입법예고를 거부하기에 이르렀고, 시민단체는 대기오염에 대한 언급없이 경유승용차의 국내시판 최종 결정을 내린 것을 비난하며, 환경부, 재경부를 연달아 항의방문하고, 반대집회 개최 및 반대성명을 발표하였다. 경제부처의 경유승용차 시판 허용 방침에 산업계는 경유승용차의 기술개발 정도와 국내외 경쟁력의 차이에 따라 찬반으로 나뉘고, 배출가스 허용기준을 유로-3 기준에

---

57) 유로-3과 유로-4는 유럽 자동차 업계의 배출가스 기준을 일컫는 것으로 유로4는 유로3보다 질소산화물과 미세먼지 등의 배출가스 허용 기준이 2배 강화된 수준이다.

맞춰야 하는 정유업계는 반대입장을 내놓으면서, 시민단체와 환경부, 경제부처 간의 갈등 뿐 아니라, 자동차 업계 간의 갈등, 산업계 내부의 갈등이 겹치면서 복잡한 양상을 띠게 된다.

③ 수도권대기질 개선에 관한 T/F구성과 수도권특별법 제정 (2002.5~2003.12)

• 수도권대기실 개선에 관한 T/F구성

이해집단 간 갈등이 심화되고 있는 가운데 2003년 4월, 환경부 연두업무 보고에서 특별법 연내 제정방침을 보고하는 가운데 대통령은 대기오염은 국민건강과 직결되는 사항이므로 어떠한 대가를 치르더라도 특별법 제정을 관철할 것을 지시함에 따라 정부방침이 재검토되기 시작하였다. 그 결과 2003년 5월 30일 경제장관 간담회에서 특별법의 연내 제정에 합의하고, 에너지 상대가격의 조정방향 합의, 주요 쟁점사항에 대해서는 관계부처, 시민단체, 산업계 등이 참여하는 태스크 포스(Task Force)를 구성하여 논의하기로 결정하고, 특별법의 구체적인 시행방안, 에너지 상대가격조정의 추진방향, 배출가스저감장치 부착 및 초저황경유에 대한 지원방향 등을 세부적으로 검토하기 시작하였다.

2003년 6월 산업자원부, 산업계, 환경부, 시민단체, 전문가 등이 참여하는 합동 T/F가 구성되었고, 9차에 걸친 논의 끝에 7월 25일 주요 쟁점사항에 대해 합의를 도출하게 된다. 그 합의 결과는 2003년 12월 31일 '수도권대기환경개선에관한특별법'의 제정 공포로 귀결되었다.

정부의 경유차 시판 허용 방침에 따른 이해관계자별 입장

환경부	개발부처가 휘발유·경유·LPG 상대가격 조정, 수도권특별법 제정 등 대기오염 저감을 위한 노력과 구체적인 일정을 제시하지 않는다면 경유자동차가 시판에 필요한 대기환경보전법 시행규칙의 개정과 배출가스 허용기준 완화를 하지 않을 것이다.
산자부, 재경부 등 경부 개발부서	경유 승용차 허용과 수도권 특별법 제정은 별개의 문제며, 준비가 되지 않는 수도권특별법을 제정하려 한다면, 차라리 경유차 국내시판을 없었던 일로 하겠다.
시민단체와 서울시	경유차환경위원회에서 합의한 에너지가격체계 조정과 수도권 특별법 제정,경유승용차 생산과 판매 쿼터제 실시, 매연후처리장치(DPF) 의 무장착 등 전제조건이 수용되지 않을 경우 정부의 경유승용차 허용을 절대 받아들일 수 없다.
기업	국내 자동차 업계는 경유 승용차 시판 허용에 대해 기본적으로는 수출경쟁력 확보 등을 이유로 긍정하는 분위기다. 다만 2005년 유로-3와 유로-4 동시판매 허용 부분에 대해서는 이해관계가 서로 엇갈린다.

'수도권대기환경개선에관한특별법'의 주요 내용

- 2005년 1월 1일부터 시행, 사업장 총량관리제는 시범사업 등 준비기간을 감안하여 2007년 7월 1일부터 시행
- 수도권대기환경관리위원회(위원장 : 국무총리)는 기본계획, 총량관리에 관한 사항 등을 심의.조정하는 역할
- 개발계획과 시·도별 대기환경관리계획이 통합, 통합적 접근(Policy Integration)의 방식으로 대기오염의 근원적인 해결
- 사업장에 총량관리제를 도입하고, 그 대상사업장에 대해, 저황유사용 의무화 면제 및 별도의 배출허용기준 적용 등 인센티브를 제공

- 저공해자동차 보급 확대를 위해 자동차 판매자에게 전기하이브리드 자동차, 천연가스 버스 등 저공해자동차를 일정비율이상 의무적으로 보급하도록 하고, 행정기관 및 공급기관이 새로이 자동차를 구매하는 경우 구매차량의 일정비율 이상을 저공해자동차로 구매

- 배출가스보증기간이 지난 경유자동차의 운행차 배출허용기준을 강화, 기준을 만족하지 못하는 자동차에 대하여는 배출가스저감장치를 부착하거나, 저공해 엔진으로 개조 또는 교체하도록 하고 있다.

④ 수도권 특별법 제정 이후

합동 T/F를 통해 휘발유에 비해 값싼 경유가를 선진국 수준(휘발유 : 경유 : LPG, 100 : 85 : 50)으로 현실화하기로 결정하였으나, 이 목표를 2007년까지 달성하려는 정부와 3년간 유예기간을 주면 그 사이에 경유승용차가 폭발적으로 늘어날 것이라는 주장을 하며 목표연도를 2006년으로 앞당길 것을 주장하는 환경단체 간에 의견이 대립하고 있다.

또한 경유가 인상을 요구하는 환경단체의 주장은 화물노조, 버스와 대중교통사업자와 운수사업자, 승합차 이용자들에게 반발을 사고 있다. 이에 대해 환경단체는 대기질 개선을 위해서는 경유가의 현실화는 불가피하고, 경유가 인상으로 발생하게 될 운수노동자들의 손실에 대해서는 정부가 가격 인상분에 대한 보완조치 등을 마련하여 보전해 줘야한다고 주장하고 있다. 그러나 정부는 예산상의 문제 등을 들어 어려움을 표시하고 있다. 또한 LPG업계의 경우 세제개편 재조정 기간이 길수록 경유승용차와 경유 판매량이 증가할 수밖에 없기 때문에 가급적 세제개편 조정기간을 짧게 해야 한다는 입장을 보이고 있다. 이런 가운데 정부는 2005년 7월 2007년까지

휘발유 : 경유 : LPG 가격비율을 선진국 수준인 100 : 85 : 50으로 개선하기 위해서 2005년 7월부터 경유가격을 연차적으로 인상해가기로 결정했다.

갈등의 전개 일시와 과정

일시	전개 과정	갈등형태
2000.10.	• 외국 경유승용차의 국내 진입을 막기 위해 경유승용차에 대한 기준 강화	
2001.	• 2001.4.10 : 현대, 카렌스 II 디젤 인증 신청(2002년 7. 1일 승차 분류 대상 차량) * 2002. 7. 1부터 차종분류 기준 변경에 의거 8인승 이하 RV차량이 승용차로 분류	
2002.3.~6	• 환경부 : 경유승용차 규제 완화에 대한 기업의 요구에 따라 환경부 경유승용차 기준완화 의사 발표(3월) • 환경단체 : 경유차 문제 해결을 위한 시민단체 경유차 공대위 구성(5월) • 공동위원회 구성 : 시민, 정부, 기업 〔경유차공동위원회〕 구성(5월) • 공동위원회 '경유차 공동위 합의문 발표'(6월 24일)	경유차 공동위 구성
2002. 7.~12	• 현대, 기아, 산자부 협약 비난 성명서 발표(8월) • 18일(수) 산업자원부의 협약파기와 규제개혁위원회 시정권고 등을 이유로 시민단체 〔경유차공동원회〕 탈퇴(9월) • 경유차 공대위는 환경부에 협약파기에 따라 원안대로 당차종(쌘타페, 카렌스 II 포함)들을 단종할 것을 요청하고, 감사원에 감사청구, 부패방지위원회에 규개위원장과 산업자원부장관 권력 남용으로 고발(10월) • 경유차 공대위, 무책임한 경유승용차 허용 반대 성명 및 집회(11월) • 기업, 정부, 시민단체 3자간 협약서 체결 촉구 공문 전달(8월) • 기아, 현대, 카렌스 II 지속 생산 판매 요청(12월) • 타 기업들, 기아와 현대에 대한 일방적인 인증 움직임에 반발(기업 간의 갈등 유발)(12월) • 환경부 : 카렌스 II 경유 단종 최종 발표(12월) • 경유차 공대위 : 현대/기아차 로비에 대한 비난 성명 발표(12월)	경유차공동위원회 해체와 갈등 표출
2003.1.~4	• 산자부와 업계를 제외한 민·관 공동 〔경유차 환경위원회〕 구성(1월)	경유차환경위원회

	• [경유차환경위원회] 합의문 발표(2월 14일)	
	• 경제부처, 경제장관간담회에서 저감 대책 없는 경유승용차 허용 방침 결정(3월)	
	• 경제정책조정회의에서 경유승용차 허용 방침 최종 결정(3월)	구성과
	• [경유차 공대위], 정부 결정 비난 성명, 환경부, 재경부 항의 방문(3~4월)	갈등 증폭
	• 환경부 특별법 연내 제정방침을 보고하는 가운데 대통령께서 연내 특별법 제정 관철 지시(4월)	
2003.. 5.~12	• 경제장관 간담회에서 특별법의 연내 제정에 합의(5월)	갈등 조정기
	• 관계부처, 시민단체, 산업계 등이 참여하는 Task Force를 구성(6월)	
	• 주요 쟁점사항에 대한 합의 도출(7월),	
	• '수도권대기환경개선에관한특별법'의 제정 공포(12월)	
2004. 1.~현재	• 정부는 당정협의회와 경제장관간담회를 통해 에너지 세제개편안을 결정('04.12.) : 2007년까지 3년간에 걸쳐 경유가 OECD 수준으로 인상	
	• 환경단체는 3년간의 유예기간은 길다며 2006년까지 목표 달성 할 것을 주장	

3. 갈등 단계별 참여주체와 주요 이슈

대기오염 저감과 경유자동차 시판 허용을 둘러싼 갈등은 환경보전과 경제성장이라는 우리시대의 가치 갈등에 기반하고 있다고 볼수 있다. 이런 가치에 가장 충실하고 일관된 모습을 보이는 대표적인 집단은 환경 측에서는 <경유차 문제 해결을 위한 시민단체 경유차공대위>라고 할 수 있고, 경제 성장 측에서는 수출과 내수를 늘려이익을 극대화하려는 현대와 기아를 중심으로 하는 기업이라고 말할수 있을 것이다.

이런 점에서 국토의 환경보전과 환경관리와 더불어 국가 경쟁력제고와 산업을 육성하고 보호해야할 책임을 동시에 지고 있는 정부는 균형있는 선택과 적절한 자원배분, 그리고 여론 동향 등 다양한 변수에 의해 정책을 결정하고 집행할 수밖에 없을 것이다. 또한 맡은 역할과 업무에 따라 주요하게 설정하는 과제는 달라진다.

환경부와 산업자원부는 업무의 성격상 각각 시민단체와 자동차업계의 입장을 대변하고 있고, 사업 성격상 충돌이 불가피한 측면이 있긴 하지만, 같은 정부 기관으로서 협력과 타협이 불가피하고 청와대와 재경부 등 상부기관이나 타 부처나 입장을 고려하지 않을 수 없다.

현대의 산타페와 갤로퍼 시판에 관한 논쟁에서 시작된 갈등이 진전되면서 대기오염 저감과 경유승용차 허용에 대한 갈등으로, 이후에는 수도권 특별법 제정과 경유가격체계 현실화에 대한 갈등 등으로 쟁점과 참여주체가 확산되어 갔다.

상황이 진정되면서 쟁점이 점차 다양해졌고, 이해관계가 있는 다양한 집단들이 갈등공간에 참여하게 된다. 각각의 이해집단은 자신의 입장이나 이익을 극대화하기 위해서 다른 집단들과 복잡한 관계를 형성하며 협력, 대립, 중립적인 관계를 만들어 간다.

구분	자발성	후원	주 참가자	안건	비고
경유차 공동위원회 (2002.5~ 2002.7)	시민단체의 제안과 환경부의 수락	환경부 (주최) 산자부 (초청됨)	환경부, 산자부, 시민단체 대표, 현대, 기아 자동차	1. 경유차의 분류체계의 개편과 판매 허용 2. 판매허용으로 대기오염 상쇄할 대기질 저감대책	수도권 대기개선 특별법 제정 여부에 대한 부처간 갈등 시작 (2002.7~)
경유차 환경위원회 (2003.1~ 2003.2)	시민단체의 제안과 환경부의 수락	환경부	환경부, 시민단체 대표, 전문가(총 15명)	1. 경유 승용차 허용의 조건에 해당하는 대기오염 저감 대책 2. 에너지 가격체계 조정 3. 수도권 대기특별법 제정 여부	수도권 대기개선 특별법 제정 여부에 대한 부처간 갈등 심화 (2002.11~ 2003.5)

수도권 대기질 개선에 관한 T/F (2003.5~ 2003.7)	경제장관 간담회에 서 결정	각부 장관들	정부부처(6) 시민단체 대표(3) 기업대표(3) 전문가(3) 등 총 15명	1. 수도권 특별법의 구체적 내용 2. 에너지가격 체계 조정 3. 경유차 허용 조건 에 해당하는 대기 오염 저감 대책	재경부의 조정에 의해 수도권 특별법 합의

경유차 공동위원회

대기질 개선과 경유차 시판을 둘러싼 갈등의 주체 및 구조

구분	경유차 산타페와 갤로퍼 시판 허용	경유차 산타페와 갤로퍼 시판 허용 반대
대기오염 관 리 강화	■환경부 •수술 경쟁력 제고를 위한 배출 기 준 완화 •오염 총량관리 실시	■시민단체 •대기 오염 저감 •오염 총량관리
배출 기준 완화	■현대·기아/정부 타 부처 •수출 경쟁력, 내수시장 확보 •대기 오염 기준 강화는 시기상조	■타자동차 업계 •경유차허용은 현대에만 특혜 주 는 것 •대기 오염 기준 강화는 시기상조

경유차 환경위원회

대기질 개선과 경유차 시판을 둘러싼 갈등의 주체 및 구조

구분	경유 승용차 시판 허용 찬성	경유 승용차 시판 허용 반대
대기오염 저 감 대책 마련 찬성	■환경부 •수도권특별법 제정 •배출가스 허용 기준 조정 작업 •대기환경보전법 시행규칙 개정	■시민단체 •에너지가격체계 조정 •수도권특별법 제정 •경유승용차 생산과 쿼터제 •매연후처리 장치 의무화
대기오염 저 감 대책 마련 반대	■현대·기아/정부 타부처 •수출 경쟁력, 내수시장 확보 •경유차 허용과 특별법 연계 반대 •대기 오염 기준 강화는 시기상조	■타자동차 업계 •유로-3 시판 허용은 현대에 특혜 주는 것 •대기 오염 기준 강화는 시기상조

T/F 구성 단계

2003년 수도권 특별법 제정 및 경유승용차 기준 마련을 위해 마련한 정부 6개 부처, 시민단체, 기업을 망라하는 합동 T/F에서 나타난 참여 주체들과 주체들 간의 관계는 아주 복잡하다.

주요 이해관계자들을 살펴보면 사업장 오염물질 총량관리제도를 반대하는 산자부, 건교부를 중심으로 하는 개발부처와 기업체, 대기관리권역 설정, 사업장 오염물질 총량관리제도 저공해자동차 보급, 운행 자동차 배출가스 관리 강화를 주장하는 환경부, 2003년 경유차 환경위원회에서 합의된 경유차허용을 위한 전제조건들이 충족되지 않는 한 <수도권특별법> 제정은 무의미하다고 주장하는 시민단체로 나눌 수 있다. 그러나 각각의 주요 이해관계자들은 총론적으로는 입장을 같이 하지만, 세부적인 내용에 들어가면 이해득실에 따라 차이를 보이고 있다.

개발부처 내에서도 총량관리제도에 명백한 반대 입장을 지닌 산자부, 건교부와는 달리 재경부는 환경부와 개발부처 중간 위치에서 갈등을 조정하는 역할을 자임하게 된다. 시민단체 내에서도 2002년 5월 이후 경유차공대위를 주도적으로 이끌며 정부 및 기업과 협상과 타협을 계속해왔던 단체들과 '대기오염을 줄이기 위한 대책 자체가 미흡하게 제시되었으므로 경유승용차 허용방침 자체를 철회하여야 하고, 총체적인 대책이 마련되지 않은 상태에서 정부 및 기업과의 협상은 실효성이 없고 오히려 정부와 기업의 의도에 휘말리는 것이라고 주장하는 환경운동연합 중심의 강경 집단 간에 차이를 보인다.

기업간의 관계는 훨씬 미묘하고, 상황에 따라 가변적이었다. 2002년 경유차 공동위 합의문이 작성될 당시, 아직 경유차 생산기술을 확보하지 못한 자동차업계들은 합의 내용에 대해 정부와 환경단체가 야합하여 현대에 특혜를 주고 있다고 비난하며 경유차 국내시판과 환경기준 변경을 반대한다. 그러나 2003년 초 경유차 국내시판은 허용 문제가 주요 이슈로 등장하자 경유차 국내시판에 대해서는 동의하면서도, 2005년 유로-3, 2006년 유로-4를 적용하는 것은 현대를 위한 특혜라고 비난하면서, 유예기간 없이 2006년부터 유로-4를 적용할 것을 주문한다.

자동차업계와 정유업계 역시 정부의 경유승용차 시판 허용에 대하여 찬반으로 나뉘어 논쟁을 벌이기 시작했다. 자동차업계는 경유차 시판에 찬성하고 이는 수출경쟁력 제고에 도움을 줄 것이라는 입장인 반면, 정유업계는 배출가스 허용기준을 유로-3(유럽에서 시행중인 자동차 환경규제기준의 하나)에 맞추려면 경유의 황 함유량을 낮춰야 하는데 이 경우 탈황시설에 막대한 추가 비용이 필요하다며 반대 입장을 내놓았다.

환경부와 시민단체가 주장하는 경유가격의 현실화 문제를 놓고 경유승용차를 이용하는 시민과 화물 노조 및 운송업자와의 갈등이 발생했다. 환경부와 시민단체는 대기질 개선을 위해서는 경유승용차 소비와 이용을 줄여야 하고, 수요를 줄이기 위해서는 휘발유 가격에 비하여 턱없이 싼 경유가격을 현실화해야 한다고 주장하는 반면, 시민과 화물 노조 및 운송업자는 경유값 상승으로 생계비 상승 압박과 비용부담 증가를 이유로 반대 입장을 분명히 하였다.

합동 T/F의 참여 주체

정부	시민단체	산업계	학계
국무조정실	환경정의	전국경제인연합회	중앙대학교
기획예산처	녹색교통운동	대한상공회의소	수원대학교
환경부	환경운동연합	자동차공업협회	
재정경제부			
산업자원부			
건설교통부			

주요 쟁점과 반대집단

대기관리권역 설정		일부 기초자치단체 반대
사업장 오염물질 총량관리제도	대	산자부, 기업체 등의 반대
저공해자동차 보급		사업성 등에 대한 자동차업계 이견
운행 자동차 배출가스 관리 강화	립	경유 자동차 소유자의 반발
경유차 시판 허용		서울시, 환경단체 등의 반대

갈등지도(Conflict Mapping)

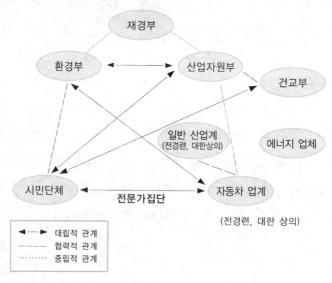

(전경련, 대한 상의)

350   4장. 공공갈등과 협상

각 주체별 주요 관계 요약

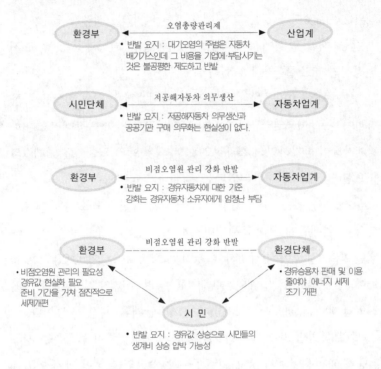

4. 맺음말

시민단체와 경유자동차 생산업체간의 경유차 시판 문제에 대한 이견으로 시작된 갈등이 수도권특별법 제정에 이르기까지 오랜 시간이 걸렸지만, 타협과 합의, 공공영역에서 협상에 의한 갈등 해결 사례가 드문 현실을 고려할 때, 수도권특별법 제정과정은 갈등해결의 대표적인 사례라고 말할 수 있다.

특히, 정책이나 법제도의 입안, 결정, 집행과정에서 일반통행방식과 권위주의적 모습으로 일관했던 정부가 시민사회와 대화를 통한 해결책을 모색했다는 점과, 시위와 투쟁 문화에 익숙한 시민단체가 몇 번에 걸친 파행에도 불구하고 협상테이블에서 이탈하지 않고 합의를 이뤄냈다는 것은 그 자체가 매우 의의있는 사례가 될 것이다.

갈등 해결 관점에서 볼 때 수도권특별법 제정과정은 몇 가지 특징적인 요소를 지니고 있다.

첫째, 처음 시민단체와 기업 간에 문제해결을 위해 협상을 통한 방법이 주로 이용되었으나 이슈가 확대되고 상황이 복잡해지고 이해 관계자들이 증가하면서 결과적으로 사회적 합의 도출이 갈등해결의 중요한 방법으로 전환되었다는 점이다.

둘째, 처음에는 기업, 정부, 시민단체가 일정한 목소리를 내다가 상황과 이해관계가 복잡해지면서 주요 집단 간에 갈등뿐 아니라 집단 내부 갈등이 심각하게 발생하는 모습을 볼 수 있었다. 예를 들어, 선발 자동차 업계와 후발 자동차 업계 간의 갈등, 타협적인 시민단체와 강경노선을 고집하는 시민단체와의 갈등 등이다.

셋째, 특별법 제정 과정은 가치갈등과 이해갈등이 충돌하는 경우 갈등해결이 용이하지 않고 이런 문제는 협상의 대상이 되기 어렵다는 일반적인 인식을 바꿔놓았다. 시민단체는 대기질 보전과 국민건강이라는 가치를 중심에 놓고 활동하는 집단임에도 불구하고 협상과 합의 과정에는 항의방문, 거리시위 등과 같은 대중투쟁 방식과 대화와 타협, 양보라는 다양한 전술을 구사하였다. 환경부 역시 정부부처이면서 때에 따라서는 시민단체와 연합하여 개발부처나 기업을 압박하기도 하고, 시민단체가 과도한 요구를 하는 경우에는 정부부처와 결합하여 시민단체를 설득하기도 하는 등 다양한 방법을 활용하면서 합의 가능성을 높였다.

마지막으로 공공갈등 해결의 궁극적인 목적은 공공이익의 증진에 있다. 따라서 이해당사자의 이익을 극대화하기 위한 목적으로 진행되는 비즈니스 협상과는 차이가 있다. 수도권특별법이 제정되었음에도 불구하고 시민단체는 수도권특별법이 제대로 작동하는지 감시활동을 계속하고 있으며, 언제든지 새로운 쟁점을 들고 나와 정부와 대립할 수 있을 것이다. 정부 역시 국익에 도움이 된다면 언제라도 법이나 정책을 수정하려 할 것이다.

2. 「경유차환경위원회」 합의문

    지난 1월 11일에 구성된 「경유차환경위원회」는 2월 14일까지 8차에 걸쳐 회의를 개최하여 최근 급증하고 있는 경유 다목적차(RV), 운행중인 화물트럭·버스 등 경유차로 인한 대기오염이 국민의 건강을 크게 위협하고 있어 더 이상 방치할 수 없는 문제임을 깊이 인식하고, 경유차로 인한 대기오염을 근원적으로 줄여나간다는 원칙 아래, 경유 승용차 배출허용기준 조정방안을 포함한 다음과 같은 경유차 전반의 대기오염저감대책을 수립·추진해야 한다는 데에 합의하였다.

    1. 도시 대기오염 문제 중 특히 미세먼지에 대한 대책이 시급하므로, 대책의 추진 목표를 명확히 설정하기 위하여 현재 연평균 $70\mu g/m^3$ 인 미세먼지 환경기준을 $50\mu g/m^3$ 수준으로 강화해야 한다.

    2. 미세먼지와 질소산화물의 주된 오염원인 경유차로 인한 대기오염부하를 낮추기 위해 제작차 배출허용기준 강화, 운행차 관리대책 강화, 무공해저공해차 보급 등을 포함한 경유차 전반의 대기오염저감대책(세부사항 : 붙임-1)을 범정부적으로 추진해야 한다.

    3. 2006년 7월까지 휘발유 : 경유 : LPG의 상대가격을 100 : 75 : 60 수준으로 조정토록 되어있는 에너지가격체계를 경유승용차 허

용 시 휘발유승용차의 경유승용차로의 급격한 전이와 다목적차(특히 경유차)의 급증을 막기 위하여 100 : 85 : 50 수준으로 조정해야 한다.

4. 경유중 황 함량 기준을 현행 430ppm에서 2006년부터 30ppm 이하로 강화하고, 친환경연료의 보급을 확대해야 한다. 2004년부터 황 함량기준(50ppm) 조기 달성 및 친환경연료를 공급하는 자에 대해서는 세제감면 등 인센티브제도를 도입해야 한다.

5. 경유차 대기오염 저감대책을 효율적으로 추진하기 위하여 현재 환경부에서 추진하고 있는 「수도권대기환경개선에관한특별법」이 조속히 제정되어야 하고, 대기질 개선에 사용할 수 있는 재원확보를 위하여 환경개선비용 부담법을 개정해야 한다. 이 경우 최소 50% 이상은 대기질 개선에 사용하여야 한다. 환경개선비용부담금은 중·장기적으로 주행세 개념으로 전환하여 연료에 부과한다.

6. 전기하이브리드차, 매연후처리장치 등이 부착된 경유차, CNG·LPG 등 저공해 연료를 사용하는 차량에 대해서는 세제감면, 보조금 제도를 대폭 늘려야 하고, 이를 위해 관계법령 개정 등이 이루어져야 한다.

7. 위와 같은 경유차 오염을 줄이기 위한 법·제도가 정비되고, 재원확보방안이 강구된다면 2006년 1월부터 경유승용차 배출허용기준을 국제적으로 통용되는 유로-4 수준으로 설정하고, 세제감면 등의 조치를 통해서 DPF가 80% 이상 부착되도록 한다. 다만, 2005년에는 경유승용차 기술의 단계적 발전측면을 고려하여 단계도입제도(Phase-in)를 채택하되, ① 세제감면 등의 조치를 통해서 DPF가 50% 이상 부착되도록 하여 유로-3 차량과 유로-4 차량을 50 : 50의 비율로 판매하는 방안과, ② DPF를 부착한 유로-3 차량 또는 유로-4 차량을

판매하는 방안이 제안되었으며, 이를 종합적으로 검토하여 결정토록 한다.

　심각한 우리나라 대기오염 상황을 개선하기 위해서는 자동차로 인한 오염을 줄이는 것이 매우 중요하고, 이를 위해 이상과 같은 적극적인 대책을 추진하는 것이 필요하다. 에너지가격체계 조정, 저공해차량에 대한 다양한 인센티브 제도 도입, 연료품질의 개선 등을 통해 경유 다목적차를 포함한 경유차 전반의 대기오염문제를 조기에 해결하고, 무·저공해 자동차의 조기 보급을 촉진할 수 있을 것으로 기대한다. 아울러 앞으로 대표적인 온실가스인 이산화탄소(CO_2) 감축 문제도 국내외적으로 더욱 중요해 질 것이라는 전망도 이번 결정에서 고려되었다. 이번 합의를 계기로 정부가 자동차 환경 대책을 범정부적으로 추진하고, 자동차 제작사가 보다 환경친화적인 자동차를 개발하는 데 노력하기를 기대한다. 세계 최악수준인 대기오염문제를 해결하기 위해서는 시민사회, 정부, 기업이 지속적으로 힘과 지혜를 모아나가야 할 것이다.

2003. 2. 14

경유차 환경위원회

1. 협상 시뮬레이션 I:
경의선복선화 고양시구간 지상화 문제

사례설명

　고양시민의 서울 출퇴근 수단으로 중요한 역할을 하고 있는 경의선은 현재 단선으로서 하루 수송량에 한계를 보이고 있다. 이를 해결하기 위해 경의선 복선화 사업이 제기된다. 본 사업이 완료될 경우 1일 27~28만 명을 수송할 수 있게 되어 하루 약 15만 명이 이용하는 자유로 두 개를 건설하는 것과 거의 맞먹는 효과를 낼 것으로 기대되었다. 고양시는 쾌적한 생활환경에도 불구 열악한 교통여건으로 인해 주거지로서의 가치가 저평가되어 있다. 경의선 복선화는 고양시민의 생활편의를 증진시키고 재산가치를 제고하는 매우 중요한 사업인 것이다.

　당초 건설교통부와 철도청은 복선전철을 모두 지상화 한다는 계획을 가지고 있었다. 1999년 고양시 구간을 제외한 지역에 대한 노반공사가 착공되었으나 2002년 이후 고양시의 지하화 요구가 제기되어 공사가 중단되었다. 고양시는 경의선 복선전철이 지상으로 건설되면 도시가 양분되어 도시발전에 큰 장애가 되며 소음피해 등 주거환경을 크게 해치게 된다고 주장하며 고양시를 통과하는 구간에 대한 지하화를 요구한다. 그러나 철도청과 건설교통부는 기술적·경제적 문제를 들어 경의선 지하 건설은 어렵다는 입장을 고수하였다. 감사원의 중재 결과 경의선은 지상으로 건설하되 향후 교통량이 늘어나면 여객전용 지하철을 별도로 만든다는 내용으로 철도청장과 고양시장이 전격적으로 합의하기도 하였다. 그러나 고양시의회는 「경의선지상화계획변경을위한특위」를 만들면서 이에 반발한다.

고양시는 2003년 5월 경의선 기술검토용역을 시행하여 화물은 지상, 여객은 지하로 수송하는 복층구조 건설을 새로이 제시한다. 이에 대해 건설교통부는 경의선 전철을 복층구조로 건설할 경우 추가되는 사업비 약 6,000억 원을 고양시가 전액 부담하면 복층구조를 대안으로 검토 할 수 있다는 의견을 제시한다. 이를 부담할 능력이 없는 고양시는 대도시권 광역교통관리에 관한 특별법을 경의선 복층 건설에 적용하여 추가 사업비를 국비 75%, 지방비 25%로 분담하자고 건설교통부에 요구하였으나 건설교통부는 경의선의 경우는 특별법 적용대상이 아니므로 국비지원을 할 수 없다는 입장을 굽히지 않았다.

이러한 상황에서 경의선 복선전철화사업에 대한 시민들 간 갈등의 골도 깊어져 갔다. 시간, 예산을 더 쓰더라도 고양시 구간을 지하로 건설해야 한다는 주장과 서울 출퇴근시의 심각한 교통난 해소를 위해서는 조속히 경의선 복선화를 착공해야 한다는 주장이 맞서 있었다. 특히 경의선 지하화를 강력히 주장하는 시민들은 '경의선고양시민대책위원회'를 결성하여 일산역 앞에 컨테이너를 설치하고 지하화를 요구하는 농성을 벌이고 있다. 반면 경의선 조기착공을 주장하는 시민들도 '경의선조기개통고양시범시민대책위원회'를 결성하기도 했으나 아직 성명 발표 이상의 적극적인 활동은 벌이지 않고 있다.

이해당사자

① 건설교통부 담당국장(이하, 건교부)

경의선 복선화 사업은 이미 진행이 늦어진 사업으로서 조기에 착공해야 사업비를 줄일 수 있다고 생각한다. 파주 신도시와 교하지구, 금촌지구, LG필립스 공장설립에 따른 추가 교통수요가 있어 조속히 경의선 복선화를 착공하지 않을 경우 추후에 건설교통부가 비난을 받을 우려가 있다고 생각한다. 지하화의 보완대책도 예산절감을 위해 최소화 하고자 하고 있으며 이를 위해 고양시민들과의 협의 과정에서 철저히 기획예산처와 협의하고 있다. 지하화에 대한 원칙을 지키지 않을 경우 향후 다른 지역에서도 분쟁이 나타날 수 있어 지하화 불가원칙을 고수하고 싶다. 한편 공기를 지나치게 단축하는 것은 건설과정에서 무리가 발생할 수 있고 기획예산처와 어려운 예산협의를 해야 하므로 찬성하기 어렵다. 그러나 청와대가 건교부의 갈등해결 능력에 주목하고 있어 가급적 원만히 고양시 주민과의 합의를 도출하고 싶다.

② 경의선고양시민대책위원회(이하, 대책위)

경의선 고양시 구간이 지상에 건설되면 생활여건도 나빠지는 것은 물론 자영업에도 큰 타격이 있을 것이며 무엇보다 부동산 가격이 하락할 것으로 우려된다. 대책위 구성원들은 대체로 경의선이

통과하는 지역에서 자영업을 영위하거나 부동산을 보유하고 있어 지상화에 따른 소음 등 생활환경의 악화와 재산가치의 하락을 크게 우려하고 있다. 공동의 절박한 이해관계를 가진 시민들로 구성되어 있어 지상화 공사 강행시 실력으로 이를 저지할 각오를 하고 있다.

③ 경의선조기개통고양시범시민대책위원회(이하, 조기개통위)

경의선 고양시 구간이 지하에 건설된다면 환경이나 재산권 차원에서 당연히 좋은 일이다. 그러나 지하화에 대한 논의가 길어지면서 당초 2008년에 완공되기로 했던 경의선 복선화가 지연될 가능성이 높아지는 것은 더욱 큰 문제다. 조기개통위 구성원들은 대체로 경의선 통과구간과 다소 떨어진 지역에 거주하고 있으며 서울로 출퇴근하는 사람들이 많다. 따라서 교통난 해소가 가장 시급한 문제라고 생각하고 있다. 그러나 추가부담 내지는 시간지연 없이 지하화가 성사되는 것도 좋은 일이므로 강경하게 주장을 펼 생각은 없다.

④ 고양시장

다음 선거를 위해서는 지하화를 주장하는 대책위 주민들의 입장과 조기 착공을 주장하는 조기개통위 시민들의 입장을 모두 존중해야 한다. 지하화를 선호하는 고양시민들의 입장을 잘 이해하고 있으므로 가능하면 건교부로부터 이를 얻어 내고 싶으나 건설교통부의 입장으로 볼 때 현실적으로 쉽지 않을 것으로 생각한다. 반면 경의선 복선화가 조기 착공되어 교통난을 하루빨리 해소해야 한다는 고양시민들의 조용한 목소리가 있는 것도 잘 알고 있다. 한편 향후 시정을 제대로 펴기 위해서는 건교부와의 협조적인 관계도 무시할 수 없는 고려사항이다. 지하화에 대한 논의가 길어지면서 경의선 착공시점이 늦어지게 되면 2006년, 2010년에 있을 자치단체장 선거에 나쁜 영향을 미칠 것을 우려하고 있다.

쟁점 및 대안

① 지상화 여부
- 복선전철을 모두 지상화 하는 방안
- 일산 등 인구밀집 지역만 지하화 하는 방안
- 복층으로 건설하여 화물은 지상으로, 여객은 지하로 하는 방안
- 화물, 여객 모두 지하로 하는 방안

건교부는 지상화를 희망하는 데에 비해 나머지 세 협상 주체는 모두 지하화를 바라고 있다. 그러나 지하화를 희망하는 강도는 크게 차이가 있다.

② 지상화시 건교부의 보상대책
- 방음벽
- 방음벽 + 철도횡단시설
- 방음벽 + 철도횡단시설 + 녹지 · 생태공원
- 방음벽 + 철도횡단시설 + 녹지 · 생태공원 + 환승주차장

건교부는 보상대책을 최소화 하고자 하나 나머지 세 협상 주체는 이를 최대화 하고자 한다. 그러나 세 주체가 중시하는 보상내용은 다소 차이가 있다.

③ 완공시점

• 2007년 • 2008년 • 2009년 • 2010년 • 2011년

건교부와 고양시장은 개통시기를 현실성 있게, 적정하게 잡아야 한다고 생각하고 있으나 대책위원회와, 조기개통위원회는 가급적 빠른 완공을 희망하고 있다.

협상규칙

회의 주재는 고양시장이 하며 고양시장을 포함한 4인이 표결에 참여한다. 고양시장은 각 기관의 입장을 청취한 뒤 첫 번째 안을 상정하고 표결에 붙인다. 네 사람이 모두 찬성하면 협상이 종결되나 한 사람이라도 반대하면 협상을 재개한 후 두 번째 안을 상정, 표결을 실시한다. 표결은 모두 세 번 있게 되며 그 안에 합의가 되지 않으면 지상화로 강행하게 되고 대책위는 실력행사로 나가게 된다. 이런 경우 네 당사자 모두 피해를 입는다. 그러나 그 피해의 정도는 협상 대상자마다 다르다. 또한 협상이 빨리 타결되면 이는 빠른 착공을 의미하므로 보너스 점수가 있다. 모든 이해 당사자는 자신의 점수를 극대화하기 위하여 노력한다. 지정한 시간 내에 표결을 실시하지 않으면 한 번의 표결이 끝난 것으로 간주한다.

협상점수표
아래 표에 표결안의 내용과 해당 점수를 적는다.

조 :　　　　　　역할 :　　　　　성명 :

		표결 1.	표결 2.	표결 3.
지상화 여부	표결안	1 2 3 4	1 2 3 4	1 2 3 4
	점 수			
지하화시 보상대책	표결안	1 2 3 4	1 2 3 4	1 2 3 4
	점 수			
완공시점	표결안	1 2 3 4 5	1 2 3 4 5	1 2 3 4 5
	점 수			
합의시점 점수				
총점				

2. 협상 시뮬레이션 Ⅱ. 경유승용차 허용문제

사례설명

우리나라의 수도권 대기오염도는 OECD국가의 주요 도시 중 가장 열악한 상태로 미세먼지 농도는 가장 높고, 이산화질소 농도는 두 번째로 높은 실정이다. 그간 한국에 내려진 오존주의보와 환경기준 초과횟수도 60~99%가 수도권지역에 집중되어 있는 실정으로 대기오염으로 인한 사회적 피해비용은 연간 10조원에 해당되는 것으로 추정하고 있다.

그간 환경부는 유럽 기준에 비해 최고 25배나 까다로운 경유승용차 배출가스 허용 기준을 법으로 유지하여 왔다. 이는 대기보존을 위한 환경부와 국내시장 보호를 위한 자동차업계의 이해가 맞아

떨어진 결과였다. 그러나 이는 경유승용차를 수출하면서도 국내수
입은 실질적으로 금지하고 있는 결과를 초래하여 국제통상 마찰을
유발하기 시작하였다. 자동차업계로서도 경유승용차를 국내시장에
도 판매하여 내수기반을 확대하고자 하는 의도를 가지고 있었다.
이러한 상황에서 경유승용차에 대한 배출가스 허용기준을 높여 통상
마찰도 해소하고 자동차업계의 국내 경유 승용차 시장진입을 허용해
야 하지 않겠느냐는 의견이 제기된다.

그러나 경유승용차는 우리나라 특히 수도권의 대기오염도를 크
게 악화시킬 것으로 우려되었다. 대기오염원의 85%는 자동차 배출
가스인데 전체 차량의 29%에 불과한 경유차가 내뿜는 오염물질은
전체의 52%를 차지하고 있다. 특히 경유의 가격이 휘발유의 75%에
불과하여 경유승용차가 허용될 경우 휘발유나 LPG차량에 대한 수요
가 급격히 경유승용차로 이동할 것으로 우려되었다. 다양한 산업계
의 이해가 얽혀 있는 경유승용차 허용문제, 어떻게 될 것인가?

이해당사자[58]

① 자동차업계

국내의 자동차 수요가 포화상태에 접어들면서 경유승용차가 국내
시장의 새로운 돌파구가 될 것으로 기대하고 있다. 더구나 경유승용차
를 수출하고는 있으나 수입은 실질적으로 금지되고 있어 통상마찰로
인한 경유승용차 수출차질이 우려되고 있다. 그러나 경유승용차의
매출을 감소시킬 가능성이 있는 조치들에는 반대한다.

---

58) 본 시뮬레이션은 7인 협상용으로 구성되어 있으나 교육생 수에 따라 협상자를
조정할 수 있다. 만약 협상자에서 제외할 필요가 있다면 그 순서는 정유협회, LPG
공업협회, 대한상공회의소, 화물업계, 환경부 순으로 한다.

② 정유업계

경유승용차가 허용될 경우 다소 경유부문의 매출이 증가하는 효과가 있기는 하나 그 보다는 경유의 황 함유량을 낮추는 데 1조 5천억 원을 새로 투자해야 하는 부담이 더 크다. 아울러 대기질 개선을 위한 환경규제 강화는 정유업계의 부담으로 귀착된다고 생각하고 있다.

③ LPG 공업협회

경유차를 허용할 경우 LPG차량이 경유차로 전환하여 업계가 고사할 것으로 우려하고 있다. 이를 위해 전국의 LPG업자들을 대상으로 서명운동, 탄원서 제출, 과천청사 앞 시위 등을 계획하고 있다.

④ 화물업계

경유의 최대 수요자인 화물업계는 경유가격이 상승하고 배출가스기준이 강화되는 상황을 우려하고 있으며 유사시 파업을 통해 힘을 과시할 준비를 하고 있다.

⑤ 대한상공회의소

여러 산업의 이해가 걸린 사안이라 다소 조심스러우나 결국 경제 활성화가 가장 중요하다는 입장이다. 그리고 기업활동을 제한하는 과도한 환경규제에는 반대하고 있다.

⑥ 환경단체

심각한 우리나라의 대기오염 상태를 고려할 때 경유승용차는 절대 허용해서는 안 되며 만약 이를 허용할 수밖에 없다면 강력한 보완대책이 마련되어야 한다고 본다. 이러한 요구를 관철하기 위하여 35개 관련 시민사회단체는 '경유차문제해결을 위한 공동대책위원회'를 구성하였으며 유사시 과천청사 앞에서 대규모 시위를 지속적으로 개최할 예정이다.

⑦ 환경부

대기보전을 위해서는 경유승용차는 허용되어서는 안 된다는 환경단체의 입장과 크게 다르지 않다. 그러나 대통령이 부처 이기주의를 넘어서는 윈-윈의 협의를 강조하는 상황이므로 산업계의 입장도 고려해야 한다. 대기질 보전을 위해서는 환경부의 대기질 관련 규제권한을 강화하는 것이 매우 중요하다고 생각한다.

쟁점 및 대안

① 경유승용차 허용여부
- 경유승용차 불허
- 2009년부터 경유승용차 허용
- 2007년부터 경유승용차 허용
- 2005년부터 경유승용차 허용

② 수도권 대기환경개선에 관한 특별법

아래의 네 가지 조항 중 어느 것을 포함시키는지에 따라 이해당사자의 점수가 달라진다. 협상결과는 네 가지 중 모두 혹은 일부만을 포함시킬 수도 있으며 모두 포함시키지 않을 수도 있다.

- 기업별 오염총량관리제 : 기존의 배출농도 규제를 기업별 배출허용총량제로 전환하는 방안으로서 기업 입장에서는 더 높은 환경투자 비용이 발생하는 결과 초래

• 저공해차생산의무화 : 전기 및 수소자동차, 전기하이브리드 차량 등 오염물질 배출량이 적은 자동차를 일정비율 이상 생산·판매해야 한다는 자동차 업계에 대한 규제 조항

• 운행자동차배출가스 관리강화 : 노후 경유자동차의 배출허용 기준을 강화하는 조치로서 기준치를 초과하는 경유차량은 LPG 등 저공해 엔진으로 개조해야 함

• 환경개선비용부담금을 주행세 개념으로 연료에 차등 부과 : 대기질개선을 위한 재원마련을 위해 연료에 대기환경개선세를 부과하되 오염물질 배출이 많은 경유, 휘발유, LPG 순으로 세율을 차등 부과

③ 경유가격 인상 : 경유승용차를 불허할 경우 쟁점에서 제외

• 경유승용차 허용과 함께 휘발유의 95%로 상향 조정
• 경유승용차 허용과 함께 85%로 상향 조정
• 경유승용차 허용 후 3년 이내에 85%로 상향 조정
• 중기적으로 상향조정하되 그 시점에 대해 연구 착수
• 현행 75% 유지

협상규칙

환경부 차관이 위원장으로서 회의를 주재한다. 모든 협상자들이 협상안을 제안할 수는 있으나 이를 표결안으로 채택하는 것은 위원장의 권한이다. 위원장을 포함 총 7인이 표결에 참여하여 이 중 6인이 합의하면 협상이 종료된다. 5인 혹은 그 이하가 찬성한 표결안은 부결된다. 표결안이 찬성 6, 반대 1로 통과되었을 경우 반대표를 던진 한 사람의 점수는 반으로 줄어든다. 모든 이해 당사자는 자신의

점수를 극대화하기 위하여 노력한다. 지정한 시간 내에 표결을 실시하지 않으면 한 번의 표결이 끝난 것으로 간주한다.

협상점수표

아래 표에 표결안의 내용과 해당 점수를 적는다.

조 :   역할 :   성명 :

		표결 1.	표결 2.	표결 3.
경유승용차 허용여부	표결안	1 2 3 4	1 2 3 4	1 2 3 4
	점 수			
수도권대기 특별법	표결안	a b c d	a b c d	a b c d
	점 수			
경유가격	표결안	1 2 3 4 5	1 2 3 4 5	1 2 3 4 5
	점 수			
총점				

5장

공공갈등과 조정

1. 서론

▌ 우리사회 공공갈등의 특징

"새만금방조제, 경부고속철도, 원자력발전소와 원전센터…. 현재 공사가 중단돼 있는 주요 국책사업들이다. 요즘 엔간한 국책사업치고 계획을 세우는 단계에서는 물론 삽만 뜨면 지역, 주민, 환경보호론자와 정부 사이에 갈등을 빚지 않는 경우가 없다. 과거의 뼈아픈 경험은 묻힌 채 어김없이 힘의 대결을 되풀이하기 일쑤다. 그 책임이 누구에게 있느냐를 떠나 이 과정에서 예산이 크게 늘어나고 갈등의 골이 깊어지는 등 부작용이 막대하다."

박재현 기자, 경향신문, 2004년 11월 22일

공공사업을 둘러싼 우리 사회의 갈등은 앞의 기사를 굳이 인용하지 않더라도 일상적으로 늘 접하는 그야말로 '우리 일상의 일부'이다. 공공갈등의 원인, 국책사업이 실패를 거듭하는 것은 급속한 압축성장 속에 길들여진 결과중심의 사업 추진, 즉 '정부가 결정하면 국민은 그대로 따라오면 된다'거나 또는 '미리 국민들에게 알려지면 골치만 더 아프다'는 관 위주의 정책결정과정에 있다고 할 수 있다. 그래서 국책사업이 결정되고 난 뒤 이해관계자 및 국민들은 국책사업 자체는 물론 '절차와 과정의 비민주성'에 대한 사안까지 포함시켜 문제를 제기하게 된다. 또한 합리적인 절차와 대화를 통해 문제를 풀어가기보다는 이미 그 절차와 대화가 시작부터 이루어지지 않았기 때문에, 물리적 힘으로 그 사업을 중지시키는 것을 목표로 싸우기 마련이다.

이 상황이 되면 정부는 폭력을 방지한다며 경찰력을 동원하게 되고, 그것은 또한 반대 입장을 가진 이해관계자를 비롯 국민들을 자극하여 더 강한 물리력의 행사로 이러지도 저러지도 못한 채 국책사업은 표류하게 되는 경우가 많다. 이 표류 과정에서 관련 예산은 눈덩이처럼 불어나고[1], 그로써 국민의 부담은 늘어가고, 주민들의 정부정책에 대한 불신은 강화되며, 찬반 의견 대립이 있는 경우 주민 간 갈등은 증폭되어 공동체가 깨어지는 부작용이 확대된다.

이쯤 되면 추진하려는 사업이 왜 필요한지, 왜 반대하는지에 대해 이해하고 문제를 어떻게 해결할 것인가에 대해 생각조차 하기 어렵다. 힘겨루기를 통해 관철시키거나, 저지시키는 것이 최대의 목표가 되고 마는 것이다. 다른 의견과 목표의 만남의 공간은 줄어들고 그에 따라 소통은 단절된다. 소통이 단절되면서 오히려 오해와 적대감은 더 확대된다.

이러한 공공갈등의 전개과정에서 우리는 이미 과거의 경험들로부터 예측가능한 역동성을 발견할 수 있다.

일반적으로 정부 또는 지자체 등의 기관은 '국민 생활 안정, 또는 국민의 삶의 질 향상을 위한 개발 사업' 등을 추진할 때 그것에 반대하는 여러 사람들의 의견이 존재하기 마련이다.

처음 공공갈등의 시작은 일반적 갈등의 출발과 같은 의견의 불일치로부터 시작한다. 공공사업 추진에서, 그 사업에 대한 다양한 의견의 수렴 또는 참여 절차가 없다면 의견의 불일치는 그 상대자에 대한 적대감을 낳게 된다. 이러한 적대감은 해결해야 할 문제보다는

---

[1] 대한상공회의소는 2005년 4월 발간한 '주요 국책사업 중단사례 분석 및 시사점' 보고서에서, 새만금 간척지, 천성산 터널, 사패산 터널, 경인운하, 계룡산국립공원 관통도로 등 5개 국책사업의 공사 지연으로 인한 손실이 최근 몇 년 사이에만 4조 1,793억 원인 것으로 분석하고 있다.

사람, 상대 집단에게 비난의 초점이 맞춰져 갈등은 심화되고 쟁점은 확대되기 마련이다.

갈등 당사자 간 소통은 점점 더 간접화되고, 구체성이 떨어진다. 어떠한 대화나 만남은 한측의 거부, 또는 방해로 무산되며, 접촉은 점점 더 멀어지고, 대화가 중단된다. 이 때에는 같은 의견을 가진 사람들과만 대화하게 됨으로써 집단의 정체성은 강화되고, 의견을 달리 하는 사람이나 집단에 대해서는 적대감이 증폭하여, '눈에는 눈'이라는 역학이 생겨나고, 원래의 문제보다는 갈등의 대치과정에서 생긴 문제(사회 폭력을 야기시켰다, 무리한 경찰력을 동원한 진압이 폭력을 야기시켰다, 태도가 불손하다 등)에 더 관심을 갖게 된다.

문제는 더 심각해지면서 우리 편 아니면 적으로 양극화가 심해진다. 갈등 당사자 및 주변 관련자들은 이쪽이 아니면 저쪽에 속해야 하는 의무감을 느끼게 되며, 중립적 지점에 서 있거나 그 지점을 찾는 것조차 어렵게 된다. 이렇게 되면 양측 당사자 집단에서 온건한 사람들은 영향력을 잃고 극단주의자들이 활동을 주도하게 된다. 더 이상 만날 공간도, 대화할 의지도 남아 있지 않게 되고 만다.

이러한 갈등의 역학은 관계를 파괴적으로 만들고 핵심적인 문제를 서로 만족할 만하게 풀 수 없다는 것을 보여준다. 또한 갈등이 초기에 관리되지 못하고 확대되면 극단주의로 가기 쉽고, 상대에 대한 적대감은 불일치를 낳고, 상대를 비난하는 것이 의사소통을 가로막아 원래의 관심사를 잃게 만든다.

▌공공갈등 관리의 필요성

공공갈등은 갈등의 역동적 과정을 거치면서 그 결과가 사회에 미치는 영향이 매우 크고, 부정적이다. 앞서 공공갈등의 현황에서 이야기했듯이 공공갈등의 대상은 주로 국책사업으로 지역, 국가의 발전과 국민의 이해와 욕구를 충족시키기 위한 의도로 제안되고, 실행된다. 그 정책을 통해 이해관계를 가진 사람들의 욕구 충족을 위해 사업을 진행하기도 하지만, 그 사업의 영향력은 각양각층에게 다양한 형태로 미친다. 정책을 통해 피해를 입는 국민이 있는가 하면 그 사업을 통해 이익을 얻고, 피해를 줄일 수 있는 국민도 상존한다. 그 사업들은 대부분 규모가 크고, 장기간에 걸친 과정을 통해 결과를 낼 수 있으며, 어떤 경우는 시급한 현안을 해결하기 위한 대비책으로서 집행되기도 한다.

따라서 누구나 쉽게 그 결과와 성과가 보이지는 않지만, 사업이 지연됨으로써 오는 손실은 굳이 대한상공회의소의 자료를 인용하지 않더라도 매우 크다고 할 수 있을 것이다.

또한 갈등과정을 통해 사회적으로 확대되는 불신과 양극화 현상을 통한 공동체의 파괴, 감정적 손실까지를 생각한다면 공공사업 추진과정에서의 갈등이 미치는 사회 전반에 대한 부정적 영향은 경제적 손실에 비할 수 없을 만큼 사회의 발전과 통합에 어려움을 준다고 하겠다. 그런 의미에서 공공갈등의 합리적 관리의 가능성 유무는 민주사회의 정도를 가늠하는 척도라고도 할 수 있을 것이다.

■ 공공갈등에서 조정의 역할

공공갈등에서 극단적 대립과 양극화 과정을 사전에 예방하는 방법은 없는 것일까? 앞에서 이야기한 공공갈등의 역동성을 자세히 들여다보면 답이 없는 것도 아니다.

우선 '예측 가능한 역동성'이라 표현했듯이 의견의 불일치를 가져온 '문제'에 초점을 맞춘다면, 즉 사람과 문제가 혼재되지 않고, 구체적 문제가 일반화되지 않고, 개인적 적대감이 집단화되지 않고, 소통과 접촉의 끈이 끊어지지 않을 수 있다면 극단적 대치로 가지 않을 수 있을 것이다.

이렇게 문제에 초점을 맞추어 공공갈등을 평화적으로 다루려면 첫째, 발생한 뒤 해결하려하기보다는 예방적 관점을 갖는 것이 매우 중요하다.

공공갈등은 집단 간 양극화로 비화되기 매우 쉬운 역동성을 갖기 때문에 초기 단계에서부터 이해관계자 및 관련된 사람들의 참여를 통해 함께 정책을 결정하는 것이 필요하다.

우리 사회의 중요한 변화 요인이 되고 있는 사회의 민주화와 다원화, 지식정보화는 개인의 인권의식을 신장시켰으며, 정부의 일방적 의사결정에 대해 그 내용의 옳고 그름과 상관없이 수용성을 떨어뜨리고, 국민의 정보능력과 참여의지의 확대 양상은 참여적 의사결정에 대한 필요를 증대시키고 있는 것이 현실이다. 즉 개별 국민으로서도 누구에게나 자신의 문제를 결정할 자율성에 대한 기본적 욕구를 가지고 있고, 그 욕구가 충족되지 않거나 억압당했다고 생각할 때 폭력적인 방법을 통해서라도 그 욕구를 충족시키려는 경향이 있다.

그렇기 때문에 갈등이 발생된 뒤에 어떻게 해결할까를 모색하기보다 공공정책을 입안, 계획을 세울 때부터 관련 전문가는 물론 이해관계자 및 국민의 참여가 보장되도록 하는 것이 공공갈등의 부정적 발생을 예방하는 길이다.

둘째, 정책이 입안되고, 집행되어지는 과정에 생겨나는 갈등에 대해서도 초기에 문제해결 접근을 하는 것이 중요하다. 갈등의 역동적 과정은 처음에는 문제 중심의 대화 가능한 갈등이다가도 한순간, 갈등이 비화되고 확대되는 경향을 가져온다. 갈등이 확대되고 비화될수록 의사소통과 접촉의 정도는 매우 낮아지고, 적대감이 형성된 뒤의 문제해결은 '신뢰회복 및 형성'을 위해 문제해결보다도 더 많은 노력이 필요하게 된다.

그렇기 때문에 갈등의 초기에 해결을 위한 노력을 통해 갈등이 다른 문제로 비화, 확대되지 않도록 소통의 끈을 유지해야 한다.

공공갈등의 예방 및 평화적 해결을 위해, 갈등의 역동성을 변화시키는 데 가장 중요한 것은 갈등 당사자 간 대화와 소통의 끈을 놓지 않는 것이다. 갈등 당사자 간 대화와 소통의 끈은 초기단계에서는 당사자들 스스로 찾고, 만들어갈 수 있지만, 앞에서 갈등의 역학을 보았듯이 감정이 쌓이고 관계가 악화되기 시작하면 당사자 간 대화는 난항에 부딪치게 되기 쉽다. 즉 각 당사자 간 형성되는 소통의 장애, 필터(filter)는 오히려 오해와 갈등을 부추기게 되어 관계를 더 악화시키기도 한다. 그럴 때 소통과 문제해결 과정을 돕는 중립적 3자의 개입은 감정을 해소하는 데 도움이 되고, 감정과 문제를 분리하여 문제 중심으로 대화할 수 있는데 도움이 된다.

공공갈등에서 3자의 개입, 즉 조정(Mediation)은 그런 의미에서 문제해결의 중요한 과정이자 방법이 될 수 있다.

이 글은 공공갈등의 예방과 해결을 위한 여러 방법 중에서 특히 갈등이 발생한 뒤 해결의 과정에서 적용될 수 있는 해결과정의 하나로서 '조정(Mediation)'의 의미와 과정에 대한 내용으로 구성된다.

조정(Mediation)은 한국사회에서는 매우 생소한 과정이다. 조정(Mediation)은 현재 대안적 분쟁해결방법(Alternative Dispute Resolution)을 주요 내용으로 하는 분야별 분쟁조정위원회 등에서 진행하고 있는 방법과는 차별성이 있다. 미국 등 대안적 분쟁해결방법이 법적, 제도적 차원으로 정착되어 있는 선진 외국과는 달리 한국사회의 대안적 분쟁조정제도에서는 대부분 당사자 간 자율적 협상을 통해 해결하도록 돕는 역할보다는 전문가 등으로 이루어진 3자가 당사자들의 분쟁에서 안을 제시하거나, 문제해결을 결정하는 방식이 주를 이룬다.

이 장은 당사자 간 자율적 문제해결을 중시한 조정(Mediation)의 원칙과 방법을 소개하고, 조정자로서 필요한 기술과 과정을 익히기 위한 기초자료라 할 수 있다.

먼저 현재 한국사회의 대안적 분쟁해결방법의 현황을 분쟁조정위원회 등의 제도적 측면과 공공갈등에서 3자의 개입으로 문제해결을 시도했던 사례를 살펴보며 공공갈등에서 3자의 역할의 의미를 살펴본다.

그리고 공공갈등과 조정에 대해, 우리 사회에서는 아직 생소한 조정(Mediation)의 개념과 특성, 조정에서 조정자의 역할과 당사자 간 문제해결을 돕는 조정자의 기술을 정리한다.

마지막으로 공공갈등 해결에서 첫 시도되었던 지속가능발전위원회의 한탄강댐 갈등조정과정(2004년)을 예시로, 조정과정의 각 단계별 준비 내용과 진행과정을 살펴본다.

제도적 차원에서나 문화적으로 한국 사회는 실질적 민주주의를 이루고 있지 못하다. 특히 사회갈등, 공공갈등에서 그 갈등을 받아들이는 관점이나 다루는 방식이 권위주의 시대의 힘 중심의 수단에 머물러 있는 것이 현실이다. 다른 의견에 대해 대화와 소통을 통해 합의를 만들어가려는 노력보다 힘겨루기, 정치적 영향을 통해 승패를 가르는 것에 익숙하고, 대화와 토론을 통해 합의된 약속을 지켜야 한다는 사회적 규범이 약하다.

그러나 또 한편, 정책을 입안·집행하는 정부나, 정책입안과 결정에 참여를 요구해온 시민사회 모두 빈번한 공공갈등, 사회갈등의 경험 속에서 파괴적이고, 부정적인 갈등의 대응 양태에 대해 문제의식을 공히 가지고 있는 것도 사실이다.

공공갈등을 건설적이고, 사회 발전의 동력으로 다루기 위해서는 갈등에 대해 정부, 시민사회, 국민 모두가 갈등해결에 참여하는 당사자로서 공동의 문제라는 인식이 필요하다. 그것은 또한 함께 정책을 만들고, 함께 정책을 실천하는 주체요, 동반자로서의 신뢰와 존중을 기반으로 한다.

조정과정은 공공갈등을 지혜롭게 풀어가는 대화의 공간으로, 틈이 생긴 관과 민의 신뢰를 새롭게 형성해 나가는 과정이 될 수 있을 것이다.

'천천히 가는 것이 빨리 가는 것이다'라는 로져 피셔(Roger Fisher)의 이야기는 우리 공공갈등의 해법에 대해 새로운 길을 제시해준다.

2. 대안적 문제해결
(ADR)로서의 조정

1. 한국의 분쟁해결 제도

우리나라 프로 선수가 구단과 연봉 협의가 진전되지 않고 난관에 봉착했을 때 어떻게 할까? 프로야구는 한국야구위원회 조정위원회로, 프로 농구는 프로농구연맹 재정위원회로 간다. 한 신문보도에 의하면 프로야구는 지금까지 18차례의 연봉 조정이 있었는데, 한번만 선수의 요구가 수용되고 그 외는 모두 구단의 제시액대로 타결되었다고 한다. 프로 농구는 17차례의 연봉 조정이 있었는데 8차례는 구단의 요구대로 그 외 8차례는 구단과 선수 요구액의 중간으로 한 번은 선수 요구대로 결정되었다고 한다. 그러면서 기자는 기사 말미에 아직까지 프로스포츠에서 선수는 약자인 모양이라고 적고 있다.

이 기사에서 우리는 두 가지 시사점을 발견할 수 있다. 우선 의견이 달라 다툼이 있는 당사자들이 이견을 조율하는 방법으로 스포츠 영역에서도 당사자 외 3자가 개입하는 중재의 방법을 사용하고 있다는 점 그리고 중재 결과는 당사자 일방에게 유리하거나 불리하다는 점이다.

그러면 우리나라에서는 위와 같이 3자가 개입해서 분쟁해결을 돕는 방식이 어떤 분야에서 어떻게 이용되고 있을까? 이 장에서는 우리나라에서 분쟁해결제도가 어떤 분야에서 이용되고 있는지, 그리고 공공갈등을 해결하는데 이 제도가 어떤 역할을 하는지 알아보도록 하자.

[표 1] 분쟁조정 관련기구 및 법규 현황

구분	기구	관련 법규	관련부처(기관)
노동	노사정위원회	노사정위원회의 설치 및 운영 등에 관한 법률	노사정위원회
	노동위원회	노동조합 및 노동관계 조정법, 노동위원회법	노동부
금융	증권분쟁조정위원회	증권거래법	증권거래소
	금융분쟁조정위원회	금융감독기구의 설치 등에 관한 법률	금융감독원
의료	의료심사분쟁조정위원회	의료법	보건복지부
환경	환경분쟁조정위원회	환경분쟁조정법	환경부
무역	대한상사중재원	중재법, 대외무역법 시행령	산업자원부, 대한상사중재원
언론	언론중재위원회	언론중재및피해구제등에관한법률2)	문화관광부
외교	국제계약분쟁조정위원회	WTO 정부조달협정, 국가를 당사자로 하는 계약에 관한 법률	외교통상부
건설	건설분쟁조정위원회	건설산업기본법	건설교통부
교육	사학분쟁조정위원회	사학분쟁조정위원회 규정	교육인적자원부
	시도교육분쟁조정위원회	지방교육자치에 관한 법률	교육인적자원부
	중앙교원지위향상위원회	교원지위 향상을 위한 특별법	교육인적자원부
정보통신	프로그램심의조정위원회	컴퓨터프로그램보호법	정보통신부
	전자거래분쟁조정위원회	전자거래기본법	한국전자거래진흥원
	도메인이름분쟁조정위원회	-	한국인터넷정보센터

	개인정보분쟁조정 위원회	정보통신망이용촉진 및 정보보호 에 관한 법률	한국정보보호 진흥원
행정 기관	중앙분쟁조정위원회 (지자체간)	지방자치법	행정자치부
	행정협의조정위원회 (중앙기관-지자체)	지방자치법	행정자치부
기타	저작권분쟁심의조정 위원회	저작권법	문화관광부
	소비자분쟁조정위원회	소비자보호법	한국소비자보호원
	하도급분쟁조정위원 회	하도급거래 공정화에 관한 법률	공정거래위원회, 건설협회 등 8개 사업자 단체
	분쟁조정위원회	방송법	방송위원회
	반도체배치설계심의 조정위원회	반도체집적회로의 배치설계에 관한 법률	특허청
	산업재산권분쟁조정 위원회	발명진흥법	특허청
	선원노동위원회	선원법	해양수산부

※ 출처 : 대통령자문 지속가능발전위원회, 《갈등관리시스템 구축방안 연구보고서》. 93쪽.

1. 우리 사회의 분쟁해결기구의 역할과 기능 및 활동

분쟁해결기구의 기능과 역할

우리나라에서 대안적 분쟁해결제도로서 조정(調整)3)의 기능을
수행하고 있는 기구는 앞의 표와 같다(표1 참조). 그리고 현재 분쟁조

---

2) 2005.7.28 시행된 법으로, 이전의 언론중재제도는 '정기간행물의등록에관한법률'
에 근거를 두고 있다.

3) 고르지 못한 것이거나 과부족이 있는 것 따위를 알맞게 조절하여 정상상태가 되게
함(동아새국어사전, 1994)

정제도에서 사용되고 있는 조정(調整)은 중재(仲裁)·조정(調停)·알선(斡旋)을 포함한 용어로 사용되고 있다. 각 분쟁조정기구에서는 조정을 다음 표(표2)에서와 같이 정의하여 사용하고 있다.

[표 2] 분쟁조정기구별 조정(調整)의 구분과 정의

기구	조정의 종류	조정의 효력
중앙환경분쟁조정위원회	• 裁定 : 사실조사 및 당사자 심문 후 재정위원회가 인과관계의 유무 및 피해액을 판단하여 결정하는 재판에 준하는 절차	• 위원회가 재정결정을 행한 경우, 당사자 쌍방 또는 일방이 당해 재정의 대상인 환경피해를 원인으로 하는 소송을 제기하지 않으면 당사자 간에 당해 재정내용과 동일한 합의가 성립된 것으로 간주(재정내용의 채권채무관계 확정)
	• 調停4) : 사실 조사 후 조정위원회가 조정안을 작성하여 당사간의 합의를 수락 권고하는 절차	• 위원회의 조정안을 당사자가 수락한 때에는 조정조서를 작성하여 이 경우 당사자 간에 조정조서와 동일한 내용의 합의가 성립된 것으로 간주(재판상 화해와 같은 효력)
	• 斡旋 : 당사자의 자리를 주선하여 분쟁당사자 간의 합의를 유도하는 절차	• 알선위원의 중재로 당사자 간에 합의가 이루어지면 합의서를 작성하며, 합의서 작성에 의하여 분쟁이 해결
중앙노동위원회	• 仲裁 : 관계당사자 쌍방 또는 단체협약에 의한 어느 일방이 신청하거나, 필수공익사업의 경우 특별조정위원회의 권고에 의하여 노동위원회 위원장이 중재회부를 결정할 수 있음.	• 중재 재정은 당사자들의 수락여부에 관계없이 단체협약과 동일한 효력 발생함
	• 調停 : 노동쟁의 당사자의 주장을 청취하고 사실을 조사하여 조정안을 작성한 후 이를 당사자에게 수락하도록 권고	• 조정안 수락은 단체협약 체결로 간주 • 조정절차를 거친 경우에만 쟁의행위 가능
	• 긴급조정(Emergency Adjustment) : 쟁의행위가 공익사업에 관한 것이거나 그 규모가 크거나 그 성질이 특별한 것으로 현저히	• 긴급조정결정 공표일로부터 30일간 쟁의행위 금지, 기간 중 중앙노동위원회에서 조정 또는 중재

	국민경제를 해하거나 국민의 일상 생활을 위태롭게 할 위험이 현존하는 경우 노동부장관이 중앙노동위원회위원장의 의견을 들어 긴급조정을 결정.	
언론중재위원회	• 중재 : 중재부의 중재결정에 의한 분쟁을 해결하는 절차, 당사자 간 중재결정에 따르기로 하는 합의가 있어야만 중재신청을 할 수 있음	• 법원의 확정판결과 동일한 효력
언론중재위원회	• 조정 : 중재부가 분쟁당사자 사이에 개입하여 당사간의 합의를 이끌어내는 절차, 해당 언론사 또는 피해자가 조정신청을 하면 절차가 진행	• 합의(합의간주, 조정결정 포함)의 효력은 재판상 화해와 동일한 효력
대한상사중재원	• 仲裁 : 당사자 간의 합의로 사법상의 분쟁을 법원의 재판에 의하지 않고 중재인의 판정에 의하여 해결하는 절차	• 당사자 간에 있어서 법원의 확정판결과 동일한 효력
대한상사중재원	• 조정 : 공정하고 중립적인 조정인이 당사자 간의 분쟁을 적정한 합의를 통해 해결하도록 도와주는 절차, 조정인은 당사자들이 스스로 자신의 분쟁에 대해 결정하고 상호 만족할만한 합의에 이르도록 도움	• 양당사자가 조정회의 중 합의에 이르거나, 조정안 제시에 대해 모두 수락한 경우에 조정이 성립하며, 효력은 합의로써 효력이 있고, 당사자가 내용대로 이행하지 않을 경우에는 이후 중재
대한상사중재원	• 알선 : 중재원의 직원이 개입하여 양당사자의 의견을 듣고 해결합의를 위한 조언과 타협권유를 통해 합의를 유도하는 제도	• 양당사자의 자발적인 합의를 통한 해결이기 때문에 법률적 구속력은 없다.

* 위 내용은 관계법령과 해당기관의 홈페이지의 내용을 정리한 것이다.

[표 2]에서 보듯이 각 분쟁조정 기구마다 조정이나 중재에 대해 정의를 달리하고 있고, 조정의 효력 즉 조정 결과에 대한 규정력 또한 다르다. 그러나 '법'이 아닌 대화와 타협으로 갈등을 해결하려는

---

4) 제3자가 당사자 사이에 들어서서 화해시킴(동아새국어사전, 1994)

공통의 목표가 있고 그것을 제도화한 했다는 점에서 의미가 있다.

각 분쟁기구의 활동

분쟁의 대명사격인 환경문제를 다루는 환경분쟁조정위원회의 활동 실적을 보면 우리 사회에서 조정제도 위상이 어떻게 변하고 있는지 알 수 있다. 중앙환경분쟁조정위원회가 2005년 6월 30일 기준으로 총괄한 환경 분쟁 조정 현황을 보면, 중앙환경분쟁조정위원회가 설립된 1991년 7월 이후 2005. 6월 30일까지 1,611건을 접수하여 1,316건을 처리(재정, 조정, 중재합의)5) 하였으며, 209건은 자진 철회로 종결되었고, 86건은 현재 처리중이다. 2000년까지 연간 접수현황이 100건을 약간 상회하다 2001년 184건을 기점으로 연간 500건을 육박하고 있다. 이와 같이 분쟁조정 신청 건수가 증가한 것은 시민들의 환경에 대한 경각심과 권리의식이 높아진 것이 그 원인이기도 하지만, 환경분쟁조정위원회가 환경 분쟁 조정기구로서 위상을 정립해가고 있음을 알 수 있다. 언론중재위원회도 1981년 설립 후부터 2004년까지 중재신청 건수가 8,351건으로 지난 94년 한 해 신청건수가 500건을 상회한 이래 연간 신청건수가 계속 증가하고 있다.

이러한 변화는, 소송을 통한 판결보다는 중재, 조정을 통한 합의에 이르는 것이 분쟁을 해결하는데 더 효과가 있다는 인식이 확대된 데 있다고 생각된다. 실제로 조달청에서는 올 4월부터 분쟁조정심의위원회를 설치해 운영하고 있다. 조달청은 분쟁조정심의위원회 운영을 시작하면서 법원소송과 중재6) 등의 비효율적인 사법적 다툼이

---

5) 중재합의는 재정신청서가 접수되어 재정 결정 전에 위원회의 중재로 양 당사자가 협의, 신청인이 신청서를 철회하여 사건이 종결된 경우를 말함.

6) 중재법에 의한 중재를 말함.

줄고 결과적으로 비용과 시간이 줄어들 것이라는 기대를 밝혔다. 대안적 분쟁해결제도에 대한 사회적 관심과 필요가 날로 증가하고 있음을 알 수 있다.

한편, 현재의 분쟁조정제도는 분쟁을 조정하는 제3자의 권한이나 영향력이 큰 것이 일반적인 특징이다. [표 2]에서도 알 수 있듯이 조정자가 조정안을 제시해 당사자가 수락하도록 하거나, 3자가 결정을 내리면 재판상 확정판결과 같은 효력이 있다. 즉 관련된 당사자 모두가 3자의 역할에 대해 동의해야 조정이 성립되지만, 엄밀히 말해서 당사자 중심의 직접적인 문제해결보다는 전문적인 제3자가 안을 제시하거나, 결정을 내려주는, 판관과 같은 역할을 한다고 볼 수 있다.

2. 공공갈등과 대안적 분쟁해결제도

최근 발생하는 공공갈등의 주요 이슈는 동강, 새만금, 천성산 등의 예처럼 환경문제를 중심으로 한 것이라고 볼 수 있다. 또한 그밖에 지방자치단체 사이에 또는 이익집단 사이에 크고 작은 환경 관련 분쟁이 거의 매일이다시피 언론의 지면을 채우고 있다.

이러한 공공부문의 갈등은 '투자 규모가 크고 장기간이 소요되며 다수 이익집단들이 관련'되어 있어 사회적 파급효과가 큰데 반해 국책사업을 중심으로 한 공공갈등에 대한 우리 사회의 관리능력은 부족한 결과라고 할 수 있을 것이다. 그래서 많은 사람들은 우리 사회의 공공갈등이 사회발전의 생산적 동력이 되기보다는 분열과 대립의 사회 경제적 손실로 기능하는 것을 걱정하기도 한다.

현재 대안적 분쟁해결방법으로서 분쟁조정위원회가 존재하고, 그 위상을 높여가고 있기는 하지만 공공갈등 해결을 위한 대안이 되지 못하다는 것 또한 현실이다. 그런 점에서 우리 사회의 공공분쟁을 해결하기 위해서 현재의 제도가 어떤 역할을 하고 있는지 살펴볼 필요가 있다.

얼마 전 사회적 관심의 대상이었던 경부고속철 천성산 구간 터널 공사를 둘러싼 갈등을 해결하는데 현재의 분쟁해결제도가 어떤 역할을 했는지 살펴보자.

환경분쟁조정법 제2조 1에 "환경피해라 함은 …자연생태계파괴 기타 대통령령이 정하는 원인으로 인한 건강상·재산상의 피해를 말한다"고 되어 있으며, 제 26조에서는 "환경단체가 중대한 자연생태계파괴로 인한 피해가 발생하였거나 발생할 위험이 있을 경우에는 위원회의 허가를 받아 분쟁당사자를 대리하여 위원회에 조정을 신청"할 수 있다고 규정되어 있다. 법조문만 보자면 천성산 문제는 자연생태계 파괴의 문제이며, 환경단체가 대리하여 조정을 신청할 수 있다.

하지만 천성산 구간 터널공사 갈등에서 이 제도는 이용되지 않았다. 이는 대화를 통해 문제를 해결하기보다는 힘으로 요구를 관철하거나, 강제성이 담보되는 사법적 절차(공사 중지 가처분 신청)에 의지하는 것이 더 효과적이라고 여기는 일반적 관행 때문이다. 또한 분쟁조정기구를 공공갈등 해결을 위한 테이블로 인정하지 않는 우리 사회의 일반적인 분위기도 한 몫을 하는데, 이는 기구의 중립성과 조정의 실효성에 대한 신뢰가 없는 우리 사회의 일반적 인식에 기인한다. 환경분쟁조정위원회는 환경부의 산하기관쯤으로 인식되어지고, 환경부는 정부 부처의 하나로서 국책사업을 수행하는 정부의 입장에 설 것이라는 불신인 것이다.

이러한 이유로 특히 공공갈등을 해결하는데 있어 환경분쟁조정위원회가 분쟁조정을 객관적이고, 중립적으로 잘 할 수 있을 것인가에 대한 사회적 의문이 이 제도 자체를 유명무실하게 한다고 할 수 있다. 법조문상으로는 가능하겠지만 실질적으로 그 기능을 수행하는 데는 사회적 인식과 이해관계자의 자율적 의지가 부족하므로 공공갈등 해결의 현실적 기능을 수행하기는 어려운 상황이라고 할 수 있다.

그러면 노사갈등의 조정, 중재 업무를 담당하는 노동위원회는 공공갈등을 어떻게 다루고 있는지 살펴보자.

지난 99년 한국노총은 중앙노동위원회에 조정 신청을 했다. 조정 신청의 배경은 전력산업구조개편에 관한 사항, 공공부문 예산편성지침에 관한 사항, 공기업, 지방자치단체 등 공공부문 구조조정에 관한 사항, 철도민영화 및 구조조정, 해직자 복직에 관한 사항, 노동위원회 쟁의 조정에 관한 제도개선에 관한 정책건의 등을 포함한 19개 사항을 노사정위원회7) 등을 통해 대정부교섭을 하였으나 사용자인 국무총리가 한국노총의 요구사항과 노정합의사항을 이행하지 않았다는 것이다.

이에 대해 노동위원회는 국무총리는 노동조합 및 노동관계조정법상의 사용자나 사용자 단체에 해당하지 않아 노동쟁의 조정의

7) 노사정위원회의설치및 운영등에관한법률 제3조에 의하면 노사정위원회는 1.근로자의 고용안정과 근로조건 등에 관한 노동정책 및 이에 중대한 영향을 미치는 산업·경제 및 사회정책에 관한 사항 2. 공공부문 등의 구조조정의 원칙과 방향에 관한 사항 3. 노사관계 발전을 위한 제도·의식 및 관행의 개선에 관한 사항 4. 위원회에서 의결된 사항의 이행방안에 관한 사항 5. 노사정 협력증진을 위한 사업의 지원방에관한 사항을 다룰 수 있도록 되어있다. 그리고 동 법 제18조에는 정부·노동단체 및 사용자단체가 위원회의 의결사항을 정책에 반영하고 성실히 이행하도록 최대한 노력해야한다며 성실이행의무를 명시하고 있다.

대상이 되지 않는다고 결정했다.

또 전국대학노동조합도 지난 2001년 대학교육발전 및 고용안정, 사립학교 교직원 연금제도의 개혁, 대학비리 척결 및 대학의 민주적 운영, 산별 교섭보장에 대하여 교육인적자원부장관에게 단체교섭을 요구했으나 응하지 않아 단체교섭이 불가능하다고 조정신청을 했다.

이에 대해 중앙노동위원회는 대학의 행정, 학사, 재정관리 및 재정관리 및 사립학교 교직원 연금문제 등에 대하여 관리 감독할 위치에 있다 해도 법상 사용자 또는 사용자단체에 해당되지 않기 때문에 '당사자 부적격으로 노동쟁의 조정대상이 되지 않는다.'고 결정했다.

두 사안 모두 중앙노동위원회에서 간여하는 '쟁의발생 사유'가 되지 않았지만 사회적으로는 노동정책과 관련해 지금까지도 논란이 되고 있는 사안이다.

이 두 가지 사례는 중앙노동위원회가 노동쟁의 대상에 대한 부적격 판단을 내렸다는 것에 대해 시비를 가리기 위함이 아니라 현재의 (노동)분쟁조정기구가 다룰 수 있는 사안이 무엇인지를 보여주고 있다는 점에서 의미가 있다[8]. 이처럼 현재 각 분야별로 구성, 진행되는 대안적 분쟁해결 제도 내에서는 사회적 영향력이 큰 공공정책을 둘러싼 갈등에 대해서는 개입하거나, 적용하기 어려운 한계가 있다.

---

[8] 여기서는 노사정위원회 기능이나 활동성과, 노동문제 현안을 둘러싼 갈등이 아니라 분쟁조정기구의 기능을 중심으로 본다.

3. 성과와 한계

지금 입법 추진 중인 '공공기관의갈등관리에관한법률안'(이하 공공갈등관리법) 제 3조 1에서는 '갈등'을 '공공기관이 법령 또는 자치법규를 제정 또는 개정하거나 구체적 사실에 관하여 법령 등을 집행하는 과정 또는 정책·사업계획을 수립하거나 추진하는 과정에서 발생하는 이해관계 충돌'로 규정하고 있다. 즉, 정부가 정책을 집행하거나 관련 규정을 개정할 때 발생하는 갈등이라고 할 수 있다. 공공정책은 앞서 말한 것처럼 대체로 장기간에 걸쳐 대규모 투자가 이루어지는 사업이거나 다수의 이익집단이나 이해당사자가 관련되어 있다는 특징을 가지고 있다. 그런 만큼 공공정책을 수립, 집행하는 데서 생겨나는 갈등이 사회에 미치는 영향은 매우 크다.

그러나 이러한 공공갈등을 풀어가는 데 현재의 분쟁해결제도가 역할을 할 것으로 기대하기는 어렵다. 물론 각 분쟁조정제도가 분쟁조정신청건수도 늘어나고 분쟁조정에 대한 합의(조정성립률)도 일정한 수준을 유지하는 등 법이외의 방법으로 갈등을 해결해나가는 움직임9)이 커지고 있는 것이 사실이지만, 앞에서 본 바와 같이 국책사업이나 정책에 관련한 갈등에 있어 현재의 분쟁조정기구는 조정의 실효성이나 기구의 중립성 등에서 의심을 받거나 또는 그러한 사안을 다룰 수 있는 시스템이 없다. 다시 말하면, 현재 분쟁조정제도는 개인 간 갈등을 해결하는데 어느 정도 기여는 했지만, 공공갈등을 해결하는데 있어서는 제 역할을 하지 못했다고 할 수 있다.

---

9) 중앙환경분쟁조정위원회 : 재정, 조정, 중재합의 처리현황, 접수 건수의 81% ('91.7.19~'05.6.30)/언론중재위원회 : 합의, 중재결정 동의, 중재결정중 이의·중재 불성립결정·취하 중 정정 또는 반론 기사가 게재된 실질적 피해구제율 59.2%('81.3.31~'04.12.31)

특히 현재의 분쟁조정제도가 전문적 3자의 결정에 분쟁해결의 초점이 맞춰져 있기 때문에 공공갈등의 경우 전문적 3자가 관의 입장을 대변할 것이라는 불신은 제도가 있더라도 그 제도를 통해 문제해결을 하기 어렵게 하는 요소로 작용한다.

그런 측면에서 현재 국회에 계류 중인, 공공갈등을 예방하기 위해 참여적 의사결정방법을 규정하고, 갈등해결에서 중립적 3자의 역할을 강조한 '공공기관의갈등관리에관한법률안'의 제정이 공공갈등 해결의 제도적 받침이 되리라 기대한다.

2. 외국의 분쟁해결 제도

1. ADR이란?

앞 장에서 살펴보았듯이 한국사회에서도 소송이 아닌 대안적 분쟁해결방식(ADR ; Alternative Dispute Resolution)을 주 내용으로 하는 분쟁조정위원회 등의 여러 기구가 있다. 하지만 현제도에 노정되고 있는 한계와 문제점을 생각해볼 때 '당사자들의 자율적 해결 과정으로서의 의미'를 보완할 필요가 있다.

ADR은 말 그대로 대안적 분쟁해결방법으로서 그 종류와 내용은 다양하다. 그러나 최근의 경향은 당사자들이 자율적 의지를 기초로 목표와 관계를 모두 만족시키는 이상적 문제해결 방법을 통해 협동적으로 문제를 관리하는 것이라고 할 수 있다. 이를 대안적 갈등해결 또는 분쟁해결방법이라고 일컫는다. ADR은 일반적으로 법적 해결이 아닌 비공식적 해결을 의미하며, 단순한 이해관계 분쟁(dispute)에 한하여 적용되었다. 하지만 최근 들어서는 가치갈등도 포함한 갈등(conflict)문제 까지도 해결하는 범위로 확대되고 있는 추세이다.

ADR이 법 제도 차원에서 어떤 구조를 가지고 있는지 미국, 독일, 일본의 법 제도를 살펴본다.

2. 미국의 갈등관리 제도

미국의 대안적 분쟁해결(ADR)

미국에서는 일찍이 분쟁해결수단으로 법원의 재판 이외에 조정이나 중재가 이용되었으나, 본격적으로 이용되기 시작한 것은 1970년대 중반부터다. 이른바 ADR운동(ADR movement)으로 시작한 미국은 오늘날 거의 모든 법원이 조정, 중재 또는 이들이 혼합된 형태 등 다양한 형태의 ADR을 운영하고 있다. 이런 움직임은 1970년대 후반부터 전문분야로 발전하여 1978년에 '가사조정협회(The Family Mediation Association)'가 설립된다. 그 후 ADR은 소비자보호, 자동차하자보상, 환경문제, 가해자 대 피해자 문제, 아동학대, 노인문제, 특수교육문제, 정책문제(대중교통, 환경, 에너지 등)등 전문 영역에까지 발전하였다.

행정분쟁조정법(Administrative Dispute Resolution)

미국의 ADR은 점차 제도화되어 1990년에 제정되고 1996년에 개정된 행정분쟁조정법(The Administrative Dispute Resolution Act)에 의해 모든 연방 행정청은 ADR을 우선적으로 이용할 것을 주문하고 있다. 1991년에 부시는 행정명령(Executive Order 12778)으로 행정관청에 관한 분쟁은 ADR을 이용하여 신속, 공정, 효율적으로 처리하도록 지시한 바 있으며, 1996년 클린턴은 행정청의 소송대리인은 소송에 이르기 전에 ADR을 이용하고, 소송대리인에게 ADR에 관한 교육, 훈련을 시키도록 지시했다. 또한 클린턴은 1998년 ADR기술을 공유하기 위하여 정부부처합동위원회(Interagency ADR Working Group)

를 설치하도록 요구했다. 오늘날 미국에서는 주정부차원에서는 법원의 지원 아래 ADR 프로그램을 운영하고 있을 뿐만 아니라, 구(county)별로도 많은 ADR프로그램을 시민이 무료로 이용할 수 있도록 운영하고 있다.

ADR의 종류

미국에서 가장 빈번하게 사용하는 ADR을 이용한 분쟁해결방법은 협상(negotiation)이다. 협상은 중립적인 제3자가 개입하는 다른 분쟁해결방법과는 달리 당사자 스스로 분쟁해결절차와 결론을 결정하는 방식이다. 당사자가 분쟁을 해결할 수 없으면 제3자가 개입하게 되는데, 이 경우에는 제3자가 분쟁해결을 도와줄 뿐인가 아니면 결론을 내려줄 권한이 있는가에 따라 구별된다. 제3자가 결론을 강제하는 분쟁해결방법(adjudication)에는 제3자가 사인 즉 중재인인 경우와 법원인 경우로 나누어지며, 전자가 중재(arbitration), 후자가 소송(court adjudication)이다.

조정의 효력

조정의 효력은 주마다 다른 법률이지만, 집행력을 인정하는 것이 일반적이다. 당사자가 조정의 성립과정에 문제가 있음을 지적하면 이를 법원에서 다툴 수 있으며, 조정이 소송의 전제가 되는 것은 아니다.

[표 3] 분쟁해결절차

특성	소송	중재	조정	협상
자발성 Voluntary/ Involuntary	강제적	자발적	자발적	자발적
구속력 Binding/ Nonbinding	기판력/ 상소가능	기판력/제한된 범위에서 심판 대상	합의가 있으면 집행력	합의가 있으면 집행력
제3자 개입 Third party	미리 정해진 중립적인 제3자가 결론을 내리는 자로개입/분쟁 대상에 전문적 지식은 없음	당사자가 선임한 제3자가 결론을 내리는 자로 개입/경우에 따라서 분쟁대상에 대한 전문적 지식이 있음	당사자가 분쟁 해결을 도와주는 제3자를 선임	없음
요식성 Degree of formality	미리 정해진 법규에 따라 절차와 형식이 엄격히 정해져 있음	소송보다 덜 형식적임/당사자가 합의로 절차와 실체를 규율할 규범을 정함	일반적으로 절차와 형식이 없음	일반적으로 절차와 형식이 없음
절차의 성질 Nature of proceeding	주장·증명의 기회	각 당사자에 대한 주장·증명의 기회	무제한의 주장·증명, 이해관계의 제출	무제한의 주장·증명, 이해관계의 제출
결론 Outcome	법규에 따른 결론, 합리적 이유설시	경우에 따라서는 합리적인 이유에 근거한 법규에 따른 결론/경우에 따라서는 이유를 붙임이 없이 화해	서로 수용할 수 있는 합의	서로 수용할 수 있는 합의
공공성 Private/ Public	공적 절차	법원의 심판을 구하지 않는 한 사적 절차	사적 절차	사적 절차

3. 독일의 ADR

실정 법률과 정식소송제도가 발달한 독일에서도 최근 대안적 관리방법에 대한 중요성이 인식되면서 다양한 ADR제도(Mediation, Schiedsgerichtsbarkeit, Schlichtung)가 발달하고 있다. 이 가운데 이중 강제조정절차로서 종업원의 발명에 관한 법률에 따른 특허청의 조정위원회, 자동차 강제보험에 관한 법률에 따른 보상 기금의 조정위원회, 저작권의 행사에 관한 법률에 따른 특허청의 조정위원회 등이 있으며, 임의적인 조정절차로서 독일 상공업회의 조정위원회, 의료분쟁사건을 위한 조정위원회, 전자 데이터 프로세싱 조정위원회 등이 있다.

공공사업관련 갈등을 관리하기 위한 제도로서 독일의 토지관련 법제(국토공간 정비법, 건설법전) 등에서 계획수립 시 다양한 이해관계자들의 갈등을 조정해야 하는 의무를 규정하고 있다. 이른바 계획법상의 형량원칙(Abwaegungsgebot)이라고 하는 이 원칙은 독일에서 국토계획이나 도시계획과정에서 발생할 수 있는 갈등을 사전에 예방하는 기능을 하고 있다. 즉, 계획권자는 계획과정에서 상충될 수 있는 이해관계를 조정해야 하는 의무가 있으며, 그 의무를 제대로 못했을 경우 그 계획이 취소될 수도 있다. 국민들은 대규모 공공사업 계획과정에서 그들의 이해관계가 제대로 반영되지 못하게 되는 경우 형량원칙에 반했다는 이유를 들어 공식적인 절차를 통하여 그 공공사업계획을 다툴 수 있기 때문에, 불법적인 갈등분출이 방지되고 있다.

대규모 공공사업은 단순한 허가나 승인을 통하여 결정하는 것이 아니라, 행정절차법상의 계획확정절차(Planfeststellungsverfahren)를 통하여 국민들의 참여가 보장된 가운데 사업이 추진된다.

그 과정에서 이해관계인들이 참여할 수 있는 길이 열려있으며, 갈등이 사전에 예방되는 기능을 하게 된다. 계획확정절차는 공공사업의 추진을 신중하게 하는 반면에, 효율성을 저해하는 측면이 있어 그 대상을 한정하고 있으며 간이·신속하게 추진될 수 있는 경우도 함께 규정하고 있다. 환경문제로 인한 갈등에 대해서는 환경영향평가법 등 환경법제가 매우 발달해 있으며, 최근 유럽연합차원에서의 강화된 환경보호기준을 수용하면서 환경관련 갈등관리에 중요한 역할을 하고 있다.

4. 일본의 갈등관리 제도

일본의 ADR

일본의 행정분쟁해결제도는 우리나라의 경우와 많은 점에서 유사한 면이 있으며, 전술한 미국의 경우와 같이 행정분쟁해결법이나 ADR법은 아직 제정되어 있지 않다.

그러나 일본에서도 공해조정위원회, 건설공사분쟁심사회, 소비생활센터 등과 같이 다수의 행정형ADR은 물론 법원의 민사조정, 가사조정과 같은 사법형ADR과 제조물책임센터, 변호사회 중재센터 등의 민간형ADR이 운용되고 있다. 나아가 ADR이 재판에 못지않은 유용한 분쟁해결수단이라는 점을 인식하고, 재판에 버금가는 제도로서 활성화 되고 있다. 사법제도개혁추진본부사무국(2001년 12월에는 ADR검토회를 설치)에 이른바 ADR 기본법의 제정을 향한 검토를 진행하는 것만 보아도 잘 알 수 있다.

현재 일본에서 검토되는 ADR의 활성화방안

다양한 형태의 ADR에 대해, 각각의 장점을 살리면서 ADR을 육성하기 위한 방안으로 관계 기관 등의 제휴를 강화해 공통적인 제도 기반정비를 계획하고 있다. 확충활성화를 위한 법원이나 관계 기관, 관계 부처 등의 제휴 촉진을 위해, 연락회의 등의 체제정비가 필요하다고 한다. 또한 일본은 소송, ADR을 포함한 분쟁해결에 관한 종합적인 상담 창구, 인터넷상의 포털사이트 등 정보통신 기술의 활용을 통하여 연구하고 있다. 종합적인 ADR의 제도 기반을 정비하기 위해, ADR의 이용촉진 및 재판절차와의 제휴 강화를 위한 기본적인 골격을 규정하는 이른바 'ADR 기본법' 제정을 계획하고 있는 실정이다.

일본 ADR기본법(안)의 주요 내용10)

일본의 ADR은 입법 목적과 기본이념에서 ADR(사법형, 행정형 포함)의 건전한 발전을 도모함으로써, 민사상 분쟁의 해결방법을 선택할 기회를 넓히고, 재판과 함께 다양하고 광범위한 국민의 요청에 대응하여 민사상 분쟁의 해결 방법을 선택할 기회의 확충하는데 중요한 역할을 할 것으로 기대하고 있다. 이를 위해 국가는 기본이념에 따라 ADR의 건전한 발전에 관한 시책을 책정·실시할 책무를 가지며, 또한 ADR에 관한 국민의 이해를 심화시키기 위한 시책 등을 강구한다는 취지의 규정을 두고 있다. 또한 지방자치단체도 ADR을 실행할 일정한 책무를 가진다는 취지의 규정을 두고 있다.

---

10) 일본의 ADR기본법(안)은 아직 완결되지 않은 상태이며, 이하의 내용은 2003년 11월 17일 일본사법개혁추진본부에서 법안으로 논의된 내용임.

5. ADR의 여러 방법[11]

대안적 분쟁해결방법이라 불리는 여러 방법들에 대해 법, 제도내에서는 물론 일반적으로 쓰일 수 있는 주요 방법들을 소개한다.

조정(mediation)

조정은 당사자들간의 협상이 실패하고 의사소통의 끈이 끊어질 때 중립적인 제3자가 의사소통을 도와 당사자 간 협상과정에 간여하는 과정이다. 보통 조정은 제3자가 자청하기도 하고 양측 당사자의 요구로 이루어지기도 하고, 사회에 따라 법 제도 등에 의해 조정자의 개입이 강제되기도 한다. 중요한 것은 조정자의 개입이 당사자들에게 인정되어야 한다는 것이다.

조정자가 당사자 간 문제해결에 개입하지만 최종적인 결정을 내리고 해결책을 제시할 수 있는 권한을 가지지는 않는다. 당사자들이 받아들일 수 있는 해결책을 그들 스스로가 자발적으로 찾을 수 있도록 도와주는 역할을 하는 것이다. 조정은 객관적 진실을 찾는 것을 목표로 하지 않는다. 당사자 각각의 경험과 인식을 서로 받아들이고 이에 근거한 합의된 해결책을 찾는 것이다.

조정은 특히 쌍방 간 감정의 대립이 심하고 의견의 차가 극명하게 드러나 스스로는 대화를 할 수 없는 상황에 처해있는 분쟁의 경우 유용하게 사용되어질 수 있다.

조정과정이 난관에 봉착해 서로가 주장을 굽히지 않고 있을 때 개별면담(caucus)을 통하여 개개 당사자들이 가지고 있는 이해를

---

11) 이 내용은 주로 이영면, 이선우, 김헌민, 박수선(2004), 《갈등관리교육프로그램 개발 및 연구활성화 방안연구》, 정책기획위원회에서 인용, 편집하였다.

파악하고 합의 가능한 대안을 협의하여 조정시간을 단축할 수 있다.

조정을 통해 당사자 간 합의한 사항은 그 자체로 법적 구속력을 가지지는 않는다. 그러나 당사자들의 동의를 통해 법적 구속력을 가질 수 있는 방법을 이용할 수 있다.

중재(binding arbitration)

중재는 조정과 같이 3자가 개입하여 당사자들의 갈등해결을 돕는 과정인데, 조정이 문제해결의 제안이나 결정권이 당사자들에게 있다면 중재과정에서는 중재자가 갈등 당사자들 각각의 이야기를 들어보고 해결책이 무엇인지 결정한다는 차이가 있다. 이 역시 갈등 당사자들의 합의된 인정과 요청에 의해 과정이 시작된다.

중재자가 구속력 있는 결정을 내리기 전에 갈등 당사자들은 객관적이고 중립적인 입장에 있는 강제중재자(arbitrator)나 중재심사원단(arbitration panel) 앞에서 자신의 주장을 피력하고 증빙자료를 제시할 수 있는 기회를 가진다. 그러나 강제중재자나 조정심사원단은 갈등 당사자들과 오랜 시간에 걸쳐 조정을 시도하거나 쌍방에 대안을 제시할 것을 요구하거나 쌍방 간의 관계복원을 시도하지는 않는다. 당사자들이 자신들의 대안을 제시할 수는 있으며, 이는 강제중재자들이 결정하는데 참고자료로 사용할 수 있다. 중재자의 결정은 법적 구속력을 가진다.

조정적 중재(mediated-arbitration)

조정의 경우, 갈등 당사자들이 서로 만족할 수 있는 대안을 도출해낼 수 있는 반면, 법적 구속력을 갖지는 못한다. 그러나 중재의 경우에는, 갈등 당사자들이 불만은 갖지만 일단 합의하고 나면 법적 구속력

을 갖게 된다. 이러한 양쪽의 장점을 수용하여 개발된 새로운 방법이
바로 조정적 중재다.

이 방법은 조정과 중재의 장점을 활용한 것이고 법적 구속력을
가지며, 법원과 검찰과 경찰 등 공권력을 가진 기관에서 주로 활용되
고 있다. 즉 중재의 과정을 조정과정과 동일한 방법에 의하여 진행하
되, 합의된 안은 중재와 같은 법적 구속력을 갖는 혼합적인 형태다.

사실확인(fact-finding)

현재 진행 중인 분쟁이 가지고 있는 갈등의 요인 또는 사실을
파악하기 위하여 갈등 당사자들이나, 소속기관, 또는 사실확인자
(factfinder)를 임명할 수 있는 권한을 가진 이가 객관적이고 중립적인
제3자에게 의뢰하는 것으로 많은 분야에서의 갈등에서 적용되고
있는 방법이다.

사실확인자들은 갈등의 해결을 위해 대안을 제시하거나 결정을
내리는 것은 금지되어 있고 다만 사실확인자들은 갈등의 요인들을
파악하고 평가하여 보고하는 임무를 수행하며, 경우에 따라서는
강제성을 띠지 않는 대안을 제시할 수 있다. 이 때 제시된 대안들은
차후에 있을 협상을 촉진시켜주는 자료로 활용되어질 수 있다.

조정 촉진, 진행(Facilitation)

그러나 갈등 당사자들의 회합에서 촉진자 또는 진행자가 갈등
당사자들의 의사교환이 원활히 일어나고 정보가 제대로 전달될 수
있도록 촉진하는 과정, 방법이다.

조정촉진자(facilitator)는 조정자(mediator)와 같은 역할을 한다.
전형적으로 조정촉진자들은 조정자들처럼 조정과정에서 주요한 사

안들에는 중립적인 입장을 견지하며 대안을 제시하지 않는다. 조정 촉진자들은 문제해결을 위한 과정에 더욱 관심을 기울이며, 당사자들이 합의에 의해 효과적으로 갈등을 해소할 수 있도록 진행과정의 속도를 조정하고 문제해결과정을 단계적으로 밟아 나갈 수 있도록 도와주는 역할을 한다.

조정촉진자들은 반드시 중립적이고 객관적인 제3자일 필요는 없으며, 분쟁당사자들 중의 어느 한편과 가까운 사람이어도 무방하며, 외부전문상담자에 의뢰하기도 한다. 그러나 당사자들의 조정촉진에 대한 동의가 있어야 가능한 것은 조정자와 다르지 않다.

조정촉진기법은 갈등 당사자들의 감정이 지극히 악화되어있을 경우나 갈등 당사자(또는 집단)들이 셋 이상이고, 이들의 이해관계가 복잡하게 얽혀 있을 경우에, 그리고 당사자들이 상호신뢰하고 있으며 문제해결에 대한 의지는 있으나 방법을 모르는 경우와 당사자들 개개인이 갈등해소를 통해 이익을 얻을 수 있다는 사실을 인지하고 있을 때 사용 가능한 방법이다.

갈등의 초기 단계, 당사자 간 대화를 촉진하는 방법(Dialogue)으로 이루어지기도 하고, 한 그룹 내에서 구성원들 간에 정치적 사회적 주제에 대한 견해를 나누기가 어렵거나 적대적인 방식으로만 토론이 이루어지는 상황, 다른 그룹 간에 정치적 사회적 이슈에 대한 견해를 분명하게 공유하기 위해 모였거나 어려운 이슈가 발생할지도 모르는 어떤 작업을 함께 해야 하는 상황에서 이루어진다.

폭력적인 국제, 종교분쟁 등 복잡하고 구조적인 갈등요인을 가진 경우 갈등 당사자들과 직간접적 관계가 있는 제3그룹이 모여 간접적이고 객관적인 해결책을 모색해보는 학술회의 성격의 문제해결 프로그램(Problem Solving Workshop) 등에서도 진행의 과정은 물론 진행자(Facilitator)의 역할은 매우 중요하다.

　이 외에도 당사자들의 자발적, 긍정적 참여가 근간이 되는 다양한 방법이 있고 우리 문화에 맞는 여러 과정들을 만들어나갈 수 있을 것이다.

3. 갈등해결을 위한 제3자 개입 사례

1. 갈등과 제3자 개입

공공갈등을 분쟁조정기구와 같은 제도를 이용해 해결하지 않더라도 제3자가 개입해 해결을 도운 사례는 무엇이 있고 개입의 결과는 어떤지 여기서는 부안방사성폐기물처분장(이하 부안 방폐장) 부지선정을 둘러싼 갈등사례를 분석[12]해 본다.

제3자개입이라고 했을 때 먼저 누구를 제3자로 볼 것인가가 중요할 것이다. 원자력 발전비율이 국내 생산 전력의 40%를 차지하고 있는 나라에 살고 있는 사람이 핵폐기장 문제와 관련이 없다고는 할 수 없다. 때문에 여기서 제3자는 '갈등 사안과 직접적 이해관계가 없으며, 특정한 갈등 당사자와 유착되어 있지 않고, 갈등 해결을 위해 영향력을 행사하는 사람이나 단체'로 정한다. 이런 기준에서 부안 방폐장과 관련한 제3자는 대한변호사협회, 국회 부안 사태 진상조사단(이하 국회 조사단), 전북인권선교협의회 전북기독교교

---

12) 부안의 사례에 관한 내용은 부안군청에서 작성한 일지를 바탕으로 한 것이다.

회협의회 위도방사성폐기물처리장 대책위원회(이하 선교협 대책위), 열린우리당 국민통합실천추진위원회(이하 열린우리당 위원회)를 꼽을 수 있다.13) 각 단체는 갈등에 개입한 순서에 따른다.

대한변호사협회

대한변호사협회는 2003년 11월 24일 기자회견을 갖고 당사자 간의 대화와 타협에 의한 해결을 강조하며, 경찰병력의 철수와 주민의 자유로운 의사 표현, 방사성폐기물처리장 유치 여부에 대한 주민들의 자유로운 의사 존중, 투명하고 공정한 절차에 의한 결정, 시위 과정 중 공권력에 의한 폭력에 대한 진상조사와 적절한 조치의 세 가지를 요구했다.

국회 조사단

2003년 12월 3일 각 교섭단체가 추천한 10인 위원으로 구성, 12월 5일 산업자원부의 현황 보고, 12월 9일 최병모 변호사, 최열 환경운동연합 상임대표 의견 청취, 12월 12~13일 부안 및 위도 현장조사 활동을 했다. 활동결과 국회 조사단은 주민투표시기와 방법 등의 조속한 확정과 주민투표를 위한 분위기 조성 및 활동 보장, 군의회의

---

13) 부안문제와 관련해 개입했던 조직은 이외에도 민주당, 한나라당, 민주노동당, 민주사회를위한변호사회 등이 있다. 하지만 민주당은 현장 방문과 관계자 면담 이후 부안원전수거물시설 유치 백지화를 당론으로 결정('03.10.8)했고, 민주노동당은 '04총선 이후 원내 진출이 가능해지자 당선자 신분으로 활동을 시작했으나 조사단의 명칭이 '탈핵조사단'으로 각각 특정한 입장을 지지하거나 밝혔다. 또한 한나라당은 현장 조사는 했지만 이후 공개된 당론이나 활동을 확인할 수 없었다(국회 부안사태조사단 면담일지에는 반대 주민들이 반대 당론을 주문함) 그리고 민주사회를위한변호사회는 부안 주민 투표를 지지하며 정부와 지방자치단체의 협조를 주문하는 성명을 발표했다.
당사자의 입장을 지지, 옹호하는 활동은 3자라기보다 행위 주체라고 보는 것이 타당하다고 생각해 3자 활동에서는 제외한다.

정상화, 국책사업 추진절차의 민주성 확보를 위한 입법조치 강구 등의 10개항의 권고사항을 발표했다.

선교협 대책위

이 단체는 부안 방폐장 관련 토론회를 개최하고 세 차례에 걸쳐 갈등 양 당사자에게 주장의 사실관계를 확인하는 질의서를 보내고 답변을 받는 과정을 통해 자신들의 입장을 정리하고 각 단체에 공개서한, 건의문 등의 의견서를 발표했다. 이 단체는 자신들이 분쟁에 개입하는 방법으로, '분쟁 진행 과정을 감시하고 필요한 경우 평화적 해결을 위해 압력을 행사하거나 지원하겠다'는 입장을 밝혔다. 단체 활동 내용과 무관하게 3자로서 자기 역할을 규정했다는 점에서 이 단체 활동에 의미를 부여했다.

그러나 선교협 대책위의 활동에 대해 환경단체는 조직의 중립성에 의문을 갖고 있었고, 결과적으로 이 단체의 활동은 3자로서 시비를 가리고 권고문을 발표하는 것으로 끝났다. 그런 측면에서 갈등해결에 영향력을 미쳤다고 보기 어렵다.

열린우리당 국민통합실천위원회

위원회는 2004년 6월 부안을 방문하고, 각 단체와 순회간담회를 가졌다. 이후 관련당사자와 협의를 거쳐 부안 방폐장 추진 일정 중단, 공론화 대화기구를 통한 논의를 제안했다.14) 이 제안은 시민단

---

14) '04. 9. 15 조선일보 : 열린우리당이 산자부와 반핵국민행동측에 보낸 '사회적 공론화기구 중재안'은 공론화 미흡을 이유로 사업일정 중단과 함께 본격적인 공론화를 제의하고 있다. 중재안이 내세운 공론화 주제들은 원전 비중을 낮추는 에너지원 다변화 원전 사후 충당금 비축 장기 가동 원전 수명연장 방사성폐기물 저장방식 부안 주민 화합 및 경제 활성화 등. 중재안은 이를 위해 산자부와 환경단체 등이 참가하는 새로운 협의기구를 1개월 내에 구성한 뒤 1년간 협의를 진행하자

체와 주무부서인 산업자원부에서는 수용해 시행되는 듯했지만, 마지막에 국무총리가 거부15)함으로써 결과적으로 성사되지는 못했다.

이 위원회의 활동은 갈등 당사자와 3자가 모여 서로 일정한 합의를 이루었다는 점에서 부안 방폐장의 다른 3자 개입과 다른 진전된 형태라고 볼 수 있다. 하지만, 합의를 이루지 못했던 원인에 대해 주목할 필요가 있다.

협상당사자의 권한에 관한 문제를 이야기할 수 있는데, 당시 정부 측을 대표한 주요 당사자로 산업자원부가 여러 단위의 협상에 임했지만 최종 결정권은 국무총리에게 있었다. 갈등 당사자 내부의 대표성과 권한의 정도는 갈등 해결의 실질적 성과를 내는 데 중요하다. 갈등해결을 위해 당사자들이 협상을 할 때 그 협상에 대표성을 갖고 나오는 사람이 실제 그 대표로서의 권한을 보장받아야 실질적인 문제해결에 적극적으로 임할 수 있을 것이다. 특히 공공부문에서는 '사람'이 바뀌는 인사이동 결과 정책 결정과 집행의 일관성이 상실되는 경우도 종종 있다. 일관성 상실은 대화 상대와 신뢰를 유지할 수 없고, 이런 일이 반복되면 시스템을 통한 문제해결은 어려워진다.

부안지역 현안 해결을 위한 공동협의회

위의 사례와는 다르지만 '부안지역 현안해결을 위한 공동협의회(이하 공동협의회)'16)는 외형상으로 보면 가장 적극적으로 문제를

는 안을 제시했다.

15) http://www.greenkorea.org/zb/view.php?id=statement&no=392

16) 공동협의회는 학생들의 등교거부가 장기화되는 등 부안 갈등이 고조되자 국무총리가 부안대표단을 초청해 대화기구 구성을 합의하면서 구성되었다. 이 협의회는 위원장 이종훈(경실련대표), 중립위원(최병모 민변회장, 김명현 교수), 부안측 대표(김인경 부안대책위 공동대표, 고영조 부안대책위 대변인, 박원순 아름다운재단 상임이사, 박진섭 환경운동연합 정책실장), 정부측 대표(강동석 한전사장, 정익래

해결하려 한 기구라고 할 수 있다. 협의회는 양 당사자와 중립위원17)
이 함께 문제를 해결하고자 한 것이었다. 그러나 양자가 공동협의를
위해 한 자리에 모였지만, 각자 자신의 뜻과 주장대로 결론이 나기를
기대하는 동상이몽의 공동협의였다.

2003년 10월 산업자원부 국정감사에서 장관은 합의기구의 결론
에 따르겠냐는 한 국회의원의 질문에 '답변이 곤란하다.'고 했다.
마찬가지로 부안대책위도 공동협의회에서 자신들의 주장이 관철되
어야 한다는 입장을 밝혔다. 또한 중립위원으로 참여했던 한 인사는
나중에 주민투표 시행금지 가처분 신청 심리에서 반대측 변호사로
활동을 했다.

공동협의회는 결국 양 당사자가 한자리에 앉았지만 '문제 해결'
보다는 '요구 주장'을 하기 위한 자리로 끝을 맺었고 볼 수 있다.

2. 성과와 한계

위에 거론한 3자들은 현지 답사, 관계자 면담 등의 '사실 확인'
과정을 거쳐서 자신들의 활동 방향을 결정했다. 3자들은 양 당사자에게
문제해결을 위한 특정한 활동을 할 것을 권고하거나(국회 조사단,
대한변협), 갈등 사안의 시비를 가리거나(선교협 대책위) 중재안을
제시하고 당사자와 합의를 이루는 방식으로 개입하였다(열린우리당).

국무총리실 민정수석 비서관, 배성기 산업자원부 자원정책실장, 이형규 전북 행정
부시장)가 참여했다. '03.10.24부터 11.17까지 4차례의 공동협의회를 개최했으나,
연내 주민투표'에 관해 양측이 이견을 조정하지 못하고 회의가 결렬되면서 이 협
의회 활동은 무산됐다.

17) 중립위원은 양측이 추천한 인사로 반핵국민행동 공동대표, 원자력공학과 교수로
서 당사자를 지원하는 3자라고 볼 수 있다.

3자 활동18)은 결과적으로 정책결정 과정의 절차적 문제점을 보완하거나, 나름대로 시비를 가려 구조적 갈등을 해결하는 부분적 성과(주민투표법, 중·저준위방사성폐기물처분시설의유치지역지원에관한특별법 제정)를 거두는 데는 일정하게 기여를 했다.

그러나 부안 방폐장 갈등에 개입했던 3자들은 부안 방폐장 문제에 대해 여론의 관심을 끌면서 특정한 세력의 입장을 강화시켜주는 역할을 하는 등 다양한 목적과 활동을 했지만, 갈등의 평화적 해결, 즉 당사자 간 대화를 통한 '갈등 해결'을 촉진하는 3자로서의 역할을 했다고 보기는 어렵다.

이상에서 보듯 현재 우리 사회는 공공갈등을 해결하기 위한 구조가 갖춰져 있지 않으며, 일반적으로 3자가 문제해결을 위해 개입하는 것도 3자의 입장을 제시하거나, 한쪽 당사자를 지지함으로써 문제를 해결하기보다는 오히려 갈등을 장기화시키는 요인으로 작용하기도 한다. 결국 사회적으로 파장이 큰 공공갈등에서 이를 해결하기 위한 당사자 간 유의미한 구조도 찾기 어렵고, 갈등 해결적 관점에서 활동하는 중립적 제3자도 찾기 어렵다는 것이 현재 우리가 당면한 문제라고 할 수 있다.

3. 향후 과제

당사자 중심의 갈등해결의 필요성과 중립적 역할

앞의 부안 방폐장 사례에서 3자들은 중립성을 견지하지 못하거나, 활동 과정에서 중립성을 견지했더라도 결국은 갈등 사안에 대한

---

18) 정당이나 민변 등의 활동이 중립적 3자라는 점에서는 논외로 했지만, 법률 제정 등 분쟁을 해결하는 제도개선에는 일정하게 기여한 측면이 있다고 본다.

해법을 제시(그것이 어떠한 이름으로든) 하는 등 시시비비를 가리는 판관의 역할을 했다. 물론 갈등 해결에 개입한 3자가 더 나아가서 '한 편'을 들어주는 역할을 하기도 했다.

이 사례에서 보듯 우리 사회에서 갈등해결에 개입하는 3자는 어떠한 결정을 내리거나 판단을 하는 역할을 한다. 하지만 갈등 당사자들이 서로 대화가 중단되고 의사소통이 어려울 때 적대적 태도를 완화시킬 수 있도록 하는 대화의 끈을 이어주는 3자가 나름의 판단을 통해 결론을 제시하거나, 편을 들 때 갈등을 더욱 증폭시키고 장기화시키는 원인이 되기도 한다. 3자는 객관적으로 문제를 바라보고, 그러므로 공적인 입장에서 더 적절하고, 효과적인 문제해결의 대안을 찾을 수 있다는 생각과 빨리 갈등을 해결하고자 하는 의지가 앞서 해결안을 제시하지만 갈등해결에 전혀 도움이 되지 않는 경우가 많다. 왜냐하면 갈등을 이루는 요소는 문제만이 아니기 때문이다. 일반적으로 갈등은 그 역동적 변화 과정에서 문제뿐 아니라 사람, 그리고 과정의 요소를 포함한다. 3자의 전문적 식견이나 제안은 문제를 해결하는 데는 도움이 될지 몰라도 갈등을 이루는 사람의 문제, 즉 갈등과정에서 느끼는 당사자들의 지지를 받기에는 역부족이다. 의사결정과정에 대한 불신과 공정한 참여욕구에서 주요 갈등의 요인을 찾을 수 있다.

이러한 사람의 문제, 과정상의 문제는 문제의 대안을 만드는 것만으로는 풀어지지 않는다.

3자는 갈등 당사자 간의 대립적이고 적대적인 태도를 완화시키거나, 서로가 수용 가능한 해결방안을 찾도록 도와주는 조정자(mediator)로서의 기능을 수행해야 한다. 갈등 당사자들로 하여금 자신의 이익이 아닌 전체의 이익을 위해 서로 다른 사람의 입장에서 생각해 보도록 하고, 이들이 의사 소통을 제대로 할 수 있는 대화가 가능하도록 도와주는 역할이라고 할 수 있다. '대화공간을 유지시키는' 3자가 중립적 조정자(mediator)로서 역할을 해야 당사자가 중심이 되는 "자율적 결정과 합의에 대한 이행"이 가능해지는 것이다.

대안적 분쟁해결방법(ADR) 정착을 위한 제도 개선

ADR(Alternative Dispute Resolution)은 근본적으로 대화를 통해 문제 해결을 지향하는 방식이다. 그리고 당사자가 자율적으로 갈등을 해결해 나가는 과정이기도 하다. 즉, 당사자가 중심이 되어 분쟁해결 방법을 자율적으로 모색하고, 이에 서로 합의함으로써 결정 사안에 대한 이행을 높이는 것이다.

앞에서 본 것처럼 우리 사회에서도 소송이 아닌 대안적 분쟁해결방법[19]을 통해 갈등을 해결하는 분쟁조정위원회 등의 여러 기구가 있다.

현재 우리 사회에서 이용되는 ADR은 주로 3자의 권한이 강조되는데, 3자가 조정안을 제시하거나 또는 조정 결과에 구속력을 갖는 중재가 중심[20]을 이루고 있다. 하지만 공공갈등을 해결하는 데는 기존 제도가 없거나 유명무실해서 갈등이 장기화되고 대립이 격화된 채 정치적 힘으로 타결을 보게 된다. 게다가 이러한 문제해결 방식은 학습되어 반복되곤 한다.

부안 방폐장을 둘러싼 갈등은 서로 양립 불가능한 가치 또는

---

19) ADR은 일반적으로 법적 해결이 아닌 비공식적 해결을 의미하며, 그 종류와 내용은 다양하다. ADR의 종류와 내용에 대해선 이 장 뒤에 참고자료로 첨부한다.

20) 중앙환경분쟁조정위원회에·따르면 지난 91년부터 올 6월까지 처리된 사건 가운데 재정위원이 판단하고 이행강제력이 높은 재정은 638건인데 반해 조정은 35건에 불과하다. 전체 처리건수 가운데 조정이 차지하는 비율은 2.6%에 불과하다.

목적의 선택에 관한 문제로 법원리만으로 확정적인 결론을 도출하기 어렵고, 전문적인 판단이 어려운 점이 있다.21) 이러한 갈등 협상은 현재 우리가 당면하고 있는 공공갈등의 대부분이 안고 있는 문제이기도 하다. 때문에 공공갈등의 해결에 있어 대화와 심의의 과정을 통해 서로 가치들을 만족시킬 수 있는 새로운 방안을 논의하고 합의하는 것이 필요하다. 그런 측면에서 이 책에서 다루는, 우리 사회에서는 생소하지만 중립적 제3자의 역할이 강조되는 조정(Mediation)의 적용, 보완은 공공갈등의 해결에 도움이 될 것이다.

한편 갈등해결의 방법도 중요하지만 예방이 더 중요하다. 갈등이 분쟁으로 표출되어 당사자 간의 인간관계 갈등에 이르고 이것이 집단화되는 것은, 문제 해결을 위해서뿐만 아니라 사회적으로도 바람직하지 않기 때문이다. 따라서 국책사업을 포함해 사회적 파급효과가 큰 사안에서는 관련 이해당사자들의 입장을 사전에 파악하고 갈등요인을 최소화할 수 있는 제도적 장치가 마련되어야 한다. 이를 위해 현재 입법추진 중인 "공공갈등관리법"에 명시된 '갈등영향평가'를 포함해서 갈등을 예측하고 이를 예방하기 위한 사회적 대응능력을 높여야 한다. 갈등을 예방하고 해결하는 것은 투명한 정책 결정과 집행과정 못지않게 사회적 신뢰를 구축하는 기반이기 때문이다.

평화적 갈등해결 문화 확산의 필요성

갈등 해결 수단은 세 가지로 나눠 볼 수 있다. 힘, 법과 규칙, 대화가 그것이다. 최근 대안적 분쟁해결방법에 대한 관심이 높아지고 있다. 힘이나 법과 제도만으로 갈등을 해결하기엔 이미 한계에 이르렀다는

---

21) 정책 결정과 집행에서 절차적 합리성이 부족하거나 규범이 미비함으로써 발생하는 갈등해결은 예외로 한다. 한귀현(2004), 『행정상의 갈등해소를 위한 법제개선 방안연구』, 한국법제연구원에서 인용.

인식에 근거한다. 민주화와 다원화된 사회에서 힘이나 법·제도만으로 분쟁을 해결하고자 한다면 승패는 있을지 모르지만, 당사자 간에 정신적·감정적 대립을 격화시키고 인간적 갈등은 해결하지 못하기 때문이다. 반면 대화를 통한 평화적인 갈등해결은 갈등 당사자가 주체적으로 문제를 해결하고 정신적·감정적 갈등을 해결할 수 있어 인관관계를 상하게 하지 않으며 상생이 가능한 해결 방법이다.

그러나 대화를 통한 갈등해결은 법과 같이 구속력이 있는 것이 아니라 긴 시간과 인내가 필요하다. 그래서 다른 어떤 방법보다 평화적으로 갈등을 해결하려는 주체들의 의지와 노력이 더욱 필요하다.

또한 대화를 통한 갈등해결 방법을 정착시키기 위해서는 합의안은 '이행'하는 문화가 형성되어야 한다. 개인 간은 물론이고 집단과 집단, 조직과 조직의 신뢰는 사회적 신뢰의 기반이 된다. 온갖 미사여구를 동원해 대화하고 합의를 했다하더라도 약속을 지키지 않으면, 더 큰 사회적 갈등과 대립을 촉발하는 요소가 된다.

아직 우리 사회는 힘과 법에 의한 갈등해결 중심이어서 대화를 통한 문제해결에 익숙하지 못하다. 그렇기 때문에 대화와 약속을 소중히 하고 일상적 문화로 형성해나가는 사회적 노력은 공공갈등해결 과정을 만드는 것만큼이나 중요한 일이다. 합의를 하고서도 지키지 않을 때, 그것에 대해 비판하고 바로 잡을 수 있는 사회적 규범이 형성되도록 노력하여야 공공갈등의 평화적 해결을 위한 다양한 제도적 노력이 실효성을 갖게 될 것이다. 그런 의미에서 매우 장기적인 사회변화의 관점 속에서 갈등해결에 대한 노력이 필요하다.

3. 공공갈등과 조정

1. 공공갈등 해결에서
조정의 필요성

중립적 3자의 개입으로 힘의 균형을 유지시켜줄 수 있다

갈등해결이 당사자 간 대화를 통해 원인과 관심사를 찾고 당사자
들이 그 문제들을 함께 해결해 나가는 것이라고 할 때 공공갈등에서
당사자가 서로 존중하면서 문제를 해결한다는 것은 쉽지 않다. 왜냐
하면 일반적으로 공공갈등은 힘의 불균형 상태에서 시작되기 때문이
다. 공공갈등의 한쪽 당사자인 정부기관을 비롯한 관은 일반적으로
정보력, 자원활용능력 등에서 우위를 갖는다. 그렇기 때문에 정부
및 기관 등은 효율성의 측면에서나, 힘의 우위 측면에서나 일방적으
로 정책을 세우고, 집행하는 것이 더 바람직하다는 인식을 갖고
있고, 그러므로 상호 존중하는 대화과정보다는 빠른 집행을 통해
결과를 도출하려고 하기 쉬우며, 반대로 일반 국민 등 이해관계자들
은 정부와의 관계에서 불균형적이기 때문에 물리적 힘의 과시를
통해 승리를 목표로 싸우게 되는 경향이 강하다.

이러한 힘 중심의 문제해결은 당사자 간 불신을 증폭시키고, 대화
보다는 정치력 등 힘을 모으는데 주력하게 만든다. 부분적으로 병행
되는 소송은 힘을 모으는 정당성을 확보하기 위한 수단으로서 기능

하는 것으로, 결코 법적 절차에 따라 갈등을 해결하고자 하는 의지가 기초가 된 것은 아니다. 그래서 소송절차가 길고, 어렵지만, 법적으로 결론이 나더라도 원하는 결론이 아닐 때는 다시 힘을 통해 문제해결을 시도하는 것이 일반적인 경향이라고 할 수 있을 것이다.

힘의 불균형은 대화 자체를 성립하기 어렵게 만들고, 설사 대화과정을 만든다고 해도 그것은 힘을 과시하려거나, 명분을 쌓기 위한 수단으로서 이루어지기 십상이다.

공공갈등에서 당사자 간 협상을 통해 문제해결하기가 쉽지 않은 이유가 여기에 있다. 협상의 전제는 힘의 균형과 상호 신뢰, 존중이기 때문이다.

당사자 간 힘의 불균형 상태에서 중립적 3자, 조정자의 개입은 당사자 간 힘의 균형을 만드는 데 기여한다. 조정자라는 중립적 3자가 당사자들 사이에 있음으로 해서 그 자체로도 약자에게 힘을 실어주는 역할을 하며, 내용에 대한 통제는 아니지만, 당사자 간 문제해결 과정을 당사자가 동의하는 진행절차에 따라 균형있게 진행함으로써 힘의 균형을 유지하도록 하는 것이다.

관에 대한 불신을 해소하는 소통의 공간이 될 수 있다

공공갈등의 한 주체는 정부 및 지자체 등 관이다. 그간 한국사회에서 공공갈등의 발생과 확대과정을 보아서도 알 수 있듯이 국민의 관에 대한 불신은 매우 감정적이며, 극단적인 측면이 있다. 이는 오랜 권위주의 체제에서의 일방적 통치 아래 생긴 것으로, 실제와 다른 편견일지라도 우리 사회의 하나의 거부할 수 없는 현실이다. 관에 대한 국민들의 불신은 아직까지도 '콩으로 메주를 쑨다고 해도 못믿는' 깊은 상태인 것이다. 이러한 무조건적인 불신이 존재하기 때문에 공공갈등과정에서 관과 대화하고 함께 만족할 만한 문제를 해결할 수 있다는 생각은 당연히 하기 어렵다. 특히 90년대 이후 빈번하게 발생하는 환경관련 공공갈등에서 경험으로 체득된 환경단체 및 관련자들의 관과 전문가에 대한 불신은 이해당사자들의 협상, 대화를 통해 해법을 찾는 것에 대한 희망을 포기하게 하면서 주장 관철을 위한 물리적 방법 등을 주요한 갈등해결의 수단으로 이용하도록 만들었다. 이러한 관에 대한 무조건적인 불신 때문에 대화를 하려는 시도조차 하지 못하도록 만든다.

조정은 중립적 3자가 참여하는 문제해결과정으로서 문제해결을 위한 논의뿐 아니라 당사자들간 불신을 해소하고, 당사자들간 신뢰를 회복하는 소통을 도울 수 있다.

입장 중심의 주장에서 실제 원하는 관심사로, 공통의 목표를 찾아갈 수 있다

공공갈등에서 각 당사자들은 입장 중심으로 의견표명하는 것으로 문제해결을 시도한다. 즉 내가, 우리 집단이 주장하는 바 전부가 관철되지 않으면 문제해결이 아니라고 생각하며 또는 관철될 때까지 어떤 경우라도 비타협적으로 싸우겠다는 의지를 표명하는 등 대부분의 공공갈등에서 각 측에서 주장하는 입장은 매우 중요한 위치를 차지한다. 입장은 곧 명분이고, 그 명분이 관철되지 않으면 곧 그 집단의 정체성이 훼손된다는 생각을 가지고 있으며, 그 생각은 갈등의 전개과정을 통해 강화되는 경향이 있다. 그러므로 당사자 간 협상을 한다손치더라도 서로 다른 입장, 양보할 수 없는 주장 중심으로 대화할 수밖에 없기 때문에 공공갈등에서 협상은 곧잘 깨지거나, 관계를 더 악화시키는 하나의 과정으로 인식된다.

당사자 간 문제해결을 위한 의사소통을 돕는 조정자의 개입으로 이루어지는 조정과정은 당사자들의 표명된 명분과 입장 중심에서 그 입장을 내세우게 되는 근본적 이유, 실제 원하는 관심사를 찾아가면서 공통의 목표를 설정하고, 논의할 수 있도록 도울 수 있다.

조정자의 개입은 내용에 대한 권한을 갖지는 않지만, 당사자집단이 충분히 이야기하고 서로에 대한 생각을 들을 수 있는 기회를 제공하며, 겉으로 표명하는 입장 이면의 실제 원하는 관심사 들을 끄집어낼 수 있는 소통방법을 지원한다. 그런 과정을 통해 당사자 간 이해의 폭을 넓히고, 공통의 관심사로 접근이 용이하도록 하며, 우려하는 바와 걱정의 해결책을 찾으면서 함께 만족할 수 있는 대안으로의 접근을 가능하도록 도울 수 있다.

2. 공공갈등 해결에서 조정 적용의 의미 및 한계

조정의 목표를 깨어진 신뢰의 회복,
또는 신뢰 형성에 두어야 한다.

조정의 목표는 갈등의 쟁점에 대해 논의하고, 각 이해관계자의 관심사와 실익을 찾아 만족시켜나가는 창의적 대안을 만들어내는 것이라고 할 수 있다. 그러므로 궁극적으로는 공공갈등의 해결이라고 할 수 있다.

그러나 한편 공공갈등에서 이해당사자들이 자발적으로 참여하여 쟁점에 대한 논의를 거쳐 합의점을 찾는 대화과정(조정)을 가졌다고 해서 모든 문제가, 모든 당사자들이 만족스럽게 해결된다는 것을 의미하는 것은 아니다. 즉 갈등 자체가 역동적인 것처럼 조정과정은 갈등의 정도, 당사자들의 태도와 참여 정도, 조정자의 역할의 수행 정도 등에 따라 그 진행되는 내용이나 절차, 과정이 달라질 수 있기 때문에 어떤 경우라도 꼭 해결될 수 있다고 할 수는 없다.

즉 조정의 성공을 어떻게 보는가에 따라 그 결과에 대한 평가도 달라질 수 있다. 조정의 성공이 결과적으로 합의를 도출하는가에 둔다면 많은 경우 실패할 수 있다. 그러나 결과적으로 합의를 하지 못했다 하더라도 조정의 실패는 아니다. 당사자 간 자율적 대화의 과정을 통해 이해의 폭을 넓히고, 신뢰를 형성하는 기초를 마련하는 계기로서 충분한 의미가 있기 때문이다.

조정과정이 각각의 당사자들에게, 공공갈등의 예방과 해결에서 큰 의미를 갖는 것은 당사자 간 소통의 끈을 이어간다는 점이다. 소통의 끈을 이어간다는 것은 문제가 있을 때 만나지 않으면서 서로에 대한 적대감과 불신을 키워나가는 것이 아니라 함께 만나서 관계가 더 악화되지 않도록 하며 소통의 과정을 통해 깨어진 신뢰를 회복하거나, 신뢰를 형성하는 기회를 갖는다는 것이다.

특히 공공갈등에서 조정은 그동안 권위주의 시대를 살면서 쌓인 일방적 정책결정자로서 관에 대한 불신에 균열을 일으키고, 절차에 따른 대화를 통해 관에 대한 이해도를 높임으로써 신뢰 회복의 기회가 될 것이다. 또한 갈등이 발생했을 때, 또는 이견이 존재하는 공공정책에 대하여 이해관계자 및 시민사회단체는 불만과 의견을 제기하고 직접적으로 제안하며, 참여를 통해 갈등을 해결할 수 있는 공간을 갖게 됨으로써 정책참여에 함께 한다는 책임성을 갖게 되는데 기여할 것이다.

대화를 통한 문제해결 문화 형성이 함께 이루어져야 한다

갈등을 해결하는 과정은 정의를 찾아나가는 과정이다. 실질적 정의는 문제 및 갈등을 해결함으로써 얻은 이익이 각 이해집단들에게 공정하게 돌아가는 것을 의미하며, 절차적 정의는 타당하고 합리적인 과정을 통해 문제나 갈등을 해결해 나가는 과정상의 정의를 의미한다.

절차적 정의의 원칙에 따라 갈등해결의 과정을 진행하면 이해

당사자 간의 이해 관계가 공정하게 조정될 수 있다. 그리고 당사자 간 협상을 통해 이룬 합의 사항을 실천함으로써 갈등이 해소되어 새로운 협력 관계가 형성될 뿐만 아니라, 국민 전체의 이익을 도모할 수 있게 된다.

우리 사회는 여태까지 실질적 정의에 많은 관심과 노력을 기울여 왔다. 권위주의 시대를 살면서 계급간 계층간 다양한 차별과 인권의 부재, 소수의 이해를 관철하는 법, 제도, 독재 등에 대항해 실질적 정의를 확보하기 위한 노력이 중요했으며, 그 노력과 운동은 80년대 후반 한국 사회의 민주주의를 형성하는데 큰 역할을 하였다.

그러나 90년대 이후 그간의 실질적 정의를 위한 노력으로 일군 인권의식의 성장, 사회의 다변화 등의 주·객관적인 조건의 변화를 통해 각계각층의 권리의 충돌, 이해관계의 갈등은 더 이상 어떤 것이 실질적 정의라고 할 수 없을 만큼 다양하게 표출되고 있다.

이러한 사회의 변화 속에서 절차적 정의가 중요하게 제기된다고 할 수 있겠다. 즉 '내용의 정당성' 만큼이나 '과정의 타당성'이 강조된다. 사실 공공갈등에서 주로 제기되는 찬성, 반대의 입장은 어떤 것이 옳고, 어떤 것은 나쁘다고 할 수 없을 만큼 다양한 이해관계와 요구가 포함되어 있다. 그렇기 때문에 가장 옳은 것을 찾아나가는 것이 아니라 합리적이고 투명한, 그리고 누구나 동의할 수 있는 타당한 과정을 함께 만들고, 진행해 나가는 것이 결과적으로 그 결과에 대한 실천성과 책임성을 높이는 것이다. 타당한 절차와 과정은 이해득실을 떠나 모든 참여자에게 받아들여질 수 있는 안으로서 작용한다.

조정은 절차적 정의를 충족시켜나가는 하나의 과정이다. 이 절차적 정의를 구현하기 위해서는 문제해결, 갈등해결에 관한 우리 사회의 인식과 방식의 변화가 요구된다. 문제가 있을 때 당사자 간 대화의 중요성, 대화하는 방법, 그리고 대화를 통한 합의를 정성스럽게 지켜 나가는 신의 등 갈등해결의 새로운 문화, 패러다임의 변화가 필수적이다.

이를 위해서는 문제가 생겼을 때 찾을 수 있는 '조정(mediation)'의 공간 즉 기관, 제도가 누구에게나 접근 가능한 영역으로 확대되어야 할 것이며, 당사자 간 자율적 대화, 조정을 통한 갈등해결의 모범 사례를 만들어가는 노력이 필요할 것이다. 또한 다양한 단위에서의 대화를 통한 갈등해결 교육이 이루어져 사회 전반에 '평화적 갈등해결의 문화'가 확산될 필요가 있다.

2004년 공공갈등해결로 처음 시도된 '한탄강댐 갈등조정과정'은 조정과정을 통해 많은 성과를 낳기도 하였으나, 한편으로는 당사자 대표는 물론, 당사자집단의 조정과정에 대한 이해 부족으로 매 진행 사안마다 어려움을 겪었다.

공공갈등에서 조정과정이 실질적인 문제해결의 방법으로 역할하기 위해서는 한편으로는 사회적으로 평화적 갈등해결 문화, 의식의 확산을 위한 노력을 함께 해야 할 것이다.

모든 문제를 조정으로 해결할 수는 없다

공공갈등의 해결을 위해 조정을 진행하기 위해서는 다양한 측면에서 고려가 필요하다. 모든 문제를 조정으로 해결할 수는 없다. 앞에서도 언급했듯이 공공갈등의 조정을 통한 문제해결 성공은 장담할 수 없다. 특히 공공갈등의 경우 어떤 단계에서 조정과정을 진행할 것인가를 파악하는 것, 또한 어떤 원인을 가진 갈등인가에 대한 분석이 필요하다.

조정이 가능한 조건은 첫째, 당사자가 주장하는 입장을 재평가할 의지가 있고, 갈등을 해결하고자 하는 의지가 있을 때이며, 둘째, 제3자 개입으로 역학관계가 달라질 수 있을 때 조정과정이 의미가 있다. 셋째, 공공갈등의 경우 오해와 소통의 부족으로 갈등이 발생 또는 증폭되는 경향을 가질 때 조정은 갈등해결에 도움이 된다.

이러한 조건들에 대해서 면밀한 검토가 필요한데, 특히 공공갈등에서 가치관이 개입된 갈등의 경우에 입장을 재평가할 수 있다고 공식적으로 밝힌다 하더라도 실질적으로 기본적 욕구, 신념의 문제일 때는 그 입장을 수정하기는 매우 어려운 측면이 있다. 그렇기 때문에 당사자들은 조정과정을 주장의 자리로 활용하려고 하기도 하며 그럴 때는 원활한 대화와 소통을 하기 어렵고, 문제해결의 결론을 이루는데도 어려움이 있다. 또한 오랜 갈등으로 관계가 파괴되고, 더 이상의 신뢰가 남아있지 않을 때 조정은 시작하기조차 어렵기도 하다.

당사자 간 자율적 해결 과정으로서 조정은 당사자들이 함께 모여 문제를 논의한다는 것만으로도 의미가 있지만, 조정과정을 진행한다고 해서 합의를 이룰 수 있는 것은 아니라는 사실에 대해 이해해야 결과에 대한 부담감과 책임감에서 벗어나 자유로운 소통을 할 수 있을 것이다. 또한 더불어 조정의 방법을 선택할 때 조정사안으로서 조건이 충족되었는지에 대한 고려가 있을 때 그 선택이 만족스런 결과를 가져오도록 작용할 것이다.

집단의 대표성을 갖는 당사자 대표의 그룹간
대화를 촉진하는데 주의를 기울여야 한다.

공공갈등에서 당사자는 매우 다양하고 복잡하다. 공공정책의 입안 및 집행으로 생겨나는 이해관계자는 크게 단순화시킨다면 공공정책에 대해 찬성과 반대로 나눌 수 있겠지만, 그 찬성의 이유, 반대의 이유를 세분화할 때는 또 다양한 이해관계자 집단으로 구분할 수 있을 것이다. 그 당사자 집단을 찾아내는 분석은 조정의 성패에 중요한 요소가 된다. 당사자 집단 선정에서 객관성을 잃게 되면 대개 조정의 과정에서 다른 집단의 반발을 사기 쉬우며, 참여한 당사자 간 합의를 통해 결론을 도출했다손 치더라도 또 다른 반대와 갈등에 부딪치게 되기도 한다. 그렇기 때문에 조정을 진행하기 전 준비과정에서 당사자 집단을 선별하는 것이 매우 중요하다.

또한 집단의 대표성을 갖는 참가자와 그 집단간의 유기적 소통과 관계형성은 합의를 도출해내고, 결과에 대해 수용성을 높이는데 매우 중요한 요소가 된다.

대개 공공갈등 해결을 위한 조정에 참여하는 당사자들은 각 이해관계를 주장하는 집단의 대표성을 갖고 참여하게 된다. 이미 갈등이 표출된 뒤 해결 과정으로서 조정이 시작되기 때문에 많은 경우 각 이해관계자 집단이 형성되어 있다. 조정에 참가하는 당사자는 개인이 아니라 이해관계자 집단의 대표성을 갖고 오는 것이다. 그래서 조정을 통해 제시되는 의견은 개인의 의견이 아니라 집단의 의견이어야 한다. 이러한 집단의 대표로서의 자격은 조정의 시작 지점부터 당연하게 강조되지만, 조정과정을 진행하는 중에 이루어지는 논의에 대해 각각의 집단이 충분히 이해하고, 또 집단의 의견이 반영되는 것이 이후 결과에 대한 수용성을 높일 수 있다.

공공갈등에서 조정과정은 집단간 대화이므로 조정자와 조정 기관은 대표자와 각 집단의 소통과 의견조율을 위해 다양한 노력을 기울일 필요가 있다. 대화가 익숙지 않은 우리 사회에서 특히 집단의 대표로서 조정에 참여했을 때 집단과 대표와의 유기적 관계 형성과 긴밀한 소통이 부재한 상태에서는 집단의 대표 참가자가 합의에 서명했다 하더라도 대표에 대한 불신을 내세우며, 장외에서 또다시 갈등이 표출될 수 있다는 것을 주의해야 할 것이다.

당사자 대표는 집단의 대표임을 강조하는 것은 물론, 나아가 조정과정 중간중간에 각 집단에 대한 직접적인 홍보나 조정회의의 진행 경과와 내용에 대해 충분히 이해할 수 있도록 하는 장치, 대표와 집단간의 대화를 촉진하는 다양한 내용을 마련하는 노력이 필요하다.

3. 조정(Mediation)의 의미와 특성

대안적 분쟁해결 방법 중에서 특히 한국사회에서 제도적 기반이 취약한 당사자 간 자율적 해결의 의미가 강한 조정(mediation)에 대해 그 의미와 특성에 대해 정리해본다.

조정(Mediation)의 개념

영어에서 조정을 뜻하는 mediation의 'med'는 가운데를 의미하는 것으로 mediation은 가운데 있다는 뜻이다. 조정은 갈등분쟁 상황에서 3자가 당사자들 가운데에 있어서 당사자들의 문제해결 과정을 돕는 것을 말한다. 즉 조정이란 당사자 간 협상이 어려움을 겪을 때 제3자가 개입해서 당사자들의 문제해결 과정을 돕는 것이며 따라서 조정자는 당사자들이 나름대로의 방식으로 자신들의 문제를 푸는 능력을 스스로 발견하고 실행하도록 돕는 사람을 말한다.

조정을 위한 기본적 관점과 원리

갈등분쟁을 해결하기 위한 방법으로서 조정이 작동되기 위해서는 인간과 갈등에 대한 몇가지 기본적인 관점과 원리에 대한 이해가 필요하다. 이 관점은 공공갈등의 영역에서도 크게 다르지 않다.

① 갈등은 자연스러운 삶의 일부이다.

한국사회에서 갈등은 집단의 결속을 방해하고, 발전을 저해하는 부정적인 것이라고 강조되어 왔다. 그래서 갈등은 국가적 차원에서 통제, 관리를 통해 갈등의 표출을 억제함으로써 건강한 사회를 유지할 수 있다는 관점이 일반적이었다.

갈등은 자연스러운 현상이다. 다양한 개개인이 모여 사회적 관계를 만드는데 각 개인은 너무나 다양해서―1분 간격으로 태어난 쌍둥이도 똑같지는 않다―조화와 평화를 만드는 것이 쉽지 않기 때문이다. 갈등이 있다는 것은 한 개인 또는 그룹의 욕구가 부딪치고 표현되는 것이다. 어떤 불만이나 요구가 드러나지 않고 쟁점이 무시된다면 마치 조그만 뾰루지가 종기가 되어 곪아터지는 것처럼 갈등이 점점 자라 매우 부정적으로―심지어 폭력적으로―표출될 수 있다. 갈등이 변화, 도전의 기회로 긍정적으로 받아들여질 때 개인, 사회 발전의 기초가 될 수 있다. 특히 공공갈등의 한 당사자라 할 수 있는 정책의 입안, 결정자들에게 있어서 '갈등을 자연스럽게 받아들이기'는 공공갈등의 예방 또는 초기 단계에서 관리하는데 중요한 밑거름이 될 것이다.

② 인간은 누구나 존엄하며 존재 자체로 존중받아야 한다.

사회는 서로 다른 사람들로 구성되어 있다. 나이, 성별, 인종, 또 다른 문화, 역사를 가진 사람들이 그 차이에 따라 다른 생각, 다른 행동을 나타내는 것은 당연한 일이다. 그런 차이가 우열을 가리는 차별로 되고, 또는 무시되는 이유가 되어서는 안된다. 우리는 서로 다른 다양성 속에서 오히려 존중과 감사를 배울 수 있으며, 관계를 더 폭넓게 할 수 있다.

존중은 누구나 가지는 인간의 기본적 욕구이며 나만이 아닌 타자 역시 존중한다면 다양한 관점과 태도에 대해 이해할 수 있고, 그럼으로써 갈등을 자연스럽게, 함께 해결해야 할 문제로 받아들일 수 있다. 조정은 당사자들 사이에 존중을 기반으로, 서로의 목표를 만족시켜나가는 과정이다.

공공갈등의 예방과 해결이 어려운 이유, 공공갈등의 확대와 비화가 심각한 사회의 문제로 되는 것은 공공갈등의 과정에서 존중의 욕구를 부정당했다고 생각하는 국민, 이해관계자들의 적대적 저항을 가져오기 때문이다.

대화로 문제를 풀어가기 위해서는 상대자가 적이 아니라 파트너로 인식하는 것이 중요하다.

③ 인간은 스스로 문제를 풀어갈 지혜가 있다.

인간이 다른 생물과 다른 것은 태어날 때 지닌 특성 그대로 생로병사하는 것이 아니라 자신의 의지와 노력으로 자신과 사회를 변화시켜낼 수 있는 주체성을 가진 존재라는 점이다. 인간은 누구나 자신의 문제를 스스로 풀어갈 지혜가 있다. 조정은 당사자들이 자발적 동의에 의해 시작되며 문제해결의 주체가 되어 스스로 그 해결의 내용을 결정하며 책임지는 과정이다.

이 자율성에 대한 인식은 관과 일부 전문가들의 참여로 정책을 입안하고, 결정해왔던 그간의 공공정책의 관행을 변화시키는데 중요한 초점이다. 누구나 자신이 관련된 문제를 합리적으로 풀어갈 지혜가 있다는 것을 받아들일 때 국민 개개인에 대해 인정하고,

사업에 관계된 이해관계자, 국민들의 정책결정과정에의 참여를 당연하게 여기며, 또 확대할 수 있을 것이다.

④ 대화와 소통은 문제해결과 관계회복을 가능하게 한다.

갈등해결이란 당사자들 스스로 갈등의 원인이 무엇인지 알아내고 대화로 합의의 과정을 거치면서 갈등을 해결하는 것이다.

대화는 상대가 가진 생각을 알게 하고 그것을 통해 새로운 인식을 갖게 되는 상호작용이다. 대화는 잘 듣는 것으로부터 시작하는데 잘 듣는 것은 '존중'을 표현하는 최상의 방법이다. 이러한 의사소통, 대화의 과정을 통해 서로의 이해관계와 입장, 요구를 이해함으로써 갈등 당사자들은 애초에 가졌던 각자의 목표를 새로운 공동의 목표로 조정하는 것이 가능하고, 새로운 창의적인 대안을 찾을 수 있다. 관계상의 오해, 불신으로 비롯되는 갈등의 경우는 이야기를 하고, 듣는 것만으로도 해결되기도 한다. 대화의 과정을 통해 서로 부딪치고 있는 문제를 창의적으로 해결할 뿐 아니라 그 과정을 통해 깨어진 관계를 회복하고, 존중의 관계를 강화시킬 수 있다.

소통의 끈이 중요함은 앞에서 갈등의 역학에서도 다루었지만, 싸우면 만나야 한다는 의지를 갖고 소통하는 것이 문제해결뿐 아니라 관계의 회복을, 신뢰의 회복을 가져올 수 있다는 믿음을 가질 때 조정을 통한 문제해결이 성과를 이룰 수 있다.

이러한 갈등과 갈등해결에 대한 기초적 관점은 당사자의 자발적 의지에 의해, 서로의 소통을 통해 스스로 문제를 해결하는 조정을 이해하고, 받아들이기 위한 전제라고 할 수 있다.

조정의 특성

① 조정은 중립적 3자가 당사자의 문제해결을 돕는 과정이다. 조정자의 중립성은 조정의 성립과 운영에 필수적인 원칙이다. 조정자가 중립적이지 않다면 당사자들의 신뢰를 얻기 어렵고, 조정 자체가 이루어지지 않을 수 있다.

현재 '공공갈등관리에 관한 법률(안)'에서 제안된 내용으로, 공공기관의 장은 사회적 합의촉진을 위한 갈등조정위원회를 두어 공공갈등이 발생했을 때 당사자들의 참여로 조정회의를 진행할 수 있게 하였다.

지자체에 갈등조정위원회를 둔다는 것은 기관의 입장을 중심으로 문제를 해결한다는 의미는 아니다. 조정위원회가 특정 기관에 속해 있다 하더라도 조정회의의 구성과 운영은 공공기관, 이해당사자, 그리고 그 대표 또는 대리인간의 합의에 의하여 정하는 기본규칙을 따르도록 하고 있으며, 조정회의의 당사자가 조정회의의 의장 또는 진행자가 될 수 없도록 하였다. 즉 중립성과 신뢰성을 확보하는 것이 조정위원회의 중요한 원칙으로 제시하고 있다.

어떤 기관에서 조정위원회를 구성하든 이 조정위원회에 대해 기관의 입장을 관철시키려 하거나, 중립성을 훼손하는 압력을 행사해서는 안된다. 또한 참여하는 당사자들 역시 조정위원회가 어떤 입장을 대변하거나 유도하리라는 편견을 버려야 한다.

조정위원회가 중립적이어야 한다는 것은 현실적인 원칙이다. 만일 조정위원회 또는 조정위원이 어느 한 편의 입장을 지지하거나, 유도하려고 할 때는 조정 자체가 성립되지 않거나 깨지게 된다. 실제 공공갈등에서 3자의 조정 시도들이 '중재' '조사단' 등의 이름으로 많이 이루어졌지만, 시작과 달리 중립성을 의심받거나 당사자들의 거부로 3자의 활동이 중지된 사례가 종종 있었다.

② 조정은 자발적이고 자율적인 과정이다.

갈등해결의 여러 방법 중에서 특히 문제해결의 자율성이 강조되는 것이 조정이다. 조정과정에서 갈등해결의 주체는 갈등 당사자이고 결정권도 당사자에게 있다.

조정이 성립되려면 우선 당사자들의 자발적인 요청이 있어야 한다. 당사자들 스스로가 갈등을 해결하겠다는 의지가 있어야 조정이 시작될 수 있다. 한 당사자가 조정이 필요하다고 원해도 다른쪽 당사자가 원하지 않는다면 조정 자체가 성립될 수 없다. 조정에 참여할 것인가 아닌가에 대한 결정권은 갈등 당사자가 갖는다. 그런 의미에서 조정은 자발적인 과정이라고 할 수 있다. 또한 진행과정에서 당사자들은 조정자의 도움을 받아 자신이 가진 문제의식과 생각들을 스스로 이야기하고, 그 해결책을 당사자들 스스로 함께 찾아내고, 함께 결정한다. 자발성, 자율성이 중요한 이유는 스스로 참여하고, 스스로 결정할 때 어떤 결과라 하더라도 그 결정에 대한 책임과 실행력이 높아질 수 있기 때문이다.

공공갈등을 해결하기 위한 조정과정을 만드는 것은 한측 당사자거나 제3의 중립적 기관에서 할 수 있다. 자발성이 중요한 원칙이고 특성이지만, 조정자 또는 조정준비위원회가 구성되고, 당사자들과의 만남의 과정을 통해 당사자에게 조정과정을 권할 수 있다.

③ 더 말하고, 들을 수 있다.

조정은 당사자들이 문제해결의 주체가 되어 함께 갈등사안에 대해 이야기하고, 듣는 과정을 통해 직면한 갈등을 함께 풀어가는 과정이다.

갈등상황에서 당사자들은 하고 싶은 이야기를 솔직하게 소통하지 못한다. 강한 감정이 앞서 각자 무엇을 원하는지, 무엇 때문에 화가 났는지, 어떻게 해결하면 좋겠는지 등 실제 원하는 것들을 터놓고 이야기하지 못한다. 그래서 더더욱 표현은 가시가 돋혀 거칠어지고, 소통을 통해 함께 직면한 갈등을 해결하기보다는 폭력으로 의사표현을 하거나, 관계 단절로 문제해결을 하려는 경우도 나타난다.

특히 공공갈등에서 당사자는 집단을 대표하기 때문에 입장과 명분을 중심으로 주장하기 쉬운데, 그렇다 하더라도 조정과정을 통해 각각의 당사자들이 갈등과 상대에 대해, 원인과 해결책, 걱정과 우려, 희망과 관심사에 대해 조정자의 도움을 받아 하고 싶은 이야기를 충분히 할 수 있는 장이 되며, 자신의 이야기를 충분히 이야기하고, 또 상대의 이야기를 듣는 과정을 통해 오해와 불신을 줄이며 문제해결뿐 아니라 깨어진 관계를 회복할 수 있는 기회를 갖게 된다.

④ 승패가 아니라 모두 만족할 수 있는 창의적 방법을 찾을 수 있다.

조정은 누가 잘했고 잘못 했고를 따지는, 객관적 진실을 탐구하는 자리가 아니다. 즉 조정은 객관적 진실을 찾는 것이 목표가 아니라 당사자들의 이해나 요구를 각각 인정하고 이에 근거한 합의된 해결책을 찾는 것이라고 할 수 있다. 그래서 조정자의 도움을 받아 당사자들은 각각의 이해와 요구에 입각한 서로 만족할 수 있는 창의적인 대안들을 탐색하고, 창의적인 과정을 통해 갈등을 해결한다.

⑤ 조정은 비공개로 이루어진다.

갈등분쟁을 해결한다는 의미는 당면한 문제뿐 아니라 갈등으로 인해 깨어진 관계를 회복하는 것을 포함한다. 그러므로 갈등분쟁을 해결하는 데는 묵은 오해나 감정, 또 자신의 이익에 대해서도 주장 이면에 있는 것을 드러내는 것이 필요하다. 자신의 관심사와 원하는 것들, 우려하는 것들에 대해 충분히 끄집어내고 표현될 때, 충족시킬 수 있는 대안도 찾을 수 있다.

그런데, 많은 사람들 앞에서는 허심탄회하게 자신의 속내를 드러 내기 어렵다. 특히 공공갈등에서 조정공간에 참여한 당사자는 그 입장을 함께 하는 집단의 대표로서 참여하게 된다. 그러므로 더더욱 실제 원하는 것 중심으로 논의되기보다는 집단의 입장, 명분 중심의 이야기를 하게 되기가 쉽다. 그런데 공개된 자리에서 집단의 이익을 대변하는 사람으로서 조정회의에 참여하게 된다면 입장과 명분에서 더 들어가지 못하고 상대에 대한 비난이나 공격을 통해 정당성을 확보하는데 온 힘을 기울이게 될 것이다. 그렇기 때문에 갈등 당사자 들이 좀더 허심탄회하게 자신의 이야기를 하고, 들을 수 있기 위해서 는 비공개로 진행되어야 한다. 비공개로 진행된다는 것은 이 과정이 비공식적이라는 것은 아니다.

4. 조정자의 역할과 기술

1. 조정자의 역할

앞에서 다루었듯이, 조정은 갈등 당사자들 간의 협상이 실패하고 관계가 악화되어 의사소통의 끈이 끊어질 때, 중립적인 제3자가 의사소통을 도와 당사자 간 협상과정에 간여하는 과정이다. 이때 문제해결을 돕기 위해 개입하는 '중립적인 제3자'를 조정자라 한다.

당사자들이 스스로 문제해결을 할 수 있도록 돕는 제3자

갈등분쟁이 발생하면, 당사자들은 이성적으로 차분하게 문제해결에 접근하기 보다는 감정을 앞세우게 되고, 자신의 잘못보다는 상대의 잘못이 무엇인지를 먼저 따지게 되어 많은 경우 스스로 문제를 풀어가는 것이 어려운 상황에 빠지게 되곤 한다. 조정자는 이처럼 갈등 당사자들 스스로 문제해결이 어려울 때, 갈등 당사자들의 의사소통을 도와주고, 서로 다른 갈등 당사자들의 견해가 적대감 없이 솔직하게 교환되고 경청될 수 있는 분위기와 조건을 만들어 서로 만족하며 실효성이 있다고 믿는 해결방법을 찾아가도록 하는 중립적인 사람이다.

그러나 조정자는 갈등현안과 갈등 당사자들 사이에 개입하지만, 옳고 그름에 대한 판정을 해주거나 직접 문제해결방법을 제시하지는 않는다.

조정자는 증거를 기초로 하여 사실관계를 파악하고, 옳고 그름을 가려 판정을 내리는 재판정의 판사와 다르다. 또한 조정자는 당사자들 사이에 발생한 문제를 조사하여 옳고 그름을 판단하고 해결방법을 제시하는 중재자(仲裁者)와도 다르다.

판사나 중재자가 '문제해결방법을 결정하거나 제시하는 사람'인 반면, 조정자는 대화 절차를 만들어 단절된 갈등 당사자 간의 의사소통이 다시 이루어지도록 도와, '문제해결방법을 당사자들 스스로 찾아갈 수 있도록 돕는 사람'이다.

소통의 끈을 이어주고 절차와 과정을 돕는 제3자

갈등분쟁이 격화되면 갈등 당사자들간의 대화의 끈은 끊어지고, 상호간의 신뢰가 무너져 관계마저 단절되는 과정으로 이어지곤 한다. 조정과정에 참여한 갈등 당사자들은 조정자의 도움을 받아 단절되었던 대화를 이어가는 과정에서 서로의 입장과 배경을 듣는 기회를 갖게 되며, 상대가 진짜 원하는 것이 무엇인지를 알아내어 서로 만족할 수 있는 해결방법을 찾아가게 된다. 이 과정은 악화된 관계 속에서 증폭되었던 불신을 걷어내고 신뢰를 회복해 가는 과정이며, 단절된 관계를 회복하는 과정이다.

조정자의 도움을 통해 갈등 당사자들 스스로 찾아낸 해결방법은 갈등 당사자 상호간에 도덕적이며 정치적인 약속과 합의로서의 의미를 가지게 된다.

조정자의 또 다른 역할은 조정의 과정을 통해 갈등 당사자들의 단절된 관계를 회복하고, 합의안을 이행하는 과정을 통해 갈등 당사자들이 상대방에 대한 신뢰와 믿음을 회복시키고 유지하는 것이다.

2. 조정위원회의 구성[22]

중립적 역할 수행에 적합하도록 해야 한다

조정자는 문제해결을 돕는 중립적인 제3자다. 따라서 조정위원회의 구성은 조정자의 중립적 역할을 잘 수행할 수 있도록 구성되어야 한다.

조정위원회 또는 조정자의 일부가 갈등 당사자 양측의 어느 한 측을 지지하거나 지지할 것이라고 인식된다면, 다른 한 측은 조정위원회가 중립적이지 않다고 느낄 것이다. 이러한 인식은 갈등 당사자들이 조정의 전과정에 성실히 임하는 것을 어렵게 할 뿐더러, 합의사항 이행에도 장애요인으로 작용할 수 있을 것이다.

조정위원회가 구성되면 조정위원회의 중립적 역할 수행여부에 대한 갈등 당사자들의 동의를 구해두어야 한다.

조정위원회를 설치, 구성할 때는 조정위원회의 중립성이 유지될 수 있도록 하는 제도적인 장치를 만들어야 한다. 일반적으로 기관 내에 조정위원회를 설치했을 때, 실제 그러한가와 상관없이 사람들은 기관의 입장이 조정위원회에 반영되리라고 생각하기 쉽다. 그러

---

22) '조정위원회'는 하나의 갈등분쟁 사안의 조정을 위해 구성된 조정자들의 모임을 지칭하는 일반명사로 사용하였으며, 조정단, 조정팀 등으로도 칭할 수 있다.

면 조정과정에 당사자들이 참여하고자 하는 의지를 갖기 어렵게 될 것이고, 결과적으로 구조는 있으되 문제해결에는 도움이 되지 않는 기구를 또 하나 만들고 마는 결과를 가져올 수도 있다. 그러므로 조정위원회의 중립적 역할 수행에 적합한 구조가 마련되어야 하며, 진행과정에서도 조정위원회의 중립성과 자율성이 보장되도록 하는 장치가 필요하다.

갈등 당사자들의 처지와 조건이 고루 반영되도록 해야 한다

조정위원회는 기본적으로 여러 명으로 구성되며, 각각의 조정자를 선정하는 기준은 갈등 당사자들 각각의 처지와 조건이 고루 반영될 수 있도록 균형적으로 구성하는 것이 좋다.

개인 간 갈등을 예로 들어 보자. 갈등 당사자란 상대가 있는 개념이므로 두 명 이상이 기본적으로 존재한다. 갈등 당사자 간에 일정 힘의 불균형이 존재한다면, 약자의 입장에서는 조정자의 숫자가 한 명인 것보다는 두 명 이상으로 구성되어 있을 때 보다 안전감을 느끼게 될 것이다. 또한 갈등 당사자들이 남성과 여성이라면, 각각의 성별로 구성되는 것이 성차에 따른 편견을 줄이는데 도움이 될 것이라고 이해할 것이다.

국책사업을 둘러싸고 발생한 공공갈등에서는 많은 경우 정부와 찬성·반대지역주민, 이를 지원 또는 관련된 시민단체들이 갈등 당사자가 된다. 이때 조정위원회의 조정자들이 관료 또는 전직 관료들로만 구성된다거나 시민단체 활동가들로만 구성되어 있다면, 조정위원회의 중립적 역할 수행에 대한 모든 당사자의 신뢰는 기대하기 어려울 것이다.

조정과정의 다양한 역할을 수행할 수 있도록 해야 한다

조정자는 모든 참석자들을 이끌며 조정의 전과정을 진행하는 사람이다. 조정의 시작단계와 종료단계를 결정하고, 조정과정에서 지켜져야 할 기본규칙을 강력히 집행하며 조정의 단계를 밟아나가는 사람이다.

조정과정에는 여러 사람이 참석하게 된다. 갈등하고 있는 양측당사자들이 존재하므로 기본적으로 두 명 이상이 참석하게 되고, 특히 공공갈등의 경우 여러 관련 당사자들이 존재하여 원활한 조정 진행을 위한 다양한 역할이 필요하다.

우선 진행의 전과정에서 조정자가 조정을 진행하는 것을 돕는 역할을 들 수 있다. 이러한 역할을 하는 사람을 부조정자라고도 한다. 부조정자는 진행의 전과정에서 혹시 조정자가 놓치거나 달리 해석하는 것을 짚어주거나 나름의 의견제출을 통해 보다 풍부한 의사소통이 이루어지도록 지원하는 역할을 한다.

다음 여러 사람이 참여하는 조정 진행과정에서 다루어지는 많은 이야기들을 기록하고 정리하는 역할을 담당하는 기록자를 들 수 있다. 기록자는 세부사항을 놓치지 않고 기록하여 전체 진행상황을 파악할 수 있도록 하기도 하고, 금전문제에 관한 논쟁이 전개되는 경우라면, 복잡하게 언급되는 숫자를 기록하여 계산하는 역할을 하기도 하고, 잘 기억하지 못하는 날짜를 확인하기도 하며, 잠깐 언급되고 지나가버린 사항들 중에 고려하여야 할 점들을 정리하기도 하여 조정자가 조정과정 전체를 읽을 수 있도록 지원하는 역할을 한다.

그리고 조정자가 제대로 역할을 수행할 수 있도록 조정자를 관찰하고, 지원하는 역할을 하는 관찰자도 필요하다.

이러한 각각의 역할을 수행하는 사람들이 모여 조정위원회를 구성하게 되며, 간혹 부조정자, 기록자, 관찰자의 역할은 새로운 조정자를 양성하는 과정이 되기도 한다.

갈등 사안에 따른 분야별 전문성이 반영될 수 있도록 해야 한다

현재 우리 사회에는 일반적으로 문제해결에 제3자가 개입하는 경우 3자의 자격으로 갈등 현안 분야의 전문가나 법률 전문가를 선호한다. 그러나 조정자의 역할에서 가장 중요한 것은 조정자의 견해가 아니라 조정자가 당사자들의 자율적 문제해결을 잘 할 수 있도록 소통과 절차를 돕는 과정 전문능력이다. 물론 그 사안에 따라 내용적 전문성이 필요하기도 하다. 예를 들어 댐 건설의 타당성과 부당성에 대한 당사자 간 논란이 있을 때, 그것을 설명하는 과학적 용어 등 특수한 내용에 대해 조정자가 이해하기 어려울 때, 당사자 간 상호 소통을 돕기는커녕 시간을 끌거나, 당사자들에게 답답함을 안겨주어 조정자에 대한 불신을 심어줄 수도 있다.

그렇기 때문에 공공갈등의 경우, 갈등의 원인과 합리적인 해결책을 찾기 위해서는 전문적인 영역에 대한 고려가 필수적이다. 따라서 조정위원회를 구성할 때, 갈등 사안에 따라 해당 분야별 기술전문성이 반영될 수 있도록 고려하여야 한다.

그러나 한편으로 댐건설 전문가가 조정위원으로 참여하는 경우, 오히려 댐전문가 자신만의 가치체계와 논리로 인해 댐건설을 어떻게 효율적으로 진행할 것인가로 경도되어 조정과정의 공정성을 저해할 수 있다는 비판적 시각도 존재할 수 있다. 그런 만큼 해당 분야의 전문지식을 갖춘 조정자의 참여는 공공갈등 조정과정에 큰 도움이 되지만, 그럼에도 불구하고 조정자의 역할 중 가장 중요하게 고려되

어야 하는 것은 당사자 간 의사소통을 돕는 중립적인 과정을 이끌어
갈 수 있는 전문 능력이다. 이 두 측면을 고루 반영할 수 있는 조정자,
조정위원회의 구성이 필요하다.

3. 조정자의 자세와 기술

1. 조정자의 자세

인내심과 자기 통제력

조정은 갈등분쟁의 과정에서 격화된 감정을 누그러뜨리고, 갈등 당사자들이 서로 만족할 수 있는 대안을 찾아가는 과정이다. 감정이 격해지면, 많은 경우 자신의 고통에 집중하여 상대의 이야기를 듣거나 이해하고자 하는 노력에 소홀해지게 된다. 조정자는 끊임없이 반복되는 당사자들의 감정 섞인 격한 말을 들으며 함께 격해지기 쉬운 처지에 놓이게 된다.

조정자가 당사자들의 일방적인 주장 이면의 원하는 것들을 찾아내기 위해서는 자신의 감정을 통제하고 인내하며, 당사자들의 말을 끝까지 들을 준비가 되어 있어야 한다.

그러나 인내심과 자기통제력이라는 것은 의지만으로 발휘되는 것은 아니다. 조정의 과정을 통해 갈등 당사자들의 격한 감정이 누그러질 수 있고, 또한 조정의 과정이 갈등 당사자들 스스로 합리적인 해결방법을 찾아가는 대안적 해결과정이라는 조정자의 확고한 믿음이야말로 인내심을 발휘하고 자기 통제력을 발휘하는데 큰 힘으로 작용할 것이다.

편견과 선입견 없는 공정성

편견이란 공정하지 못하고 한쪽에 치우친 생각으로, 어떤 문제에 대하여 지지하거나 반대하는 감정으로 이어진다. 사람은 누구나 자신의 의견을 가지고 있는 개성적 존재이므로 누구나 편견을 가지고 있다고 보아야 한다. 그러나 조정자는 자신의 편견을 관찰하고 인식한 후 그와 완전히 독립하여 조정의 과정에 임해야 할 것이다.

조정자는 조정사안에 자신의 판단을 가지고 있거나 조정의 과정에서 옳고 그름에 판단이 생길 수도 있다. 경우에 따라서는 개인의 정치적인 견해를 가지고 있을 수도 있다. 또한 갈등 당사자들의 입장이나 진술을 들으며 한측의 태도나 자세가 변해야 한다는 견해가 생겨날 수도 있다. 그러나 조정자는 조정의 목표가 옳고 그름을 판단하는데 있지 않다는 것을 유념하며, 갈등 당사자들의 입장에 대한 진술을 공평하게 듣고 편견 없이 있는 그대로 듣고 존중하는 자세를 가지도록 노력하여야 한다. 갈등 당사자들이 조정자가 어느 한측의 편을 들고 있다고 느끼게 된다면 더 이상 조정의 진행을 기대하기 어렵기 때문이다.

조정자가 조정과정에 들어가기 전에 갈등사안에 대해 이미 뚜렷한 자기 입장을 가졌고 또 그러한 자신의 입장을 조율하기 어렵다면, 그 갈등사안에 대해서는 조정자 역할을 포기할 수도 있어야 한다.

다양한 감정을 읽어내고 수용할 있는 포용력

감정은 인간의 욕구와 연관되어 다양하게 나타나는 느낌의 변화이다. 무엇인가 원하는 것이 충족될 때 가지는 감정과 원하는 것이 충족되지 않았을 때 갖는 감정은 다르며, 또 사람에 따라서도 그 정도나 유형이 다르게 나타날 것이다. 조정자는 갈등 당사자들이 가질 수 있는 이러한 다양한 감정을 읽을 준비가 되어 있어야 한다.

흔히 공공갈등에서 제기되는 쟁점에 대해 '이해관계'를 중심으로 생각하기 쉬운데, 이해관계를 둘러싼 갈등사안이라 할지라도 그 이면에는 다양한 욕구와 감정이 존재한다. 국책사업의 입지를 둘러싼 갈등의 경우에서, 종종 당사자의 감정보다는 결과와 보상에만 집중하게 되는 경향이 있는데, 조정의 과정에서 문제해결과 함께 갈등으로부터 생기는 분노, 좌절, 희망 등 다양한 감정의 해소에도 신경을 써야 한다. 더 좋은 환경으로의 이주를 보장하겠다는 약속에도 불구하고 잃어버릴 고향집에 대해 가지고 있는 당사자들의 진한 애틋함을 조정자가, 또는 다른 당사자가 이해하지 못한다면, 조정자는 갈등 당사자의 신뢰를 얻지 못할 수도 있고, 또한 감정해소가 불충분해서 더 이상의 논의를 진전시키지 못할 수도 있다.

진행규칙을 집행하는 단호함

조정의 과정은 갈등하고 있는 각기 다른 입장의 갈등 당사자들이 모여 자신의 이야기를 하고 듣는 대화의 과정이다. 공공갈등에서의 갈등 당사자들은 조정과정에 임하기 전에 문제해결을 위한 여러 가지 방법을 시도해 본 상태이고, 협상마저 실패하는 과정에서 많은 경우 감정이 격한 상황이기 쉽다. 비록 사전에 갈등 당사자들에게 조정과정에 대한 설명을 충분히 하고 조정에 돌입하였다 해도, 감정이 앞서 대결적인 자세로 임하게 되곤 한다. 이는 원만한 조정의 진행을 방해할 뿐 아니라 합리적인 해결방법을 찾아가기 어렵게 만드는 요인으로 작용한다.

따라서 조정자는 조정의 단계를 시작하기 이전에 참석자들과 함께 조정을 위한 원만한 진행규칙을 합의할 필요가 있다. 만일 "다른 사람이 말할 때 말을 자르고 끼어들지 않는다"라는 식으로 규칙을 정했다고 가정하자. 그런데 만일 상대측 갈등 당사자가 위와 같은 진행규칙을 지키지 않고 번번이 자신의 말을 자르는데도 조정자가 이를 제지하지 않는다면, 말하는 사람은 조정자가 편파적이라고 느끼게 될 것이다.

다시 말해 조정자가 참석자와 함께 진행규칙을 만들고 이를 단호하게 집행해야한다는 것은 조정자가 조정과정에 참여한 사람들을 통제하기 위함이 아니라 조정과정을 통제하기 위함이다. 조정자가 조정과정을 통제하여 원만하게 조정과정을 이끌고 갈등 당사자로 하여금 합리적인 해결방안을 찾아가도록 돕기 위해서라도 단호하게 진행규칙을 집행하는 것은 조정자의 중요한 임무라 할 수 있다.

2. 조정자의 기술

정보수집 및 분석

정보모으기는 조정사안이 제기된 후 조정자가 준비해야 할 가장 중요한 사안이라 할 수 있는데, 여기서 정보란 갈등사안과 관련한 핵심단어, 수치, 주요당사자·주변 당사자·잠재 당사자 등의 관련당사자들, 지리적 위치 및 주요 생업수단 등 당사자들이 처한 조건, 관련 법규 등을 포함한다. 특히 공공갈등은 관련 당사자들의 숫자도 많고, 다양한 입장의 이해당사자가 존재하는 경우가 많으며, 갈등분쟁이 진행되어 오는 동안 이해관계 갈등에서 관계상의 갈등으로 발전되어 복합적인 갈등으로 변화되는 경우도 많아 사전에 충분한 준비를 하여야 한다.

댐 건설을 둘러싼 갈등이라면, 댐건설과 관련하여 제기될 수 있는 쟁점과 제기되고 있는 쟁점은 무엇인지, 그와 관련된 수치나 관련 법규는 무엇인지 등을 조사해 둘 수 있다. 또한 댐건설과 관련된 기관과 이를 지원하거나 이해관계를 갖게 되는 기관은 어디인지, 건설 지역의 찬성, 반대 입장의 각각의 직간접적 당사자들은 어떤 사람들이며, 갈등분쟁의 과정에서 어떻게 감정의 변화가 진행되었고, 현재는 어떠한 상태인지 등을 파악하여 조정의 과정에서 다루어질 기본적인 요소들을 정리할 수 있다. 비슷한 유형의 국내외 다른 사례를 조사할 수도 있으며, 언론의 보도자료나 관련한 전문서적을 조사하여 필요한 수치들을 찾아내어 정리할 수도 있다. 이러한 과정을 통해 조정자는 조정의 전체 진행일정을 계획할 수도 있을 것이며, 만일 당사자들이 조정에 대한 이해가 전혀 없거나 부족하다면, 조정 자체에 대한 이해를 돕기 위한 교육의 기회를 별도로 계획할 수도 있을 것이다.

조정자가 준비단계에서 조사한 자료들은 조정위원회를 통해 분석하여 조정의 전과정을 세밀하게 계획하고 전략을 수립하는데 활용한다. 갈등의 원인과 각각의 당사자들은 누구인지, 또 이들 각각의 이해와 욕구는 무엇이며, 상호 어떠한 영향을 주고 있거나 줄 수 있을 것인지를 세세하게 분석하여 분류하고, 정리한다. 갈등을 둘러싼 각각의 요소들을 이해한 후, 필요하다면 조정의 과정에서 다루어질 수치나 용어들을 숙지하는 것도 대단히 유용하다.

정보수집의 방법은 각 당사자들을 면담하거나, 문헌이나 보도자료 등을 조사하는 등으로 다양하게 선택할 수 있다. 그러나 이러한 준비과정의 목표는 갈등사안 자체에 대한 조정자의 입장을 정하기 위함에 있지 않음을 유념해야 한다.

의사소통 기술

① 적극적 듣기(active listening)

적극적 듣기는 말하는 사람의 말하고자 하는 요지를 정확하게 점검해 줌으로써 듣는 사람의 이해를 돕는 방법을 말한다. 적극적 듣기는 더 많이 말하고 더 많이 들을 수 있도록 하는 방법이기도 하다. 특히 조정자가 적극적 듣기 기술을 사용하면, 갈등 당사자들은 조정자가 자신의 이야기를 귀 기울여 듣고 있다는 믿음과 존중감을 갖게 되고, 조정자와 갈등 당사자 간의 신뢰를 높이는 결과를 가져오게 된다.

많은 경우의 갈등은 의사소통의 부재나 부정확한 의사소통으로 인한 오해 때문에 발생하기도 한다. 조정자가 적극적 듣기 기술을 활용하면 당사자 간에 소통이 안 되는 부분에 대한 충분한 설명을 이끌어내는데 기여할 수 있다. 적극적 듣기 기술을 사용하여 충분한 의사소통을 하도록 하는 것만으로도 오해가 풀리고 갈등이 해결되기도 하는 것이다.

말하는 사람의 정리되지 않거나 혼돈된 말의 요지를 정리하여 반복해 줌으로써 자신이 말하고자 했던 요지가 정확히 전달되었는지를 확인해 주는 방법이기도 한다.

적극적 듣기는 열린 질문하기, 바꾸어말하기, 요약하기 등과 함께 사용하여 주장 이면의 드러나지 않은 실익과 욕구를 찾아내는 역할을 하기도 한다.

• 조정자의 적극적 듣기 요령[23]

_말없이도 적극적으로 듣는 기술

상대방에 눈의 초점을 맞춘다.

몸의 방향도 상대방을 향하게 하고, 고개도 끄덕인다.

주변의 물건을 가지고 만지작거리는 등 장난하지 않는다.

말하는데 끼어들지 않고, 시작한 말을 완전히 끝마칠 때까지 들어준다.

질문하고 답을 기다릴 때는 생각할 시간을 주고, 관심을 가지는 태도로 조용히 기다려준다.

_말로써 반응하는 기술

"예", "음~", "좀 더 상세히 말씀해주겠어요", "그렇군요" 등의 말로 용기를 준다.

상대방이 말하는 것을 공감적으로 동의해준다.

상대방이 말한 것을 그대로 다시 말해본다.

상대방의 느낌을 포함하여 받아준다.

"그래서 무슨 일이 일어난거지요?" "당신은 그것에 대해 어떤 느낌이 들었나요?" 등의 열린 질문으로 보다 자세히 말할 수 있도록 이끌어 준다.

• 조정자가 삼가야 할 적극적 듣기를 방해하는 태도

비교하기 : "그런 일은 OO 지역에 비하면 아무것도 아닙니다."

마음읽기 : 미리 앞서가며, "그래서 절망했다는 말이지요?"

말자르고 끼어들기 : 말하는 도중에, "그 이야기는 아까도 하시지

---

23) 갈등해결배우기:이론,방법,적용, 평화를만드는여성회 등(2001), p.197

않았습니까."

딴말하기 : 열심히 이야기하는데, "참, 그 말을 들으니 생각이 났는데, 아까 그건 어떻게 되었지요?"

한 술 더 뜨기 : "그 정도는 아무 것도 아니야. OO 지역에서는 그보다 더 심각한 문제가 발생했는데…."

충고하기 : "제 생각에는 당신들은 … 했어야 했습니다.", "그때 왜 그렇게 하지 않았습니까?"

평가하기 : "대응을 참 잘하셨네요."

동정하기 : "참 불쌍하게 되었네요."

비위맞추기 : "당신들은 최선을 다하셨어요. 그건 당신들 탓이 아니에요"

야단치기 : "왜 그렇게 어리석은 짓을 하셨어요?"

② 중립적 표현으로 바꾸어 말하기(paraphrasing)[24]

바꾸어 말하기는 조정자가 갈등 당사자의 말을 주의깊게 듣고 있다는 것, 그리고 조정자가 자신의 말을 진지하게 고려하고 있다는 것을 보여주는 적극적 듣기의 또 다른 기술이다.

바꾸어 말하기는 갈등 당사자의 진술의 뜻을 명확히 하기 위해 조정자의 언어로 바꾸어 표현하는 방법이다. 바꾸어 말하기를 통해 듣는 사람이 제대로 들었는지 확인시켜 주는 효과를 보며, 또한 바꾸어 말하기를 통해 말하는 사람에게 듣는 사람이 자신의 말을 잘 듣고 있다는 신뢰를 줄 수 있다. 또한 말하는 사람이 대단히 화가 나서 감정 격한 말을 섞어 쓴 경우, 바꾸어 말하기로 그 말을 되돌려 주어 말하는 사람이 자신의 말을 들어보게 하면, 감정을

---

24) 평화를만드는여성회, 갈등해결방법 배우기 p233

삭히는 기능을 하기도 한다.

바꾸어 말하는 방법은 말하는 사람이 말한 것을 듣는 사람의 말로 단지 바꾸어 말해보는 것도 가능하다. 이때 조정자의 '바꾸어진 말'을 들은 아까의 말하는 사람은 자신의 말이 제대로 전달된 것이라면, "예, 그래요" 등으로, 제대로 전달되지 않은 것이라면, "그런 말이 아니고~" 등으로 자연스레 확인해 주게 된다.

또한 군더더기를 빼고 정리해서 바꾸어 말하는 방법도 가능하다. 말하는 사람의 여러 가지 상황전개에 대한 중언부언을 요지만을 정리하여, "이러이러 해서 저러저러 하다는 거지요?"라고 확인해 줄 수 있다.

말하는 사람의 감정 섞인 공격적인 말의 가시를 빼고 핵심만을 되받아 주어 다른 당사자에게 통역해주는 역할을 할 수도 있다. 한측 당사자의 "처음부터 지금까지 순 거짓말만 늘어놓으면서…"라는 말을 "○○○○이 사실과 다르다는 말씀이신가요?"로 바꾸어 말하면 다른 측 당사자는 조정자의 통역한 말을 통해 '거짓말'이라는 '공격'에 반응하기 보다는 다른 '사실'이 무엇인가에 집중할 수 있게 하는 것이다.

또한 조정의 과정에서, "열 번도 더 설명 했어", "언제 한번 우리한테 물어봤어?"등의 갈등 당사자의 주관적이고 감정 섞인 부정적인 표현을 객관적이고 중립적인 표현으로 바꾸어 줌으로써 듣는 사람의 감정을 올리지 않고 건설적인 방향으로 대화에 응하도록 하는 역할을 할 수 있다.

조정자가 바꾸어 말하기를 할 때는 섣부른 판단이나 평가를 하지 않고 공감대를 형성하며 말해야 한다. 또한 과장되지 않은 중립적인 언어를 사용하여야 하며, 사실적인 것과 감정적인 것을 포함하여 말해주는 것이 좋다. 중요한 구절이나 문장은 말하는 사람이 표현한 그대로 반복해 줄 필요도 있다. 그러나 조정자가 더 많은 말로 바꾸어 말하여 오히려 논의의 초점이 흐려지지 않도록 유념해야 한다.

- 바꾸어 말하기를 위한 유용한 문장 형식

당신이 말한 것은 "……"라는 것인가요?

제가 당신의 말을 잘 이해했는지 확인해 볼게요. "……"라고 하신 건가요?

당신은 "…(이러이러)…"해서, "…(저러저러)…"다고 하는 거지요?

- 상담과 조정의 바꾸어 말하기

조정에서 바꾸어 말하기를 할 때는 주의하여야 할 점이 있다. 바꾸어 말하기는 상담에서도 사용하는 기술이다. 상담에서의 바꾸어 말하기는 내담자와 상담자가 만나서, 내담자의 이야기를 들으며 공감을 통해 내담자의 마음 깊은 곳의 이야기를 이끌어내는 방법이므로 공감이 가장 기본적인 목표가 된다. 그러나 조정의 자리는 상담과 달리 조정자 이외에 양측의 갈등 당사자들이 함께 있는 자리이다. 그런데, 조정자가 한측 갈등 당사자의 이야기에 상담에서와 같은 방식으로 공감을 하면 상대측은 한쪽 편을 드는 것으로 이해하고, 중립적이지 않다고 보게 되어 조정자에 대한 신뢰를 잃게 되는 결과를 가져오게 된다. 이점이 바로 상담과 조정의 차이이다. 상담에서의 바꾸어 말하기가 내담자를 향한 상담자의 공감에 목표를 두는 것이라면 조정에서의 바꾸어 말하기는 갈등 당사자의 상황, 원인, 욕구 등을 명확하게 드러내는데 목표를 두는 것이다.

③ 몸의 움직임, 감정의 변화 등에 대해 관찰하기

공공갈등의 경우 조정의 과정은 긴 시간을 필요로 하는 수차례의 대화의 과정이 되곤 한다. 이 과정에서 관련 당사자들을 포함하여 각각의 역할을 담당한 조정위원들이 공정한 절차에 따라 말하고 듣는 과정은 참석자 모두에게 대단히 높은 피로도를 가져오게 될 것이다. 이때 조정자는 갈등 당사자들의 몸의 움직임이나 감정의 변화를 잘 관찰하면서 잠시 휴식시간을 가져야 하는지, 너무나 짜증이 나서 더 이상 대화를 나누어도 의미 있는 진전을 이룰 수 없는 상태인지를 잘 판단해야 한다. 어느 한측의 갈등 당사자가 순간 너무나 화가 나서 그렇지 않은 상황이라면 이해할 수 있는 사안조차 거부하도록 방치하면 안 되기 때문이다.

조정자의 관찰하기는 조정자가 여러 참석자들이 함께 하는 조정의 전과정을 효과적이고 능률적으로 이끌어 가기 위한 중요한 기술이라 할 수 있다.

④ 요약하기

요약하기 또한 조정자가 갖추어야 할 중요한 기술 중의 하나이다. 바꾸어 말하기에서도 간단히 언급하였지만, 사실 요약하기는 조정의 전 과정에서 필요한 시점마다 다양하게 활용될 수 있는 기술이다.

요약하기는 조정과정이 지체되거나 난국에 빠져 있을 때, 이제까지 함께 이루어 낸 것들을 요약하여 조정과정에 활기를 불어넣거나, 분위기를 전환하는데 유용하게 사용될 수 있다. 또 너무 많은 이야기가 오고 가서 정리가 안되고 혼란스러울 때 요약하기 기술을 활용하면 중간정리를 하고 다음의 과정으로 나아가는데 도움이 될 수도 있다.

요약하기 방법으로는 갈등 당사자들이 진술한 것들 중 요점만을 간결하게 언급하는 것이 있다. 즉, 요약하기를 통해 양측의 논점, 관심사항, 이해, 욕구, 가능한 해결방법, 제안사항 등을 꼼꼼히 정리하여 필요한 시점마다 짚어주면서 진행하여 갈등 당사자들이 합의에 이르는 것을 돕는 것이다.

또한 갈등 당사자의 감정과 입장을 이해하고 정리하여 상대에게 전해주는 방법이 있다. 다음 단계로 넘어갈 때 현재까지 진전된 것을 정리하여 확인하고 넘어가도록 하면 이루어낸 성과를 이어가는 효과를 볼 수 있다.

⑤ 효과적으로 질문하기

조정자가 활용하는 질문하기는 조정을 성공으로 이끌기 위해 필요한 내용을 풍부하게 이끌어낼 수 있는 기술이다. 조정자의 질문은 상황을 이해하고 있다는 것을 반영하는 것이며, 갈등 당사자로 하여금 더 많이 말하고 더 많이 들을 수 있는 기회를 제공하는 것이다. 질문하기를 통해 모호한 사실을 명료하게 할 수도 있으며, 공통점과 차이점을 구분해 내기도 하며, 입장을 만들게 되는 이면의 감정을 드러내어 반영할 수 있는 기회를 만들기고 한다.

자기 이야기 하는 것을 충분히 훈련받은 사람은 많지 않다. 또 갈등 사안으로 인한 자신의 경험이나 감정이 갈등을 증폭시키는데 어떠한 영향을 주었는지 깨닫지 못하는 사람도 많다. 이때 조정자가 적절한 열린 질문을 하여 갈등 당사자의 감정과 경험에 대한 반응 충분히 이끌어 낼 수 있고, 조정자의 열린 질문을 통해 진술되는 갈등 당사자의 이야기는 상대측의 이해를 높이는데 도움이 된다.

때로는 조정자의 질문에 대한 한측 갈등 당사자의 진술이 조정자에게도 이해되지 않는 경우가 있다. 그 진술을 조정자가 이해하지 못했다면, 상대측 당사자 역시 이해되지 않은 것으로 보아야 한다. 조정자가 이해하지 못하고 혼란스러운 상태라면, 그 점을 명확히 하고 다음 단계로 넘어가야 한다.

질문하기는 열린 질문의 방법으로 진행해야 한다. "당신은 그런 일이 생겨서 화가 났습니까?"라는 질문은 "예" 또는 "아니오"로 대답할 수 있는 닫힌 질문이다. 같은 내용의 질문이라 해도, "당신은 그런 일이 생겨서 어떤 감정이 들었는지요?"라는 질문으로 자신의 느낌을 자유로이 생각하고 진술할 수 있도록 해야 한다. 그러나 조정자의 질문으로 인해 과도한 주도권이 조정자에게 집중되지 않도록 유의해야 한다.

태도와 행동을 다루는 기술

① 감정, 분노 다루기

감정을 다룬다는 것은 갈등 당사자가 어떻게 느끼고 있는가 하는 것을 조정자가 감지하고, 그 감정을 정의하는 것을 말한다. 갈등 당사자의 감정을 다루어주면 자신이 이해받고 있다는 것을 느끼게 될 것이다. "당신의 말은 이러한 일이 생겨서, 화가 났다는 말씀인가요?"라는 식으로 정의해 줄 수 있을 것이다. 사람은 누군가 자신을 이해하고 있다고 느끼면 그와 협력적이 자세가 될 수 있고, 조정의 과정에서 조정자가 자신을 이해하고 있다고 느끼는 것은 갈등 당사자의 적극적 자세를 이끌어 내는데 중요한 계기로 작용할 수 있기 때문이다.

그러나 조정자는 혹시 갈등 당사자의 감정을 제대로 정의하지 못하면 어쩌나 하며 미리 걱정할 필요는 없다. 조정자가 만일 "겁이 나고 걱정되었다는 것입니까?"라 질문하였는데, 이것이 갈등 당사자의 감정을 제대로 정의하고 반영한 것이 아니라면 "그게 아니라, 저는 깜짝 놀랐고 황당했다는 겁니다."라고 갈등 당사자가 정정해 줄 것이기 때문이다.

감정 다루기는 "감정 언어"를 사용하여 진행해야 한다. 감정 언어란, '화나다, 짜증나다, 염려된다, 당황스럽다, 불안하다, 행복하다, 만족하다, 편안하다' 등과 같이 별도의 판단이나 평가를 포함하지 않은 언어를 말한다. '무시당하는 느낌이다, 사람 취급 당하지 않는 느낌이다' 등은 비록 느낌이라는 단어를 포함하고 있어 감정을 다룬 언어로 이해할 수 있으나, 이는 '무시'나 '사람 취급'을 하지 않는 별도의 주체를 상정하고, 그 주체의 말이나 행동에 대한 평가를 전제로 사용하는 생각언어이다. 이러한 언어는 상대에 대한 공격으로 받아들여져 또 다른 감정을 불러일으키고, 자칫하면 조정의 진행 자체를 위태롭게 하는 요인으로도 작용할 수 있다.

분노는 사람이 가지게 되는 감정 중에서 강한 감정에 속한다. 조정의 과정은 이미 갈등이 발생하고, 갈등 당사자들간의 협상도 실패한 후, 갈등의 해결을 위해 새롭게 선택한 방법이다. 따라서 비록 갈등 당사자들이 조정에 동의하여 참석은 하고 있지만, 조정에 임하기 이전 과정의 팽팽한 분노의 감정을 가지고 있는 경우가 많다.

분노를 다스린다고 하면 마치 화를 전혀 내지 않아야 하는 것으로 이해하곤 한다. 그러나 사람은 누구나 양보할 수 없는 기본적 욕구를 가지고 있기에, 그러한 욕구가 채워지지 않으면 자연스럽게 그에 상응하는 감정을 느끼게 된다. 무엇인가를 얻지 못하거나 잃게 되어 분노가 발생하면 그것을 얻기 위해 보다 이성적이고 논리적인 사고를 해야 하는 상황에서 거꾸로 몸은 경직되고, 감정은 격해지는 의도하지 않은 상황에 처하게 되는 것이다. 분노다루기는 갈등 당사자가 가지고 있는 분노의 바로 이러한 측면을 다루어 준다는 것이다.

간혹 분노에 대해 언급하는 것 자체가 공연한 문제를 야기하는 것으로 오해되기도 한다. 그러나 갈등 당사자는 자신이 어떤 문제로 얼마나 분노하였는가를 이해받고, 그것을 다루게 되면 일시적으로는 눌러왔던 감정이 다시 치솟아 오르는 경험을 하기도 하지만 거꾸로 그 문제를 어떻게 해결할 것인가 하는 마음가짐을 갖게 된다.

분노를 다루는 방법은 잠시 주의를 다른 곳으로 바꾸어 주거나, 휴식을 취하며 몸의 긴장을 풀어주는 방법을 선택할 수도 있다. 몹시 분노한 그 순간만 지나면 문제의 원인을 보다 객관적으로 보고, 보다 합리적인 해결방법을 찾아보고자 하는 자세로 변할 수 있기 때문이다.

또 그토록 분노하였음에도 불구하고 이 조정의 과정에 참여한 갈등 당사자를 격려하면서, 이 과정을 통해 얻을 수 있는 또는 얻기를 희망하는 모든 것들을 적어 보거나 이야기를 나누면서 자신의 분노를 스스로 통제하도록 독려하는 방법을 선택할 수도 있다.

② 편견 다루기

앞서 조정의 과정에서 조정자가 자신의 편견을 어떻게 관찰하고 인식하는가에 대하여 다루었다. 그러나 조정자는 자신의 편견과 선입견 뿐 아니라, 갈등 당사자의 편견과 선입견조차 다룰 준비가 되어 있어야 한다.

조정자는 조정의 과정에 참여하는 다양한 유형의 갈등 당사자와 만나게 된다. 만일 조정자가 "여자들은 말이 많아"라는 선입견을 가지고 있다면, 이는 자기 암시적 영향을 주게 될 것이고, 균등한 시간동안 말하는 갈등 당사자의 진술시간이 너무 많이 주어진 것은 아닌가라는 느낌을 받게 되고 이윽고 그 갈등 당사자의 진술시간을 제한하는 결정으로 이어질 수도 있을 것이다.

같은 논리로 "여자들은 말이 많아"라는 선입견을 가진 한측의 갈등 당사자는 정당하게 주어진 상대측의 진술시간이 부당하게 길다고 느낄 수도 있을 것이다. 이는 조정자의 공평성에 대한 불신으로 이어져 조정자에게 이의를 제기하거나 그 당사자가 조정과정에 성실하게 임하지 못하게 하는 결과를 가져올 수 있다.

한측의 당사자가 상대측 당사자에게 가질 수 있는 편견과 선입견은 상대와의 관계 속에서 얻은 경험에 대한 주관적 해석이 요인이 되는 경우도 있고, 갈등이 지속되는 과정에서 누적된 상대에 대한 불신이 요인이 되는 경우도 있다. 어떠한 이유로든 상대측 당사자에 대해 굳어진 생각은 조정의 성공을 기대하기 어렵게 하는 요인이 되기 때문에 갈등 당사자의 선입견과 편견을 어떻게 다룰 것인가 하는 문제는 조정자에게 대단히 주요한 과제라 할 수 있다.

조정자는 적절한 의사소통 기술을 통해 당사자의 편견과 선입견을 변화시키는데 기여할 수 있다. 일반적으로 갈등 당사자들의 편견과 선입견은 상대편의 입장 중심의 주장과 행동에 대해 자신의 적대감을 기반한 필터를 통해 받아들여, 강화되는 경향이 있다. 조정의 공간에서도 당사자들은 자신의 선입견과 편견을 기초로 상대방의 태도와 입장을 받아들이기 쉬운데, 조정자는 적절한 질문으로 입장 중심의 이야기를 맥락 중심으로 이끌어 가면서 입장 이면의 상황과 조건을 드러내도록 도울 수 있다. 상대방의 맥락을 포함한 이야기를 통해 다른 갈등 당사자는 상대에 대해 이해를 넓힐 수 있고, 자신의 굳어진 생각을 변화시킬 수 있는 계기를 찾을 수 있게 된다.

상대의 행동에 대해 맥락을 이해할 수 있도록 하는 적절한 질문과 중립적 표현의 바꿔말하기 등 조정자의 의사소통 기술을 통해 당사자들이 서로 갖고 있는 오해와 편견을 벗겨내는 일은 감정해소, 관계회복의 중요한 기반이 된다.

5. 조정 단계

조정의 단계는 크게 다섯 단계로 전개된다. 도입, 입장나누기, 쟁점 규명, 문제해결, 그리고 마지막으로 합의 단계가 그것이다. 첨예한 갈등이 예상되거나 이미 갈등이 진행 중인 상황에서는 사전에 아무런 준비 없이 갈등 당사자들과 조정자가 한 자리에 모여 조정과정을 시작할 수는 없다. 조정자와 갈등 당사자가 참여하는 본격적인 조정이 시작되기 전에 조정자나 갈등 당사자 모두에게 사전 준비 단계가 필요하다.

이 글에서는 준비, 도입, 입장 나누기, 쟁점 규명, 문제해결, 그리고 합의까지 조정의 준비 단계에서부터 합의 단계에 이르는 과정을 살펴볼 것이다. 각 단계의 내용에 대해 좀더 구체적인 이해를 돕기 위해 지난 2004년 지속가능발전위원회에서 진행했던 한탄강댐 갈등 조정과정 사례에 대한 설명을 참고자료로 넣었다.

[조정 단계]

준비 단계
• 갈등 현황에 대한 풍부한 정보 수집 • 세밀한 정보 분석 • 조정 전략 세우기 • 갈등 당사자의 조정 참여 의사 확인 • 일정 및 장소 확정 • 조정과정에 대한 이해 제고 및 의사소통 방법 교육 • 신뢰 형성 조치

⇩

1단계 : 도입

• 조정자와 참가자가 한 자리에 모임
• 조정과정에 대한 동의 재확인
• 기본 규칙(Groundrules) 제정
  (1) 비밀보장
  (2) 조정과정 중에 지켜야 할 사항에 대한 동의
    ① 예의
    ② 존중

            ③ 인신공격금지
            ④ 욕설금지
            ⑤ 『사전약속』 불이행 시 벌칙 규정
            ⑥ 진행방식 사전합의 사항 준수
        (3) 조정진행방식에 대한 합의
            ① 동일한 발언기회 및 시간
            ② 동일한 반론기회 및 시간
            ③ 발언순서결정
            ④ 참석 인원결정
            ⑤ 개별회의(Caucus) 허용
    (4) 메모
    (5) 조정을 위한 한 회차 시간과 총 회수
    (6) 증거자료 활용방법
    (7) 궁극적 목적에 대한 합의
    (8) 합의안 작성에 대한 정보제공
    (9) 합의사항에 대한 서면작성

2단계 : 입장 나누기

- 갈등의 원인과 쟁점에 대해 말하고 듣기
- 실익과 욕구에 맞추어 말하기
- 바꾸어 말하기와 열린 질문 등 조정 기술 적용

3단계 : 쟁점 규명

- 갈등 원인의 유사점과 상이점 정리
- 실제로 원하는 것 찾기
- 실익과 욕구에 기초한 쟁점으로 변화하기
- 문제 해결을 위한 공통기반(Common Ground) 찾기

4단계 : 문제 해결

- 새로운 문제 해결책 찾기 단계
- 원인별 대안 찾기
- 브레인스토밍(Brainstorming) 기법의 적용
- 창의적이며 서로 만족할 수 있는 여러 대안 모색
- 공정한 의사결정 방법 적용으로 문제해결책 결정

5단계 : 합의

- 합의안에 대한 재점검
- 합의서 작성
- 조정 참가자 서명

1. 준비

조정의 성공은 풍부한 정보 수집으로부터 출발한다

조정자에게 준비 단계는 조정과정에 대한 전반적인 전략 구상의 시간이다. 이때 조정자가 해야 할 첫 번째 과제는 바로 갈등 현안과 관련한 풍부한 정보 수집이다. 정보가 풍부하게 수집될 때 이를 기초로 하여 갈등 당사자 파악과 쟁점 이해 등 갈등 상황을 잘 이해할 수 있으며 그에 맞추어 전반적인 조정과정을 적절하게 디자인할 수 있게 된다.

갈등 당사자가 한 자리에 모이는 본격적인 조정과정이 시작되기 전에 준비되는 이러한 내용들은 대화와 협력의 방법으로 갈등을 해결하는 데 있어서 중요한 지렛대로 작용하게 된다. 그리고 이러한 것들이 모두 갈등 현안과 관련한 여러 정보로부터 나온다는 점에서 조정의 성공은 바로 풍부한 정보 수집으로부터 출발한다고 할 수 있다.

물론 갈등의 원인과 쟁점 등 갈등관련 정보는 조정과정에서 당사자들의 이야기하기와 듣기 단계에서 더욱 구체적이고 생생하게 파악될 수 있다. 그렇다고 해서 준비 단계에서의 풍부한 정보 수집의 의미가 줄어드는 것은 결코 아니다.

그렇다면 정보 수집은 어떻게 할 수 있을까. 정보 수집 방법으로는 쟁점과 관련된 여러 문헌 자료를 조사하는 방법과 이해 당사자와의 직접 면담을 통한 조사 방법이 있다. 문헌 자료 조사의 경우 언론 보도 자료, 회의 자료, 쟁점 관련 분야의 전문 자료 등이 그 대상이 될 수 있으며 면담 조사의 경우 주요 갈등 당사자뿐만 아니라 주변 갈등 당사자가 포함되며 필요할 경우 관련 분야의 전문가도 그 대상으로 한다. 특히, 이해 당사자와의 직접 면담 과정은 당사자들이 조정과정을 좀 더 이해하게 하고 한편으로는 조정자의 중립성에 대해 신뢰할 수 있도록 하는 좋은 기회가 될 수 있다.

정보에 대한 효과적인 분석이 실효성 있는 조정 전략을 낳는다

정보 수집 이후의 다음 과제는 수집된 자료에 대한 세밀하고 효과적인 분석이다. 조정 준비 단계에서의 분석은 특히 전반적인 조정 전략을 디자인하는데 초점이 맞추어져야 한다. 조정 전략 디자인에 필요한 분석 대상을 예로 들면 갈등의 주요 당사자와 주변 당사자, 잠재적인 갈등 당사자, 갈등 당사자들의 감정 상태, 갈등의 원인과 배경, 당사자들의 실질적인 관심사와 우려, 갈등의 단계 그리고 갈등 해결의 시간적 제약 등 수없이 많다.

이들을 분석하는 데 도움을 주는 여러 다양한 기법이 존재하며 이들을 활용하면 갈등 분석을 보다 효율적으로 할 수 있다.[25]

이 경우 갈등의 분석 대상 하나 하나를 정확하게 분석하는 것도 중요하지만 그 여러 분석 결과를 합리적으로 종합하고 체계화하여 그것을 조정과정 디자인에 효과적으로 적용하는 것 역시 중요하다. 갈등 현안 분석의 목적이 분석 그 자체에 있기 보다는 문제 해결의

---

25) 갈등분석 방법에 대한 자세한 소개는 갈등 교재 분석방법편 참조.

전략 수립, 즉 조정과정 디자인에 있기 때문이다.

이때 조정자가 주의할 점은 갈등 분석 과정에서 생길 수 있는 옳고 그름에 대한 판단을 외부로 드러내서는 안 되며 대화 도우미로서의 가치 중립성을 철저히 유지할 수 있어야 한다는 것이다.

또한, 조정자는 갈등은 시시각각 운동하고 변화한다는 사실을 잊지 말아야 한다. 갈등의 효율적인 분석을 위해서는 그 분석 대상의 시간적 기준을 명확히 해야 하며 같은 대상이라고 하더라도 시간의 흐름에 따라 분석을 다시 할 필요가 있음을 항상 기억해야 한다.

문제해결, 세밀한 조정과정 디자인이 좌우한다

조정 준비 단계에서 갈등 현안 분석 다음의 과정은 조정 전략의 수립, 즉 조정과정 디자인 과정이다. 우선, 갈등 당사자 분석을 기초로 하여 조정과정에 참여할 사람과 인원을 정해야 한다. 이 경우 참가자의 대표성과 대화의 효율성이 그 기준이 될 것이다.

조정과정에 적합한 장소를 섭외하는 것도 중요한 작업이다. 마치 프로축구 선수나 프로야구 선수들이 홈경기냐 방문경기냐에 민감한 것처럼 갈등 당사자들도 장소나 환경에 민감할 수 있다. 갈등 당사자들이 '방문경기'라고 생각하는 장소를 피해야 하며 대신에 중립적인 제3의 장소를 정해야 한다. 또한 조정 참가자, 특히 갈등 당사자들이 최대한 마음을 열 수 있는 분위기와 환경을 갖춘 곳을 물색해야 한다. 조정이 시작되는 시점의 경우 대개 갈등 당사자들은 몸과 마음이 피곤하며 긴장도는 높고 상대방에게 마음이 굳게 닫혀 있는 상태이다. 이들의 긴장감과 피곤함을 덜어주고 닫힌 마음을 여는데 도움을 주는 조정 공간이 필요한 것이다.

다음으로 조정 절차와 일정을 정하는 일이다. 이때 우선 고려해야 할 것은 현안 해결과 관련한 시간적 한계를 판단하는 것이다. 갈등 당사자들이 서로 의견을 조율하고 문제 해결책을 찾는 과정은 매우 길고도 험한 과정으로 서로가 인정하고 만족할 수 있는 해결책을 찾을 수 있을 때까지 충분한 시간을 두고 대화하는 것이 바람직하다. 하지만 현실에서는 시간적 제약이 불가피한 경우가 많다. 특히 공공 정책의 경우 더욱 그렇다.

이처럼 조정의 시한을 정할 수밖에 없는 경우라고 하더라도 지켜져야 할 원칙이 있다. 첫째, 절차와 일정에 대해 갈등 당사자들이 사전에 인정하고 서로 합의해야 한다. 그렇게 할 때만이 절차에 대한 공정함과 중립성에 대한 신뢰를 확보할 수 있으며 당사자들의 자발적 참여를 유도할 수 있다.

둘째, 자칫 일정에 쫓겨 본래 목적인 충분한 대화의 기회를 놓치는 어리석음을 범해서는 안 된다. 조정의 시한과 일정을 정하는 것은 대화를 통해 서로 만족할 수 있는 문제해결책을 찾기 위한 수단일 뿐이지 결코 목적이 아니다.

셋째, 그렇기 때문에 처음에 조정과정의 일정과 시간의 한계를 명확히 정했다고 하더라도 그 적용에는 융통성이 필요하다. 즉, 상황에 따라 처음에 합의하고 계획했던 시간표를 수정할 수 있어야 한다. 갈등의 해결 과정 자체가 긴 시간과 인내심을 필요로 한다는 점에서 이는 자연스러운 일로 볼 수 있다. 다만, 일정을 조정할 때 하나의 판단 기준으로 삼을 수 있는 것은 사회적 가치와 비용이다. 즉, 시간이 걸리더라도 대화로 해결해서 얻는 사회적 가치와 그것으로 발생할 수 있는 비용의 크기 비교를 통해 적절한 시간의 한계를 선택할 수 있을 것이다.

조정과정 준비 단계에서 해야 할 일 중 또 다른 하나는 조정과정에 참가하는 당사자들이 서로 지켜야할 공통의 기본 규칙(Groundrules)을 미리 준비하는 일이다. 물론, 기본 규칙을 정하는 주체는 갈등 당사들이다. 이는 본격적인 조정과정의 첫 번째 단계인 도입 단계에서 이루어지게 된다. 조정 준비 단계에서 진행되는 기본 규칙 기초마련 작업은 이를 준비함으로써 그 효율성을 높이는데 있다. 또한, 이 과정을 통해 갈등 당사자들은 조정과정이 중립적이고 공정하게 진행될 것이라는 믿음을 갖게 됨으로써 조정과정에 더욱 적극적으로 참여할 수 있게 될 것이다.

조정 참여자는 집단의 대표성을 가진 사람이어야 한다

조정과정에 참여할 당사자를 선정하는 것은 조정 준비 단계에서 가장 중요한 일 중 하나로 매우 신중하고 조심스럽게 이루어져야 할 일이다. 갈등 해결의 과정은 그 당사자와 떼려야 뗄 수 없는 관계에 있으며 당사자들의 말과 생각, 태도와 행동 그리고 그들의 의사결정에 따라서 갈등의 향방이 크게 달라진다. 그만큼 조정자로서 조정 참여자를 선정하는 작업은 매우 중요하다. 그렇기에 갈등의 쟁점과 그것을 둘러싼 관련 당사자들의 관계 등 현안에 대한 종합적인 분석을 마치고 그 결과를 기초로 하여 조정과정에 참여할 당사자를 정하는 것이 바람직하다.

조정 참여자를 선정하는데 고려해야 할 점 몇 가지를 이야기하면 다음과 같다. 첫째, 조정 참여자는 반드시 갈등 현안과 관계된 집단의 대표성을 가진 사람이어야 한다. 주로 갈등의 핵심 집단의 관계자라고 할 수 있다. 여기서 중요한 것은 집단의 관계자 그 자체라기보다는 그 사람이 그가 속한 집단의 이해와 동의 과정을 통해서 조정과정에 참여하느냐 하는 점이다. 조정 참여자가 실질적인 대표성을 인정받을 때만이 대화 결과, 즉 도출될 합의가 실행될 수 있다는 믿음을 갖고 갈등 당사자들이 서로 상대방을 대화 파트너로 인정할 수 있기 때문이다.

특히, 이러한 대표성은 조정과정 전체에 적용되어야 한다. 즉, 대표자와 그가 속한 집단 사이에 의사소통이 원활하게 이루어져야 하며 이를 통해 조정과정에 참여하는 당사자의 대표성이 유지되도록 해야 한다. 이는 조정이 시작되면서 끝날 때까지 항상 지켜져야 할 원칙으로 조정자는 모든 이해 당사자 집단에서 이 원칙이 실현될 수 있도록 지원할 필요도 있다.

둘째, 조정과정에 참여하는 각 이해 집단별 조정 참가자 수의 균형을 맞추어야 한다. 일례로 한 현안에 대한 찬성 측 당사자가 3명 참여한다면 반대 측 당사자 역시 3명이 참여해야 한다. 갈등으로 불신의 골이 깊어지고 감정이 격해져 있는 상태에서 이러한 '형식의 균형'은 매우 중요하다. 만일 이것이 지켜지지 않으면 갈등 당사자들로부터 조정 절차에 대한 객관성과 공정성을 의심받게 되고 결국 조정의 가장 중요한 원칙 중 하나인 조정의 중립성에 대한 신뢰를 잃게 될 것이다.

셋째, 갈등 현안에 대해 이해를 달리하는 여러 층의 갈등 당사자가 직접 참여할 수 있도록 해야 한다. 일반적으로 하나의 갈등이 발생했을 때 그 갈등의 당사자는 주요 당사자(핵심 당사자)와 여러 주변부 당사자로 나뉘게 된다. 또한 이들은 대개 갈등의 핵심 당사자들을 양축으로 하여 서로 연대와 협력 관계를 형성하며 상대방과 대립한다. 이 경우 조정자로서 주의해야 할 점은 비록 연대와 협력 관계로 같은 편에 위치한 당사자라고 하더라도 해당 갈등 현안에 대한 목표나 이해관계가 동일한 것은 아니라는 점이다. 따라서 조정 참여자를 구성하는데 있어서도 갈등의 핵심 당사자로만 구성할 것이 아니라 세부적으로는 이들과 다른 목표나 이해관계를 갖고 있는 갈등 당사자들도 직접 참여시켜야 한다. 그렇게 할 때 갈등 당사자들 각각의 이해와 요구, 우려와 관심사를 반영할 수 있는 대화를 진행할 수 있으며 자연스럽게 그 결과에 대한 동의와 인정이 더욱 광범위하게 이루어질 수 있다. 만일, 주변 당사자가 조정과정에 참여하지 못하고 그들의 이해와 요구가 소외된다면 그들의 요구는 대결적 형식으로 표출될 것이며 조정과정의 신뢰성과 효율성에도 부정적인 영향을 줄 것이다.

조정과정과 의사소통 방법에 대한 사전 교육이 효과적인 조정에 도움을 준다

조정에 참여하는 갈등 당사자들이 모두 정해지면 본격적인 조정 단계로 들어가게 된다. 조정자는 이들 갈등 당사자들이 감정적 대응을 자제하고 표면적인 입장(position) 뒤에 숨어있는 자신이 진짜 원하는 실익(interest)과 기본 욕구(needs)에 초점을 맞추어 대화할 수 있도록 돕는다. 즉, 입장을 축으로 하여 잘못 형성된 갈등의 쟁점이 문제 해결책의 공통 기반을 찾을 수 있도록 실익과 욕구 중심으로 재편되도록 돕는 것이다.

조정자는 바로 이러한 역할에 필요한 기본적인 자질과 기술을 갖추고 갈등 당사자들의 문제 해결 과정을 진행하는 대화 도우미이다.

그런데, 만일 갈등 당사자들이 조정의 효용성을 인정하고 더 나아가 조정과정에 필요한 의사소통 방법을 이해하고 있다면 그들이 참여하는 조정과정은 더욱 효과적으로 진행될 수 있을 것이다.

이것은 본격적인 조정 단계가 시작되기 전에 갈등 당사자들이 조정의 의미와 조정과정에 필요한 의사소통법에 대한 이해를 높이는 시간이 필요함을 의미한다. 예를 들어, 상대방을 존중하며 말하고 듣는 방법, 입장과 실익 구분하기, 실질적인 우려와 관심사에 초점 맞추기, 분노 조절하기 등 조정과정에 도움이 될 의사소통의 기본 방법과 기술을 미리 익힐 필요가 있는 것이다. 만일 당사자들이 조정의 의미를 이해하고 이러한 의사소통 방법을 익힌다면 조정자 역시 조정과정을 더욱 효과적으로 진행할 수 있을 것이다.

갈등 당사자들이 대화법과 의사소통 기술을 익히도록 하는 방법으로는 갈등 해결의 기본 개념과 이야기하기와 듣기 방법 등 기초적인 의사소통 방법 익히기를 내용으로 하는 '평화적 갈등해결 교육 프로그램(워크숍)'을 한 예로 들 수 있다. 다만, 이러한 프로그램 역시 조정과정의 일환으로 시행 전에 이해 당사자들로부터 동의를 받아야하며 그 대상과 회수 등에 있어서도 당사자 사이에 균형을 유지해야 한다는 점을 기억해야 한다.

당사자 사이의 신뢰형성을 위한 조치가 필요하다

원활한 조정의 진행을 위해서는 기본적인 대화법과 의사소통 방법 익히기 이외에 갈등 당사자들 사이의 상호 신뢰가 전제되어야 한다. 상호 신뢰는 상대방에 대한 감정적 반응을 자제하고 사물을 객관적으로 보며 현안에 초점을 맞추어 대화하는 모습으로 드러난다. 이와 달리 불신은 상대방이 자기 이익만 챙기려 한다고 섣부르게 단정하며 자기가 진짜로 원하는 것과 우려하는 것을 공개하기를 꺼려하는 모습으로 나타난다.

갈등을 증폭시키는 가장 큰 이유 중 하나는 바로 이러한 불신이다. 상대방에 대한 불신은 서로 솔직한 대화를 어렵게 하여 갈등 현안 자체에 초점을 맞출 수 없게 만든다. 또, 상대방의 의도와 태도를 부정적으로 바라보게 한다.

따라서 본격적인 조정이 시작되기 전에 조정과정에 참여하는 갈등 당사자들의 감정을 누그러뜨리고 대화 분위기를 만들어줄 신뢰형성 조치가 필요하다. 신뢰형성은 갈등 당사자들이 열린 마음으로 아무런 부담감 없이 만나는 것에서부터 시작될 수 있다.

사실, 무엇보다 의미 있는 신뢰 형성 조치는 갈등 당사자들이 조정과정에 참여한다는 것 그 자체이다. '감정적 대응과 비합리적 대화로 일관했던' 상대방이 조정과정에 참여하여 나(우리)와 합리적이며 건설적인 대화 과정을 함께 하기로 했다는 사실 자체가 나(우리)를 대화와 협상의 파트너로 인정하고 신뢰한다는 의미이기 때문이다.

그러므로 갈등 현장에서 갈등 당사자들 사이의 가장 큰 신뢰형성 조치는 조정과정에 대한 이해를 바탕으로 그들을 조정과정에 참여시키는 것인지 모른다. 그렇다면 갈등 당사자들로 하여금 조정과정에 참여하도록 유도하는 방법에는 어떤 것들이 있을까? 다음 장에서 이에 대해서 살펴보기로 한다.

갈등 당사자들을 조정과정에 참여케 하는 전략이 필요하다

조정의 기본 원칙 중 하나는 자율성이다. 만일 갈등 당사자들이 조정과정에 참여하기를 원하지 않는다면 조정은 성립할 수 없다. 때문에 갈등 당사자들의 자발적인 요청에 의해 조정이 이루어진다면 더할 나위 없이 바람직하다. 하지만 조정자의 요청에 의해서도 조정은 성립할 수 있다. 다만 이 경우에도 갈등 당사자들의 동의가 있어야 한다.

만일 조정 제도가 사회적으로 뿌리를 내린 경우라면 갈등 당사자들이 스스로 조정에 참여할 수 있는 기회가 그만큼 많을 것이다. 하지만 우리 사회는 조정 제도가 매우 취약한 실정이며 당분간 이러한 상황은 지속될 것이다. 더욱이 갈등을 평화적이고 협동적으로 해결하고자 하는 대안적 갈등 해결 문화 역시 취약한 형편이다. 그렇기 때문에 우리 사회에서는 갈등 당사들이 자발적으로 조정 절차를 선택할 가능성이 크지 않다. 그만큼 갈등 당사자들을 조정과정에 참여하도록 하는 적극적인 노력과 전략이 더 필요하다. 갈등 당사자들을 조정과정에 참여하도록 하는 방안으로 다음과 같은 몇 가지를 생각할 수 있다.

첫째, 조정과정이 갈등 당사자들 모두가 만족할 수 있는 새로운 문제 해결책을 찾는 대화 과정이라는 점을 이해시킨다. 그리하여 갈등 당사자들이 조정과정과 조정자의 중립적 역할을 신뢰할 수 있도록 한다. 특히 조정과정에 대한 이해가 취약한 우리 사회의 실정에서 이 과정은 매우 중요하다. 갈등 당사자들과의 만남, 간담회, 설명회가 그 방법이 될 수 있다.

둘째, 갈등 당사자들이 조정과정에 참여했을 때 얻을 수 있는 이점에 대해 이해하도록 한다. 만일 양과 질의 차원에서 조정과정에 참여하여 얻을 수 있는 것이 유리하다고 판단한다면 갈등 당사자들이 조정과정에 참여할 가능성은 높아질 것이다.

셋째, 이와는 반대로 조정과정에 참여하지 않음으로써 갈등 당사자들이 잃을 수 있는 것에 대해 이해하도록 한다. 만일 조정과정을 거부함으로써 얻는 것보다 잃는 것이 많다면 갈등 당사자들은 조정과정에 참여할 동기가 커질 것이다. 물론, 이 과정은 강압적인 방식이 아닌 갈등 당사자들의 자율적 판단의 범주를 벗어나지 않는 설득의 범위에서 이루어져야 한다.

2. 도입

조정과정에 대한 공개적인 이해와 동의를 확인한다

조정에 대한 사전 준비가 끝나면 드디어 최대한 서로 마음을 열 수 있도록 도움을 주는 공간에서 조정자와 갈등 당사자들이 한 자리에 모여 본격적인 조정과정에 들어간다. 본격적인 조정과정의 첫 번째 단계는 도입 단계이다. 이 단계는 조정자와 갈등 당사자 등 조정에 참여하는 모든 사람들이 함께 조정과정의 운영과 절차에 대해 확인하고 합의하는 단계이다. 조정과정이 원활하고 효율적으로 진행될 수 있도록 대화의 기본 환경을 조성하는 단계라고 할 수 있다.

도입 단계, 즉 갈등 당사자들이 처음 한 자리에 모여서 서로 인사와 소개가 이루어진 후에 우선적으로 해야 할 일은 참석자들로부터 조정과정에 대한 이해와 참석에 대한 동의를 확인하는 일이다. 즉, 조정자는 각각의 당사자들이 준비 단계에서 인정했던 문제 해결을 위한 대화 과정으로서의 조정의 유의미성과 그 과정에 참석한다는 동의를 모든 참석자들이 함께 있는 자리에서 다시 확인한다. 이를 통해 갈등 당사들은 상대방이 대결이 아니라 대화를 위해 조정 자리에 나왔다는 것을 신뢰하게 되고 자신 역시 대화 규칙을 준수해야 한다는 생각을 갖게 된다.

이 과정에서 조정자는 자연스럽게 '도입, 입장 나누기, 쟁점 규명, 문제 해결책 찾기, 합의, 실행'이라는 조정의 기본 절차와 조정의 기본 원칙을 설명해야 한다. 조정의 기본 원칙은 앞서 밝힌 바와 같이 조정자는 어느 한쪽 편을 들어서는 안 된다는 중립성, 문제 해결 주체는 결국 갈등 당사자들이며 조정자는 이를 돕는 사람일 뿐이라는 조정의 자율성 그리고 조정과정에서 진행된 대화는 당사자 동의 없이 공개될 수 없다는 비공개성이다.

함께 만드는 기본 규칙(Groundrules)이 조정 성공의 필수 요건이다

조정은 대화의 과정이며 조정자는 갈등 당사자들의 대화 도우미이다. 조정의 문제의식은 감정적 반응을 자제하고 자신의 우려와 관심사에 초점을 맞추는 대화, 그것을 가능하게 하는 여러 가지 의사소통 방법이 큰 역할을 할 수 있다는 것이다. 조정과정은 바로 대화법과 의사소통 방법의 적용 과정이라고 할 수 있다.

특히, 공공갈등에서 기본 규칙은 그 자체가 조정과정의 밑그림이기도 하다. 단순한 대화 규칙을 넘어 조정과정의 전반적인 운영계획까지 기본 규칙의 내용에 포함되기 때문이다.

따라서 기본 규칙이 잘 지켜진다는 것은 곧 조정과정이 잘 진행되고 있다는 것을 의미하며 기본 규칙이 잘 지켜지지 않는다면 조정과정은 정상적으로 진행될 수 없을 것이다.

그렇다면 어떻게 하면 기본 규칙이 잘 지켜지도록 할 수 있을까. 가장 중요한 것은 조정과정에 적용될 규칙을 갈등 당사자들이 함께 만들어야 한다는 점이다. 조정자가 조정 준비 단계에서 규칙을 준비

하더라도 그 규칙을 합의하고 결정하는 것은 결국 갈등 당사자들의 몫이어야 한다.

갈등 당사자들이 스스로 규칙을 정하는 것은 그 규칙의 공정성을 확보하는 길이다. 또한 갈등 당사자들이 스스로 그 규칙을 지킨다는 의지를 확인하는 행위로 조정과정 참여에 대한 신뢰를 보여주는 과정이기도 하다. 갈등을 평화적으로 해결하는 데 있어서 갈등 당사자들의 조정 참여 의지와 신뢰가 매우 중요한 역할을 한다는 점에서 함께 만드는 공정한 기본 규칙은 조정이 성공하는데 필수적인 요건이라고 할 수 있다.

한편, 준비 단계에서는 갈등 당사자들이 서로 상대방에 대하여 마음을 열 수 있도록 하는 분위기 조성의 작업도 필요하다. 갈등이 발생하고 그것이 증폭되는 배경에는 항상 감정적인 반응과 상대방에 대한 불신이 자리 잡고 있다. 조정과정의 대화가 합리적으로 진행되기 위해서는 관심과 초점을 갈등 현안 자체로 돌려야 한다. 이것은 조정의 전 과정에서 지켜져야 할 중요한 원칙이기도 하다.

3. 입장 나누기

당사자들이 직접 갈등의 원인과 쟁점을 서로 말하고 듣는다

조정과정에 동의하고 기본 규칙에 합의함으로써 대화를 위한 최소한의 신뢰가 형성된 다음 단계는 갈등 당사자들이 조정자의 진행에 따라 갈등 현안에 대한 자신의 입장을 이야기하고 동시에 상대방의 입장을 듣는 단계이다.

갈등 당사자들은 이미 합의한 기본 규칙과 조정자의 진행에 따라서 해당 현안에 대해 자신이 생각하는 갈등의 원인과 입장에 대해 차례대로 이야기 한다. 이때 당사자들은 자신의 발표 내용을 미리 준비할 수 있으며 한쪽 당사자가 입장을 말할 때 다른 쪽 당사자는 그것을 잘 경청해야 한다.

물론 이 과정은 한 번으로 끝나기는 어려울 것이다. 공공갈등의 경우 그 사안의 복잡성으로 인해 더욱 그렇다. 그러므로 수차례 또는 수십 차례의 만남을 가져야 하며 충분한 시간과 인내심이 필요하다는 사실을 자연스럽게 받아들여야 한다.

서로의 입장을 말하고 듣는 과정을 통해서 이해 당사자들은 갈등의 다양한 원인과 쟁점이 존재함을 확인하고 이해할 수 있게 된다. 그 다양한 원인과 쟁점을 다시 세부적으로 분류하고 그 세부적인 쟁점 하나하나에 대한 서로의 입장을 이야기하고 듣는 시간이 필요하다. 이 과정을 통해서 각각의 쟁점에 대한 서로의 우려와 관심사를 파악할 수 있으며 이는 문제 해결의 중요한 기초가 된다는 점에서 그 의미가 크다.

한편, 조정의 중요한 특징은 갈등 당사자들이 자신의 입장을 상대방과 한 자리에 모여서 이야기를 한다는 것이다. 조정이 있기 전까지는 일반적으로 서로 만나서 자신의 입장을 객관적이며 합리적으로 야기할 수 있는 기회가 주어지지 않는다. 따라서 조정자는 갈등 당사자들이 이 기회를 잘 활용하여 현안 자체에 초점을 맞추어 이야기하도록 해야 한다. 특히 갈등 당사자들이 진짜 원하는 것, 즉 실익과 욕구에 초점을 맞추도록 이끌어야 한다.

조정자는 대화의 규칙이 잘 지켜지도록 한다

전반적인 갈등 현안에 대한 입장을 말하고 들을 때 갈등 당사자들은 도입 단계에서 서로 합의한 기본 규칙을 지켜야 하며 특히 조정자는 그 규칙이 잘 지켜질 수 있도록 대화 과정을 관리할 책임이 있다.

갈등 당사자들이 서로 합의한 기본 규칙을 지키는 것은 의사소통 방법의 적용을 통해 대화를 효율적으로 진행되도록 하는 의미도 있지만 앞서 말했듯이 상대방을 대화의 파트너로 인정하고 상호 신뢰감을 높이는 역할도 한다.

갈등이 발생하여 조정과정이 시작되기 전까지는 대개 일방적인 주장과 감정적 반응으로 일관한다. 즉, 상대방의 우려와 관심사를 진지하고 성실하게 듣는 마음가짐과 태도가 부족하며 상대방의 이야기를 듣더라도 그 주장의 잘못된 부분만을 듣게 된다. 그리고는 이를 자신의 주장을 정당화하는 근거로 삼는다. 이 과정에서 서로에 대한 불신감은 더 커질 뿐이다.

때문에 진지하고 성실하게 상대방의 입장을 듣는 것 자체가 상대방에 대한 인정과 존중의 표현으로 이를 통해 서로의 신뢰가 커지고 대화 분위기가 더 좋아질 수 있다.

하지만, 평소 대화법과 의사소통 방법에 익숙하지 않으며 더욱이 감정의 골이 깊어진 갈등 당사자들의 경우 조정과정에서 의도하지 않더라도 서로 합의한 기본 규칙을 위반하거나 감정이 섞인 말을 사용하기 쉽다. 첨예한 이해관계가 걸려 있는 상황이기 때문에 이러한 행위는 어쩌면 자연스러운 현상일 수 있다.

이것이 의미하는 것은 대화 과정에서 제 3자 즉, 조정자의 역할이 그만큼 중요하다는 것이다. 조정자는 발언의 시간과 횟수가 공평하게 이루어지도록 하는 등 '형식의 균형'을 맞추어야 하며 인신공격성 발언 등 상대방의 감정을 자극하는 일도 자제시켜야 한다. 또, 갈등 당사자들이 이야기할 때 '나'를 주어로 한 "나 중심 화법" 형식으로 이야기하도록 유도하며 특히 갈등 당사자들이 서로 상대방에 대한 감정적인 태도에서 벗어나 갈등 현안 자체에 초점을 맞추어 이야기하도록 이끈다.

이러한 기본 규칙과 의사소통 방법이 잘 적용되느냐 아니냐 하는 것은 대화, 즉 조정과정이 성공하느냐 그렇지 않느냐 하는 것의 가장 기본적인 조건이라고 할 수 있다. 따라서 조정자는 기본 규칙과 의사소통 방법 등 대화의 규칙이 잘 지켜지도록 적절하게 관리하고 때로는 적극적으로 개입해야 한다.

조정자는 개별회의(Caucus)를 적절히 활용한다

조정과정에서 기본적으로 조정자와 양측의 갈등 당사자들이 한 자리에 모여서 대화를 하게 된다. 하지만 상황에 따라서는 한쪽 당사자와 조정자의 별도 모임이 필요할 때가 있다.

조정회의가 난항에 부딪쳤을 때, 당사자 간 이견이 크거나, 그룹 내 당사자들 간 의견조정이 필요할 때, 그룹 내에서 당사자들이 실제 원하는 것들을 충분히 찾고, 일치된 의견을 가져야 할 때 등 다양한 용도로 활용될 수 있다. 공공갈등에서 조정에 참여하는 대표 자가 여러 명일 때 특히 그들간 의사교환과 의견일치를 위해 필요한 장치이다.

또, 갈등 당사자가 자신이 진짜 원하는 것을 상대방에게 일부러 숨기거나 대화가 답보상태에 빠져 입장으로만 계속 충돌하는 경우에 도 별도의 모임이 필요하다.

이렇듯 여러 필요에 의해 조정자가 갈등의 한쪽 당사자와 별도로 만날 수 있는데 이를 개별회의(Caucus)라고 한다. 개별회의 역시 조정과정의 한 부분이다.

개별회의를 가질 때 주의할 점은 무엇보다도 양쪽 당사자들로부 터 공정성에 대한 신뢰를 유지하는 것이다. 조정자가 개별회의를 요청할 때는 반드시 양쪽 당사자들로부터 동의를 얻어야 한다. 한쪽 당사자를 만난다면 그 다음엔 다른 쪽 당사자도 만날 것이라는 것을 확인해야 한다. 물론 서로 만나는 시간의 양 역시 동일해야 한다.

공정성을 유지하기 위한 또 다른 중요한 원칙은 비공개성이다. 조정자는 해당 당사자의 허락없이는 개별회의 과정에서 있었던 대화 내용을 비밀로 해야 한다. 즉, 개별회의 말미에서 대화 내용을 공개할 것인지 말 것인지에 대해서 당사자와 확인하는 과정이 필요하다.

비공개성의 원칙은 개별회의에서 갈등 당사자가 자신의 속내를 숨김없이 말할 수 있는 기회를 줄 것이다. 조정자는 이 과정에서 당사자가 원하는 것을 파악하여 조정과정에 활용해야 한다.

　한편, 개별회의는 입장나누기 단계 뿐 아니라 조정의 전 과정에서 활용할 수 있다.

4. 쟁점 규명

갈등 원인의 유형을 확인하다

이야기하기와 듣기 과정의 다음 단계는 이를 기초로 하여 쟁점을 규명하는 단계이다. 쟁점 규명 단계는 갈등의 원인과 갈등 당사자들이 원하는 것을 확인하는 단계이다.

일반적으로 갈등의 원인에는 여러 유형이 존재하며 그에 따라 갈등의 종류와 해결 방향이 달라진다. 예를 들어, 갈등에는 그 원인에 따라 사실관계에 대한 다른 정보와 해석으로 빚어진 사실관계 갈등, 당사자들의 인간적 불신으로 빚어진 관계상의 갈등, 한정된 자원이나 권력을 둘러싼 이해관계 갈등 그리고 서로 다른 가치관이나 신념, 문화의 차이로 빚어진 가치 갈등 등이 있으며 이러한 갈등의 종류에 따라 그 해결 방향 역시 달라지는 것이다.

즉, 쟁점규명 단계에서는 해당 현안이 어떤 갈등 유형에 해당되는지를 파악하고 이를 토대로 하여 사실관계의 확인이나 이해관계의 조정 등 그 갈등의 해결 방향을 모색한다.

숨겨진 필요와 욕구, 관심사와 우려를 발견한다

쟁점규명 단계에서 이루어져야 할 또 한 가지 중요한 것은 갈등 당사자들의 감정과 표면적인 입장 뒤에 존재하는 근본적인 관심사와 우려 그리고 숨겨진 필요와 욕구를 발견하는 일이다. 조정자는 갈등 당사자들이 자신의 감정만을 표출하거나 입장에만 집착하고 있을 때 당사자들이 실제로 원하는 것을 드러낼 수 있도록 도와주어야 한다.

여기에서 사용되는 하나의 개념이 입장과 실익 그리고 욕구의 개념이다. 입장은 갈등 당사자들의 표면적인 주장 또는 요구로서 서로 대립하고 있을 때 각 당사자가 주장하는 문제의 해결책으로 나타난다. 실익은 각 당사자가 실제로 이루고자 하는 목표 또는 구체적인 이익을 의미한다. 즉, 실익은 입장을 통해 실현될 수 있는 이해관계의 대상이라고 볼 수 있다. 욕구는 입장과 실익을 통해 이루고자 하는 당사자들의 가장 기본적이며 근본적인 관심사이다. 정체성, 공정한 대우에 대한 바람과 자존감, 안전에 대한 의지 등이 그 예이다.

대화를 통해 문제를 평화적으로 해결하고 서로 모두를 만족할 수 있는 대안을 찾기 위해서는 서로가 원하는 것을 정확하고 명확하게 드러내는 것이 필요하다. 이런 점에서 갈등 당사자들이 서로 입장과 실익, 욕구를 구분하여 정리하는 것은 문제 해결의 과정에서 아주 중요한 작업이라고 할 수 있다. 물론 그 책임은 바로 조정자에게 있다. 조정자가 그 책임과 역할을 다하기 위해서는 여러 가지 조정 기술을 잘 적용할 수 있어야 한다. 특히 바꾸어 말하기와 열린 질문하기는 갈등 당사자들이 입장 뒤에 숨겨져 있는 실익과 욕구를 드러내고 그것을 발견할 수 있도록 하는데 효과가 큰 기술이다.

실익과 욕구에 초점을 맞추도록 쟁점을 변화시킨다

한편, 갈등 당사자들이 서로의 표면적인 주장 또는 요구 뒤에 숨어 있는 실익과 욕구를 이해한다면 상생의 문제해결을 위한 공통 기반(Common Ground)을 찾기가 한결 쉬워진다.

많은 경우 갈등 당사자들 사이에 생긴 대립은 근본적인 실익과 욕구 그 자체의 대립이 아니라 그 실현 방법을 둘러싼 대립인 경우가 많다. 당사자들은 자신의 목표를 실현하기 위한 수단과 문제 해결책(입장)을 자신이 진짜 원하는 것 그 자체(실익 또는 욕구)로 착각하기 때문이다.

문제는 이러한 착각이 문제 해결을 위한 공통기반 찾기 작업을 더욱 어렵게 한다는 점이다. 자신이 진짜 원하는 것으로 착각하고 있는 한 자신의 입장을 쉽게 포기할 수는 없기 때문이다.

때문에 입장과 실익 또는 기본 욕구를 구별하는 것은 매우 중요하다. 이 두 가지를 구분하게 되면 하나의 문제 해결책을 둘러싸고 생긴 허구적이며 비생산적인 대립이 해소될 수 있으며 처음에 갖고 있었던 문제 해결책을 포기하는 것에 관대해지고 대신 새로운 문제 해결책의 발견에 더욱 적극적으로 임할 수 있게 된다. 문제 해결책은 자신의 관심사와 욕구를 실현할 수 있는 여러 가지 대안 중의 하나일 뿐이라는 사실을 인정하게 되는 것이다. 그리고 이러한 구분을 통해서 갈등 당사자들이 자신의 실익과 기본 욕구에 초점을 맞추게 된다면 새로운 문제 해결책 마련을 위한 공통기반을 찾을 가능성은 더욱 커진다 하겠다.

한편, 이는 갈등의 쟁점이 입장의 충돌에서 서로의 관심사와 욕구를 실현하는 창의적인 문제 해결책 찾기로 옮겨가는 것을 의미한다. 만일 이러한 쟁점의 변화가 이루어지면 그동안의 감정적 대응과 불신이 줄어들고 대신에 생산적인 대화를 통한 문제 해결의 진전이 가능하게 된다. 이런 점에서 쟁점의 변화는 평화적이고 협동적인 갈등 해결의 분수령이라고 평가할 수 있다.

5. 문제 해결

문제 해결을 위한 상생의 여러 대안을 찾는다

서로의 관심사와 욕구에 기반하고 이를 만족시키는 방법을 찾는 것으로 쟁점을 변화시킬 수 있다면 평화적 갈등해결을 위한 조정과정은 일단 절반 이상 성공했다고 평가할 수 있다. 이제 나머지 절반은 바로 새로운 문제 해결책을 함께 찾는 일이다. 서로의 관심사와 욕구를 동시에 만족시킬 수 있는 새로운 문제 해결책을 찾을 수 없다면 갈등을 평화적으로 해결하기란 쉽지 않다. 비록 조정과정을 통해 서로에 대한 불신이 줄어들고 감정적 대응을 자제하게 되었다 하더라도 문제 해결책을 찾지 못하면 갈등이 지속되거나 잠재적인 요인으로 남아 언제든지 또 다시 분쟁으로 비화될 가능성이 크다. 그만큼 구체적인 문제 해결책을 찾는 일이 중요한 것이다.

그렇다면 새로운 문제 해결책은 어떻게 찾을 수 있을까. 문제 해결책이 '기존의' 대안이 아니라 '새로운' 대안이어야 한다는 점에서 무엇보다 중요한 것은 기존의 사고 틀을 벗어나는 것이다.

창의성을 발휘하면서도 현실적인 여러 대안을 찾는 방법 중의 하나로 브레인스토밍(Brainstorming) 기법을 들 수 있다. 이 과정을 통해서 여러 가지 가능한 대안들을 찾아보고 그 현실성과 적합성을 따져봄으로써 새로운 문제해결책을 찾을 수 있다. 물론, 이 기법을 쓰면 반드시 새로운 해결책을 찾을 수 있다는 의미는 아니다. 전문적인 지식의 뒷받침이 필요하기도 하며 모든 갈등 당사자들을 만족시킬 수 있는 최상의 해결책이 나오지 않을 가능성도 크다.

하지만 중요한 것은 바로 새로운 상생의 문제 해결책을 찾아야 한다는 것이며 이를 위해서는 기존의 영역을 벗어난 창의적인 새로운 사고의 틀과 그 방법이 필요하다.

세밀한 평가와 공정한 의사결정을 통해
문제의 해결 대안을 선택한다.

새로운 사고의 틀을 통해 새로운 문제 해결책의 여러 아이디어가 나왔다면 이중 최적의 대안을 선택해야 한다. 물론 그 방향은 갈등 당사자들의 만족도를 최대화시켜야 한다는 것이다. 당사자들의 만족도를 최대화시키기 위해서는 적어도 두 가지 원칙이 지켜져야 한다.

우선, 의사 결정 과정에 있어서 그 형식적 절차가 공정해야 한다. 형식적 절차가 공정할 때만이 당사자들이 그 결정 과정을 인정하고 수용할 수 있기 때문이다. 일례로 가위 바위 보, 동전 던지기가 우리 생활 속에서 의사결정 수단으로 흔하게 사용되는 것을 볼 수 있는데 그 이유는 그 절차와 방식이 누구에게나 중립적이고 공정하다고 인정되기 때문이다.

둘째, 새로운 문제의 해결책을 선택하는데 있어서 절차의 공정성과 더불어 지켜져야 할 것은 바로 내용의 합리성이다. 사회적 갈등을 가위 바위 보나 동전 던지기로 결정할 수는 없는 일이다. 즉, 절차가 아무리 공정하다고 하더라도 그 내용이 자신의 욕구를 실현할 수 없다면 그 당사자는 결코 만족할 수 없으며 그 결과를 수용하기도 어려울 것이다. 공정한 절차는 그 자체가 목적이 아니라 궁극적으로 관심사와 욕구를 만족시킬 수 있는 대안을 만들기 위한 수단으로 의미가 있는 것이다. 사회 갈등의 해결 과정에서 형식적 절차, 즉 법적 절차에 아무런 문제가 없다고 하더라도 그 내용이 갈등 당사자의 관심사와 욕구를 만족시킬 수 없다면 그것은 결코 성공적인 결과를 가져올 수 없다. 절차의 공정성을 지키면서도 그 내용이 서로 인정하고 수용할 수 있는 합리적인 내용이어야 하며 그것은 갈등 당사자들의 관심사와 욕구에 기초할 때 확보될 수 있다.

문제 해결책을 찾는 과정에서 조정자의 역할이 바로 여기에 있다. 즉, 새로운 문제 해결책을 찾는 절차가 공정하게 이루어질 수 있도록 해야 하며 동시에 그 결정된 내용이 서로의 관심사와 욕구가 충분하게 반영될 수 있도록 대화 과정을 관리해야 하는 것이다.

갈등의 원인의 유형에 따라 그 해결 방향이 다르다

한편, 앞서 살펴본 대로 갈등은 그 원인에 따라 여러 가지 유형으로 구분할 수 있으며 그 유형에 따라 해결 방향 역시 달라야 한다. 일례로, 사실관계에 대한 다른 정보와 해석으로 빚어진 갈등은 사실관계를 공동으로 조사하거나 서로 신뢰할 수 있는 제3자 또는 전문기관에 의뢰하여 조사, 확인한 후 이를 재해석하는 방법을 취할 수 있다. 또, 당사자들의 관계상의 문제로 야기된 갈등은 서로 오해와 편견을 해소하고 당사자 사이의 원활한 의사소통 구조와 분위기를 만드는데 초점을 맞추어야 한다. 이해관계의 다툼으로 생긴 갈등의 경우는 그 자원과 권력을 공평하게 분배해야 하며 특히 그 분배 과정의 공정한 절차와 방법을 찾는 것이 필요하다. 서로 다른 가치관이나 신념 문화 차이로 빚어진 갈등의 경우는 서로 일치할 수 있는 부분을 찾기 위해 노력하되 기본적으로는 갈등 당사자들이 서로 상대방의 가치관과 문화를 인정하도록 하여 서로 평화롭게 공존할 수 있는 길을 모색해야 한다.

이렇듯 갈등의 원인과 유형에 따라 갈등 당사자들이 그에 적합한 문제 해결 방향을 취할 때만이 갈등을 합리적이며 평화적으로 해결할 수 있다.

6. 합의

합의서는 대화와 협상을 통해 이룬 상호 신뢰의 상징이다

조정의 마지막 단계는 갈등 당사자들이 찾은 새로운 문제 해결 방법과 대안을 이행하고 실천할 것을 서로 계약서의 형식으로 합의하는 단계이다. 기본적으로 합의서에는 서로 합의한 사항을 어떻게 이행할 것인가, 서로 합의사항을 이행하고 있음을 어떠한 기준으로 판정하고 측정할 것인가, 이행 정도가 만족스럽지 않을 경우 어떻게 할 것인가 등에 대한 구체적인 내용이 들어가야 한다.[26]

이런 점에서 그것이 비록 법적 구속력이 없다고 하더라도 합의서는 조정과정에서 이루어진 대화와 협상의 결과물이자 서로에 대한 신뢰의 상징이다. 즉, 합의서는 갈등 당사자들 서로가 상대방에 대한 신뢰를 유지하며 한편으로는 문제 해결 방법의 이행을 강력히 유도하는 역할을 하게 된다.

한편, 현실에서는 조정이 이루어져도 합의에 이르지 못하는 경우가 많다. 그만큼 갈등 당사들이 대화를 통해 평화적으로 갈등을 해결하기를 원한다 하더라도 그 과정이 결코 쉽지 않다는 점을 의미한다. 하지만 합의에 이르지 못한 채 조정이 끝났다고 해서 그 조정과

---

26) 강영진, 《갈등분쟁해결 매뉴얼》, 성공회대 출판부, 2000

정을 전적으로 실패로 규정할 필요는 없다. 비록 합의에 이르지 못했어도 조정과정을 통해 갈등 당사자들은 상대방은 물론이고 자기 자신의 감정, 관심사와 우려, 필요와 욕구에 대한 이해의 폭을 넓혀 이후에 문제를 해결할 단초를 찾는 등 여러 긍정적이면서도 실질적인 효과가 남기 때문이다.

합의서 작성에도 기술이 필요하다

합의서 작성은 갈등 당사자들이 서로 합의한 대안을 서로 실천할 수 있도록 보장하는 객관적 기준을 함께 만드는 과정이다. 대화와 협상을 통해 갈등 당사들의 필요와 욕구를 모두 만족시킬 수 있는 아무리 좋은 대안이 마련되었더라도 최종적으로 그것이 실천되지 않는다면 아무런 소용이 없다. 그렇기 때문에 양쪽 당사자들의 실천을 유도할 수 있는 장치로서 합의서가 필요한 것이다.

합의서를 작성할 때 중요한 원칙은 양쪽 당사자 모두가 그 내용을 인정해야 하며 객관적이고 구체적이어야 한다는 점이다. 그래야만 나중에 합의사항에 대한 해석이 달라 생기는 갈등을 예방할 수 있다.

또한 합의된 사항 지키기를 강제하기 위한 수단으로 서로 합의한 사항을 지키지 않았을 경우에는 어떻게 할 것인지에 대해서도 합의서에 담도록 한다. 그리고 모든 사항이 합의되면 정확하고 구체적인 문장으로 합의문을 작성하고 마지막으로 당사자들이 확인하고 서명한다.[27]

이상으로 조정과정의 여러 단계에 대해 살펴보았다. 조정과정이

---

27) 강영진, 〈중재의 절차와 기법〉,《갈등해결을 위한 학교평화교육프로그램》, 유네스코한국위원회, 2002

마무리 되면 조정자는 갈등 당사자들과 함께 조정의 전반적인 과정에 대해 평가하는 것이 바람직하다. 이를 통해 조정과정에 대한 일반적인 이해의 차원을 넘어 구체적이고 세부적인 현실에 대처할 수 있는 조정자로서의 역량을 높일 수 있다.

조정과정에 대한 평가가 축적되면 갈등의 유형별, 상황별 특수성에 적합한 조정과정도 학습할 수 있을 것이다. 일례로 권력과 자원을 둘러싼 이해관계 갈등과 서로 다른 가치관과 신념이 원인이 된 가치 갈등의 경우에는 동일한 갈등 해결 방법과 조정 절차가 적용되기는 어렵다. 애초부터 그 조정의 실질적 목표도 다르게 설정될 수 있다. 또한, 논리적 사고 과정을 통해 각각의 상황에 적합한 조정과정을 추론할 수도 있지만 실제의 조정 경험과 그에 대한 평가를 통한 학습의 효과가 더욱 현실적인 의미를 갖는다고 할 수 있다.

이렇듯 기존의 조정과정 역시 현실에서 이루어지는 수많은 경험을 바탕으로 꾸준히 수정되고 보완되어야 한다. 그 과정은 결국 우리 사회의 현실 상황에 맞는 조정과정을 완성시켜 나가는 과정이 될 것이다.

7. 공공갈등 해결을 위한 조정 사례[28]
– 한탄강댐 건설을 둘러싼 갈등 조정

지난 2004년, 지속가능발전위원회에서 한탄강댐갈등조정을 위한 당사자회의(이하 한탄강댐 조정회의)를 진행한 바 있다. 이는 당사자 간 자율적 합의를 통해 갈등을 해결하려는 조정(mediation)으로, 한국사회에서 공공갈등에서는 처음 시도된 과정라고 할 수 있다.

한탄강댐 조정과정은 크게 세 시기로 구분해서 볼 수 있는데, 첫째는 공정하고 투명한 갈등해결 절차로서 조정위원회의 효율적인 운영을 위한 준비작업 수행을 목적으로 한 '한탄강댐 갈등관리준비단' 활동이다. 이 교재에서 제시하는 조정 단계로 보면 준비단계에 해당한다.

두 번째는 당사자 간 대화과정, 즉 본 조정과정인 '한탄강댐조정회의' 과정이다. 앞의 조정 단계에서 보면 도입부터 합의 단계 전체라고 할 수 있다.

한탄강댐 갈등조정과정은 계획된 조정과정에 기초해 다음의 과

---

28) 이 사례는 지속가능발전위원회. 2005. 「한탄강댐 갈등조정과정 분석을 통한 공공갈등해결모델 개발에 관한 연구」 자료를 기초로 정리하였다.

정으로 조정회의가 진행되었다.

① 사전약속 정하기/1, 2차 조정회의

② 입장 교환/각 측에서 보는 문제, 원인 이야기하기 듣기/3차
조정회의

③ 쟁점 정리/차이점과 유사점 찾아 정리, 논의 순서 정하기/3,
4차 조정회의

④ 분야별 논의/5차~10차 조정회의

- 양측 발표, 질문, 이견 정리, 토론, 합의점과 이견 정리
- 분야별 기술적(전문적) 검토를 위한 소회의 운영

⑤ 대안, 문제해결을 위한 방법 찾기/11차~13차 조정회의

⑥ 문제해결 방식 합의-결정/14~15차 조정회의

⑦ 합의문 작성/16차 조정회의

세 번째는 조정회의를 통해 당사자들이 최종합의한 조정소위원
회의 중재결정 과정이다. 이는 갈등해결의 여러 방법 중 '조정적
중재'라고 표현할 수 있는데, 당사자들이 문제해결의 방법을 합의한
내용으로서, 중재결정의 과정이다.

이 사례 예시는 조정의 단계를 보다 구체적으로 이해하기 위해
제시되는 것이므로 한탄강댐 갈등조정과정의 세 번째 단계의 중재과
정의 진행내용은 생략하고, 준비단 활동과 조정회의 과정을 중심으
로 정리한다.

1. 준비 단계(2004.2.17~5.11)

한탄강댐갈등관리준비단(이하 준비단)의 활동 중 조정 준비 단계에 해당되는 사례를 들어보자. 준비단은 한탄강댐문제조정을위한관련당사자회의(이하 한탄강댐조정회의) 활동을 준비하고 지원하기 위한 사전 단계로 설치되었다. 준비단은 다음의 과제를 주요 임무로 삼았다.

① 갈등의 원인과 주요 내용을 규명함
② 한탄강댐갈등조정위원회의 의제를 설정함
③ 잠재적인 이해당사자를 파악하고 이들이 조정에 참여토록 유도함
④ 실질적인 조정계획을 작성하는 것임

이에 따라 준비단은 첫 번째 작업으로 한탄강댐 건설로 인한 갈등 과정을 파악하기 위하여 관련 문헌, 언론기사 등을 수집하고 검토하였다.

준비단은 또한 2004년 2월 17일부터 2004년 5월 11일까지 13회에 걸친 회의와 현장 방문을 통하여 한탄강댐 건설과 관련된 이해당사자를 댐건설 정책을 수립한 정부, 댐건설을 반대하는 주민, 환경단체, 댐건설을 찬성하는 주민 등 네 개 집단으로 구분하였다. 갈등의 주요쟁점분야로 홍수측면, 경제성측면, 환경측면, 안정측면, 사회적 측면, 그리고 추진절차상 측면 등으로 구분하여 갈등의 원인을 ① 과학적인 근거의 차이, ② 이해당사자 간의 이해의 차이, ③ 가치관과 신념의 차이, ④ 구조적인 문제, ⑤ 정부에 대한 신뢰성 등으로 파악하였다.

한편, 준비단은 한탄강댐 건설과 관련된 이해 당사자들이 조정과 정에 참여할 수 있도록 다양한 노력을 하였다.

준비단은 갈등의 잠정적인 이해 당사자들을 선정하고 그들의 조정의 목적과 절차 등에 관한 이해를 증진시키고자 하였으며 이를 위해 한탄강댐 찬성 지역과 반대지역의 자치단체 방문, 지역기자와의 간담회, 주민 직접 설명회 등을 개최하였다. 이러한 과정을 통해 주요 이해당자들로부터 한탄강댐갈등조정위원회의 당사자 회의에 참여할 것을 확인하였다.

준비단은 또한, 이들 갈등 당사들을 초청하여 한탄강댐조정회의의 구성 및 이에 참여할 대표자의 수, 조정회의 운영방식 등을 함께 논의하는 워크숍을 개최하였으며 이를 통해 조정의 중립성에 대한 신뢰를 확보하고 동시에 갈등 당사자 상호간 서로의 불신을 줄이고 마음을 열 수 있도록 노력하였다.

2. 도입 단계(1~2차 조정회의)

한탄강댐조정회의는 그 첫 번째 작업으로 '한탄강댐문제조정을 위한관련당사자회의의 원활한 진행을 위한 사전약속'을 정하였다. 도입단계에서 '사전약속'을 정하는 것은 조정회의를 어떻게 운영할 것인가에 대한 참여 대표자들의 공통의 밑그림을 그리는 작업이고, 대화의 원칙과 방법을 서로 확인하는 작업으로서 큰 의미를 갖는다. 이 약속은 2회(1회 8시간)에 걸쳐 논의 끝에 결정되었다. 전체 16조로 이루어졌으며 마지막에는 모든 참가자들의 서명이 날인되어 있다.

주요 내용을 살펴보면 사전 약속의 목적, 관련 당사자에 대한 규정, 조정 대표자(관련 당사자의 대표자)와 참관인 등 조정회의 구성, 비공개성 등 조정회의의 운영 원칙, 인신공격성 발언과 욕설 금지 등의 조정회의 참가자가 지켜야 할 규칙, 발언 기회와 시간 등 조정회의 진행 방식, 그리고 합의의 절차 등에 이르기까지 세부적이고 구체적인 여러 사전 약속이 합의되었다. 이러한 사전 약속에 대한 합의는 조정회의 첫 시작으로 조정회의의 원활한 운영과 당사자 상호 신뢰 형성에 기여한 것으로 평가된다. 즉 갈등 현안은 아니지만 당사자들의 여러 이견들이 있었음에도 함께 논의하면서 만들어낸 첫 합의로서 '사전약속'은 조정공간에서의 대화에 긍정적 영향을 미칠 수 있으며, 운영 전반에 대한 규칙을 함께 정함으로써 조정과정에 대한 책임성을 높이는 데 기여했다고 평가하고 있다.

2004년 6월 9일 사전약속에 관한 합의사항은 다음과 같다.

'한탄강댐문제조정을위한관련당사자회의'의 원활한 진행을 위한 사전약속

【제1조 목적】 이 약속은 '한탄강댐문제관련당사자'(이하 '관련당사자') 들이 한탄강댐 문제에 대하여 상호 합의해 나가는 절차를 정함으로써 한탄강댐 문제의 원활한 해결을 도모함을 목적으로 한다.

【제2조 관련당사자】 관련당사자는 한탄강댐 건설에 대한 찬성주민과 반대주민, 정부, 환경단체로 한다.

【제3조 조정대표자】 관련당사자의 의견과 입장을 대변할 '관련당사자별 대표자'(이하 '조정대표자')는 다음과 같으며, 조정대표자는 관련당사자로부터 대표성을 인정받은 것으로 본다.

(조정대표자 명단 생략)

【제4조 한탄강댐문제조정을위한관련당사자회의】 1. 한탄강댐 문제에 대한 합의를 도출하기 위하여 조정대표자 및 지속가능발전위원회 '한탄

강댐갈등조정소위원회'(이하 '갈등조정소위원회') 위원으로 '한탄강댐
문제조정을위한관련당사자회의'(이하 '한탄강댐조정회의')를 구성한다.

2. 한탄강댐조정회의는 한탄강댐과 관련한 현재의 갈등을 풀고자 함을
궁극적인 목적으로 한다.

3. 갈등조정소위원회 위원은 한탄강댐조정회의에서 '조정자'로서의 역할
을 수행한다.

4. 지속가능발전위원회 기획운영실 직원은 한탄강댐조정회의에 참여하
여 한탄강댐조정회의가 원활하게 운영될 수 있도록 하여야 한다.

5. 합의회의나 공론조사 등 특정한 방법이 필요하다고 판단되는 경우에는
조정대표자간 합의를 거쳐 분야별 전문가가 한탄강댐조정회의에 참여하
여 발언하도록 할 수 있다.

【제5조 참관인】 관련당사자는 한탄강댐조정회의 참관인을 둘 수 있으
며, 참관인은 다음과 같다. 단, 참관인은 발언권을 가지지 않는다.

(참관인 명단 생략)

【제6조 조정대표자와 참관인의 변경】 조정대표자와 참관인은 한탄강
댐조정회의에서의 합의에 의하지 아니하고는 이를 변경하지 못한다.

【제7조 한탄강댐조정회의의 운영】 한탄강댐조정회의는 투명하고 공정
하게 진행하되, 비공개 개최를 원칙으로 한다.

【제8조 조정자의 비밀유지의무】 조정자 및 조정자가 속한 지속가능발
전위원회는 한탄강댐조정회의에서 다루어지고 있는 내용들에 대해 비밀
을 유지하여야 하며, 이의 공개는 한탄강댐조정회의에서의 합의를 전제로
한다.

【제9조 회의결과의 전달 및 정기적 홍보】 1. 조정대표자는 각각이 대표
하는 관련당사자에게 한탄강댐조정회의의 경과와 내용을 전달하는 것을
원칙으로 한다. 단, 전달내용은 한탄강댐조정회의에서 합의된 사항에
한한다.

2. 한탄강댐조정회의의 경과 및 내용 중 정기적 홍보가 필요하다고 인정되어 한탄강댐조정회의에서 합의된 사항은 갈등조정소위원회 위원장(정진승 지속가능발전위원회 위원)이 대표로 발표하거나 소식지를 배포하는 등의 방법으로 홍보를 할 수 있다.

【제10조 조정대표자와 참관인, 조정자가 한탄강댐조정회의에서 지켜야 할 사항】 1. 상호간에 예의를 지키고 상대를 존중한다.

2. 인신공격성 발언과 욕설을 하지 않는다.

3. 조정자의 회의 진행을 방해하지 않는다.

4. 한탄강댐 갈등조정기간 중 한탄강댐 건설에 대한 찬·반 집회나 시위 등 비신사적인 일체의 행위를 삼가고, 다음의 사항을 이행한다. 단, 한탄강댐조정회의에서의 논의내용 및 진행상황 등에 대한 관련당사자 설명회는 인정한다.

- 조정회의기간중 한탄강댐과 관련한 행정행위 및 대외활동을 중지할 것을 건교부장관이 한국수자원공사 사장에게 지시공문을 발송한다.
- 한국수자원공사 한탄강댐건설단은 조정회의기간중 한탄강댐 관련 행정행위 및 대외활동을 중지하며, 한탄강댐갈등조정소위원회는 이를 주민들에게 공식적으로 알린다.
- 한국수자원공사 한탄강댐건설단이 한탄강댐 관련 행정행위 및 대외활동을 중지하기로 한 상기 약속을 지휘계통을 경유하여 의도적으로 위반했을 때에는 한탄강댐조정회의에서의 결정에 따라 한국수자원공사 한탄강댐건설단의 해당 직원의 철수 및 동 사무소를 임시로 철수한다.
- 한탄강댐 관련업무를 수행하고 있는 대림산업 연천사무소에는 전화 응대인력 1명만 두고 한탄강댐 관련업무는 전면 중단하도록 협조를 요청한다.
- 한국수자원공사 한탄강댐건설단의 정규 직원 19명은 이를 적정한 수준으로 줄이되, 구체적인 감원 수는 건설교통부에 위임한다.

- 한국수자원공사 한탄강댐건설단이 입주하고 있는 건물 안에 한탄강댐에 대한 찬·반 주민 및 기타 관련당사자들이 만날 수 있는 주민화합의 장을 마련하되, 사정상 공간확보가 불가능한 경우에는 한국수자원공사 한탄강댐건설단 내에 설치한다.
- 조정대표자는 한탄강댐과 관련된 사항을 언론에 발언하는 것을 자제한다. 언론에 보도된 사항에 오류가 있을 경우에는 보도경위를 우선 파악한 후 정정보도를 요청한다.

【제11조 한탄강댐조정회의 진행방식】 1. 조정대표자에게 주어지는 발언기회 및 시간은 관련당사자별로 동일하게 함을 원칙으로 한다.

2. 조정대표자에게 주어지는 반론기회 및 시간은 관련당사자별로 동일하게 함을 원칙으로 한다.

3. 발언순서는 상호협의에 의해서 첫번째 순서를 정한 후 그 순서가 '갑 → 을 → 병 → 정'이면 다음부터는 '을 → 병 → 정 → 갑'의 순으로 함을 원칙으로 한다.

4. 한탄강댐조정회의에서의 발언은 관련당사자별 각 1인의 조정대표자가 하는 것을 원칙으로 한다.

5. 조정자가 필요하다고 판단하는 때, 또는 조정대표자의 전부 또는 일부의 요청을 받아 조정자가 필요하다고 판단하는 때에는 조정대표자는 조정자의 참여 하에 개별회의를 열 수 있다. 단, 조정대표자의 요청에 의하여 열리는 개별회의의 경우, 조정자의 참여 여부는 조정대표자가 결정한다.

- 개별회의 내용은 비밀을 원칙으로 한다. 단, 조정자는 개별회의를 가진 조정대표자와 합의하여 개별회의 내용의 일부 또는 전부를 공개할 수 있다.
- 개별회의의 기회(횟수) 및 시간은 관련당사자별로 동일하게 함을 원칙으로 한다. 단, 조정자가 필요하다고 판단하여 열리는 개별회의의

경우는 이 원칙의 적용을 받지 않는다.

6. 조정대표자는 조정자의 한탄강댐조정회의 진행에 적극 협조하여야 한다.

7. 조정자는 한탄강댐조정회의 진행상의 필요(예: 사실 확인, 대안 검토 등)에 따라 조정대표자와 합의하여 소회의체를 구성할 수 있다.

8. 제10조 7.에 의하여 구성하는 소회의체는 필요에 따라 그 성격이 다를 수 있으며, 소회의체에서 도출된 결과에 대한 합의는 한탄강댐조정 회의에서 한다.

【제12조 한탄강댐조정회의 내용의 녹음 및 기록】 1. 조정자는 회의결과 의 투명성과 객관성 및 역사성을 위하여 한탄강댐조정회의에서의 발언을 녹음하고 기록함을 원칙으로 한다.

2. 이를 위하여 지속가능발전위원회 기획운영실 직원은 한탄강댐조정회 의에 참여하여 회의 내용을 기록하고 정리하여야 한다.

【제13조 한탄강댐조정회의 개최 주기, 시간 및 횟수 등】 1. 한탄강댐조 정회의는 매주 수요일에 동일한 장소에서 개최함을 원칙으로 한다. 단, 조정대표자가 합의하는 경우에는 이를 변경할 수 있다.

2. 한탄강댐조정회의는 1회당 8시간 동안 개최한다. 단, 조정대표자가 합의하는 경우에는 개최시간을 변경할 수 있다.

3. 차기 회의 한탄강댐조정회의 개최일시와 장소 등은 당 회의 한탄강댐조 정회의에서 정한다.

【제14조 증거자료의 활용】

1. 조정대표자는 모든 증거자료(각종 보고서, 기록문, 관계전문가의 증언 등)를 활용할 수 있다. 단, 그 증거자료는 타 조정대표자가 받아 들일 때 그 효력을 갖는다.

2. 조정자와 타 조정대표자가 요구하는 경우, 조정대표자는 증거자료로 제시한 정보를 조정자와 타 조정대표자에게 제공하여야 한다.

3. 조정대표자는 타 조정대표자로부터 관련자료의 제출을 요청받는 경우 이에 성실히 응하여야 한다.

【제15조 합의의 절차】 1. 한탄강댐 문제에 관하여 조정대표자간에 합의하고자 하는 사항에 대하여는 합의문 작성 전에 반드시 조정대표자가 대표하는 관련당사자의 동의를 구하여야 한다.

2. 조정대표자가 합의한 결과는 조정대표자가 대표하는 관련당사자가 동의한 것으로 본다.

3. 조정대표자는 최종합의안의 이행을 확약하고 그 이행에 필요한 조치를 취하여야 한다.

4. 매 한탄강댐조정회의 종료 시에는 당 회의에서 합의된 사항을 정리하고 관련당사자별 조정대표자 1인과 조정위원이 서명한다.

5. 합의는 조정대표단의 만장일치로 한다.

【제16조 최종합의문 작성 및 분배】 1. 조정대표자가 합의한 사항은 이를 합의문으로 정리하여 조정대표자와 조정자가 서명날인한 후 각 조정대표단과 갈등조정소위원회가 각각 1부씩 나누어 가진다.

2. 조정대표자 또는 조정자가 합의문에 대한 공증을 받기를 원하는 경우는 조정대표자간 합의에 의하여 이를 공증 받을 수 있다.

<조정회의 참여자 서명날인 생략>

3. 입장나누기 단계(3~4차 조정회의)

한탄강댐 조정회의에서 사전약속을 정한 뒤 본 조정과정으로서 첫 번째 진행된 것은 각 당사자들의 입장과 원인에 대한 의견을 발표하는 것이었다. 이 입장나누기 단계는 그동안 지속된 갈등상황으로 서로간의 대화공간이 없이 일방적인 주장만 되풀이해오던 상황에서 각각의 당사자들이 함께 모여 서로의 입장을 주장하기만 하는 것이 아니라 듣는 자리이기도 하며, 나아가 함께 풀어갈 쟁점을 찾는 과정이었다.

이 과정에서 조정위원들은 『사전약속』에서 정한 대로 발언의 기회와 횟수, 시간 등을 균형적으로 조절하고, 강한 감정의 발언, 인신공격적 발언을 제지하는 등 회의과정을 통제하는 3자의 역할을 함으로써 당사자들이 문제에 집중하도록 하고, 대화를 유지시키는 데 기여하였다.

입장나누기를 통해 조정회의 당사자들은 앞으로 논의할 쟁점분야와 논의의 우선순위를 다음과 같이 설정하였다.

가. 한탄강댐 건설사업 추진절차(신뢰구축)

나. 홍수량 산정 및 홍수조절 효과(수해원인 파악 포함)

다. 한탄강댐의 경제성(댐 이외 대안과의 비교 포함)

라. 한탄강댐의 환경영향(댐의 환경안전성 포함)

마. 한탄강댐의 주민영향

바. 최종적인 대안 검토

4. 쟁점논의 단계(4~10차 조정회의)

한탄강댐 조정회의 제4차부터 10차 회의는 논의하기로 합의된 쟁점에 대해 세부논의를 진행하였다. 이 세부논의 과정은 합의된 쟁점에 대한 서로 다른 의견들을 조정하고, 좁혀나가는 검증작업이라고 할 수 있다.

각 쟁점마다 네 당사자대표가 입장과 원인 세부 내용에 대해 발표를 하고, 그 내용들의 공통점과 상이점을 찾아나갔다.

전체 조정회의 진행과는 별도로 특정한 내용에 대한 검토를 위해 기술소회의를 진행하기도 하였다. 즉 한탄강댐 건설계획의 법적 행정적 추진절차에 대한 이견을 해소하기 위한 목적으로 구성된 소회의에서는 각측 당사자 대표와 조정위원이 따로 만나 관련 자료를 확인하였다.

한탄강댐 갈등조정은 그 사안의 특성으로 홍수량, 홍수조절효과 등 기술적인 쟁점에 대해서는 각 그룹별 의견을 발표한 후 기술적 쟁점의 효과적 검증과 논의를 위해 양측에서 선정한 전문가들이 함께 참여하였다.

쟁점논의는 총 7차 조정회의와 2차 기술소회의를 통해 이루어졌으나 각 부분마다 명확한 해소를 이루지는 못하였다. 쟁점에 대한 서로의 이견에 대해 정리하거나 대안 논의 시 함께 논의하는 것으로 정리하였다. 오랜 시간 동안 각측에서 주장하는 입장의 근거들을 서로 이해하는 데는 도움이 되었지만, 이견차이가 커서 그 문제들을 한 측의 입장으로 설득하거나 하나로 모아나가기는 어려움이 있었다.

5. 대안 모색 및 검토
(11~13차 조정회의 및 4~5차 소회의)

그간 논의가 한탄강댐 건설과정의 문제에 대한 쟁점을 규명, 정리하는 것이었다면 대안검토는 한탄강댐 건설의 이유에 해당하는 임진강 수해대책으로서 다양한 대안에 대해 아이디어를 모으고 검토하는 논의라고 할 수 있다. 그런 의미에서 댐이냐 아니냐의 상반된 주장에서 '임진강 수해대책'이라는 공통의 주제로 논의의 중심이 옮겨간 것이다.

대안검토는 공동의 목표, 즉 임진강수해대책의 효과적인 여러 방법들과 향후 국가정책을 수립할 때 그와 관련한 이해관계자들이 참여하여 함께 국가정책을 결정할 수 있는 법적 제도적 절차의 개선점을 찾아봄으로써 당사자 간에 적대감을 변화시키고, 공동작업을 할 수 있도록 하는 전환점이었다.

즉 당사자 간 대화공간으로서 조정회의의 의미를 이해한다고는 하지만 갈등상황, 또 조정회의의 많은 시간을 문제제기와 방어를 중심으로 보냈기 때문에 대안적 미래지향적 사고가 부족한 당사자들의 현실에서 조정자의 구조화된 진행을 통해 어렵지만 대안에 대해 고민하고, 그것을 검토할 수 있도록 하여 공동의 목표를 향해 나아갈 수 있게 한 것이다.

대안검토를 위한 첫 조정회의(제11차)의 의제는 홍수조절의 다양한 방법과 댐을 지을 때, 짓지 않을 때의 각 당사자들 요구로, 이해당사자들의 찬 반 구분 없이 함께 아이디어를 모으고, 이 대안들의 기술적 검토로 ① 과천변저류방안, ② 분수로 건설방안, ③ 제방증고방안 등 3가지 안을 도출하고, 이후 3차례의 조정회의와 현장답사, 3차례 기술소회의를 통해 각각의 안의 홍수조절효과, 경제성, 안정성, 환경성, 주민 영향 등에 대해 논의하였다. 대안들은 양측이 함께 도출한 것으로, 상대방을 배려한 상생의 문제해결방안을 함께 만들어나가기를 노력하였다.

조정회의 전과정에 개별회의(caucus)가 자주 개최되었는데, 처음에는 조정위원이 안내해서 열렸지만, 이후에는 당사자들의 자발적인 요청에 따라 조정회의 중간중간 여러 차례 개최되었다.

6. 관련당사자 간 합의 도출(14~16차 조정회의)

대안모색 단계를 거쳐 그 대안을 어떤 방식과 내용으로 결정할 것인가에 대한 논의가 이어졌다. 한탄강댐 갈등조정과정은 처음 시작할 때 2004년 8월말까지 조정회의를 진행한다는 전제 속에서 진행되었기 때문에 모든 참가자들은 8월 25일~27일 2박3일간 숙박 조정회의를 통해 최종 결론을 내야 한다는 생각을 갖고 숙박조정회의에 임하였다.

전 회의까지 제기되었던 대안에 대해 검토하는 과정을 가졌지만, 하나의 대안을 선택할 만큼의 충분한 검토와 논의를 갖지는 못하였기 때문에 대안 선택의 과정은 모든 당사자들에게 매우 어려운 과정이었다.

처음 조정소위원회에 최종결정을 위임하자는 의견을 환경단체측에서 제시했다. 그 배경은 기술성과 관련한 문제에 대한 검토가 더 필요한데 이는 당사자들의 주장만으로 확인하기 어렵고, 객관적 검증 또는 판단이 필요하다는 점, 검증과 판단을 기술전문가에게 맡길 수는 없다는 점(환경단체, 반대측의 댐관련 전문가에 대한 근본적인 불신이 있다는 것을 보여준다)이라고 조정위원들은 판단하였다. 또 한편으로는 그동안 회의과정에서 조정위원들의 중립성에 대한 믿음을 갖게 된 점이 작용하여 조정소위원회에 최종결정을 위임하자는 제안이 나왔고, 이에 대해 네 당사자 집단 모두가 동의하였다.

이에 대해 조정소위원회는 따로 회의를 갖고 이 결정방법을 수용할 것인가에 대해 논의를 했다. 결정을 내렸을 때 수용할 것인가에 대한 의문, 결정과정에 대한 부담감 등 여러 어려움에 대해 고민하였다. 그러나 제3의 기술전문가들이건, 숙의할 시민들이건 그간 논의과 정을 되풀이할 수도 있다(입장표명, 자료 제공, 논의 등)는 당사자들 의 우려를 고려하였고, 그간 조정과정에서 쌓은 신뢰로 당사자들의 수용의지를 믿었으므로 '조정소위원회 최종결정 제안'을 받게 되어 8월 27일, 한탄강댐 갈등조정의 최종 합의문을 작성하게 되었다.

16차 조정회의 결과 도출된 조정회의의 최종합의문은 다음과 같다.

한탄강댐문제조정을위한관련당사자회의 최종합의문

한탄강댐문제조정을위한관련당사자회의의 관련당사자 대표들은 한 탄강댐, 천변저류, 제방, 분수로 건설 등 임진강유역의 홍수피해 방지를 위한 다양한 방안에 대하여 다음과 같이 최종 합의한다.

1. 관련당사자 대표는 한탄강댐갈등조정소위원회(조정소위원회)에 한탄 강댐 문제해결에 대한 최종결정권을 위임한다.

2. 조정소위원회는 한탄강댐 문제해결방안의 결정을 위하여 전문가 자문 을 구한다.

3. 한탄강댐문제조정을위한관련당사자회의는 2004년 9월 1일자로 이를 해체하며, 조정소위원회는 한탄강댐조정회의 해체일로부터 1개월 내 외의 기간에 최종결정을 내린다.

4. 조정소위원회는 다음 대안을 검증한다.

    1) 천변저류와 제방안

    2) 제방안

    3) 분수로와 제방안

    4) 한탄강댐안

    5) 한탄강댐과 천변저류안

    6) 전문가가 제시하는 기타 대안 등

5. 제4항에 의한 대안 검증 시 조정소위원회는 다음 사항을 확인한다.

1) 사회적 수용성

2) 홍수조절효과

3) 건설비용(경제성)

4) 환경성

5) 안전성

6) 기타 필요한 사항 등

6. 조정소위원회에서 최종결정을 한 후에는 다음 사항을 이행한다.

1) 한탄강댐 건설 철회 시

(1) 수몰주민에 대한 지원과 관련하여 정부는 주민들의 요구사항을 수렴하여 적극적으로 지원하는 방안을 강구한다.

(2) 정부는 임진강유역 홍수피해 방지를 위한 대책수립 시 지역주민의 의견수렴을 위하여 '협의체'를 구성한다.

2) 한탄강댐 건설 대안 선택 시

(1) 정부는 한탄강댐의 홍수조절목적을 다목적용으로 전용하기 위해서는 철원군 주민을 대상으로 주민투표를 실시하여 주민의 동의를 구하여야 한다.

(2) 정부는 철원지역주민들이 우려하는 한탄강댐 건설의 영향에 대하여 적극 대책을 강구한다.

(3) 관련당사자 대표는 '공동협의회'를 구성하고 한탄강댐 건설업무 추진을 지원하기 위해 공동으로 노력한다.

7. 기타 조치

1) 정부는 유역차원의 홍수관리대책에 빗물의 관리 및 이용방안을 적극 검토·반영한다.

2) 조정소위원회는 한탄강댐 건설 또는 철회(한탄강댐 이외의 대안 선택)가 지역주민에게 미칠 영향 및 지역현안을 파악하여 이에

대한 대책을 정부에 포괄적으로 요구한다.

3) 정부는 한탄강댐 추진과정에서 나타난 문제점들을 해소하기 위해
이후 과정에서는 사회적 합의를 높일 수 있도록 운영방안을 개선한다.

8. 결과의 수용

1) 조정소위원회는 한탄강댐조정회의에서 제시되었던 관련당사자
대표단의 의견과 전문가 자문을 반영하여 한탄강댐 문제해결방안
을 최종결정하고, 관련당사자 대표단은 그 결정을 수용한다.

2) 관련당사자 대표단은 최종결정에 대해 이견이 있더라도 그 결정에
반대하는 행동을 하지 않는다.

<조정회의 참가자 서명날인 생략>

6장

갈등관리와
공적해결 시스템

1. 공공갈등관리법의 제정 추진

1. 공공갈등관리법 제정 추진배경

그동안 우리 사회는 급속한 발전을 이루었으나 분쟁해결에 관한 한 후진국의 수준을 벗어나지 못했다. 급속한 경제성장과 사회발전을 추진하는 과정에서 발생한 온갖 종류의 갈등에 시달리며 엄청난 비용과 희생을 치르면서도 분쟁의 예방이나 해결을 위한 인프라를 구축하지 못했기 때문에 아직도 도처에서 갈등의 악순환이 반복되고 있다. 이와 같이 우리 사회가 유독 극심하게 공공갈등의 고통을 겪게 된 것은 세계화, 민주화, 정보화, 그리고 이로 인한 급속한 사회 분화와 다원화라는 환경변화를 따라가지 못하는 행정의 권위주의적 행태, 신뢰성·투명성 결여, 공공참여의 미비 등에 기인한다는 것이 일반적인 지적이다. 특히 우리나라의 경우 정부주도의 급속한 성장정책을 추진하는 과정에서 공공정책이나 대규모 개발사업 등으로 인한 공공갈등이 양적으로 확산되고, 질적으로도 고질화·장기화됨으로써 사회 전체의 수준에서 사회적 거래비용이 감당하기 어려울 정도로 증가하고 갈등과정에서 유발되는 적대주의(antagonism)로 인한 사회적 분열과 대립이 악화일로를 걷고 있는 양상이다.

물론 우리 사회가 겪어온 공공갈등은 우리 사회에게만 특유한 현상은 아니며, 유럽과 미국 등 선진국들도 각기 상응하는 국가발전 단계에서 그와 같은 갈등의 폭주 현상을 경험한 바 있다. 그러나 이들 나라들은 공공정책의 결정과정에 대한 시민참여의 확대와 다양한 숙의과정을 통한 건전한 공론의 형성, 그리고 협상과 대화에 의한 문제해결 등 합리적인 갈등해결시스템을 발전시켜 적용함으로써 공공갈등이 사회 전체의 불안정과 비효율을 가져오지 않도록 대처해 왔다. 반면, 이들 나라의 경험과는 달리 공공갈등의 폭주현상이 훨씬 더 급속하게 진행되었기 때문에 그 과정에서 적절한 갈등해결장치를 마련하여 대처할 겨를이 없었고 아울러 갈등해결을 위한 기존의 법제도적 수단들 역시 사회적 수준에서 발생하는 공공갈등을 해결하는데 무력하거나 제대로 작동하지 못하여 갈등 당사자들로부터 외면을 받아 왔다. 그 결과 공공갈등이 계속 증가하는데도 잘 해결되지 않고 고질화·장기화되거나 더욱 악화되는 결과를 막을 수 없었다.

이러한 배경에서 우리 사회의 갈등을 사회 전체의 시각에서 합리적·효율적으로 예방·조정하기 위한 갈등관리시스템을 구축해야 한다는 의견이 공론화되기 시작했고 급기야는 국정의 현안과제로 대두되기에 이르렀다. 2003년 출범한 참여정부가 갈등관리시스템의 법제도적 기반으로서 갈등관리기본법의 제정을 추진하게 된 것은 바로 그러한 배경에서였다.

이러한 갈등관리기본법 제정방안은 크게 두 가지 측면에서 주목할 만한 발상의 전환을 담고 있었다. 그것은 먼저, 개인주의적·사후적 분쟁해결을 특징으로 하는 전통적인 갈등해결제도, 그 밖의 정책적 수단들을 통해 갈등을 완전히 제거하거나 해소하는데 목표를 두는 전통적인 접근방법과는 달리 어느 시대, 어느 장소든 갈등이 없는 사회는 없다는 의미에서 갈등의 편재성(보편성)을 시인하고 가용한 자원과 제도를 최대한 활용하여 갈등을 예방하고 해결함으로써 갈등을 사회적으로 감당할 수 있는 범위와 수준으로 관리해 나가야 한다는 생각, 즉 '갈등관리'의 개념(conflict management)에 입각하고 있었다. 나아가 갈등관리시스템이 민간 영역 또는 사회의 각 개별분야에서 자연발생적으로 형성되기 어렵고 또 형성된다고 해도 많은 시간이 소요될 것이기 때문에, 정부가 나서 가능한 한 조기에 만족스러운 공공갈등해결시스템을 구축해야 하며 이를 위하여 갈등관리기본법의 제정이 필요하다는 것이었다.

　사실 인간은 '갈등인' (homo conflictus)이라는 말이 있을 정도로 인간이 사는 곳엔 항상 갈등이 존재한다. 갈등으로부터 자유로운 사회, 즉 갈등 제로의 사회란 상상 속의 존재일 뿐이다. 갈등의 효율적 관리는 이처럼 갈등의 편재성을 인정하는 데서부터 출발한다. 갈등은 그 자체가 해악이라기보다는 시급한 해결을 요하는 문제나 모순의 아우성일 수도 있다. 갈등이 그 해결과정을 통해 사회진보에 기여하는 것은 바로 그런 계기에서다. 갈등을 풀어나가는 과정에서 그 원인이 된 문제의 본질을 새롭게 이해할 수 있고 경우에 따라서는 기존 법제도의 문제점이나 결함을 색출하여 해결책을 강구하는 계기가 될 수도 있다. 때로는 종전에 알지 못했던 문제들에 대한 적응능력을 배양해 주기도 한다. 그러나 갈등관리를 위한 지혜롭고 유효적절한 노력이 필요한 더 중요한 이유는 그것이 사회적 거래비용을 축소하는데 결정적인 의미를 지니고 있기 때문이다. 새만금, 안면도, 굴업도, 부안, 천성산, 한탄강 등 길고 긴 대형 공공갈등사례의 목록은 그동안 우리 사회가 지불한 천문학적 거래비용, 그것도 이미 매몰되어 버린 갈등비용을 그대로 반영한다. 그렇기에 현명한 CEO라면 의당 갈등관리를 체계화·조직화함으로써 거래비용을 줄이는데 관심을 기울일 것이고, 마찬가지로 국가 경영의 차원에서도 미리 미리 갈등관리의 인프라를 구축하여 적기에 갈등을 예방하거나 해결할 수 있도록 하는데 노력을 기울일 필요가 있다. 바로 이러한 견지에서 우리나라의 갈등관리역량을 업그레이드하기 위한 사회제도적 인프라를 구축한다는 목표 하에 구상된 것이 갈등관리기본법의 제정방안이었다.

2. 공공갈등관리법 제정 추진과정

제38차 국정과제회의(2004.2.12)에서 노무현 대통령은 대화와 타협을 통한 신뢰회복으로 사회적 합의의 틀을 마련하기 위하여 갈등관리기본법 제정, 갈등관리지원센터 설립 등 갈등에 대응할 수 있는 시스템을 구축할 것을 지시하였고, 갈등관리기본법은 이를 정부입법으로 추진하되, 지속가능발전위원회가 주관하여 법제정 시안을 마련하고 그 시안에 대하여 청와대(정책기획위, 정책실)와 협의하여, 주관부처를 정하고 법 제정을 추진하도록 하였다.

갈등관리기본법 초안 작성 작업은 2004년 3월부터 시작되었다. 홍준형 교수 등 9인으로 구성된 갈등관리기본법 준비팀이 마련한 초안은 2004년 7월에 전문가, 시민사회단체 및 각 부처 담당자의 의견 수렴을 거쳐 수정·보완되었고, 수정·보완된 법안은 2004년 9월에 대통령에게 서면으로 보고되었다. 법안에는 갈등영향분석제도 도입, 참여적 의사결정 기법 도입, 갈등관리위원회[29]의 설치, 갈등조정회의의 운영 등 공공갈등 관리를 위한 새로운 제도와 기구들에 관한 규정이 포함되어 있으며, 갈등관리지원센터의 설치 근거도 마련되어 있다. 결국 갈등관리기본법(안)은 참여정부가 추진하고 있는 새로운 갈등관리시스템의 주요 내용을 담고 있다고 할 수 있다. 2004년 10월 이 법의 제정 업무는 입법 주관 부처로 결정된 국무조정실로 이관되었고, 국무조정실의 입법추진과정에서 법의 명칭이 "갈등관리기본법"에서 "공공기관의 갈등관리에 관한 법률"로 변경되었다.30) 지속위로부터 갈등관리기본법 제정 및 갈등관리지원센터 설립 업무를 이관 받은 국무조정실은 「입법지원팀」을 새로이 구성하여 갈등관리기본법의 명칭을 「공공기관의 갈등관리에 관한 법률」로 변경하는 등 지속위가 마련한 당초의 안을 수정·보완하였고, 수정된 법안은 입법예고('05.4.12.), 공청회('05.4.28.), 규제개혁위원회 심사('05.5.11.), 차관회의 심의('05.5.19.), 국무회의 의결('05.5.23.)을 거쳐 2005년 5월 27일에 국회에 제출되어 입법을 기다리고 있다.

---

29) 국무조정실의 수정·보완 과정에서 갈등관리위원회의 명칭이 갈등관리심의위원회로 변경되었다.

30) 정부의 정책 입안, 법령의 제·개정 및 공공사업의 시행을 둘러싼 공공갈등이 우리 사회 갈등의 핵심적 부분이고, 정부가 개입되지 않은 민간부문의 갈등, 즉, 민민갈등(民民葛藤)은 정부가 개입하기보다는 자율적 해결에 맡기는 것이 바람직하다는 것이 그 이유였다.

2. 공공갈등관리법안의 내용

「공공기관의 갈등관리에 관한 법률안」(아래에서는 '법안'이라 한다. 이하 같다.)은 공공기관의 갈등예방과 해결에 관한 역할과 책무, 절차에 관한 사항을 규정함으로써 공공기관의 갈등예방과 해결능력을 향상시키고, 공공기관과 국민 상호간에 대화와 타협 그리고 신뢰회복을 통한 합의의 틀을 구축하고 참여와 협력을 바탕으로 갈등을 원만하게 예방·해결함으로써 사회통합에 이바지하려는 것을 목적으로 천명하고 있다. 이러한 목적을 달성하기 위하여 법안은 공공기관의 갈등관리에 대한 책무, 갈등영향분석 제도화, 합의회의, 시나리오 워크숍, 시민배심제, 공론조사 등 갈등예방을 위한 참여적 의사결정방법의 활용, 갈등관리지원센터를 통한 지식정보자원 축적 및 기술지원, 대형공공갈등을 해결하기 위한 사회갈등조정회의의 설치 등을 규정하고 있다.

먼저 법제정의 의의를 살펴보고 법안의 개요를 설명해 보면 다음과 같다.

1. 법 제정의 의의

법제정의 의의는 2005년 4월 28일의 공청회에서 제시된 바 있듯이, 무엇보다도, 우리나라 최초로, 비록 적용대상이 공공갈등에 한정되어 있지만, 갈등관리시스템의 구축을 법제도화 하였다는 데에서 찾을 수 있다. 특히 '정책의 특정분야 또는 단계가 아닌, 전 과정(정책형성, 정책결정, 정책집행)의 갈등 예방과 해결을 위해 적용될 수 있는 시스템을 담고 있다'는 점에서 의미가 크다.[31]

둘째, 법안은 공공갈등의 예방과 해결을 위한 공공기관의 책무(제4조)와 공공기관이 지켜야 할 원칙(제2장)을 규정하여 갈등관리가 정부와 공공기관의 책무임을 분명히 하였다는 데 의의가 있다. 법안은 특히 제4조 ②항에서 '국가 및 지방자치단체는 갈등의 예방 및 해결과 관련된 법령 등을 이 법의 취지에 따라 정비해야 한다'고 규정함으로써 갈등관리를 위한 법제정비의 과제를 설정하여 입법정책적 파급효과를 높이고자 하였다.

셋째, 법안은 갈등의 예방 측면에 초점을 맞추고 있다. 특히 갈등예방에 필요한 갈등영향분석, 참여적 의사결정방법의 활용 등을 통해 이미 발생한 갈등의 해결보다는 갈등의 예방을 위한 제도적 수단을 마련하는데 관심을 기울이고 있다.

넷째, 법안은 과학적 정책 결정의 당위성을 강조하고 있다. 갈등영향분석은 경험적·과학적 조사 기법을 활용하여 정책 등의 갈등 잠재력을 평가하고 이러한 평가결과에 따라 참여적 의사결정 시행 여부를 결정하게 하는 데 목적을 두고 있다.

끝으로 법안은 갈등의 예방과 해결에 있어 민주적 절차의 준수를

---

31) 이련주, "공공기관의 갈등관리에 관한 기본법안의 주요 내용," 국무조정실, 「공공기관의 갈등관리에 관한 기본법률(안) 공청회 자료집」. 8쪽.

강조하고 있다. 법안에서 도입한 갈등영향분석, 참여적 의사결정, 갈등조정회의 등은 모두 이해당사자의 참여와 합의의 정신에 기반을 둔 절차적 민주주의의 구현수단들이라 할 수 있다. 민주적 절차는 법안 제2장 '갈등 예방 및 해결의 원칙'에서도 강조되고 있다.[32]

공청회에서도 잘 지적된 바와 같이, 법에 규정된 갈등 예방과 해결 절차들이 실효성 있게 작동할 수 있도록 하는 사회적 여건이 현실적으로 갖춰져 있는지 의문이 제기되기도 하지만,[33] 그러한 현실적 여건을 조성하는 일 자체가 이 법의 시행을 통하여 추구되어야 할 목표이기도 하다는 사실을 잊어서는 안 될 것이다. 그러한 뜻에서 이 법이 그 제정 취지와 목적을 실현할 수 있기 위해서는 그 제도적 메커니즘이 실효성 있게 작동할 수 있도록 하는 현실적 여건을 조성하는데 역점을 두어야 할 것이며 또한 그것이 이 법의 핵심적 성공요인이 될 것이다.

2. 법안의 개요

법안은 총 6개 장 24개 조와 부칙 3개 조로 구성되어 있다. 제1장에서는 법의 목적, 기본 이념, 용어 정의, 국가 및 지방자치단체의 책무 등을, 제2장에서는 갈등 예방 및 해결의 원칙, 제3장에서는 갈등 예방에 필요한 갈등영향분석 실시, 갈등관리심의위원회의 설치 및 운영, 참여적 의사결정방법의 활용 등을, 제4장에서는 갈등관

---

32) 갈등 예방 및 해결의 원칙에는 '자율해결과 신뢰확보', '참여와 절차적 정의', '이익의 비교형량', '정보공개 및 공유', '지속가능한 발전의 고려' 등이 포함되어 있다.

33) 공청회에서 제기된 문제점은 국무조정실, 「공공기관의 갈등관리에 관한 기본법률(안) 공청회 자료집」. 23-47쪽을 참조하기 바람.

리지원센터의 설치, 제5장에서는 갈등 해결에 필요한 갈등조정회의 설치 및 운영을 규정하고 있다. 제6장은 보칙으로 국가가 갈등관리 전문 인력 양성을 위한 시책을 수립할 수 있는 근거를 규정하고 있고, 부칙에서는 법의 시행일, 갈등관리지원센터 설립 준비, 갈등영향분석 및 갈등관리 심의위원회의 시범 실시를 규정하고 있다([표 1] 및 [부록 1] 참조).

[표 1] 공공기관의 갈등관리에 관한 법률안 주요 내용

구 분	주 요 내 용
제1장 총 칙 (1-5조)	• 목적 : 공공기관의 갈등예방 및 해결능력 향상 및 사회통합 기여 • 기본 이념 : 대화와 타협 및 신뢰회복을 통한 합의의 틀 구축, 참여와 협력을 바탕으로 한 갈등의 원만한 예방과 해결, 민주사회의 지속가능한 발전에 기여 • 용어 정의 : 갈등, 공공기관, 공공정책 등, 갈등영향분석, 갈등관리 등에 대한 정의 • 국가 및 지방자치단체의 책무 : 종합적인 시책 수립, 법령 정비, 교육훈련 실시, 효율적인 갈등 해결 수단 발굴 • 다른 법률과의 관계 : 다른 법률에 특별한 규정이 있는 경우는 적용 대상에서 제외
제2장 갈등 예방 및 해결의 원칙 (6-10조)	• 자율 해결과 신뢰 확보, 참여와 절차적 정의, 이익의 비교형량, 정보 공개 및 공유, 지속가능발전의 고려
제3장 갈등의 예방 (11-16조)	• 갈등영향분석(공공기관의 장이 실시) - 공공정책 등이 국민생활에 중대하고 광범위한 갈등을 유발할 우려가 있다고 판단되는 경우 갈등영향분석서 작성 - 공공기관의 장은 「공공사업을 시행하는 민간사업자」에게 갈등영향 분석을 실시하게 할 수 있음 • 갈등영향분석서 - 공공정책 등의 개요, 이해관계자 확인 및 의견수렴내용, 관련단체 및 전문가 의견, 갈등유발요인 및 주요 쟁점, 갈등 예방·해결을 위한 구체적인 계획 등

	• 갈등관리심의위원회(공공기관에 설치) －11인 이내, 관계 직원과 학식과 경험이 풍부한 자로 임명 또는 위촉, 위원장은 위촉위원 중에서 위촉 －중립적이고 공정하게 활동 －심의사항 : 종합시책, 법령 정비, 다양한 분쟁해결 수단 발굴, 교육 훈련, 갈등영향분석, 민간 활동 지원 등 －심의결과는 정당한 사유가 없는 한 성실히 반영
	• 참여적 의사결정 방법의 활용 －갈등의 예방·해결을 위해 사회적 합의의 형성이 중요하다고 판단 되는 경우 활용하고, 그 결과를 추진과정에 충분히 고려 • 소관 행정기관에 대한 협조 요청 －국가 및 지자체를 제외한 공공기관 및 공공사업을 시행하는 민 간 사업자는 자체적으로 갈등의 예방과 해결이 어려울 경우 소 관 행정 기관에 협조 요청
제4장 갈등관리 지원센터 (17-19조)	• 갈등관리 지원 등을 위해 갈등관리지원센터 설치 －법인 형태, 정부출연 가능, 목적범위 내에서 수익사업 가능 • 주요 기능 －조사·연구, 교육·훈련 프로그램 개발, 전문가 양성, 갈등관리위 심의회 활동 지원, 갈등영향분석 지원, 갈등조정회의 활동 지 원, 민간부문 갈등관리 관련 활동 지원 등
제5장 갈등조정 회의 (20-22조)	• 갈등조정회의의 설치 －공공기관의 장이 필요시 사안별로 조정기능을 갖는 갈등조정 회 의를 둘 수 있음 • 갈등조정회의의 기본규칙 －조정회의 구성과 운영은 당사자가 합의한 기본규칙에 따름 －관련단체와 전문가 참여 가능 －조정회의 합의사항은 법령 등에 위배되거나 중대한 공익을 침해 해서는 안 됨 －합의사항은 문서로 작성, 당사자 서명, 당사자를 구속
제6장 보칙 (23-24조)	• 국가의 갈등관리 전문 인력의 양성(교육훈련, 자격제도 도입 등) 시책 수립 근거 • 갈등관리에 필요한 조사·연구, 교육·훈련 및 민간부문 갈등관리 활동에 대한 국가 및 지자체의 재정 지원 근거
부칙 (1-3조)	• 공포 후 6월이 경과한 후 시행 • 갈등영향분석 시행 시기 －지자체, 공공사업을 시행하는 민간사업자는 1년 6월이 경과한 후 시행

- 시행 시기 이전에도 시범적 실시 가능
• 갈등관리심의위원회 설치시기
  - 지자체 등 공공기관은 1년 6월이 경과한 후 시행
  - 시행 시기 이전에도 시범적 설치 가능

갈등의 예방

법안이 도입하고자 하는 갈등관리시스템의 첫 번째 핵심요소는 갈등의 예방 과정이다. 갈등예방의 절차는 갈등영향분석의 실시, 갈등관리심의위원회의 설치 및 운영(심의) 및 참여적 의사결정방법의 활용을 통해 진행된다. 자세한 흐름도는 [그림 1]과 같다.

[그림 1] 공공기관의 갈등 예방 절차

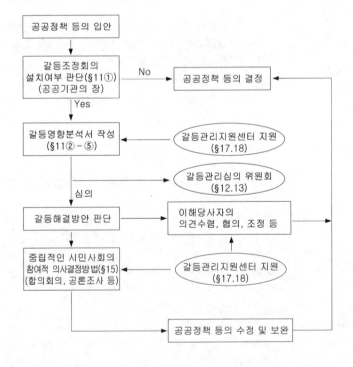

① 갈등영향분석

갈등영향분석(conflict impact assessment)이란 법령 등의 제·개정 또는 정책 또는 사업계획을 수립·시행·변경함에 있어 공공정책 등이 사회에 미치는 갈등 요인을 사전에 예측·분석하고 예상되는 갈등에 대한 대책을 강구하기 위한 일종의 조사·예측 활동이라 할 수 있다. 이것은 미국의 규제협상에서 시행되는 갈등분석(conflict assessment) 제도와 비교되는 과학적 의사결정을 위한 사전절차로서, 우리 법안의 경우 그 대상이 협상에 의한 규칙제정(rulemaking)에 국한되어 있지 않고, 법령 등의 제·개정 뿐 아니라 정책이나 사업계획의 수립·시행·변경에 적용되도록 되어 있다는 점에서 미국의 갈등분석제도와는 구별된다.

갈등영향분석의 주된 목표는 사안과 관련된 쟁점, 이해당사자, 이해당사자의 관심과 이해관계, 의견 일치와 불일치의 영역 등을 밝혀내고 합의 형성의 가능성을 진단하며, 적절한 합의 형성의 절차를 마련하는 것이다. 갈등영향분석서는 이러한 분석 작업의 결과를 서술한 보고서를 말한다.

법안에서는 "공공기관의 장은 대통령령이 정하는 공공정책 등을 수립·시행·변경함에 있어 국민생활에 중대하고 광범위한 영향을 주거나 국민의 이해 상충으로 인하여 과도한 사회적 비용이 발생할 우려가 있다고 판단되는 경우에는 해당 공공정책 등을 결정하기 전에 갈등영향분석을 실시할 수 있다고" 규정하여(제11조 ①항) 공공기관의 장이 실시 여부를 판단하도록 하고 있다. 갈등영향분석은 공공기관이 수행할 수도 있지만, 제도를 일찍 도입한 외국의 경우 대체로 전문가 집단 또는 전문기관이 수행하고 있다.

갈등영향분석서에는 "1. 공공정책 등의 개요 및 기대효과, 2. 이해관계자의 확인 및 의견조사 내용, 3. 관련단체 및 전문가의 의견, 4. 갈등유발요인 및 예상되는 주요 쟁점, 5. 갈등을 예방·해결하기 위한 구체적인 계획, 6. 그 밖에 갈등의 예방·해결을 위하여 필요한 사항으로서 대통령령이 정하는 사항"(제11조 ⑤항) 등이 포함되어야 한다. 또한 "공공기관의 장은" "갈등영향분석을 위하여 대통령령이 정하는 바에 따라 갈등영향분석서를 작성하여" "갈등관리심의위원 회에 심의를 요청하여야 한다"(제11조 ②항).

② 갈등관리심의위원회의 설치·운영

갈등관리심의위원회는 공공기관에 대하여 갈등의 예방, 해결 등에 관한 심의, 자문, 조언 등을 통해 갈등관리정책의 수립, 시행을 지원하기 위한 정책지원기구로서 설계되었다. 법안에 따르면, "갈등관리와 관련된 사항을 심의하기 위하여 대통령령이 정하는 바에 따라 공공기관에"(제12조 ①항) 설치하도록 되어 있고, 위원회는 위원장을 포함하여 11인 이내의 위원으로 구성하도록 되어 있다(제12조 ②항). 위원은 공공기관의 장이 "소속 관계직원과 갈등의 예방과 해결에 관한 학식과 경험이 풍부한 자 중에서" "임명 또는 위촉하되, 위원장은 위촉위원 중에서 위촉한다."(제12조 ③항) 따라서 위원장은 민간인이 맡게 되어 있다.

갈등관리심의위원회의 심의 사항은 "종합적인 시책의 수립·추진에 관한 사항," "법령 등의 정비에 관한 사항," "다양한 갈등해결수단의 발굴·활용에 관한 사항," "교육훈련의 실시에 관한 사항," "갈등영향분석에 관한 사항," "갈등의 예방·해결에 관한 민간 활동의 지원에 관한 사항" "그 밖에 갈등의 예방·해결에 관하여 공공기관의 장이 필요하다고 인정한 사항" 등이다.(제13조) 이 중에서 갈등 예방 절차와 직접적으로 관련되는 것은 갈등영향분석서의 심의이다.

법안은 "공공기관의 장 등은 정당한 사유가 있는 경우를 제외하고는 제13조의 규정에 의한 갈등관리심의위원회의 심의 결과를 공공정책 등의 결정과정 또는 사업시행과정에 성실히 반영하여야 한다."고 규정함으로써(제14조) 제도의 실효성을 기하려는 입법취지를 분명히 하고 있다.

③ 참여적 의사결정방법의 활용

갈등 예방 절차의 최종 단계는 참여적 의사결정이다. 법안은 공공기관의 장 등은 갈등관리심의위원회의 "갈등영향분석에 대한 심의 결과 갈등의 예방·해결을 위하여 이해관계자·일반시민 또는 전문가 등의 합의"가 "중요한 요인으로 판단되는 경우에는 이해관계자·일반시민 또는 전문가 등이 참여하는 의사결정방법을 활용할 수 있다"고 규정하고 있다.(제15조 ①항) 또한 "공공기관의 장 등은 참여적 의사결정방법의 활용 결과를 공공정책 등의 결정과정에서 충분히 고려하여야 한다"고 규정하고 있다(제15조 ②항). 이처럼 법안이 참여적 의사결정방법의 활용을 규정하면서도 이를 의무화하지 않고 공공기관의 장의 재량적 선택에 맡긴 것은 갈등의 본질, 종류나 양상에 따라서는 참여적 의사결정방법의 적용이 적절치 못한 경우도 있을 수 있고, 참여적 의사결정방법들이 아직은 그 실시를 의무화할 수 있을 만큼 정형화되어 있지도 못할 뿐만 아니라 참여적 의사결정의 취지에 비추어 보더라도 오히려 개별구체적인 갈등유형별로 참여적 의사결정의 방법과 절차를 탄력적으로 설계하여 시행하는 것이 타당하다는 판단에 따른 것이다.

그런 이유에서 법안은 참여적 의사결정방법의 구체적인 종류나 형태에 대해서는 명시하지 않고 있다. 법안이 시행령에 그 구체적 규율을 맡기고 있는 이상, 시행령이 제정되면 어느 정도 구체적인 모습이 드러나겠지만, 반드시 일률적으로 고정된 형태의 의사결정방법들이 배타적으로 채택되기를 기대할 수는 없을 것이고 또 그렇게 해서도 안 될 것으로 생각된다. 지금까지 가장 널리 알려져 있고 상대적으로 빈번히 사용되어 온 참여적 의사결정방법으로는 합의회의(consensus conference), 시민배심원제(citizen's juries), 공론조사(deliberative poll), 협상에 의한 규칙제정 또는 규제협상(negotiated rulemaking), 시나리오 워크숍(scenario workshop) 등을 들 수 있다.

[표 2] 참여적 의사결정방법의 특성 비교

구분	갈등의 성격	갈등의 범위	이해 당사자	대표성/심사숙고성	성격/사례
합의 회의	가치갈등	전국적, 지역적	전국민	대표성 낮고 심사숙고성 높음	전문가 의견 수렴 생명복제 기술
시민 배심원	가치갈등	전국적, 지역적	전국민	↑	구조화된 시민 참여 수질문제, 조세문제
시나리오 워크숍	가치갈등 이해관계갈등	지역적	전지역민		정부, 전문가, 산업계, 시민참여 작업모임 지역 포럼
규제 협상	이해관계 갈등	전국적, 지역적	뚜렷한 이해 당자사 존재	↓	행정규제에 영향받는 집단과 합의 규제정책
공론 조사	가치갈등 이해관계갈등	가치갈등 이익갈등	전국민, 특정집단	대표성 크고 심사숙고성 낮음	확률표집으로 대표성을 가진 집단의 토론을 통한 의견 수렴

※ 자료 : 대통령자문 지속가능발전위원회, 갈등관리시스템구축방안(2003.12.31), 171면에서 인용

갈등의 해결 : 갈등조정회의의 설치·운영

갈등의 해결 절차는 갈등의 예방 절차와 비교할 경우, 상대적으로 단순하다. 갈등 해결 절차는 갈등조정회의라는 단일 기구의 운영을 통해 이루어지지기 때문이다. 갈등 해결 절차의 흐름도는 [그림 2]에서 보는 바와 같다.

[그림 2] 공공기관의 갈등 해결 절차

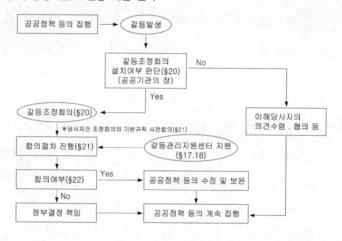

법안에 따르면 공공기관의 장이 공공정책 등으로 인하여 갈등이 발생했을 때, "발생한 갈등을 조정하기 위하여 필요하다고 판단되는 경우에는 사안별로 사회적 합의촉진을 위한 갈등조정회의"를 둘 수 있게 되어 있다.(제20조 ①항) 갈등조정회의는 사안별로 설치된다는 점에서 상설기구인 갈등관리심의위원회와 다르다.

갈등조정회의의 "구성과 운영은 공공기관과 이해관계자간(이하 "당사자"라 한다)의 합의에 의하여 정하는 기본규칙을" 따르며,(제21조 ①항) "당사자가 필요하다고 인정하는 경우 관련단체와 전문가를 조정회의에 참석시킬 수" 있도록 되어 있다(제21조 ②항).

갈등조정회의의 "합의사항은 문서로 작성하고 당사자가 서명하여야" 하며(제22조 ①항), 당사자는 "합의사항을 신의에 따라 성실하게 이행하여야 한다."(제22조 ③항)

갈등관리의 지원: 갈등관리지원센터의 설치·운영

법안은 갈등관리를 위한 조사·연구, 교육훈련, 전문가 양성과 공공기관의 갈등관리 지원 등을 위하여 갈등관리지원센터를 설립하도록 규정하고 있다(제17조 ①항 및 ②항). 갈등관리지원센터는 국무조정실 산하의 공법인(정부출연기관)의 형태로 설치되도록 예정되고 있다.

지원센터의 기능은 "갈등의 예방·해결을 위한 정책 조사·연구," "갈등의 예방·해결을 위한 법령·제도·문화 등의 조사·연구," "갈등의 예방·해결 과정과 관련된 매뉴얼 작성·보급," "갈등의 예방·해결을 위한 교육훈련 프로그램의 개발·보급·지원," "갈등의 예방·해결을 위한 관련전문가 양성," "갈등영향분석에 관한 지원," "갈등관리심의위원회의 활동 지원," "참여적 의사결정방법의 활용 지원," "갈등조정회의 활동 지원," "민간부문의 갈등관리와 관련된 활동의 지원," "그 밖에 갈등의 예방·해결을 위한 지원에 관하여 필요하다고 인정되는 사업으로서 대통령령이 정하는 사업" 등이다.(제18조 ①항)

지원센터는 "목적달성의 범위 내에서 필요한 경비를 조달하기 위하여 대통령령이 정하는 바에 따라 수익사업을 할 수" 있으며(제18조 ②항), "정부는 지원센터의 설립·운영에 필요한 경비를 예산의 범위 안에서 출연할 수 있다."(제19조 ①항)

3. 결론

갈등에 관한 경험과 교훈들은 축적되지 않고 쉽사리 사장되는 경향이 있다. 비슷한 갈등이 반복되고 악화되는 것도 바로 그 때문이다. 갈등관리 분야의 세계적 석학인 MIT의 서스카인드(Susskind) 교수는 갈등해결과정에서 얻은 교훈들이 쉽게 소실되고 확산·계승이 어려우며 실제로 일상생활에 적용하여 편익을 얻기도 쉽지 않다고 토로한 바 있다. 이는 무엇을 말하는가. 갈등관리에 관한 법제도적 인프라를 구축할 필요가 있다는 것이다. 갈등관리에 관한 많은 연구와 논의들을 통해 확인되는 가장 중요한 정책인식은 갈등의 처리과정에서 얻은 경험과 교훈들을 지속적으로 확산·공유하기 위해서는 갈등관리를 위한 법제도적 인프라를 구축하는 것이 중요하고 시급하다는 것이다. 우리나라는 전문 인력이 턱없이 부족하고, 정책결정자나 갈등 당사자들 모두 인식수준이 낮아 자율적 갈등조정이 어렵기 때문에 체계적으로 정책사회 학습의 기회를 부여하는 것이 필요하다. 일각에서는 법안이 주로 임의규정으로 돼 있어 실효성이 의문시된다거나 굳이 법제화가 필요한지, 반대로 시민참여를 너무 보장하여 오히려 갈등을 조장·확대하는 결과가 되지는 않을지 주저하는 모습도 보인다. 그러나 분명한 것은 기존 법제도들이 개인주의적 한계로 인해 집단갈등의 당사자들로부터 철저히 외면당하고 있고, 적절한 해법이 없는 공공갈등에 대한 포괄적인 갈등조정메커니즘이 필요하다는 사실, 그리고 갈등관리관련 교훈과 기술, 지식정보자원을 집약하여 관리하고 지원할 수 있는 기구가 절대적으로 요구된다는 사실이다. 사회적 갈등조정이나 참여적 의사결정방법의 경우 강행규정으로 경직시키는 것보다는 임의규정으로 도입하되 최대한 사정에 맞게 융통성 있게 운용하는 것이 바람직하다. 그동안 대형국책사업의 경우 사업 타당성도 문제였지만, 정부의 잘못된 접근방법으로 일을 그르친 경우가 더 많다는 이구동성의 지적을 감안할 때, 선진국에서 성공사례를 쌓아온 참여적 의사결정방법의 활용을 시민사회 과보호로 곡해할 이유는 없다. 요컨대, 공공갈등관리법의 제정은 우리 시대에서 요구되는 가장 절실한 입법과제이다.

「공공기관의 갈등관리에 관한 법률안」에 담겨져 있는 갈등관리 절차는 대부분 갈등관리시스템을 잘 갖추고 있는 선진국의 경험을 참조하여 설계된 것들이다. 이들 절차들은 이해당사자의 참여 하에 민주적 의사결정 과정을 거쳐 합의를 이루고자 한다는 점에서 행정기관의 권한과 사법부의 판단에 주로 의존해 온 과거의 갈등 해결방식보다는 진일보한 갈등관리 방식이라 할 수 있다. 이들 절차가 제도화될 경우 아직 우리 사회에서 도입단계에 있는 참여민주주의, 숙의민주주의 및 거버넌스체제도 한 단계 발전해 나갈 것으로 기대된다.

그러나 참여적 의사결정이나 조정 · 중재 · 협상과 같은 새로운 갈등관리 절차가 법제화되었다고 해서 과연 그 절차들이 실효성 있게 운영되고 입법 취지대로 갈등이 크게 예방되고 원만하게 해결되기를 기대해도 좋을 것인가? 결론적으로 새로 도입되는 절차적 접근이 제대로 착근되기 위해서는 최소한 두 가지 조건이 추가적으로 충족되어야 한다. 그 하나는 갈등관리 절차를 수행해 나갈 전문 인력의 양성이고 다른 하나는 제도의 원활한 작동을 뒷받침해 줄 사회적·문화적 인프라의 구축이다.

먼저 전문 인력의 양성이 요구되는 이유는 갈등영향분석, 참여적 의사결정방법 및 갈등의 조정·중재·협상이 우리나라에서 갈등에 적용된 사례가 아직 많지 않기 때문이다. 공공갈등에 국한시킬 경우 이들 절차의 활용 경험이 더욱 적다. 참여적 의사결정방법과 조정·중재·협상은 그나마 소수의 적용 사례를 찾을 수 있지만, 갈등영향분석은 금번 법 제정과 관련하여 국무조정실 주도 하에 시행되고 있는 시범사업 사례를 제외하면 적용 사례가 거의 전무하다 해도 과언이 아니다. 따라서 각각의 절차에 따라 양성해야 할 전문 인력의 규모는 다르겠지만, 전반적으로 전문 인력의 양성은 시급한 과제이다. 이러한 문제의식에서 금번에 지속위가 갈등관리 전문 인력 양성에 필요한 교재 개발과 워크숍을 추진하게 되었다. 법안의 보칙에도 규정되어 있듯이 향후 정부는 갈등관리 전문 인력 양성을 위한 교육·훈련과 자격제도 도입에 적극적으로 나서야 할 것이다.

갈등관리와 관련된 사회적·문화적 인프라는 갈등관리를 위한 제도적 절차를 떠받쳐 주는 사회적·문화적 토대이다. 갈등관리를 위한 사회적 인프라의 핵심은 결국 사회적 자본(social capital)이다. 사회적 자본은 사회구성원들이 상호 이익을 증진시키기 위한 조정과 협력을 촉진시켜주는 사회적 연결망, 신뢰, 규범 등과 같은 사회조직 상의 특성이라 할 수 있다. 특히, 신뢰는 참여적 의사결정방법과 갈등 조정·중재를 가능케 하는 조건이다. 갈등 조정자, 전문가 그리고 심지어 갈등 상대자가 약속을 성실하게 지킬 것이라는 기대, 즉

선의(good will)에 대한 믿음이 없이는 어떤 절차도 제대로 작동할 수 없다. 이러한 선의에 대한 믿음이 사람들로 하여금 결과가 불투명한 갈등관리 절차에 위험을 감수하면서 참여하게 하고 그 결과를 따르게 한다.

문화적 인프라는 화해와 평화를 중시하는 가치 구조를 말한다. 갈등이 불가피한 보편적 사회적 과정이라면, 화해는 이를 초월해가는 과정이고 평화는 화해의 결과로서 오는 상태라고 할 수 있다. 갈등이 수단적 가치라면 화해와 평화는 궁극적 가치이다. 화해와 평화가 갖는 궁극적 가치를 인정할 때 타협, 양보, 관용, 승복을 소중히 여기는 가치가 확산될 수 있다. 지금 우리 사회 일각에서는 타협은 회색을, 양보는 패배를 의미하는 것으로 통용되고 있다. 한 쪽에서는 합의를 지키지 않더라도 목적을 이루어내면 된다는 절차무용론도 자리 잡고 있다. 그러나 우리사회에도 화해와 평화를 소중히 여기는 굳건한 전통이 있었음은 분명하다. 상대의 처지를 공감적으로 이해하고자 하는 역지사지(易地思之)의 정신은 오늘날에도 화해의 출발점이 될 수 있다. 또한 "싸움은 말리고 흥정은 붙여야 한다"는 경구도 갈등 해소와 협상·타협의 중요성을 강조하는 우리의 문화적 자원이다.

마지막으로 갈등관리시스템 정착을 위한 시민사회와 정부의 역할에 대해 약간의 언급을 추가하고자 한다. 우선 시민사회는 갈등관리에 필요한 사회적·문화적 인프라 구축에 적극적으로 나서야 한다. 신뢰 사회 구축과 화해 문화의 창출은 정부 주도로 이루어지기보다는 시민 주도로 이루어지는 것이 바람직하기 때문이다. 이와 함께 시민운동은 합리적 의사소통을 기조로 하는 새로운 운동양식을 창출해 나갈 것이 기대된다. 비록 갈등관리시스템 구축은 정부에 의해 시작되었지만, 그 완성은 시민사회의 적극적인 참여를 통해서만 달성될 수 있다고 본다.

또한 갈등관리시스템의 정착을 위해서는 정부 부문에서의 변화 역시 절실히 요구된다. 새로운 공공갈등 관리 절차로 도입될 참여적 의사결정과 갈등 조정 절차는 정책 결정에 있어서 이해당사자의 참여 폭을 획기적으로 확장시키는 조치이다. 어떤 점에서 이러한 절차를 도입한다는 것 자체가 이미 행정 패러다임(paradigm)의 대전환을 의미한다고 할 수 있다. 따라서 공직사회의 대대적인 인식전환이 수반되지 않고서는 새로운 절차가 제대로 정착되기 어렵다. 특히 그동안 시민의 정책 결정 참여 요구를 수용하는 데 장애물로 작용해 온 지나친 효율성의 논리, 법규 만능주의적 사고, 행정편의주의 등은 불식되어야 한다. 또한 갈등 예방과 해결이 의미 있게 이루어지기 위해서는 개발사업 등의 추진에 있어서 투명성이 전제되어야 한다. 한탄강댐 갈등 조정의 경우, 조정 절차에 의해 천변 저류지와 축소된 홍수조절용 댐이 결론으로 도출된 후, 감사원의 감사 결과 댐 건설 계획 수립 과정에 부실한 자료 등의 문제점이 있었던 것으로 밝혀짐으로써 다시 원점에서 사업의 타당성이 재검토될 수밖에 없는 사태가 빚어졌다. 공공사업 수행 과정의 투명성은 갈등 예방을 위해서도 필요하지만, 갈등 해결 절차가 의미 있게 이루어질 수 있는 기반이 된다.

부록. 공공기관의
갈등관리에 관한 법률안

제1장 총 칙

제1조(목적) 이 법은 공공기관의 갈등 예방과 해결에 관한 역할·책무 및 절차 등을 정함으로써 공공기관의 갈등 예방과 해결능력을 향상시키고 사회통합에 이바지함을 목적으로 한다.

제2조(기본이념) 이 법은 공공기관과 국민 상호간에 대화와 타협 그리고 신뢰회복을 통한 합의의 틀을 구축하고 참여와 협력을 바탕으로 갈등을 원만하게 예방·해결함으로써 민주사회의 지속가능한 발전에 이바지함을 기본이념으로 한다.

제3조(정의) 이 법에서 사용하는 용어의 정의는 다음과 같다.

1. "갈등"이라 함은 공공기관이 법령 또는 자치법규(이하 "법령 등"이라 한다)를 제정 또는 개정하거나 구체적 사실에 관하여 법령 등을 집행하는 과정 또는 정책사업계획을 수립하거나 추진하는 과정에서 발생하는 이해관계의 충돌을 말한다.

2. "공공기관"이라 함은 국가행정기관·지방자치단체 그밖에 공공단체 중 대통령령이 정하는 기관을 말한다.

3. "공공정책 등"이라 함은 공공기관의 장 및 제11조제4항의 규정에 의한 민간사업자(이하 "공공기관의 장등"이라 한다)가 행하는 법령 등의 제정 또는 개정 및 정책·사업계획을 말한다.

4. "갈등영향분석"이라 함은 공공정책 등을 수립·추진함에 있어서 공공 정책 등이 사회에 미치는 갈등의 요인을 예측분석하고 예상되는 갈등 에 대한 대책을 강구하는 것을 말한다.

5. "갈등관리"라 함은 공공기관이 갈등을 예방하고 해결하기 위하여 수행하는 모든 활동을 말한다.

제4조(공공기관의 책무) ①국가 및 지방자치단체는 사회 전반의 갈등예방 및 해결 능력을 강화하기 위하여 종합적인 시책을 수립하여 추진하여 야 한다.

②국가 및 지방자치단체는 갈등의 예방 및 해결과 관련된 법령 등을 이 법의 취지에 따라 정비하여야 한다.

③공공기관은 갈등을 신속하고 효율적으로 해결할 수 있는 다양한 수단 을 발굴하여 적극 활용하여야 한다.

④공공기관은 소속 직원에 대하여 갈등의 예방과 해결능력 향상에 필요 한 교육훈련을 실시하고 갈등관리능력을 기관의 인사운영의 중요한 기준으로 설정·반영하여야 한다.

제5조(다른 법률과의 관계) 갈등의 예방과 해결에 관하여 다른 법률에 특별한 규정이 있는 경우를 제외하고는 이 법이 정하는 바에 따른다.

제2장 갈등 예방 및 해결의 원칙

제6조(자율해결과 신뢰확보) ①공공기관의 장등과 이해관계자는 대화와 타협으로 갈등을 자율적으로 해결할 수 있도록 서로 노력하여야 한다.

②공공기관의 장은 공공정책 등을 수립·추진함에 있어서 이해관계자의 신뢰를 확보할 수 있도록 노력하여야 한다.

제7조(참여와 절차적 정의) 공공기관의 장은 공공정책 등을 수립·추진함에 있어서 이해관계자·일반시민 또는 전문가 등의 실질적인 참여와 절차적 정의가 보장되도록 노력하여야 한다.

제8조(이익의 비교형량) 공공기관의 장은 공공정책 등을 수립·추진함에 있어 달성하고자 하는 공익과 이와 상충되는 다른 공익 또는 사익을 비교·형량하여야 한다.

제9조(정보공개 및 공유) 공공기관의 장은 이해관계자가 공공정책 등의 취지와 내용을 충분히 이해할 수 있도록 관련정보를 공개하고 공유하도록 노력하여야 한다.

제10조(지속가능한 발전의 고려) 공공기관의 장은 공공정책 등을 수립·추진함에 있어서 미래의 세대에게 발생하는 편익·비용과 함께 경제적으로 계량화하기 어려운 가치도 고려하여야 한다.

제3장 갈등의 예방

제11조(갈등영향분석) ①공공기관의 장은 대통령령이 정하는 공공정책 등을 수립·시행·변경함에 있어서 국민생활에 중대하고 광범위한 영향을 주거나 국민의 이해 상충으로 인하여 과도한 사회적 비용이 발생할 우려가 있다고 판단되는 경우에는 해당 공공정책 등을 결정하기 전에 갈등영향분석을 실시할 수 있다.

②공공기관의 장은 제1항의 규정에 의한 갈등영향분석을 위하여 대통령령이 정하는 바에 따라 갈등영향분석서를 작성하여 제12조의 규정에 의한 갈등관리심의위원회에 심의를 요청하여야 한다.

③국가행정기관 및 지방자치단체의 장은 「사회기반시설에 대한 민간투자법」 제2조제7호의 규정에 의한 사업시행자 그 밖에 대통령령이 정하는 공공사업을 시행하는 사업자에게 갈등영향분석을 실시하게 할 수 있다.

④제3항의 규정에 의하여 갈등영향분석을 실시하는 사업자(이하 "민간사업자"라 한다)는 대통령령이 정하는 바에 따라 갈등영향분석서를 작성하여 동 사업을 소관하는 공공기관의 장에게 제출하여야 한다. 이 경우 제출된 갈등영향분석에 대한 심의절차는 제2항의 규정을 준용한다.

⑤제2항의 규정에 의한 갈등영향분석서에는 다음 각 호의 사항이 포함되어야 한다.

1. 공공정책 등의 개요 및 기대효과
2. 이해관계자의 확인 및 의견조사내용
3. 관련단체 및 전문가의 의견
4. 갈등유발요인 및 예상되는 주요쟁점
5. 갈등의 예방·해결을 위한 구체적인 계획
6. 그 밖에 갈등의 예방·해결을 위하여 필요한 사항으로서 대통령령이 정하는 사항

⑥그 밖에 갈등영향분석에 관하여 필요한 사항은 대통령령으로 정한다.

제12조(갈등관리심의위원회의 설치 등) ①공공기관 소관 사무의 갈등관리와 관련된 사항을 심의하기 위하여 대통령령이 정하는 바에 따라 공공기관에 갈등관리심의위원회를 둔다.

②갈등관리심의위원회는 위원장을 포함하여 11인 이내의 위원으로 구성한다.

③공공기관의 장은 소속 관계직원과 갈등의 예방과 해결에 관한 학식과

경험이 풍부한 자 중에서 위원을 임명 또는 위촉하되, 위원장은 위촉위
원 중에서 위촉한다.

④갈등관리심의위원회의 위원은 중립적이고 공정한 입장에서 활동하
여야 한다.

⑤그 밖에 갈등관리심의위원회의 구성·운영에 관하여 필요한 사항은
대통령령으로 정한다.

제13조(갈등관리심의위원회의 기능) 갈등관리심의위원회는 다음 각 호의
사항을 심의한다.

1. 제4조제1항의 규정에 의한 종합적인 시책의 수립·추진에 관한 사항
2. 제4조제2항의 규정에 의한 법령 등의 정비에 관한 사항
3. 제4조제3항의 규정에 의한 다양한 갈등해결수단의 발굴·활용에 관한
사항
4. 제4조제4항의 규정에 의한 교육훈련의 실시에 관한 사항
5. 제11조의 규정에 의한 갈등영향분석에 관한 사항
6. 갈등의 예방·해결에 관한 민간 활동의 지원에 관한 사항
7. 그 밖에 갈등의 예방·해결에 관하여 공공기관의 장이 필요하다고
인정한 사항

제14조(심의결과의 반영) 공공기관의 장등은 정당한 사유가 있는 경우를
제외하고는 제13조의 규정에 의한 갈등관리심의위원회의 심의결과를
공공정책 등의 결정과정 또는 사업시행과정에 성실히 반영하여야
한다.

제15조(참여적 의사결정방법의 활용) ①공공기관의 장등은 갈등관리심의
위원회의 제13조제5호의 규정에 의한 갈등영향분석에 대한 심의결과
갈등의 예방·해결을 위하여 이해관계자·일반시민 또는 전문가 등의
합의(이하 "사회적 합의"라 한다) 등이 중요한 요인으로 판단되는

경우에는 이해관계자·일반시민 또는 전문가 등이 참여하는 의사결정
방법을 활용할 수 있다.

②공공기관의 장등은 참여적 의사결정방법의 활용결과를 공공정책 등
의 결정과정에서 충분히 고려하여야 한다.

③제1항의 규정에 의한 의사결정방법에 관하여 필요한 사항은 대통령령
으로 정한다.

제16조(소관 행정기관의 협조요청) 국가행정기관 및 지방자치단체를 제외
한 공공기관의 장 및 민간사업자가 제13조의 규정에 의한 갈등관리심
의위원회의 심의결과 자체적으로 갈등의 예방과 해결이 어렵다고
판단되는 경우에는 대통령령이 정하는 바에 따라 소관 행정기관의
장에게 협조를 요청할 수 있다.

제4장 갈등관리지원센터

제17조(갈등관리지원센터의 설치) ①갈등관리를 위한 조사·연구·교육훈
련·전문가 양성과 공공기관의 갈등관리 지원 등을 위하여 갈등관리지
원센터(이하 "지원센터"라 한다)를 설립한다.

②지원센터는 법인으로 한다.

③지원센터에 관하여 이 법에서 정한 것을 제외하고는 「민법」 중 재단
법인에 관한 규정을 준용한다.

제18조(지원센터의 기능) ①지원센터는 다음 각 호의 업무를 수행한다.

1. 갈등의 예방·해결을 위한 정책 조사연구

2. 갈등의 예방·해결을 위한 법령·제도·문화 등의 조사연구

3. 갈등의 예방·해결 과정과 관련된 매뉴얼 작성·보급

4. 갈등의 예방·해결을 위한 교육훈련 프로그램의 개발·보급·지원

5. 갈등의 예방·해결을 위한 관련전문가 양성

6. 제11조의 규정에 의한 갈등영향분석에 관한 지원

7. 제12조 및 제13조의 규정에 의한 갈등관리심의위원회의 활동 지원

8. 제15조의 규정에 의한 참여적 의사결정방법의 활용 지원

9. 제20조 내지 제22조의 규정에 의한 갈등조정회의 활동 지원

10. 민간부문의 갈등관리와 관련된 활동의 지원

11. 그 밖에 갈등의 예방·해결을 위한 지원에 관하여 필요하다고 인정되는 사업으로서 대통령령이 정하는 사업

②지원센터는 제1항의 규정에 의한 목적달성의 범위 내에서 필요한 경비를 조달하기 위하여 대통령령이 정하는 바에 따라 수익사업을 할 수 있다.

③그 밖에 지원센터의 설치 및 운영 등에 관하여 필요한 사항은 대통령령으로 정한다.

제19조(출연) ①정부는 지원센터의 설립·운영에 필요한 경비를 예산의 범위 안에서 출연할 수 있다.

②제1항의 규정에 의한 출연에 관하여 필요한 사항은 대통령령으로 정한다.

제5장 갈등조정회의

제20조(갈등조정회의) ①공공기관의 장은 공공정책 등으로 인하여 발생한 갈등을 조정하기 위하여 필요하다고 판단되는 경우에는 사안별로 사회적 합의촉진을 위한 갈등조정회의(이하 "조정회의"라 한다)를 둘 수 있다.

②공공기관의 장은 조정회의의 구성과 운영에 필요한 행정적 지원을

하여야 한다.

제21조(조정회의의 기본규칙 등) ①조정회의의 구성과 운영은 공공기관과
이해관계자(이하 "당사자"라 한다)간의 합의에 의하여 정하는 기본규
칙을 따른다.

②당사자가 필요하다고 인정하는 경우 관련단체와 전문가를 조정회의
에 참석시킬 수 있다.

③공동의 이해관계가 있는 다수의 당사자는 그 중 1인 또는 수인을
대표당사자로 선임할 수 있다.

④당사자 등은 상호존중과 신뢰를 바탕으로 공동의 이익이 되는 대안을
창출하기 위하여 적극적으로 협력하여야 한다.

⑤조정회의의 의장 또는 진행자는 중립성과 공정성을 바탕으로 당사자
간에 합의가 도출될 수 있도록 지원하는 역할에 충실하여야 한다.

⑥그 밖에 조정회의의 기본규칙에 관하여 공통적으로 필요한 사항은
대통령령으로 정한다.

제22조(합의의 효력 및 이행) ①조정회의의 합의사항은 문서로 작성하고
당사자가 서명하여야 한다.

②제1항의 규정에 의한 조정회의의 합의사항은 법령 등에 위배되거나
중대한 공익을 침해하지 아니하여야 한다.

③당사자는 제1항의 규정에 의한 합의사항을 신의에 따라 성실하게
이행하여야 한다.

제6장 보 칙

제23조(갈등 전문 인력의 양성 등) 국가는 갈등관리에 관한 전문 인력을
양성하기 위한 교육훈련, 자격제도의 도입 등 필요한 시책을 수립할

수 있다.

제24조(재정지원 등) 국가 및 지방자치단체는 갈등관리에 필요한 조사연
구·교육훈련과 민간부문의 자발적인 갈등관리 활동을 촉진하기 위하
여 필요한 재정지원 등을 할 수 있다.

부   칙

제1조(시행일) 이 법은 공포 후 6월이 경과한 날부터 시행한다. 다만,
제11조의 규정중 중앙행정기관을 제외한 공공기관과 민간사업자의
갈등영향분석에 관한 사항과 제12조 내지 제16조의 규정 중 중앙행정
기관을 제외한 공공기관에 두는 갈등관리심의위원회의 설치 등에
관한 사항은 이 법 공포 후 1년 6월이 경과한 날부터 시행한다.

제2조(지원센터 설립준비) ①국무조정실장은 이 법 시행일 전에 7인 이내
의 설립위원을 위촉하여 지원센터의 설립에 관한 사무와 설립 당시의
이사 및 감사의 선임에 관한 사무를 담당하게 하여야 한다.

②설립위원은 지원센터의 정관을 작성하여 국무조정실장의 인가를 받
아야 한다.

③설립위원은 제2항의 규정에 의한 인가를 받은 때에는 지체 없이 연명
으로 지원센터의 설립등기를 한 후 지원센터의 장에게 사무를 인계하
여야 한다.

④설립위원은 제3항의 규정에 의한 사무인계가 끝난 때에 해촉된 것으
로 본다.

⑤지원센터의 설립을 위하여 지출한 경비는 정부출연금 및 지원센터의
수익금으로 이를 충당한다.

제3조(갈등영향분석과 갈등관리심의위원회의 시범실시에 관한 특례) ①

공공기관의 장 등은 이 법 시행일 전에 소관사무의 범위 안에서 시범적으로 제11조의 규정에 의한 갈등영향분석을 실시할 수 있다.

②공공기관의 장은 이 법 시행일 전에 시범적으로 제12조 내지 제16조의 규정에 의한 갈등관리심의위원회의 설치 등을 할 수 있다.

3장. 참고문헌

도로시 리즈, 노혜숙역, 질문의 7가지 힘, 더난 출판, 2005년

이장호, 금명자, 상담연습교본, 법문사, 2004, 36~39쪽

Matthew Mckay, Martha Davis, Patrik Panning, 임철일 최정임 옮김, ≪효과적인 의사소통을 위한 기술≫, 커뮤니케이션북스, 1999, 275~294쪽

존 팀펄리지음, 이강락, 김경훈옮김, ≪파워인맥≫, 에이지 21, 2004,

Peter H. Neidig& Dale H. Friedman, 권진숙역, ≪가족갈등조정프로그램≫, 나눔의 집, 2001

Daniel Yankelovich, *The magic of Dialogue*, Nicholas Brealey Publishing, London, 1999

Douglas, Bruce Patton, Sheila Heen, *Offen gesagt!*, Wilhelm Goldmann Verlag, Muenchen, 2000

Florian Gommlich, Andreas Tieftrunk, *Mut zur Auseinanersetzung: Konfliktspraeche*, Falken, 1999

Joel Edelman, Mary Beth Crain, *Das Tao der Verhandlungskunst*, Wilhelm GoldmannVerlag, 1999

Michael C. Donaldson & Mimi Donaldson, *Negotiating for Dummies*, IDG Books Worldwide, Inc. 1996

Patrick Fanning, Matthew Mckay, *Being a man*, New Harbinger Publications, Inc, 1993

Richard Stengel, *You're too kind, A brief History of Flattery*, Simon& Schuster, New York, 2000

Rupert Fales-White, *Ask the Right Question!*, Mc Graw-Hill, New York, 1998,

Vera F. Birkenbihl, *Kommunikation fuer koenner...schnell trainiert*, mvg erlag, Muenchen, 2000

4장. 참고문헌

김병국, ≪비즈니스 협상론≫, 능률협회, 2nd ed, 2004

김병국, ≪상대방을 내편으로 만드는 협상기술≫, 더난출판. 2003

김병국, ≪경영자는 이렇게 협상하라≫, 능률협회. 2005

박선칠, ≪한국형 협상의 법칙≫, 원엔원북스. 2004

서창수, ≪갈등을 경영하라≫, 라이트북닷컴. 2005

Axelrod, Robert M. 1984. *The Evolution of Cooperation*, Basic Books.

Bazerman, Max H & Neale, Margaret A. 1992. *Negotiating Rationally*. New York: The Free Press.

Cloke, Kenneth & Smith, Joan Gold. 2000. *Resolving Conflict at Work*, San Francisco, Josssey-Bass Inc.

Dean, Pruitt & Jeffrey, Rubin. 1993. *Strategic Choice* in Lewicki, Roy J. 「Negotiation」, (IRWIN: Bostom, MA).

Fisher, Rogrer., Ury, William & Patton, Bruce. 1981. *Getting to Yes: Negotiating Agreement without Giving in*, New York: Penguin.

Freund, James C. 1992. *Smart Negotiating*. New York: Fireside.

Karrass, Chester L. 1992. *The Negotiating Game*, 2nd ed, New York: Harper Business.

Lax, David & Sebenius, James K. 1986. *The Manager as Negotiator*, New York: Free Press.

Leonard, Greeenhalh. 1993. *Managing Conflict* in Lewicki, Roy J. 「Negotiation」, (IRWIN: Bostom, MA).

Lewicki, Roy J., David M. Saunders, Bruce Barry and John W. Minton. 2004. *Essentials of Negotiation*, 3rd ed. New York: Irwin McGraw Hill.

Pruitt, Dean & Rubin, Jeffrey. 1993. *Strategic Choice in Lewicki, Roy J.* 「Negotiation」, (IRWIN: Bostom, MA).

Sebenius, James K. 1993, *Essentials of Negotiation*, N2-894-012, 11/18/93, Harvard University Case.

Shapiro, Ronald M & Jankowski, Mark A. 2000. *The Power of Nice*, New York, The Spieler.

Susskind, Lawrence and Patrick Field. 1996. *Dealing With an Angry Public*, New York: The Free Press.

Ware, James P. 1980. *Bargaining Strategies*, 9-480-055 Rev. 4/80, Harvard University Case.

Volkema, Roger J. 1999. *The Negotiation Tool Kit*, New York: Amacom.

Cloke, Kenneth & Smith, Joan Gold, 2000, *Resolving Conflict at Work*, San Francisco, Josssey-Bass Inc.

서창수, 《갈등을 경영하라》, 라이트북닷컴, 2005

Shapiro, Ronald M & Jankowski, Mark A. 2000. *The Power of Nice*, New York, The Spieler.

5장. 참고문헌

김유환, ≪공공갈등관리를 위한 제도정비방향≫, 공법연구 제 33집 1호, 2004

김학묵, ≪평화와 상생의 갈등해결≫, 한국YMCA시민정치운동본부, 2004

갈등해결전문가훈련프로그램 참가자. "갈등해결이론", ≪갈등해결 배우기: 이론
　　방법 적용≫, 평화를만드는여성회 · 자주평화통일민족회의 · 한국여성단체
　　연합 · AFSC, 2001

강영진. ≪갈등분쟁해결 매뉴얼≫, 성공회대 출판부, 2000

강영진. 〈중재의 절차와 기법〉, ≪갈등해결을 위한 학교평화교육프로그램≫,
　　유네스코한국위원회, 2002

국가전문행정연수원. ≪갈등협상의 이론과 실제≫, 2004

다니엘 대너. ≪갈등해결의 기술≫, 하지현 번역, 지식공작소, 2004

로저 피셔, 윌리엄 유리, 브루스 패튼, ≪Yes를 이끌어내는 협상법≫, 박영환 옮김,
　　도서출판 장락, 1994

박수선. "평화적 갈등해결의 이해", ≪갈등해결을 위한 학교평화교육 프로그램
　　– 사례발표 및 자료집≫, 유네스코한국위원회, 2002

박수선 외. ≪함께 만드는 평화, 공존의 갈등해결교육≫, 민주시민교육 시범커리큘
　　럼과 일반 시범연수자료 개발, 민주화운동기념사업회, 2002

박재현. 경향신문. 2004년 11월 22일.

박중훈, 윤기석, 이남국, 김윤수,, 갈등조정기구의 기능과 역할, 한국행정연구원,
　　2003

부안 방폐장 유치 찬 · 반 주민투표관리위원회. ≪부안 방폐장 유치 찬 · 반 주민투
　　표 백서≫, 2004

서문기 외. ≪한국사회 갈등구조에 대한 이해≫, 삼성경제연구소, 2001

신창현. ≪환경분쟁의 원인과 제도개선방안≫, 중앙환경분쟁조정위원회, 2001

요한 갈퉁, "갈등이론", ≪평화적 수단에 의한 평화≫, 강종일 외 옮김, 들녘, 1996

이영면 외, ≪갈등관리교육프로그램 개발 및 연구활성화 방안연구≫, 정책기획위
　　원회, 2004

이재협, "환경분쟁해결과 협상", 단국대학교 분쟁해결연구센터, 2002

인권선교협의회 위도방사성폐기물처리장사태대책위원회, ≪위도방사성폐기물
　　처리장사태대책위원회 종합보고서≫, 2003

중앙환경분쟁조정위원회 홈페이지. http://edc.me.go.kr

중앙환경분쟁조정위원회, 2002년도 환경분쟁조정사례집, 2003

지속가능발전위원회, ≪갈등관리기본법및제도개선자료집≫, 2004

지속가능발전위원회, ≪갈등관리시스템구축방안연구보고서≫, 2004

지속가능발전위원회, ≪사회통합을 위한 갈등관리워크숍≫, 2004

지속가능발전위원회, ≪한탄강댐 갈등조정과정 분석을 통한 공공갈등해결모델 개발에 관한 연구≫, 2005

한귀현, ≪행정상의 갈등 해소를 위한 법제개선방안연구≫, 법제연구원, 2004

참여연대 시민과학센터, ≪과학기술·환경갈등 해결방안모색≫, 회원참여토론회 자료집, 2003

평화를만드는여성회, ≪갈등해결과 관용형성을 위한 여교사 워크숍 자료집≫, 2001

평화를만드는여성회, ≪함께 만드는 평화, 공존의 갈등해결 교육≫, 민주화운동기 념사업회, 2002

평화를만드는여성회, ≪갈등해결과 평화≫, 2004 강사트레이닝 자료집, 2004

평화를만드는여성회 갈등해결센터, ≪청소년 대상 갈등해결교육 교안집≫, 2003

평화를만드는여성회 갈등해결센터, ≪사회통합을 위한 갈등해결워크숍 자료집≫, 2004

한국아나뱁티스트센터, ≪갈등해결과 또래중재≫, 2003

한국여성사회교육원, ≪갈등중재와 관용형성을 위한 워크숍 자료집≫, 2000

Jennifer E. Beer, Eileen Stief. 1997. *The Mediator's Handbook*, Friends Conflict Resolution Program.

RTC(Responding to Conflict) ed. 2000. *Working with Conflict:* Skills and Strategies for Action, London, Zed Books.

▌찾아보기

▌ 저자소개

■ **김병국**(benkim@knp.co.kr)

1957년에 출생하여 시카고 로욜라 법과대학원 법학박사를 취득하였다. 현재 미국변호사, 미국공인회계사, K&P 대표이사, 협상전략연구소 대표로 활동하고 있다.

주요 논문 및 저서로 《국제변호사 김병국의 비즈니스 협상론》(2002), 《상대방을 내편으로 만드는 협상기술》(2002), 《경영자는 이렇게 협상하라》(2005) 등이 있다.

■ **김선혜**(molmola@hanmail.net)

1965년에 출생하여 고려대학교 사학과를 졸업하였다. 현재 평화를 만드는 여성회 갈등해결센터 연구원으로 재직 중이다.

■ **김학묵**(onekorea21@yahoo.co.kr)

1969년에 출생하여 서울대학교 외교학과를 졸업하였다. 현재 평화를 만드는 여성회 갈등해결센터 연구원으로 활동하고 있다.

주요 논문 및 저서로는 〈함께 만드는 평화, 공존의 갈등해결교육〉(공동집필), 《2002 민주시민교육시범 커리큘럼과 일반시범 연수자료 개발연구보고서》(민주화운동기념사업회, 2002) 〈차이의 인정과 갈등해결〉(YMCA, 2004) 등이 있다.

■ **김희은**(fausta511@korea.com)

1955년에 출생하여 이화여자대학교 사회학과를 졸업하고, 동대학원 기독교학과 박사과정 수료 후 독일 하이델베르크대학에서 신학박사학위를 취득하였다. 현재 전주대학교 기독교학과 겸임교수, (사)여성사회교육원 원장, 한신대학 평생교육원겸임교수로 활동하고 있다.

■ **박수선**(bss88@chol.com)

1965년 출생하여 고려대학교 신문방송학과 졸업하고, 성공회대학교 NGO학과 석사과정 중이다. 현재 평화를 만드는 여성회 갈등해결센터 소장으로 활동하고 있다.

주요 논문 및 저서로는 〈갈등관리교육프로그램 개발 및 연구활성화 방안연구〉(공저, 2004), 〈한탄강댐 갈등조정과정 분석을 통한 공공갈등해결 모델 개발에 관한 연구〉(공저, 2005) 등이 있다.

■ **박진**(jinpark@kdischool.ac.kr)

1964년에 출생하여 서울대학교 경제학과, 미국 펜실베니아대학에서 박사학위를 취득하였다. 현재 KDI국제정책대학원 교수로 재직 중이다.

주요 저서 및 논문으로 《National Visions and Strategies》(공편, 2003), 〈21세기 대비한 공무원 능력발전 모델에 관한 연구〉(공편, 2002) 등이 있다.

■ **박재묵**(jmpark@cnu.ac.kr)

1950년에 출생하여 서울대학교에서 사회학박사를 취득하였다. 현재 충남대학교 사회학과 교수로 재직하고 있다.

주요 논문 및 저서로 〈새만금간척사업과 지역사회 변동〉(ECO, 제2집)과 〈동강유역 자연휴식지 및 생태계보전지역 지정을 둘러싼 이해관계의 대립과 사회영향평가〉(ECO, 제3집) 과 《우리 눈으로 보는 환경사회학》(공저), 《제3세계 사회발전론》(1995)이 있다.

■ **박태순**(parkts@president.go.kr)

1963년에 출생하여 서울대학교에서 동물생태학으로 박사학위를 취득하고, 케임브리지 대학 생태학과 연구원을 역임하였다. 현재 대통령 자문 지속가능발전위원회 갈등관리정책 전문연구원으로 재직하고 있다.

저서로는 《둥지 밖으로 나온 동물건축가》(2003)가 있다.

■ **박홍엽**(widelite@kipa.re.kr)

1960년에 출생하여 고려대학교 행정학박사를 취득하였다. 현재 한국행정연구원 초청연구원이다.

주요 논문으로는 〈사업별 갈등관리모델 수립〉(한국행정연구원), 〈갈등관리지원센터 설립방안〉(국무조정실), 〈국내외 갈등관리법제도와 효율적 운영방안〉(한국여성개발원) 등이 있다.

■ **서창수**(suh@sch.ac.kr)

1958년 출생하여 호서대학교 벤처대학원에서 경영학을 연구하고, 현재 순천향대학교에 재직하면서 한국협상전략연구소 소장을 맡고 있다.

주요 저서 및 논문으로는 〈벤처기업의 성장단계별 경영패턴의 연구〉와 《 갈등을 경영하라》 (2005)의 번역서가 있다.

■ **조영희**(choyh12@hanmail.net)

1956년에 출생하여 연세대학교 화학과를 졸업하였다. 현재 평화를 만드는 여성회에서 갈등해결센터 연구원과 청소년교육팀장으로 있다.

주요 저서 및 논문은 《청소년을 위한 갈등해결 교육 교안집》(2003)이 있다.

■ **홍준형**(joonh@snu.ac.kr)

1956년에 출생하여 서울대학교 법과대학 및 대학원 법학과를 졸업하고, 독일 괴팅겐대학에서 법학박사학위를 취득하였다.

현재 서울대학교 행정대학원 교수로 재직하면서 정부혁신지방분권위원회 위원, 대통령자문 지속가능발전위원회 갈등관리전문위원회 위원, 한국공법학회 상임이사·연구위원, 한국행정판례 연구회 연구이사로 활동하고 있다.

주요 논문 및 저서로 〈Die Klage zur Durchsetzung von Vornahmepflichten der Verwaltung〉(1992, Schriften zum Proze ß recht Bd.108, Duncker & Humblot Verlag, Berlin)와 《행정구제법》(2001, 제4판), 《행정법총론》(2001, 제4판), 《환경법》(2005), 《판례행정법》(1999) 등이 있다.